岭南传统聚落与乡土景观丛书

丛书主编　潘莹　施瑛

本书由国家自然科学基金项目"基于文化地理学的岭南传统聚落景观的特征、区划与机制研究"（编号：51978275）、亚热带建筑与城市科学全国重点实验室自主研究课题"三生视角下华南中小型海岛人居景观解析与可持续分类营建策略"（编号：2023ZB09）和华南理工大学建筑学院"双一流"建设经费资助。

广东三大汉民系核心区传统村落景观特征研究

段佳卉　潘莹　著

中国建材工业出版社

北京

图书在版编目（CIP）数据

广东三大汉民系核心区传统村落景观特征研究 / 段佳卉，潘莹著. — 北京：中国建材工业出版社，2024.9
（岭南传统聚落与乡土景观丛书 / 潘莹，施瑛主编）
ISBN 978-7-5160-4010-2

Ⅰ. ①广… Ⅱ. ①段… ②潘… Ⅲ. ①村落文化—人文景观—研究—广东 Ⅳ. ① K296.5

中国国家版本馆 CIP 数据核字（2024）第 058271 号

内容简介

本书基于汉民系传统村落景观的多类型元素、多维度功能、多空间层级、多文化内涵的特性，构建生态、生产、生活"三生"景观融合的研究体系与多空间尺度的分析框架，并采用"景观区划—传统村落群单元—典型传统村落"的多空间尺度"三生"景观分析框架，系统化解读汉民系传统村落景观。全书将三大汉民系形成历程、社会制度、民系文化差异与传统村落景观特征关联起来进行研究，较深入地分析、解读其景观的形成机制。

广东三大汉民系核心区传统村落景观特征研究
GUANGDONG SANDA HANMINXI HEXINQU CHUANTONG
CUNLUO JINGGUAN TEZHENG YANJIU
段佳卉　潘莹　著

出版发行：	中国建材工业出版社
地　　址：	北京市西城区白纸坊东街 2 号院 6 号楼
邮政编码：	100054
经　　销：	全国各地新华书店
印　　刷：	北京天恒嘉业印刷有限公司
开　　本：	710mm×1000mm　1/16
印　　张：	22
字　　数：	320 千字
版　　次：	2024 年 9 月第 1 版
印　　次：	2024 年 9 月第 1 次
定　　价：	**268.00 元**

本社网址：www.jccbs.com，微信公众号：zgjcgycbs
请选用正版图书，采购、销售盗版图书属违法行为
版权专有，盗版必究。本社法律顾问：北京天驰君泰律师事务所，张杰律师
举报信箱：zhangjie@tiantailaw.com　举报电话：（010）63567684
本书如有印装质量问题，由我社事业发展中心负责调换，联系电话：（010）63567692

序言

传统聚落是先人们长期适应自然，与自然和谐相处的历史见证，凝聚着中国悠久的农耕文明，展示着人们自古至今的生存智慧。可以说，传统聚落承载着中华文化精华和中华民族精神。可以说，传统聚落保护就是在维系中国传统文化的延续，就是在保护中华文明的根。

北方汉族从秦代开始，在不同时期迁徙到广东各个地区，并与当地土著人融合，自唐宋以来，逐渐形成了具有不同生活习俗、不同文化意识和不同性格特征的广府、潮汕和客家三大民系。三大汉民系不同的生产方式、生活习俗也造就了广东地区多元的传统村落形态和景观。广东地区传统村落特色鲜明，蕴含着深厚的民系文化底蕴，是研究我国传统聚落的生动样本。

《广东三大汉民系核心区传统村落景观特征研究》一书选取传统聚落当中的历史村落进行研究，探索传统村落中的生态、生产、生活景观特色，从多维度来解析广东传统村落的地域性、民系性与艺术性及其布局特色、建筑风采和景观格局。

本项目在研究过程中采用了文献研究、田野调查与历史地图数字化重建技术以及GIS（地理信息系统）平台的数据整合技术，形成了定性与定量相结合的研究方法。通过数据化研究真实记录与精准分析了广东传统村落的历史形态，也为广东传统村落的保护与发展提供了新的视角。

该书还关注到了民系文化对村落景观形成的影响，通过历史性与共时性结合的分析，从"择地—生存—营序"三个层次，解析出广东三大汉民系核心区内传统村落景观的演变历程以及成因机制；

研究探讨了广东三大汉民系与其村落景观之间的关联，指出传统村落生态景观的形成，必定受到其民系先民的迁徙与环境选择的影响，即村落的生产景观会受到民系的族源生产技术和环境适应所产生的生计模式，而村落的生活景观则受到了民系社会组织制度以及民系意识形态的影响。可以说，村落景观为地域环境中人地关系的空间反映。

华南研究学者长期致力于民系民居、民系聚落的研究，该书将研究范围扩展到了民系村落景观，采用生态景观、生产景观、生活景观"三生"融合的研究方法，较为深入地探讨了岭南人居环境的特征与特色。为此，我诚挚推荐这本书给所有对传统村落保护、景观特征研究及对岭南文化感兴趣的读者。希望本书的出版，能为岭南地区的传统村落保护与文化传承贡献一份力量。

2024 年 8 月 16 日

前　言

广东地区古为百越之地，后由于北方汉民不断南迁并与本地土著相融合，孕育出广府、潮汕、客家三大汉民系。民系先民在形成和发展的过程中，不断适应环境、开垦土地、营居生存，形成了诸多具有历史文化价值的传统村落。近年来，广东地区作为改革开放的前沿区域，城乡建设高速发展，传统村落保护工作受到了更为严峻的挑战。在当下分析广东汉民系传统村落景观特征及其所蕴含的传统智慧与多元价值，较具有紧迫性和重要性。三大汉民系核心区是广东传统村落景观特征的突出展现区域，我们通过对该区域的分析与探索，力图找到其独特价值，并为广东地区传统村落的保护与发展提供有力支撑。

传统民系民居一直是华南建筑学者们长期深耕的研究领域，本书在前人研究的基础上，将研究视野拓展到民系传统村落的景观研究领域。借鉴民系民居研究理论，将传统村落景观放到整个社会文化系统中去研究，运用多学科研究方法，将多空间层次的景观特征与自然和社会环境整合成系统来综合研究。由于广东地区自然条件的多样性与民系文化的多元性，其传统村落的景观呈现出民系间分异鲜明、民系内多样化的特点。本书通过对广东三大汉民系核心区内的传统村落景观特征的提炼与比较，发掘出九种特色文化景观。希望本书能促使更多人关注我国丰富多样的文化景观遗产。

本书为段佳卉在华南理工大学读博期间跟随潘莹教授所取得的研究成果。感谢国家自然科学基金项目"基于文化地理学的岭南传统聚落景观的特征、区划与机制研究"（编号：51978275）、亚热带建筑与城市科学全国重点实验室自主研究课题"三生视角下华南中小型海岛人居景观解析与可持续分类营建策略"（编号：2023ZB09）和华南理工大学建筑学院"双一流"建设经费对本书的支持。

段佳卉　潘　莹
2023 年 12 月

目 录

第一章　绪论 /001
　　第一节　研究背景 /001
　　第二节　广东三大汉民系传统村落景观概念 /003
　　第三节　广东汉民系传统村落景观特征研究框架 /009

第二章　广府民系核心区传统村落景观特征分析 /023
　　第一节　广府民系核心区传统村落形成背景 /023
　　第二节　广府民系核心区传统村落景观形成
　　　　　　历程与区划 /033
　　第三节　广府民系核心区低地基塘区传统村落
　　　　　　景观特征 /047
　　第四节　广府民系核心区台地围田区传统村落
　　　　　　景观特征 /071
　　第五节　广府民系核心区沙坦（沙田）区传统村落
　　　　　　景观特征 /090

第三章　潮汕民系核心区传统村落景观特征分析 /106
　　第一节　潮汕民系核心区传统村落景观形成的背景 /106
　　第二节　潮汕民系核心区传统村落景观形成
　　　　　　历程与区划 /114
　　第三节　潮汕民系核心区平原稻果区传统村落
　　　　　　景观特征 /129

第四节 潮汕民系核心区滨海兼业区村落景观特征 /151

第五节 潮汕民系核心区山地平田区传统村落
　　　景观特征 /177

第四章　客家民系核心区传统村落景观特征分析 /192

第一节 客家民系核心区传统村落形成背景 /192

第二节 客家民系核心区传统村落景观形成历程
　　　与区划 /202

第三节 客家民系核心区河谷平田区传统村落
　　　景观特征 /215

第四节 客家民系核心区丘陵梯田区传统村落
　　　景观特征 /235

第五节 客家民系核心区高山茶田区传统村落
　　　景观特征 /251

第五章　广东三大汉民系核心区传统村落景观
　　　　特征比较 /260

第一节 择地：移民环境选择影响下的传统村落
　　　所处生态环境分异 /260

第二节 生存：民系环境改造影响下的传统村落
　　　生产景观分异 /277

第三节 营序：民系文化分异下传统村落生活
　　　景观分异 /297

结语 /331

参考文献 /332

第一章 绪论

第一节 研究背景

一、三大汉民系核心区是广东传统村落景观特征的集中显现区域

广东古属百越之地,自秦汉到明清的两千余年时间中,原本生活在中原地区的北方汉人不断南迁,最终形成了广府、潮汕、客家三大汉民系。千百年来,三大汉民系的先民筚路蓝缕,通过开发土地、兴修水利、营建居所,在广东省内形成了众多地域特色突出、民系文化丰富的传统村落。尤其是本书所研究的广东三大汉民系核心区,在不足 10000km² 的区域范围内,拥有 62 个已被评级的传统村落,其中包含 51 个国家级传统村落,4 个国家级历史文化名村,12 个省级历史文化名村,22 个省级传统村落。研究区域内的传统村落数量占广东传统村落总数量的 16%,被评级的传统村落分布密度达到了 108 个 /km²,远超广东省总体密度 30 个 /hm² 的传统村落分布密度,是广东传统村落的集中区域。同时三大汉民系核心区内还包含了 1 个国家级传统村落集中连片保护利用示范县(广东省梅州市梅县)、1 个世界灌溉工程遗产(广东省佛山桑园围)以及 2 项我国重要农业文化遗产(广东佛山基塘农业系统、广东海珠高畦深沟传统农业系统)。可以说,广东三大汉民系核心区是反映民系文化的中心区域,更是广东传统农耕智慧和传统人居文化的集中与典型显现区域。研究聚焦广东三大汉民系核心区内传统村落的景观特征及其差异对比,有助于深入阐发广东多元化自然人文系统所蕴含的民系特色、历史智慧、人文精神和历史价值。

二、历史文化保护传承对传统村落提出景观整体保护的新要求

传统村落作为乡村中传统文化的重要载体,一直是乡村景观遗产

保护与发展的重要对象。2018年，中共中央、国务院印发了《乡村振兴战略规划（2018—2022年）》，提出将传统村落、历史文化名村等纳入特色保护类村庄，合理进行特色资源保护与发展。传统村落景观特色文化资源是什么以及如何进行保护，成为传统村落保护与发展所面临的重要问题。到2021年11月，中共中央办公厅、国务院办公厅印发《关于在城乡建设中加强历史文化保护传承的意见》，给出了上述问题的指引，明确指出："保护历史文化名城、名镇、名村（传统村落）的传统格局、历史风貌、人文环境及其所依存的地形地貌、河湖水系等自然景观环境，注重整体保护，传承传统营建智慧。"因此目前传统村落的保护不能仅局限于保护传统聚落本身，还要保护其周边的山、水、林、田、湖、草等自然、人文环境。2022年3月，财政部、住房城乡建设部共同组织开展传统村落集中连片保护利用示范工作，明确以县为单位，选取多个传统村落连片保护利用示范区，形成连片保护的新模式。在此背景下，发挥风景园林学的跨学科性、综合性和多尺度性等学科优势，构建传统村落多维的、整体性的景观研究体系，有助于更全面、系统地挖掘传统村落景观特征，促进传统村落社会、经济、生态、文化的共同繁荣。

近年来随着城镇化进程的加快，大量乡村被城市吞并，农田被侵占，传统村落消亡和破坏的速度不断加快。加之农业现代化、乡村城镇化、郊区城市化、乡村旅游开发、新农村建设的多类村庄改造活动，传统村落不断遭受"建设性、开发性、旅游性"的破坏。由于缺乏对多元民系特色的认知，大量传统村落的民系特色在规划与建设过程中受到"千村一面、万村一貌"的"特色危机"冲击。大量传统村落的民系特色消失，"千村一面、万村一貌"的"特色危机"正成为共性问题。广东地区的汉民系传统村落景观具有民系分异鲜明的特征，不同民系的传统村落长期适应与改造外部自然环境，形成了较具有民系特色的村落景观格局和形态特点。广东作为我国改革开放的前沿区域，其内的传统村落面临更突出的特色消失危机，由此基于民系分异，建立和完善广东汉民系传统村落景观特征和价值分析研究体系尤为紧迫。

第二节 广东三大汉民系传统村落景观概念

一、广东三大汉民系

1. 民系

民系（a branch of the nationality）也称族群，是同一个民族内部由于文化特质的差异而划分的群体。民系这一概念是客家研究学者罗香林在20世纪30年代于《客家研究导论》中首次提出的，书中界定了客家是汉民系中的一个民系，而不是一个独立的民族。其后诸多学者的研究推动了民系的内涵。王东林认为民系是民族的分支，是一种亚民族的社会团体，是民族内部交往不平衡和民族内部文化区域性传播的独特结果。司徒尚纪认为，民系的划分主要以语言为标志，方言的分布区域也被认定为民系的分布区域。陆元鼎认为民系的组成一般有三个基本条件：一是共同的方言，这是交流、沟通思想的最基本手段；二是共同的生活方式和习俗，这是人们共同活动和生产的基础；三是共同的心理素质、信仰，这是共同文化、性格的表现。李海东认为，民系研究与文化研究不可分割，民系研究实质上又是区域文化研究。可以看出，民族学者、文化学者、建筑学者以及地理学者的多方面研究，促使民系的概念受到认同并逐步达成共识。民系分异也成了广东乃至岭南区域文化最核心的特点。

2. 南方五大汉民系

我国南方曾为百越民族的聚居之地，后由于北方战乱和自然灾害等原因，汉族数次集中南迁，不断南迁的汉民逐步与原居住在南方的百越人融合，并发展形成了我国南方汉族的五大民系，即越海民系、湘赣民系、闽海民系、客家民系和广府民系。

南方汉族五大民系的形成与北方汉民的三次大移民息息相关。在秦代以前的远古时期，我国南方为百越民族聚居区域，岭南地区以北的黄淮河流域为华夏民族的聚居区域。从秦汉时期开始，北方政权在岭南地区进行了多次征战，统一了岭南百越地区，并将其纳入了中央王朝的版图，北方移民开始逐步南迁。秦汉时期进入广东地区的移民较少，南方汉民系的形成主要依靠后来三次大规模的汉民南迁。汉民开展的第一大规模南迁，是在魏晋南北朝时期。西晋末年国力衰弱，迁都建康（今南京）地区，不少王室、贵族相继南迁。此次南迁移民多从黄河流域迁入长江流域下游一带，以建康为中心。也有少部分继续南迁来到岭南地区。此时移民到岭南地区的中原人士不少为"衣冠望族"，具有较高的文化素质和经济实力，进一步促进了岭南地区经济、文化的发展。隋唐五代时期汉民展开了第二次南迁。唐代中后期的安史之乱，促使大量北民南迁，并且唐代中期疏通了大庾岭通道，缩短了北方移民进入岭南地区的路途，使得北方与岭南地区的交往变得更为频繁。《广文献公开大庾岭路碑阴记》中记载"兹路既开，然后五岭以南人才出矣，财货通矣，中原之声教日近矣，遐陬之风俗日变矣"。两宋时期汉民系进行了第三次南迁。北宋、南宋末年，金人和元人相继攻打中原地区，中原地区的战乱，使得大量灾民南迁。由于唐代后期世族大家解体，此次移民的主体变成中小型家庭。此时期的移民数量多、规模大、时间长、分布广，中国南方人口首次超过北方人口。南方地区的土著族群的人数已经少于北方汉族移民的人数。不断南下的移民与南方地区的土著族群相互融合，形成了我国南方的五大汉民系。

南方五大汉民系有较为稳定的地理区域，其中越海系主要分布在江苏、浙江一带，湘赣系主要分布在江西、湖南一带，闽海系主要分布在福建、台湾、广东一带，客家民系则分布在江西、福建、广东三省交界区域，广府民系分布在广东、广西地区。

3. 广东三大汉民系

在广东范围内主要有广府、潮汕和客家三大汉民系，占南方五大汉民系之三。其中潮汕民系是闽海民系的一个分支。广东省内广府民系主要分布在粤中、粤西地区，如广州、佛山、东莞、中山等地，使用粤方言，占据较为广大的面积，拥有最多人口。潮汕民系分布在粤东沿海东地区，主要分布在汕头、潮州、揭阳、汕尾等地，潮汕民系整体沿海岸线分布，从潮汕平原经海陆丰，绕过珠江三角洲和两阳，直下雷州半岛和海南岛沿海。潮汕民系使用潮汕话，潮汕话是闽方言的分支。客家民系主要分布在粤东北的梅州、河源、惠州、韶关等地，使用客家方言。广东区域内除三大汉民系外，还有一处人口数量较少的雷琼民系。该民系位于广东省的湛江市一带，该地区范围较小，并同时受到广府文化和潮汕文化的影响，不属于本书研究的三大汉民系范畴。三大汉民系虽有较稳定的分布区域，但仍存在多处民系交融区，如清远、茂名一带广客交融地区，以及汕尾、饶平一带潮客交融地区等，民系文化交融区内文化多元、内容丰富，本书篇幅有限，也不作为研究的区域。广东三大汉民系的界定，主要以三大方言为主要依据，每个汉民系都有自己的方言、相对稳定的地域和程式化的风俗习惯及生活方式，并在广东省内形成了较为稳定的民系区划。

4. 广东三大汉民系核心区

民系核心区指民系文化的中心区域，是民系文化区内文化特征最为突出的区域。其范围的划定多为文化地理学者的研究范畴，广东文化地理学者司徒尚纪在《广东文化地理》一书中，依据文化差异将广东三大汉民系划分为三个文化核心区和六个文化亚区：广府民系的珠江三角洲文化核心区、西江文化亚区、高阳文化亚区和桂东南文化亚区；潮汕民系的汕头文化核心区、汕尾文化亚区；客家民系的梅州文化核心区、东江文化亚区、粤北文化亚区。司徒尚纪的广东文化区划中，其对核心区的划定方式主要选取文化中心城市向外扩展至文化特质较为一致的区域。

由于文化核心区的范围划定较大，涵盖了更为多样的传统村落景观特征，无法在本书中详细研究。基于操作的可行性与研究区域的典型性，本书研究的核心区在广东文化核心区的范围内继续选择各个民系内与中心城市所接壤的县域范围。县域范围是秦代实行"郡县制"行政管理区划所划定的，具有较强的边界稳定性。之所以选取中心城市周边的区域作为景观核心区域进行研究，主要是因为中心城市作为民系内的政治、经济中心对周边区域更具控制与引领作用。在等级制度森严的传统时期，政治中心通过其行政管理功能，对其周边乡村区域具有统领、控制和组织的作用，从而促使其周边区域具有相似的社会组织方式、生产生活方式以及文化特征。

在传统时期，三大汉民系的经济中心往往是民系内部农业发展较为发达的地区以及交通便利区域，在耕作技术、水利设施、聚落营建、交通运输、市场建设等方面在一定范围内具有引领作用。因此本书认为核心区指位于民系内部的政治、经济、文化中心，核心区内的语言、宗教、习俗、艺术形式、道德观念、社会组织、经济特色应具有显著的民系特色，并对民系内的其他区域有引领、辐射作用。民系的核心区，在民系范围内属于较为先进、发达的区域，在一定程度上能够代表其民系传统时期社会、文化、农业、经济发展的最高水平，并且核心区对周边区域具有带动和辐射的作用，对其进行研究具有一定的代表性。

5. 研究范围选取

根据上文的概念界定，本书选取的研究范围为广东省内三大汉民系政治、经济、文化中心区域。广府民系选择珠江三角洲广府文化核心区内部的南番顺区域作为研究范围。该区域包括围绕广州市、佛山市的南海区与顺德区，是珠江三角洲内经济最为发达的区域。潮汕民系选择粤东汕头文化核心区内的韩江三角洲区域作为研究范围，该区域内包括潮州市、汕头市两大潮汕民系的政治、经济、文化中心城市，以及周边的潮安区（清代称海阳县）和澄海区范围，此范围内是潮汕文化区内最具代表性的区域。客家民系选择梅州客家文化核心区内的梅州市，以及梅县区作为研究范围，其中梅县口音为客家话的标准口音，是客家语言的代表。该区域内的梅州市有"世界客都"之称，紧邻梅江，交通便利，是客家民系的政治、经济、文化中心（图 1-2-1、表 1-2-1）。

图 1-2-1　广东省三大汉民系文化区分布与本书研究范围关系示意图

表 1-2-1　研究范围统计表

民系概况	广府民系	潮汕民系	客家民系
文化核心区	珠江三角洲广府文化核心区	粤东汕头潮汕文化核心区	梅州客家文化核心区
政治中心	广州市	潮州市、汕头市	梅州市
经济中心	广州市、佛山市	潮州市、汕头市	梅州市
本书选取的研究区域现代行政区划	广州市、佛山市以及周边的南海区、番禺区与顺德区	潮州市、汕头市以及周边的潮安区与澄海区	梅州市区及其周边的梅县区
研究区域民国时期所属行政单位	广州府（南海县、番禺县、顺德县）	潮州府（海阳县、澄海县）	嘉应州（梅县）
本书选取的研究区域面积	3246km^2	1722km^2	3054km^2

二、传统村落景观特征

1. 传统村落

　　传统村落中"传统"指的是历史沿传下来的思想、文化、道德、风俗、艺术、制度以及行为方式，具有传承与较为统一两方面的内涵。"村落"就是我们常指的乡村、农村，可以指位于乡下的聚落，也可以指非城市的广大区域。2012年，多部委联合印发的《关于开展传统村落调查的通知》中从遗产保护的视角对传统村落提出定义："传统村落是指村落形成较早，拥有较丰富的传统资源，具有一定历史、文化、科学、艺术、社会、经济价值，应予以保护的村落。"广东汉民系核心区内有被遴选出来的传统村落以及历史文化名村65个，但仍有诸多未被评级却风貌保存完好的传统村落有待研究。本书研究的传统村落，指中华人民共和国成立以前建村，拥有以农业为主的传统产业结构、传统生活方式与传统文化习俗的村落。研究范围包括传统村落赖以生存的整体自然生态环境，其中保护名录中的传统村落是重点研究对象。

2. 传统村落景观

传统村落景观为乡村景观中最具有历史文化价值的部分，人类通过对土地等自然资源的利用产生了农、林、牧、渔等产业，并逐渐形成了特有的生产技术、管理体系和生活方式，这些活动不断地改变着区域的地表形态，形成了独特的传统村落景观。从属性的角度来看，传统村落景观属于演进类文化景观，是千百年来人们为了生活、生产、精神和审美的目的不断干预、改造和利用土地而形成的，体现了人与自然和谐共处的关系，具有文化、历史和生态价值。从涵盖内容角度来看，传统村落景观主要包含生态景观、农业生产景观、农村生活景观三个子系统。它们所包含的景观要素与景观空间、景观过程相互交织构成了乡村生命共同体。目前无论是政策文件还是理论研究，对传统村落景观的研究都已经脱离了以文物保护为主要目的的思想，认识到了传统村落景观是多类型要素、多维度功能与多种文化内涵构成的复杂系统，应将传统村落景观的研究放入自然生态系统与社会人文系统中进行探讨。因此，本书所研究的传统村落景观，指位于城镇之外的区域内以农耕为主，由于人类长期开垦、种植和聚居等活动而形成的，由生态景观、生产景观和生活景观所组成的地域文化综合体。

3. 景观特征

景观特征是由景观要素所造成的独特的、明确的、可识别的、持续如一的外观形式，它让一处景观有别于另一处景观。可以说景观特征是识别区域间景观差异的关键指征，构建了不同地区的差异度和辨识度。景观特征既包含自然景观，也包含人类生产、生活而形成的景观，包括气候、地形、植被、水体、栖息地、农田、水利、文化遗产、建筑、公共设施等要素。多种景观要素在一定区域内以特定的分布规律与特定的组合规律构成该区域内的景观特征，即景观特征具有地域性。景观特征的主要作用在于，通过景观特征的辨别、描述、分析、保护和强化，保护景观的多样性和独特性，使"此地"有别于"它地"。本书研究的景观特征主要包括传统村落中的山体、水系、植被、农田、沟渠、农业设施、道路、聚居地、建筑、公共空间等景观元素，着重分析其形态与空间特点，以及它们之间的相互关系。

第三节　广东汉民系传统村落景观特征研究框架

广东地区的汉民系传统村落景观系统是汉民系文化与岭南特色地理环境长期结合的结果，既是由生态、生产、生活空间有机构成的复杂空间实体，又是特定民系文化的具体表征。本节从风景园林视角对汉民系传统村落景观进行解读，既关注传统村落景观不同空间尺度上的异质性，又注重民系文化分异对传统村落景观的影响，以期建构两者结合，适合汉民系传统村落景观的研究体系。

一、"三生"融合的汉民系传统村落景观特征研究体系

1."三生"融合的传统村落景观

乡村景观是在一定的自然环境中，人类为了生存，对土地等自然资源加以利用，形成的生产和居住的景观。传统村落景观作为乡村景观中最具有历史文化价值的部分，其可依据功能分为生态景观、生产景观和生活景观，本书将其简称为"三生"景观。其中，生态景观对应"第一自然"，是原始的天然景观，其主要为传统村落的生存与发展提供支撑；生产景观是以获取生活必需资源为目的而形成的景观，其属于"第二自然"中文化景观的范畴，其特色是以生产与实用性为主要目的；生活景观是以维系人们居住、社交、消费、娱乐等活动为目的而形成的景观，生活景观既属于"第二自然"中文化景观的范畴，也有部分为人类通过审美意识改造形成的"第三自然"。可以看出传统村落景观内既包括"第一自然"，又同时涵盖了"第二自然"与"第三自然"的范畴，是自然与文化融为一体的景观体系，以"三

生"融合的视角对其进行分析,更能找出其景观间的相互联系与互动机制,从而更深入地分析传统村落中自然与文化的关联。

2. 传统村落中"三生"景观的互动关系

传统村落中的"三生"景观,是传统村落景观体系内的三个子系统,反映出传统村落景观的多维度功能与多元价值属性,从"三生"视角进行传统村落景观认知能较为全面与体系化地解读传统村落景观特征体系。

传统村落景观是生态景观、生产景观和生活景观的有机融合,通过人对自然的改造利用活动,促使"三生"景观通过不断的物质、能量和信息交换,形成复杂的统一体。在传统村落中,生态景观是生物各项活动的重要基础,为生产景观和生活景观提供基本保障。不同的地形地貌、植被状况和河流水系等形成了区域自然环境的外貌,这些不仅构成了传统村落景观的本底,也对传统村落景观的形态产生了重要的影响。生产景观表现为作物、农田和水利体系,为生活景观提供服务与保障,折射出背后的自然条件、农业类型和生产技术。生活景观主要表现为聚居选址、聚居地布局和建筑形式,反映的是文化特征,并受到自然环境和资源技术的影响。传统村落中"三生"景观的互动关系如图1-3-1所示。

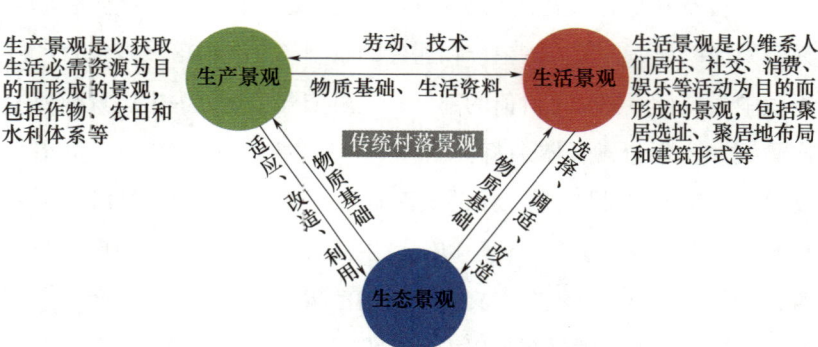

图1-3-1 传统村落中"三生"景观的互动关系

3. 传统村落中"三生"景观要素构成

通过对广东三大汉民系传统村落景观的调研与分析,本书将其传统村落景观分为六大类生态景观、四大类生产景观以及四大类生活景观（表1-3-1）。在运用"三生"分异视角对传统村落景观进行识别和分类时，一些景观具有多重功能，此时选择其主导功能作为分类的依据。例如，人工种植的果林既具有生产功能，又具有一定的生态效益，根据人工种植的主要目的是获取经济效益，将其划分为生产景观。

表1-3-1 "三生"分异视角下广东汉民系传统村落景观体系构成

传统村落景观构成	景观要素大类	景观要素具体类型	主要描述指征
以生态功能为主导的传统村落景观	地形地貌	低洼地、平原、丘陵、山地等	高程、坡度、坡向
	气候	亚热带季风气候、亚热带季风性湿润气候、亚热带海洋性季风气候等	温度、湿度、降雨量
	水系	江、河、溪流、坑塘、湖泊、滩涂	水系分布、河流分级
	土壤	赤红壤、黄壤、山地草甸土、滨海盐土、水稻土等	土壤湿度、土壤质地、土壤侵蚀力、土壤有机量
	植物植被	林地、草地	植被覆盖度、植被面积
	灾害	水灾、旱灾、风灾、咸潮	发生频次、位置、成灾受灾区范围
以生产功能为主导的传统村落景观	农田	水田、旱地、基塘	生产方式、农田类型、农田分布、面积、肌理、色彩
	园地	经济林、果林	面积、分布、形态特征
	水利体系	蓄水设施、输水设施、调节设施	灌溉区域、灌溉方式
	其他生产景观	鱼塘、鱼垱、晒谷坪、粮仓、缫丝厂、糖寮、盐田等	面积、分布、形态特征
以生活功能为主导的传统村落景观	聚居地	水上聚居、陆地聚居	分布方式、选址环境、形状、规模、组织方式
	建筑	民居、宗祠、书院、庙宇	平面与空间、立面与造型、结构与构造、装饰与装修、色彩与材料
	公共空间	街巷、广场、码头等	分布、规模、承载活动类型
	构筑物	牌坊、桥梁、亭等	主要功能、特色

二、民系民居理论研究思路借鉴

以陆元鼎为代表的华南学者，长期以来基于对民居建筑与民系民族的关系、民居建筑与社会文化区域的关系、民居建筑与文化史的关系、移民社会和方言民系与地方民居建筑的关系等方面的研究，形成了适宜于南方汉族多民系地区的民系民居理论研究范式。其主要研究方法是将方言、民族、人文、自然条件加到对民居建筑的研究中进行综合研究。这对于本书要进行的传统村落景观研究具有较强的指导意义。首先应学习民系民居研究范式，使用社会文化整体观的方法，将传统村落景观放到整个社会文化系统中去研究，对多学科研究方法进行综合，将多空间层次的景观特征与自然和社会环境整合成系统来研究；其次，在进行传统村落景观特征研究之前，必须对这个地区的广泛背景有所研究，比如与传统村落景观形成相关的自然生态、经济技术、社会体系和文化观念等。通过借鉴与发展民系民居理论，可为汉民系传统村落景观的研究提供研究思路，即注重传统村落景观特征与民系文化和自然人文背景间的互动关系。

广东三大汉民系传统村落景观蕴藏着诸多汉民系的自然、经济、社会和文化的特色。在进行民系传统村落景观研究之前，应对民系研究的特点与重点进行分析。广东三大汉民系均为北方汉人在不同时期迁到广东的不同地区以后形成的。南迁的汉人与当地的南越族群相融合，与周邻的文化和外来文化长期交流，形成独具特色的文化。广府文化、潮汕文化、客家文化，既同源于汉文化，又具有各自的区域文化特点。民系的形成基础是共同的地域、共同的经济生活和共同的价值观念和习俗信仰。对民系文化的考察一般涉及三大要素——历史性、民系性、地域性。历史性指民系产生、存在和发展的时代背景，民系性指民系的生活模式和文化模式，地域性指民系赖以存在的自然地理条件及其物质素材。只有把握民系文化的三大要素，并将这三大要素有机结合起来，才能从总体上把握民系文化的特征。

基于民系文化特色，本书在进行传统村落景观研究之前，做了以下工作：首先，基于民系文化的地域性特色，将传统村落赖以生存的自然条件包括地形地貌、水文条件、气候灾害等进行解析，分析传统村落景观形成的自然背景。其次,通过对人文背景的分析,明确民系整体形成历程、民系经济形态、民系宗法制度、民系文化特质,反映其传统村落景观背后的人文动因。最后,基于民系的历史性特色,将研究视角集中于核心区详细分析各个历史时期移民与人口发展特色、土地开发特征、产业类型特色以及村落选址特色。对各个民系传统村落景观形成背景解读,为后续深入分析各个空间尺度上传统村落的景观特征提供依据。传统村落景观与民系文化整合研究思路如图1-3-2所示。

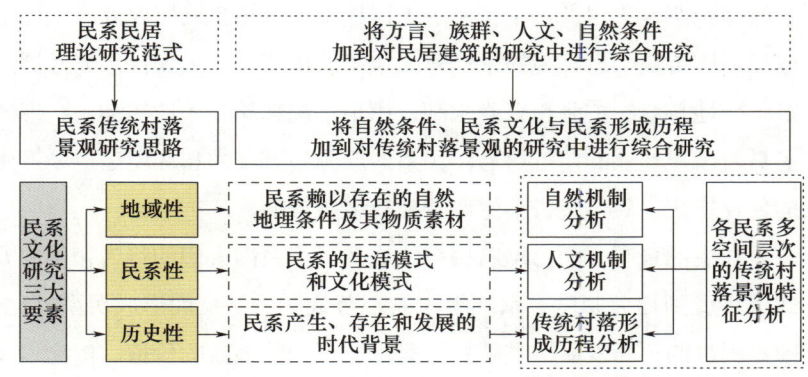

图1-3-2　传统村落景观与民系文化整合研究思路

三、汉民系文化与传统村落"三生"景观特征间的关联机制

广东三大汉民系作为汉民族的分支,其间分异形成的主要原因如下:一是南迁汉民在与本地土著融合的过程中,改变了部分汉民族原有文化特征,使其有别于其他民系;二是在民系发展的过程中要进行环境选择,并适应新的生产和生活环境,这促进了新的民系文化的产生。两者共同促进了广东三大汉民系在生态基础、生计方式、社会组织、意识形态等方面分异的产生,使得民系间特征分异鲜明。民系的环境选择、生计方式、社会组织、意识形态等文化特征分异,对传统村落"三生"景观特征有着广泛影响。

在生态景观方面,广东三大汉民系内部人口来源主要是南迁的汉民,最初三大汉民系的先民的迁出地不同,迁徙路线也不相同,抵达广东后分布亦不同,从而形成了三大民系各自的民系分布区域。不同民系的分布区域内自然环境条件分异鲜明,也就形成了不同民系生存和发展的生态基底。广东三大汉民系的先民在移民过程中有着鲜明的环境选择偏好，从而形成了稳定的民系地理区划和民系间各异的生态环境。各个民系环境选择偏好的形成主要受到移民时序、移民路线、族源构成等方面因素的影响。广东三大汉民系传统村落所处的自然生态环境，是经过人工选择的自然地理环境，应将其生态环境基底分异与其民系形成历程进行关联性研究。

在生产景观方面，南迁汉民在抵达广东后面临着生存的考验，为了能够长期地定居，各个民系的先民逐步开荒拓土发展农业，从而形成了适应特定生态环境的生产方式与经济模式。三大汉民系先民通过多年土地开垦、扩张和兴修水利，满足了越来越多人口的需求，形成了具有多样产业的传统村落。民系的族源生产技术和环境适应所产生的生计模式，对传统村落生产景观有诸多影响。

在生活景观方面，随着民系的成形，民系内人们的行为和组织方式逐步受到社会制度、宗族组织的规范或制约，从而形成民系文化。随着民系的不断发展，其解释经验生成行为的抽象的价值、信念以及世界观，从而形成了具有民系特征的意识形态。传统村落的选址会受到风水理念的影响，其村落的布局与组团形态则是社会结构与宗族构成的直观反映，并且民系的宗教也影响了其传统村落的信仰空间结构和信仰空间形式，加之民系文化对建筑特征的影响等，使得传统村落生活景观受到的民系社会组织制度以及民系意识形态的影响颇多（图1-3-3）。

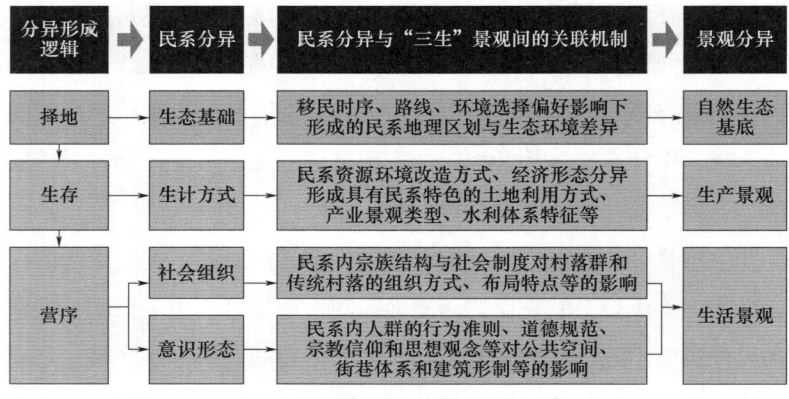

图1-3-3　民系分异与传统村落景观特征间的关联机制

四、多空间尺度的汉民系传统村落"三生"景观特征描述方法

基于尺度效应,不同空间尺度下传统村落"三生"景观会出现一定的差异性,比如小尺度下景观的异质性特征,在较大尺度下则会呈现出相对均质的现象。通过空间层级的划分,能对不同尺度下"三生"景观空间的构成、形态、格局等景观特征进行系统化解读。通过对广东三大汉民系核心区内传统村落的调研和分析,本书建立宏观区域尺度、中观村落群尺度和微观村落尺度三级连续空间尺度的传统村落景观特征描述框架,整体形成景观区划—传统村落群—典型传统村落的多空间尺度的传统村落景观特征分析框架。

1. 民系核心区内的景观区划

（1）区域尺度上传统村落景观区划方法

广东三大汉民系传统村落景观的形成源自各个民系族群对自然环境的适应与改造,其景观特征会同时受到民系文化分异以及自然地理环境分异的双重影响。广东三大汉民系核心区有着相互独立且稳定的分布区域,可首先基于民系分异将其传统村落群景观进行分区,其内的民系文化特征较为一致。另外,面对差异性的自然地理环境,同一民系内部也会产生多种类型的土地利用方式从而影响传统村落景观类型的分异。在民系文化一致且自然环境特征相似的区域,人们改造与利用自然的方式具有一致性,其内部的传统村落景观具有一定的均质性与相似性,形成特色的传统村落景观分区。

宏观层次中对于区域内"三生"景观构成特征影响最大的两个方面,一个是区域内的自然地理环境,另一个是区域内经过人类改造与开发而形成的土地利用形式。自然地理环境作为区域景观的产生背景,其地形、气候、水体等生态资源特征,对区域内的传统村落景观具有制约与主导的作用。土地利用,是人类根据土地的自然特点,按一定经济、社会目的,采用生物技术手段,对土地进行的长期性或周期性的经营管理和治理改造活动。而这种活动的结果表现在空间上就是具体土地利用方式的分异。在区域内部,自然资

源的相对一致性以及人们对自然环境的开发模式的相似性，促使产生了特定的土地利用形式。因此，区域内的土地利用形式，最能直观并综合反映出区域内的景观特征。将区域内的地形地貌分区以及主导土地利用方式作为分区指征，可反映出区域内的景观特点。因此，本书以"民系名称－地形地貌＋主导土地利用方式"的形式对传统村落景观区划进行命名。

（2）基于土地利用程度的景观区域主导型的确立

在区域尺度上，传统村落景观的土地利用方式既能反映区域的自然地理特点，又能直观展现出传统村落的产业发展方式、聚居地分布特征，是最为明显的分区指征。文化地理学者对于广东三大汉民系的文化区划的核心依据是文化的发展程度，与之相对应的传统村落景观区划内主导型的确立，应以长期人地互动形成的土地开发程度为主要指征。主导型景观区域的土地开发程度最高，与之对应的经济、人口数量在民系核心区内也处于主导地位，是最能够反映民系文化景观特征的景观区域。

2. 宏观区域尺度上"三生"景观斑块特征分析

在区域层次研究尺度较大，关注区域内整体的自然生态环境以及人类活动所产生的生态生活景观，其整体的构成与分布形式特征是最为明显的指征。在宏观区域尺度可将传统村落"三生"景观抽象为景观斑块进行解析。在广东三大汉民系的核心区范围内，"三生"景观斑块常见的有河流、湖泊、滩地、滩涂、林地、草地等生态斑块，水田、旱地、果林等生产斑块，城镇、乡村聚落等生活斑块。多类型的斑块之间相互依存、互利共生，在一定区域范围内形成了特定的空间分布与配置模式。通过选取斑块类型、斑块数量、平均斑块面积、斑块面积占比、斑块密度、最大斑块占比、平均最近距离等景观指数，可对区域内部整体的"三生"景观构成与分布特征进行解析。通过对区域层次传统村落"三生"景观斑块的分析，能够更加清晰地看出民系间以及民系内应对不同地理环境所形成的土地开发方式分异、农业种植方式分异与聚居模式分异。广东三大汉民系传统村落景观区域尺度研究框架如图 1-3-4 所示。

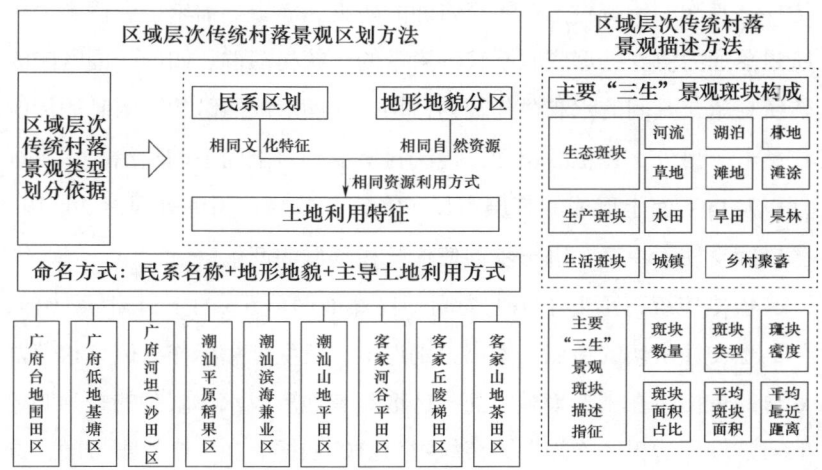

图 1-3-4 广东三大汉民系传统村落景观区域尺度研究框架

3. 中观村落群尺度上"三生"景观组织特征分析

广东地区内的传统村落发展到清末民国时期，大部分已经脱离以村落单体为单位自给自足的小农社会。传统村落之间有着水利的协同、政治的约束、经济的往来、宗教的交流、通婚、祭祀等诸多生产、生活活动的发生。自然地理界线的划分，以及人类在改造利用自然资源过程中的协作方式，使部分传统村落间存在空间联系、资源共享、利益连接，在义务承担上形成比其他传统村落更密切的关系，从而形成传统村落群。传统村落群往往能适应地貌、遵循水文、地形分界，其背后具有丰富的生态价值。传统村落群内"三生"景观的组织特征往往反映出区域内整体的生产水平、经济效益、防御功能、抗灾能力，具有较强的时代特点和地域特色。因此本书将村落群作为研究传统村落景观的一个尺度进行分析与探讨。

（1）传统村落群景观单元的识别与划分。首先，传统时期由于人类改造自然的能力有限，传统村落的分布在很大程度上与自然生态环境特征相关，形成地形地貌特征以及水文条件共同限定的传统村落群景观单元。不同自然环境基底的区域，其内部限制传统村落群范围的因子不同，如山谷盆地内往往以山脊线为传统村落群景观单元的划分边界。其次，传统村落在生产方面的防灾、灌溉等需求，促使多个传统村落通力协作，形成联系较为紧密的传统村落群。如同一灌区内的传统村落，其间的水利协作较为密切，从而形成灌区边界限制的传统村落群。另外，在生活层面，传统村落受到自上而下的政治、军事区划以及自下而上形成的基层市场、乡约、公约、团练等因素的影响，区域间交往不平衡，进一步促使传统村落群的产生。

根据传统村落群生态上为同一自然地理单元，生产上相互协作，生活上交往密切的特点，本书分别选取"三生"指标作为传统村落群划分的依据。在生态景观方面，选取具有地形或水体限制的较为明显的自然地理边界，作为划分传统村落群的依据。在生产景观方面，选取协同灌溉或防治水旱灾害的水利体系边界，如堤围、灌区等作为划分传统村落群的依据。在生活景观方面，选取县级以下基层行政边界作为传统村落群划分的参考，在广东三大汉民系核心区内，多以司、都或堡的界线为主。选取司/都/堡政治分区作为传统村落群划分依据的原因主要有三点。其一，政治分区反映出传统村落所处的基层社会组织特征，县以下行政单元具有统一的税收、治安、赋役、经济、民间诉讼等职能，统一的行政管理促使区域内的传统村落间的经济、社交往来更加密切。其二，县级边界作为我国行政区划的基本单元，较具稳定性，诸多县界历时2000多年而不变。其下设置的司/都/堡边界也从明代开始逐步稳定下来，且覆盖范围广，广东的县级以下几乎都有都/堡的划分。清代以来由于防御要求的提升，"巡检司"逐步取代了原有"都"的命名方式。民国时期，基层行政区划在短短37年内变更了三次，其区划不具稳定性。因此在本书研究的清末以及民国时期，传统村落群长期受到司/都/堡这些县级以下基层政治区划的管辖，形成了生活上联系较为密切的传统村落群。其三，自上而下的行政区划相比传统村落中自下而上形成的基层市场圈、信仰圈、祭祀圈、婚姻圈、乡约、公约、团练等基层区划，克服了边界的不确定性、分布的不均性问题。基于"三生"视角的传统村落群的识别与划分方法示意如图1-3-5所示。

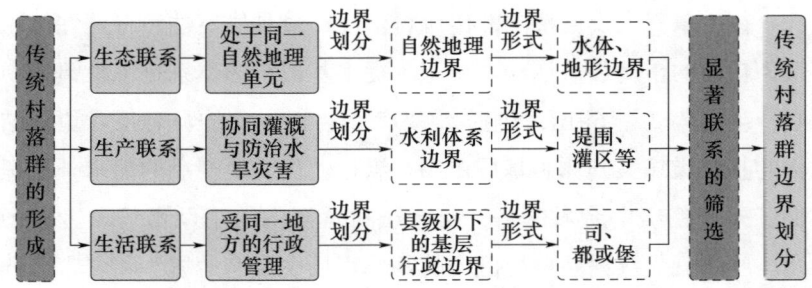

图 1-3-5 基于"三生"视角的传统村落群的识别与划分方法示意图

不同区域范围内的传统村落群受到生态、生产、生活三个方面的影响程度不同，会形成突出某一方面特征的传统村落群，如盆地型传统村落群与堤围型传统村落群等。本书选取对传统村落群影响最显著的机制，来对传统村落群进行命名，如广府民系低地基塘区内的堤围型村落群等。

（2）传统村落群尺度主要描述的景观指征。相较于区域尺度上对整体格局的把控，传统村落群在区域尺度划分下的景观区划内，更加注重研究传统村落群内"三生"景观的组织关系，具体的景观指征包括传统村落群边界景观特征、墟村关系、交通体系、核心标志物等。传统村落群边界景观特征主要反映为地形或水文边界以及部分人为划定的区划。墟村关系即传统村落群内墟市为传统村落间重要的经济互动、文化互动的空间，通过对村落间的墟市的分布数量、分布方式，以及墟村关系的分析，可看出传统村落群的经济情况、内部组织特征间的分异。传统村落间的交流与联系离不开传统村落群间纵横交错的交通体系。交通体系中的交通方式、路网形态、通行能力等方面的差异均会对传统村落的分布、发展产生影响。交通体系为直观反映传统村落群内墟村关系、村村关系的主要指征，应对其结构形态和交通方式进行相关分析与探讨。传统村落群核心标志物为传统村落群的精神中心或关键控制要素，主要包括大型庙宇、墟市、控制水源的主要入水口等。

（3）传统村落群景观背后的运转机制与人文动因分析。对传统村落群景观的分析应注重分析其内部的市场体系、资源联系、文化往来、社会关系等景观背后的运转机制与人文动因。

在广东三大汉民系内的传统村落间，最具稳定性和普遍性的联系为自发的市场经济活动。施坚雅提出基层市场体系是以集镇为中心，半径为 3～6km，包括大约 18 个村庄在内的具有正六边形结构的基层市场共同体。基层市场在满足农民交换产品的需求外还提供了一些初级的金融服务，是传统村落群内的小型市场和金融中心。广东三大汉民系核心区内的基层市场主要有"墟"和"市"两种类型，"墟"表示没有位置固定的商店店铺的定期市场；"市"主要是建有固定商店店铺，但是没有固定时间的市场。随着经济的发展，逐步形成既有固定店铺又每日开放的常日市。"墟"和"市"界线较为模糊可通用，均为传统村落群内与传统村落关系密切的基层市场。

除较普遍存在的市场联系外，传统村落群景观还会受到水利社会、宗族关系与文化交流等方面的影响。传统村落之间由于生产活动中灌溉的需求，往往形成多村落组成的水利社会。在传统村落中以农业为本的生产活动中，非常依赖水利设施的兴建，传统村落间基于共同的生产需求，本能地围绕水利事务形成各种水利生产关系，比如水利灌溉、水利运输等协作工作，从而形成传统村落间较强的水利社会联系方式。人类学家莫里斯·弗里德曼认为宗族内部的亲属关系及宗族之间的械斗、合作、联姻等关系共同构成了区域社会。广东三大汉民系传统村落群受到大宗族关系的影响，形成具有合作或竞争等复杂社会关系的传统村落群。传统村落群内部往往文化交流频繁，会产生相似的信仰、风俗与文化活动，从而形成具有区域特色的村落群景观特征。

4. 微观村落尺度上"三生"景观要素特征分析

在传统时期，村落尺度是最小的兼具生产、生活功能的空间单元，往往为一个较为独立的自然村落。村落内"三生"景观要素间关系更为紧密，并相互协同，维持着村落单体正常运转。

传统村落主要由山、水、林、田、居等不同的类型的"三生"景观要素所组成。聚居地为传统村落内的核心空间，人们关于聚居地的选址与对周边环境的改造，往往会形成具有一定分布规律的典型村落景观格局，例如常见的聚居地背山面水式布局等，可对其进行平面与剖面景观格局图的分析与解读。另外，传统村落尺度研究的内容还包括对各类要素内部的构成组分、组织特征以及特色的研究。传统村落内的生态景观要素主要有天然的山体、水塘、河流、林地等，多被赋予人文寓意，形成特色的风水塘、风水林、祖山等。生产景观要素主要有农田、基塘、经济林、灌溉体系等，其内部的肌理特征是主要由田埂、水渠等将农田分隔。生活景观要素一般指传统村落的聚居地，主要由一个或多个聚居组团所组成，聚居组团内部主要由街巷体系将居住建筑、公共建筑以及公共空间组织起来，形成聚居地内部组织方式。聚居地中的标识物，又可分为建筑与其他构筑物。其中，聚居地中量大面广的民居建筑在标识民系间景观异化程度上起主要作用，各民系民居的平面形制、外观造型、结构构造和装饰装修等各有不同。比如广府聚落典型的三间两廊民居，潮汕聚落的下山虎、四点金民居，客家聚落的围龙屋、堂横屋民居等都具有强烈的景观标识作用。单个传统村落内"三生"景观要素构成如图1-3-6所示。多空间尺度传统村落"三生"景观特征解读示意如1-3-7所示。

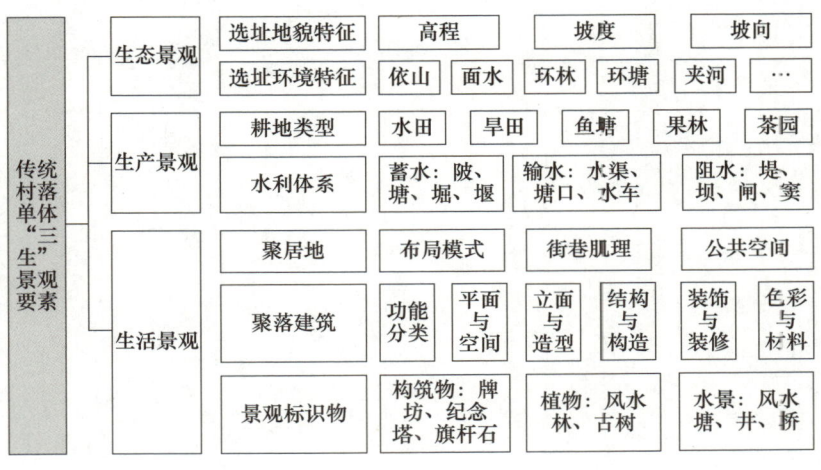

图1-3-6　单个传统村落内"三生"景观要素构成

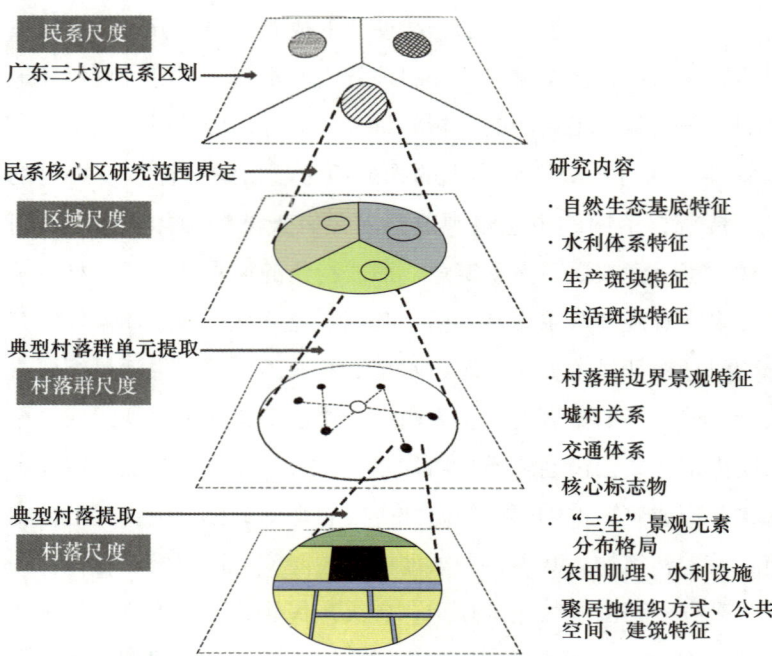

图 1-3-7 多空间尺度传统村落"三生"景观特征解读示意图

第二章 广府民系核心区传统村落景观特征分析

第一节 广府民系核心区传统村落形成背景

一、广府民系核心区传统村落形成的自然背景

1. 平原夹杂岛丘的珠江三角洲地貌

（1）近两千年来快速成陆的珠江三角洲。广府民系所在的珠江三角洲腹地，为一个由浅海湾逐步淤积成陆的三角洲平原，其区域内大部分的土地于公元6世纪以后快速成陆，区域内地貌沧海变桑田的巨大改变，对广府民系核心区传统村落的形成与发展有着深远影响。在约六千年以前，珠江三角洲地区还是一个海湾，海湾内曾有诸多海岛，后随着西江、北江、东江等上游河流的泥沙不断在湾内海岛周边堆积。公元6世纪以后，随着西江、北江与东江上游地区的开发，水土逐步流失，河流携带的泥沙量增多，珠江三角洲逐步拓展成陆。到了宋元时期大量北方移民进入珠江三角洲地区，人们逐步展开围垦活动进一步加快了珠江三角洲的成陆速度，珠江三角洲平原面积逐步扩大。《顺德县志》上记载"昔者五岭以南皆大海耳，渐为洲岛，渐成乡井，民亦藩焉"。这句话高度概括了珠江三角洲原是浅海湾，岛丘错落，经过海洋平面的巨大变化，沙泥淤积，逐步淤积而成陆的过程。广府民系核心区地貌如图 2-1-1 所示。

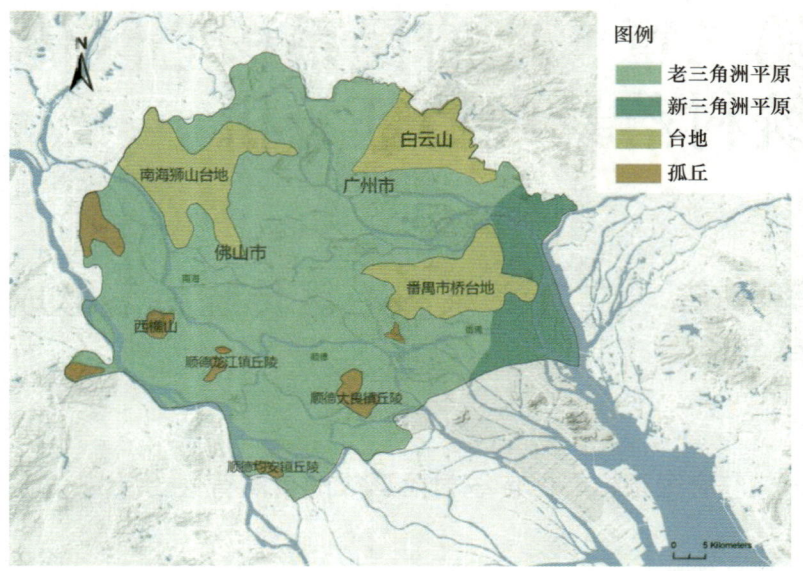

图 2-1-1　广府民系核心区地貌图

（2）冲积平原中夹杂岛丘的地貌特征。珠江三角洲区域的东、西、北三面都有山地、丘陵围绕，南面向海，构成一个马蹄形的港湾。广府民系核心区位于珠江三角洲的港湾腹地内，区域内地貌主要为冲积平原（图2-1-2），并有多处低山丘陵散布于平原之上。广府民系核心区内的平原地貌为主导地貌，约占珠江三角洲区域的80%，由于珠江三角洲平原地貌是不断淤积形成的，其地势平缓，相对高差较小，土层厚度较厚。珠江三角洲平原地区土壤内有机质、腐殖质很丰富，土壤肥力很高，有利于农作物的生长。根据淤积成陆的时间可将珠江三角洲划分为老三角洲平原和新三角洲平原。老三角洲成陆时间较早，约在秦代之前就已成陆，地势较高，主要的沉积物为粗砂土。新三角洲多在秦代之后才逐步成陆，地势较低，主要的沉积物为淤泥土，滨海受咸潮影响较大。

正如屈大均《广东新语》卷二《地语》中所说："下番禺诸村，皆在海岛之中，大村曰大箍围，小曰小箍围，言四环皆江水也。"广府民系核心区内平原上凸起的高地是其地貌的一大特色，据珠江三角洲地貌划分，区域内高地可划分为丘陵台地和散布的残丘孤山两类。广府民系核心区内台地有两个，分别是番禺桥台地和南海狮山台地。

番禺桥台地位于番禺区的北部，包括大石镇、钟村镇、化龙镇的大部分，还有石碁镇、石楼镇、沙湾镇的一部分。番禺桥台地内部主要是50m以下的低丘，低丘连绵分布形成台地。南海狮山台地主要分布于南海区中北部的罗村街道、官窑镇及和顺镇一带，平面上呈块状，面积较大，台地内的低山高程在20～40m。残丘孤山多呈似圆形状孤立于三角洲平原上，面积较大的有南海区南部西樵山（图2-1-3）、顺德区大良街道和龙江镇等。逐步成陆的珠江三角洲，其内地貌环境多样，为广府民系传统村落的选址营建提供了多种可能性，从而丰富了广府民系核心区传统村落的景观类型。

图 2-1-2　珠江三角洲平原　　图 2-1-3　三角洲上的平原孤丘西樵山

2. 水网密布的水文条件

广府民系核心区所处的珠江三角洲是我国的第二大三角洲，平均年径流量为3436亿 m^3，仅次于长江，居我国七大江河的第二位。珠江三角洲的水源主要来自西江、北江与东江。西江是珠江水系干流，发源于云南省，途经贵州省、广西壮族自治区，到达广东省注入珠江三角洲。北江发源于江西省信丰县石碣大茅山，主流流经广东省南雄市、始兴县、曲江区3地至韶关市，再折向南流经英德市、清远市至三水思贤滘与西江相通后汇入珠江三角洲。东江发源于江西省寻乌县，向西南流经广东省龙川县、河源市、紫金县、惠阳区、博罗县至东莞市石龙镇进入珠江三角洲，在番禺区北部汇入狮子洋，流入南海。

  三江汇合的珠江三角洲地区，水源丰富、径流量大，加之三角洲中密布的岛丘迫使注入河口湾中的河流分叉，形成诸多分汊河道，汊河和主干河道构成了广府民系核心区内经纬纵横的水网体系。广府民系核心区北侧为珠江水道，经广州市后于下游的狮子洋地区汇入了东江，经过伶仃洋注入南海。核心区中部主要为北江流域的下游河道，北江在进入珠江三角洲核心区的南海区后分为三支，北支为佛山水道，中支为潭洲水道，南支为顺德水道。顺德水道经过番禺沙湾区域的河段称作沙湾水道。西江主流在淹尾入狮子洋出虎门，经伶仃洋注入南海，另一分流经蕉门水道和洪奇沥经伶仃洋注入南海。广府民系核心区南侧为西江下游的主河道，流经南海区后称西海水道，在佛山市顺德区杏坛镇分叉后流经顺德区域的为东海水道（图 2-1-4）。除主干河道外广府民系核心区范围内还有多条连接主干河道的支流河道。这些支流河道在天然形成的水网基础之上经过历代人民的疏浚与开挖，相互连通，进一步丰富了河道网络的组成。密布的河网，为广府民系核心区农业的发展提供了充足的水源，并形成了便利的水上交通网络。

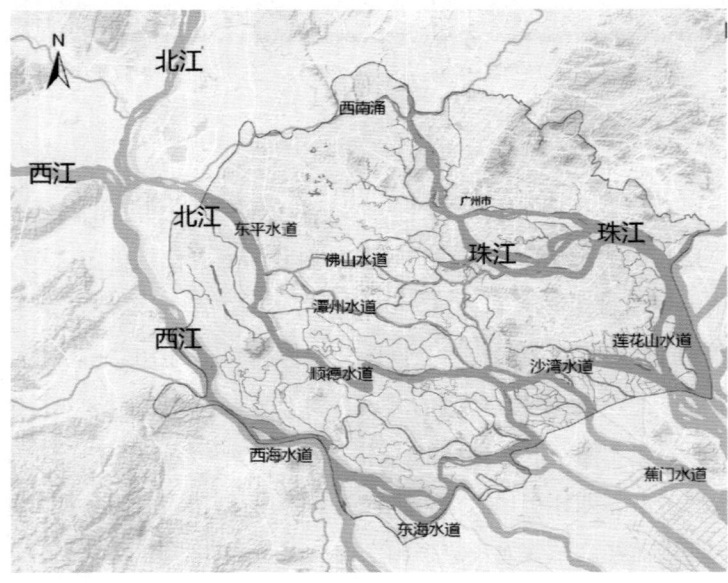

图 2-1-4 广府民系核心区主要河道分布图

3. 利于农耕的土壤条件

广府民系核心区内主要有水稻土、赤红壤、潮土三类。水稻土包括赤红壤冲积水稻土和珠江三角洲沉积水稻土两类，主要分布于平原地区，是广府民系核心区最常见的土壤类型。广府民系核心区范围内的水稻土，多由珠江三角洲沉积物组成，耕作层深厚，并且水源充足，是较适宜水稻生长的土壤，为广府民系核心区传统村落的农业发展提供了必要的条件。但其河口近海区域的水稻土，受到海洋咸潮的影响，含盐量较高，需进行改良才能够开展农耕种植。赤红壤成土母质大部分是红色砂页岩和第四纪红色黏土，主要分布于丘陵地区。赤红壤由于开发时间较长，表层沙质化严重，仅适合种植旱季作物。另外，在广府民系核心区内较为低洼的平原地区，多有河流沉积物发育成的潮土。广府民系核心区内的潮土内水量丰沛多改造形成基水地，成为水产和桑蚕等的主要产地。

4. 水患频发的灾害特征

广府民系核心区所在的珠江三角洲，处于南亚热带季风气候区，常年日照充足、热量丰富，长夏无冬，雨量充沛，利于农耕产业的发展。区域内水资源充足，年入海流量约3200亿m^3，降雨量丰沛，年均降水量为1600~2200mm，使得洪涝灾害成为该地区最频繁、影响最严重的自然灾害。加之广府民系核心区处于河流入海口区域，区域内还会受到海洋潮汐的作用，河流水位随之发生变化，进一步加剧了水患的形成。在核心区范围内根据受到水患灾害的影响不同，可分为洪潦区、洪潮叠加区以及潮水区三个水文分区（图2-1-5）。洪潦区主要位于广府民系核心区上游的平原地区，此区域内农田低于洪水位6~7m，在4—9月的雨季，暴雨导致西江、北江河流水位增高，形成径流洪水危害农田。洪潮叠加区位于广府民系核心区的中部，此区域内河流水网较为密集，农田低于洪水位2.6~4.4m，当大洪水与大潮相遇时，易造成洪灾。潮水影响的区域主要为广府民系核心区内临近海洋的地区，农田低于洪水位1~2m，水位受潮汐影响大，台风暴潮与洪水相遇时往往造成较大危害，枯季咸潮也常导致灾害。

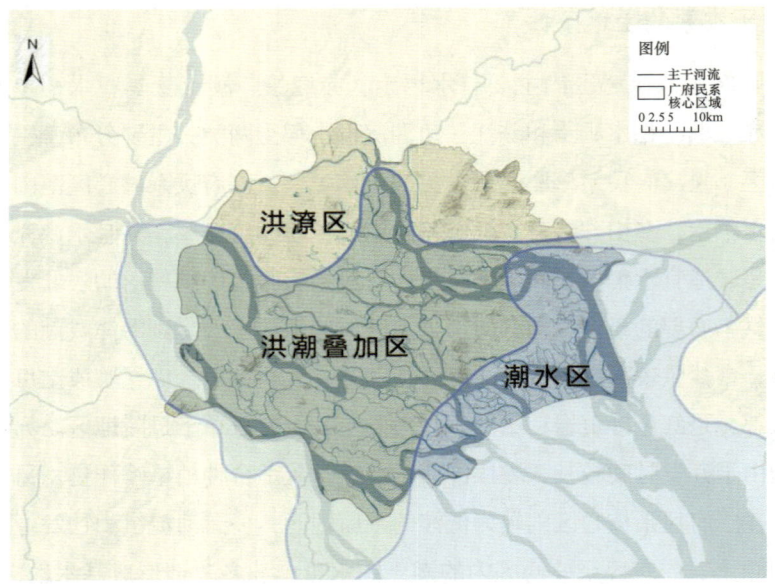

图 2-1-5　广府民系核心区内水文区划示意图（改绘自《珠江河口演变》）

广府民系核心区的水患是随着人类开发程度的加大而日趋严重。在明代之前，由于珠江三角洲入海口的河道较为宽阔，水流通畅，水灾发生次数较少，约每 30 年有一次较大的水灾。明清时期由于堤围建设的增加，珠江三角洲的河道被堤围约束而不断缩窄，河道水位上涨，水灾次数明显增加，基本每年都有较大的水灾出现。珠江三角洲地区各时期水灾发生频率如图 2-1-6 所示。珠江三角洲地区各时期受灾情况统计见表 2-1。水灾严重影响着广府民系核心区的农业生产与聚居地安全。

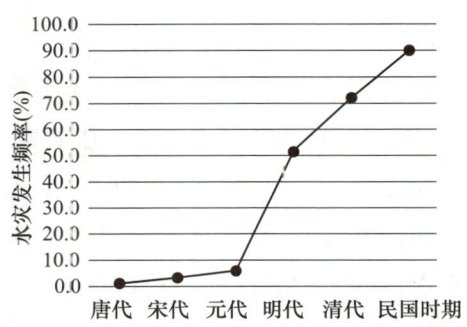

图 2-1-6　珠江三角洲地区各时期水灾发生频率
（数据来源：《明清广东的农业与环境：以珠江三角洲为中心》）

表 2-1-1　珠江三角洲地区各时期受灾情况统计

时期	存续年数（年）	水灾次数（次）	水灾年数（年）	水灾发生频率（%）
唐代	290	2	2	0.7
宋代	319	10	10	3.1
元代	89	5	5	5.6
明代	276	143	123	51.8
清代	268	193	192	71.6
民国时期	38	34	32	89.4

二、广府民系核心区传统村落形成的人文背景

1. 广府民系的形成

（1）宋代以前土著与南迁汉民的融合

在秦代以前广东地区多为南越、西瓯和骆越人等古越土著居民。秦朝为加强对岭南地区的管理，派送部队与人口进入岭南，并在广东地区建设南海郡。秦代迁入珠江三角洲地区的移民多为军事移民，广东区域内土著人口仍占优势。西晋末年爆发的司马氏"八王之乱"，以及北方匈奴等少数民族政权入主中原，使居住在黄河流域的中原汉人大量迁徙进入江淮流域。此次大规模移民发生于西晋永嘉年间（307—313 年），史称"永嘉南渡"，亦称"衣冠南渡"。南迁的浪潮一直持续到南朝刘宋年间，前后达 150 年，掀起了中国历史上第一次移民高潮。此次南迁亦有一部分中原移民，绕过五岭沿西江迁入广东区域。唐代张九龄开通大庾岭道路后，南下的移民可经鄱阳湖、溯赣江从梅关进入广东地区。大庾岭道路的开凿方便了广东地区与北方的联系，使原本崎岖难行的山路变成了通车马的官道。在唐代"安史之乱"后移民逐渐增多，多选择此路南下，过梅关下浈水，转西江，再沿西江南下，最终到达西、北江下游的珠江三角洲地区定居。

（2）宋元时期汉民入主珠江三角洲与广府民系的形成

北宋末年和南宋末年，北方金人和元人相继南侵，促使大量难民

迁移至广东地区。两宋时期迁徙入广东的北方居民，多经大庾岭道，首先到达梅关南雄盆地，停留一段时间后，再顺北江而下来到珠江三角洲、西江流域，还有一些继续向西南迁移到漠阳江流域。南雄盆地的珠玑巷为大庾岭道上重要的驿站，开平县志卷二说：此乃由中原入广东必以珠玑巷为停驿。因在珠玑巷停留过，有约60%的广府人称自己是珠玑巷移民后裔。此时期北方移民多在此停留，然后再继续向南迁徙，并多以珠江三角洲为目的地，移民数量多，到宋末移民的人数已经多于土著的人数。宋代移民到达珠江三角洲后，逐步开垦珠江三角洲的平原低地区域，在西江、北江沿岸修筑堤围，开垦了大量土地。此时的土著原居地已被大量的南迁汉民所占领，并且土著与移民之间逐步融合与交流，形成了拥有粤方言的广府民系。

宋以后，元末明初和明末清初各有一次规模较大的移民，使得汉民在广府民系所占比例越来越高，最终占据了绝对优势，广府民系完全成为汉族的一个民系，并继续壮大发展成为广东最大的汉族民系。元末明初的战乱波及广府先民停留的南雄盆地，战乱促使停留于南雄的广府先民向珠江三角洲区域迁徙，南雄盆地遂被来自江西、福建地区的客家民系占领。宋代以后珠江三角洲地区大量的滨河低地被开垦，吸纳了诸多移民，珠江三角洲也成了广府先民主要的聚居区域。

（3）明清时期广府民系文化经济的兴盛

明清时期从北方迁入广东地区的汉民减少，新迁入的移民多融入已经形成的广府民系中。此时期珠江三角洲区域内的广州作为对外通商口岸，商贸发展繁荣，使其进一步成为广府民系最具人口与经济优势的核心区域。明清时期珠江三角洲区域人口规模与经济的发展，促使部分人口从广府民系核心区向外扩散。广府民系的汉民逐步迁徙到雷州市、广西西部等区域内。广府民系区域内逐步形成了西江广府文化亚区、高阳广府文化亚区和珠江三角洲文化核心区的区划。明清时期珠江三角洲区域内基塘等经济作物的兴起，使得广府民系商业经济领先于其他民系，加之广州、澳门等通商口岸的繁荣促使珠江三角洲区域对外交流密切，形成了其特色的农商结合的经济形态，重商务实、多元开放的文化特质。

2. 农商结合的经济形态

广府民系所在的珠江三角洲，对内连接西江与北江，对外直通南海，便利的交通使其成为我国最早开展对外贸易的地区之一。早在先秦时期，广州就已初具港市的雏形，秦朝统一岭南后，广州更成为我国南方的对外贸易中心。在汉代，珠江三角洲与海外通商，开辟了著名的"海上丝绸之路"。及至唐宋时期，广州已成为重要的通商口岸。交通的便利性刺激了广府民系核心区商品性作物的种植，据记载明代以前广府地区种植的甘蔗、荔枝、龙眼等经济作物，已经有所远销，但明代之前广府地区的经济作物种植数量较少，没有形成大规模的种植体系。明清时期广府地区经济作物的品类逐步增多，种植面积不断扩大，成为蚕桑、蔗糖、棉花的高产区。随着商品性作物种植增多，缫丝、棉纺、制糖等手工业逐步发展，产生的商品通过广州便利的交通远销国内外。

商品经济与进出口贸易的发展，促使广府民系核心区的传统村落由鱼米之乡转型成为农商结合的产业结构。广府民系核心区范围内大多传统村落都会发展具有自己特色的经济作物，如以顺德区九江镇为中心的桑蚕养殖，以番禺区为中心的果树种植，以陈村镇为中心的花卉种植等，并且出现了按产品分类集中的专业性墟市，如番禺区菱塘有鱼市，顺德区陈村镇有花果秧苗市等，形成广府民系核心区特有的传统乡村业态。另外，由于商品性农业的发展，此时珠江三角洲地区的粮食作物产量已经不能自给自足，多依赖邻省的供给。粮食的进口与农产品的出口进一步促进了区域内商贸的发展，农商结合的经济形态成为广府民系核心区的特色。

3. 宗族世仆二元的宗法制度

明清以来，珠江三角洲内宗族制度广泛盛行，形成了诸多拥有大量宗祠、族产、族田的大宗族村落。由于珠江三角洲沙坦土地的逐步浮生，大宗族的管理者多雇用与强迫世仆前去开垦，在新开垦的沙田区内逐步形成了依附于大宗族村落的世仆制村落。长期以来宗族制村落空制着世仆制村落，形成了广府民系核心区特有的宗族世仆二元社会制度。

宗族制度起源于黄河流域的氏族公社，随着北方移民的迁入，明代以后宗族组织在珠江三角洲地区较为兴盛。上文提到宋元时期大量北方汉民进入珠江三角洲区域，移民面对这片没有充分开发的土地，迫切需要解决入住权、土地开发权问题，面临兴修水利、开垦沙田等挑战。此时的移民组织依靠群体的力量，学习江南地区低洼地的治理经验，开始修堤筑围逐步开发珠江三角洲的低地。农民阶级是最讲求实际利益的集团，会本能地选择最有利于他们生产和生活的组织模式，宗族制度为这种民间组织提供了官方的认可和组织协调机制。发展到明代以后，广府民系核心区的宗族组织开始以中原高贵血统相标榜，使得广府先民感到自己存在的价值，进一步增加了宗族组织的凝聚力。随着明清时期珠江三角洲经济的发展，宗族制度能够有效组织民众开创实业，建立族田、族墟、族码头、族窑等，可以说商业化加深了宗族制度的庶民化。宗族制度是广府地区传统时期最为普遍的民间组织形态，也是村落管理的主要组织形态。

随着宗族制度的产生与普及，广府民系核心区内的大宗族、大地主拥有较强的势力，可以雇用甚至买卖贫苦家庭的廉价劳动力，使其成为奴仆，并世世代代为仆。这种奴仆制度盛行于明清时期的珠江三角洲地区，为广府地区的特有现象，称之为"世仆制"或"佃仆制"。世仆的来源除了贫苦家庭的劳动力，还有很多是被宗族势力胁迫的疍民。疍民是一种长期在沿海滨江地区从事渔猎的族群。广府地区的疍民多在珠江三角洲下游的河道和入海口处生存，他们世世代代以舟楫为宅，以捕鱼为业。疍民在历史上被认为是下等居民，不得上岸居住，不得应仕。广府民系核心区强大的宗族势力，胁迫疍民成为世仆后，使其在珠江三角洲从事艰苦的沙田开垦和耕作。因此，广府民系核心区传统村落内的社会组织形态多为宗族制组织和宗族胁迫形成的世仆制组织。

4. 重商开放的文化特质

重农抑商是中国传统农业社会的普遍观念，但广府地区历代作为通商口岸，促使广府人商品意识和价值观念非常强，崇商之俗日盛。明清后商品经济的发展，使得广府人做事讲求经世致用，追求财富，更突出地表现出重商务实的精神。广府民系远离北方政权中心，较少有民众研究高深理论，加之广府地区交通便利，是内陆与海洋贸易的枢纽，广府人中从事商贸的人数日益增多，《广东新语》记载："于是民之贾十三，而官之贾十七。"长期经商的广府人逐步形成了注重经济利益，追求说实话、干实事、求实效、讲实惠的务实文化特质。重商务实的广府人在营建村落的过程中，注重经济效益，经世致用的思想贯穿其整体的营建活动。

广府民系多元开放的文化特征，与其形成历史和自然地理条件是密不可分的。首先，广府民系就是在几千年的过程中不断地吸收北方迁徙而来的人口而形成的，可以说广府民系就是在不断地在接受外来文化的过程中形成的来自五湖四海的移民群体，移民带来了中原及其他各地的文化元素与文化圈子，在广东地区与原有的文化思潮交流融汇，生根发芽，进一步丰富了广府文化的内容。加之所处的江海之交的地理条件，广府地区受到各地文化的影响，广府人对于外来文化从容相待，有一种较为自觉的拿来主义的适应性与开放性。开放的广府人在营建村落的过程中，形成了中西合璧的建筑设计语言。

第二节　广府民系核心区传统村落景观形成历程与区划

一、广府民系核心区土地开发与村落选址历程

通过对传统村落景观数据库中的 369 个广府村落的建村年代进行核密度分析（图 2-2-1），可以大致看出广府民系核心区内的土地开发历程和选址特征演变。从广府民系历代的村落选址范围来看，其整体的开发特征是逐步从珠江三角洲平原高地向低地扩展。在宋代以前，广府民系核心区内地广人稀，很多土地处于未开发的状态。根据数据记载，从宋朝至清朝，珠江三角洲的人口增长了约 10 倍。可以说在宋代至清代约 1000 年间，广府民系人口快速增长，珠江三角洲地区大量土地被开垦，大量的村落在这个时间段建成。所以，宋代至清代

是广府民系核心区土地开发的集中时期，且每个朝代都有自己的土地开发特点。广府民系核心区土地开发时序示意如图 2-2-2 所示。

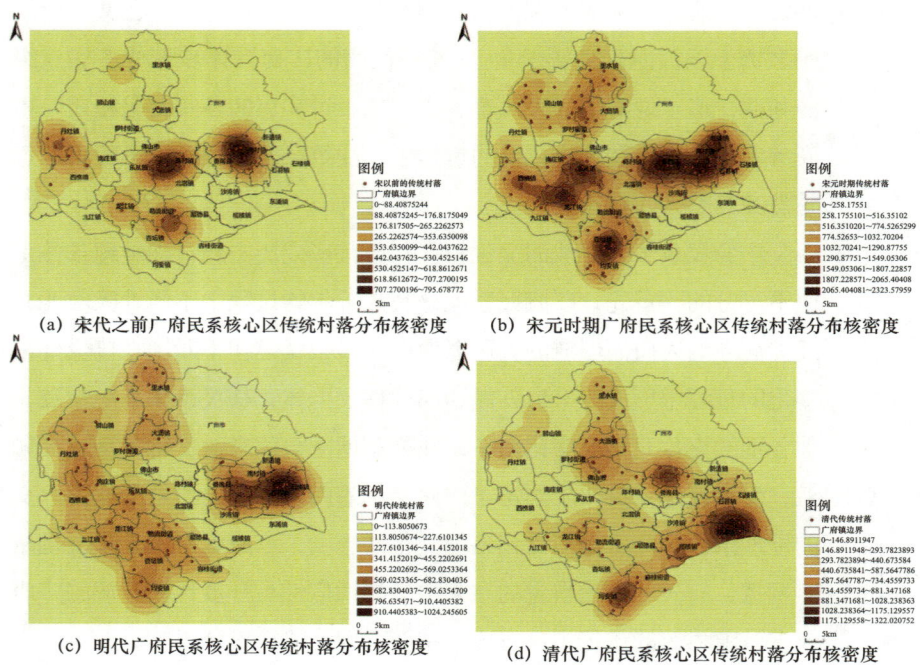

图 2-2-1 广府民系核心区各时期传统村落选址核密度示意图

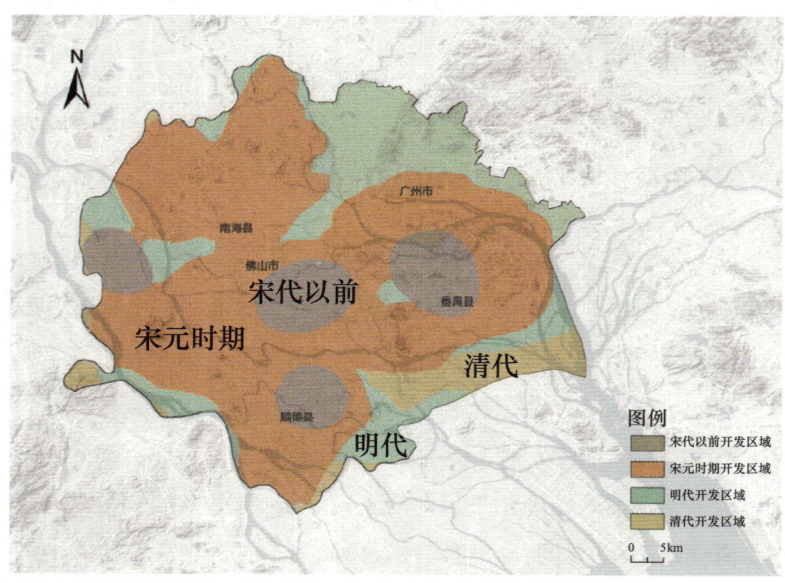

图 2-2-2 广府民系核心区土地开发时序示意图

1. 宋代以前滨河平原的开垦与村落选址

珠江三角洲地区早在新石器时期就有原始人类的存在，并在先秦时期成为南越人主要的聚居地。随着秦代南越国归属于北方政权，北方人口不断地迁徙到珠江三角洲地区。宋代以前从北方迁入的移民数量较少，移民来到珠江三角洲地区后便与南越人杂居，珠江三角洲内以本地原住民人口为主。

（1）滨河平原的开发。南越人亲舟善楫，其生产方式以渔猎、捕捞、采摘为主，农业为辅，其聚居地多选在滨水的区域。加之广府地区与北方之间有崇山峻岭相隔，此时从北方迁徙而来的移民，主要依靠水路交通来到广府地区，水路两岸的平原地区也逐步成了人们上岸营建村落的主要区域。宋代以前，珠江三角洲的成陆过程较为缓慢，水道宽深、陆域面积还不大，新生沙坦多数尚未开垦，河网低洼地也未得到利用。此时的土地开发面积较小，人们多开发滨河的平原区域。

（2）稻作、渔猎结合的产业特征。宋元以前广府民系核心区内河道宽阔，较少有洪涝灾害的发生，此时滨河平原地带土地资源充足，水量丰沛利于灌溉，非常适合水稻作物的种植。得益于平坦开阔的土地和充足的水源，那时广府地区的水稻田能够通过"刀耕火种"的方法进行种植。宋代以前广府民系核心区所处的珠江三角洲地区还处于发育中，临近入海口的区域仍处在涨潮被淹没、退潮成为沙坦的情形中，以当时的生产技术还不能对这种水草茂盛的沼泽地进行开发。但此时丰沛的水资源为渔猎产业的发展提供了条件，此时的农业生产形成了种植业和渔猎相结合的经济结构。

（3）水路交通要道与行政中心周边的移民村落营建。通过不同时期村落营建地点的定位可知，宋代以前营建村落的数量较少，约占调研样本的9%。此时北方移民对村落的选址有交通的易达性以及生存的安全性两方面的考量。此时期建村的传统村落都位于河道两岸，这主要受到当时移民迁徙路线与交通工具的影响，当时来到广府地区的移民主要通过水路交通到达珠江三角洲区域，并且多数人只能依靠简易的工具如竹木筏，顺风顺水漂流，在河流两岸择地而住。加之此时珠江三角洲河道宽阔，较少有水患的侵扰，河流两岸开阔的平地就成了传统村落主要的选址点。因此，这个时期的传统村落选址的平均高程较低为6.4m，平均选址坡度也较小为2.0°。另外，北方移民多集中在一起营建村落，以跟当地的土著村落抗衡，所以土地开发区域多集中于以广州为中心的汉民政权所在地区的附近区域，如番禺区内的大石街道大山村、南村镇官堂村等。广府民系核心区宋代以前传统村落选址特征示意如图2-2-3所示。

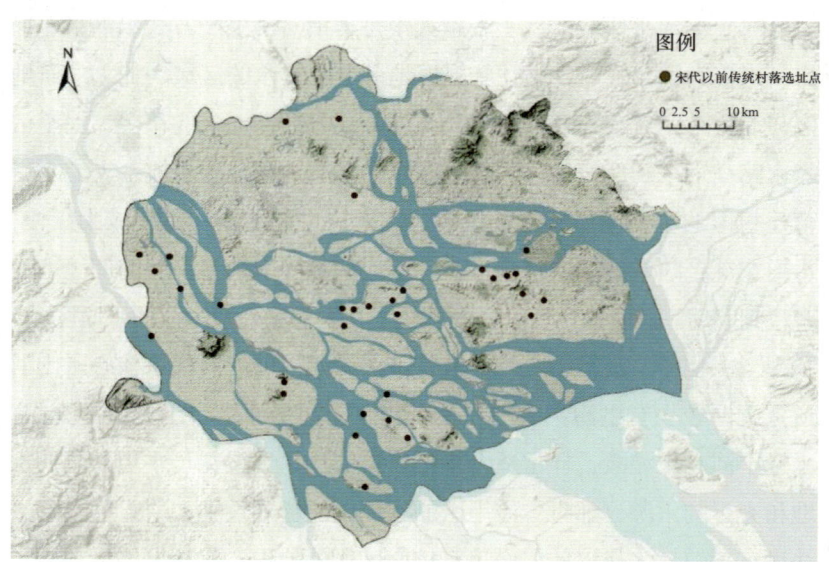

图2-2-3 广府民系核心区宋代以前传统村落选址特征示意图
（底图改绘自《珠江三角洲农业志》）

2. 宋元时期老三角洲开垦与村落选址

宋元时期由于北方的战乱，南下的移民数量众多，北方移民此时逐步成为广府民系核心区的主体。移民为广府地区的开发注入了生机活力。南迁移民精明能干，不仅在新辟之地迅速立足，而且成为发展当地经济的主体力量。南迁移民主要经历了在江西、湖南、江南地区等地的停留，已经熟练地掌握了水田耕作技术，加之江南地区早在春秋战国时期就有圩田修筑经验传入，移民迁入后能在岭南地区较为快速地开展稻作生产。移民大量迁入珠江三角洲，既对粮食生产产生巨大压力，也带来了先进的水利工程技术，由此翻开了珠江三角洲开发新的一页。

（1）"已成之沙"老三角洲土地的大量开发

宋元时期由于大批移民南下，珠江三角洲区域内的土地被大规模开发，开发范围基本涵盖了整个老三角洲平原区域。因成陆时间较早，当地将该地貌称之为"已成之沙"。此时期主要的土地开发方式是采用堤围体系来围垦滨河低地，据文献所载，宋代在西、北、东三江干流两岸陆续修筑了大小堤围28条。宋代的堤围建设多为防洪所需，堤围建设多沿西、北江主干河流两岸，其中包括著名的桑园围、官洲围等。由于宋代的堤围多沿西、北江两岸修筑，以筑堤为多，极少修成围，一般能顺水势，不和水争地。因而自从修堤使河床固定以后，水流加速，减少了泥沙在河床上的沉积，使水道流畅，加速了珠江三角洲平原的发育。此时期还利用北方移民的旱作耕种经验在番禺桥台地以及南海狮山台地的高地区域形成旱作，此类土地较难得到灌溉，多为"望天田"，产量较低。

（2）水稻大量生产与鱼米之乡的形成

宋元时期的堤围建设，使得"潮田无恶岁"，大大增加了广府地区的水稻种植面积。因此，粮食产量得到大幅度的提高。此时期由于北方地区的战乱，大量移民向南迁移到珠江三角洲地区。大量北方移民来到珠江三角洲后，为开垦较大范围的土地提供了人力和技术支持。此时土地开垦还受到政府的支持，如早在宋代神宗年间（1068—1085年），宋王朝为了巩固封建政权和加强在南方的统治地位，需要迅速兴建珠江下游的堤围、发展生产，以便从珠江三角洲收取税赋得到保障，因此推行减免税收、发放贷款和奖励地方官吏等一系列鼓励围垦的政策。宋元时期广州成为中国一大米市，有大批余粮支援闽、浙等地，号称"广米"，促进了广府民系核心区商品经济的发展。商品经济的发展带动了经济作物的种植，宋元时期利用地势较高的山地丘陵发展旱作，增加了许多旱作植物的种植，如甘蔗、茶、木棉等。此时珠江三角洲地区已经成为名副其实的鱼米之乡。

（3）丘陵坡地周边的村落选址

宋元时期是广府民系传统村落新建最多的时期，约有178个村落在此时期建成，约占调研样本的48%。为避免水患的影响，宋元时期新建的村落，多选择靠近山地和丘陵地区的用地。老三角洲区域内有诸多的丘陵和小山丘，宋元时期的村落在较大的山丘周边会形成较为密集的村落群，例如西樵山周边聚集的约十余个村落于宋代建成，另外大夫山、均安镇的小丘陵、南海区丘陵、大良地区丘陵等地也聚集着多个宋代建成的村落。靠近山地的村落能利用自然的坡度，促进村落内部的排水，还能将山前较为平坦的用地让给耕地。由于选址在山脚，村落平均选址高程增大到了 8.1m，平均选址坡度增大到了 2.6°。根据叠加图可知，此时期村落在丘陵山地边缘形成集聚的形态。据统计，分布在丘陵地区和山地边缘的村落约占此时期建造村落的 53%。其余村落虽没有选择山地丘陵区域，但会选择平原中具有坡度的微坡地形进行营建。广府民系核心区宋元时期传统村落选址特征示意如图 2-2-4 所示。

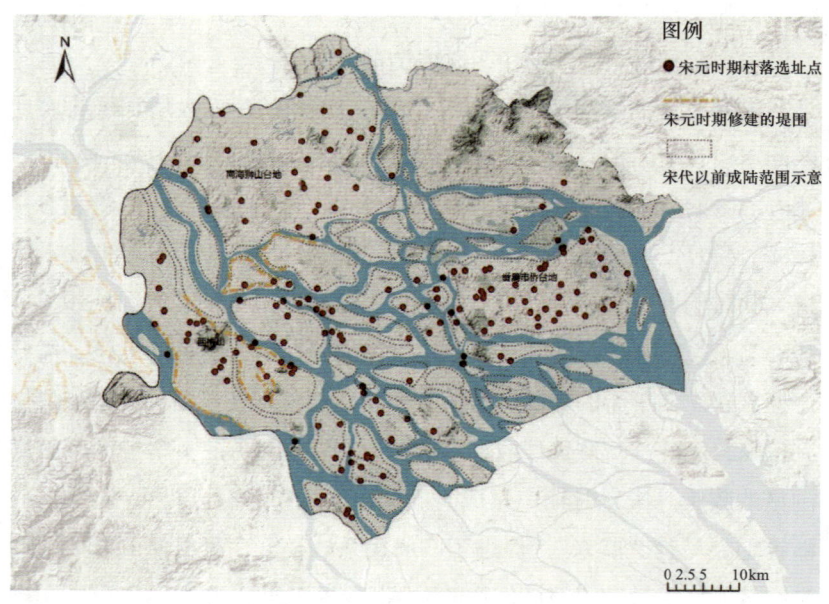

图 2-2-4　广府民系核心区宋元时期传统村落选址特征示意图
(底图改绘自《珠江三角洲农业志》)

3. 明代河坦沙洲的开垦与村落选址

明代以前，广府先民有诸多居住在广东北部的交通要塞南雄盆地周边，但元末明初，南雄区域战乱多，加之地震等天灾影响，原居南雄的广府先民大部分转移到了珠江三角洲地区，而南雄区域则被后来迁徙而来的客家民系所占据。此时的珠江三角洲地区，有诸多新浮生的河坦有待开垦，促进了省内移民的迁入。宋元时期的发展加之省内移民的进一步流入，使得明代初期珠江三角洲已成为人口密集区域。

（1）"新成之沙"河坦沙洲地的开发

由于宋代较大规模的开垦活动，珠江三角洲上游泥土流失增加，下游河道逐渐缩窄，许多河坦区域淤积成了沙洲。如果说宋元时期主要开垦的是已经成陆的"已成之沙"，那么明代主要开垦的就是新成陆的河坦沙洲即"新成之沙"。开垦后的"新成之沙"，当地称为沙田。沙田可稻可菱可盐可渔，而且在未成为熟田之前，三年不用向官府纳税，成为熟田之后，纳税也较轻，因而吸引着广府先民争相开垦。到明代，广府地区人民的堤围建设技术提高，普遍采用石堤来代替宋元时期的土堤，进一步地促进了沙洲河滩地的大规模开发。明代的堤围在宋代的基础上扩展到了西江、北江的支流区域，基本覆盖了西江、北江干流及支流区域，堤围捍卫农田面积也较大规模地增加。

（2）"基塘"特色农业的初步形成

明代开垦的沙洲河滩地多为泥泞的沼泽，水多地少，广府地区居民为了获得更多的土地，就将原本低洼的用地进一步下挖，形成多个水塘，并利用挖塘所出的泥土，抬高塘旁的土地，形成"基塘"形式的农田。基塘内的水塘养鱼，基上种植农作物，形成水产与养殖相结合的生产模式。由于此时期商品经济的发展，基上种植的农作物多为经济作物，如果树、桑树、甘蔗等。此时期比较具有代表性的农业类型就是"桑基鱼塘"，其运作模式主要是塘内养鱼，基上种植桑树，桑树叶子用来喂养蚕，蚕丝用来纺织丝绸，蚕的粪便用来养塘内的鱼。桑基鱼塘模式增加了土地的经济效益，促进了整个广府地区经济的发展。基塘的大规模开发多在明中叶以后，首先在顺德的龙江、龙山等地，后不断发展至顺德以及南海的多处区域。

（3）河坦沙洲中低中取高的村落选址

明代仍有北方汉民迁入珠江三角洲地区，加上原有的移民繁衍生息，村落数量不断增多，根据本次研究的样本统计，明代增加了77

个传统村落，约占总样本数量的21%。此时期营建村落时，会选择低洼地中地势较高的区域，并且会在营建村落前垫高村落用地，形成前低后高的微坡地。明代村落选址较宋代来说，更加趋向选择平坦的地区，其村落选址平均高程约为6.8m，平均选址坡度约为2.4°。据统计，明代约有63%的村落选址于河坦沙洲地进行营建，另外还有37%的村落延续宋代的选址特征，继续寻找山地丘陵边缘地区营建。广府民系核心区明代传统村落选址特征示意如图2-2-5所示。

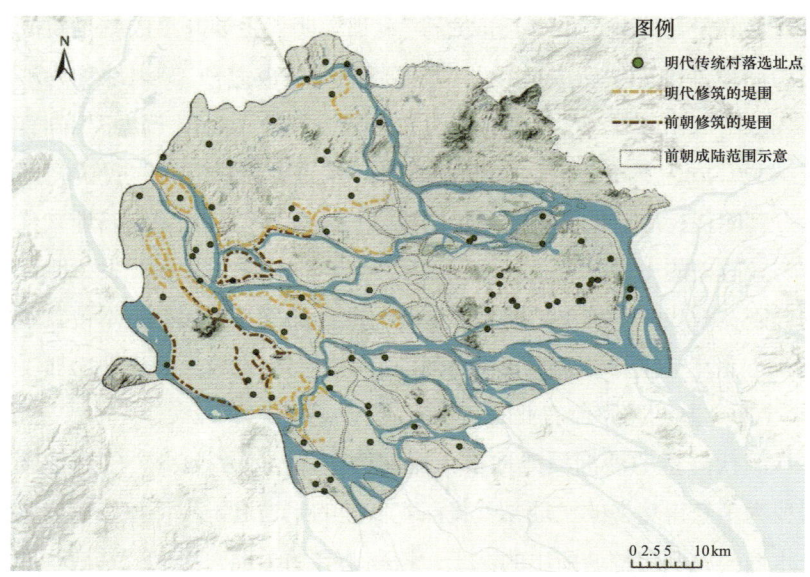

图2-2-5　广府民系核心区明代传统村落选址特征示意图
（底图改绘自《珠江三角洲农业志》）

4. 清代海坦沙洲的开垦与村落选址

清代珠江三角洲的人口接近饱和，较少有大规模的人口迁入，此时的人口变化主要是内部人口的滋生以及流民继续顺江迁入沙坦（沙田）区域，促使疍民增多。清代在已经成陆的老珠江三角洲区域内已经稳定地聚居了诸多有较强经济实力的宗族村落。宗族村落的地主为瓜分和占领仍在逐步成陆的海坦区域，雇用诸多珠江三角洲边缘山区的瑶民、浮荡江海的疍民和因商业化破产而被逐出产业的流民，开垦新成陆的沙坦（沙田）区域。这些被大宗族势力所掌控的开发沙坦（沙田）区域的劳动者是当时社会的低下阶层。沙田的开发促进了人口向珠江三角洲滨海的边缘区域转移。据统计,在鸦片战争前夕,单广州一地,已有疍民十余万至二十万。

(1)"未成之沙"海坦低地的开发

清代自然地淤积而生的沙坦的扩展速度已经满足不了广府先民开发新增土地的需求。清代广府先民通过人工促淤,逐步向海要地,使得清代成为珠江三角洲土地开发面积拓展最快的时期,其沙田扩展面积比明代增加一倍以上。清代广府地区人民在滨海的浅海滩地区,通过筑坝、拦堵河道、种植水草等一系列工程人工促淤,从而将土地开垦对象从"新成之沙"扩展到"未成之沙"。据南海县志(1835年)描述:"昔筑堤以护既成之沙,今筑堤以聚未成之沙;昔开河以灌田,今填海以为陆"。随着土地的围垦区域从河坦逐步转向海坦地区,堤围的修建迅速向滨海地区扩展。同历代修筑堤围和围垦比较,清代是珠江三角洲修筑堤围和围垦的兴盛时期。在广府民系核心区向海要地的区域,以万顷沙地区为代表,自嘉庆至宣统年间(1796—1911年)的116年中,万顷沙地区共拍小围50多个,扩大耕地达600余顷之多。

(2)基塘的转型发展与耐咸稻作发展

清代受国际市场对蚕丝的需求的影响,广府民系核心区内以南海、顺德地区为中心的基塘农业发生了从果基鱼塘向桑基鱼塘的转变。桑基鱼塘面积不断扩大,桑基鱼塘的分布从珠江三角洲的西北部向中部扩展,到清末桑基鱼塘的面积逐步扩展到南海的大部分地区和顺德的全境区域。此时期新开垦形成的海坦低地内的农田,往往由于海潮的侵蚀,含盐量较高,不适于农作物的种植。广府人就利用堤围、水闸,按照涨潮退潮的时间,定时开启与关闭水闸,引入较淡的河水,并阻挡较咸的海水,逐步将此区域转换为适合水稻种植的农田。由于此区域内水量丰富,水稻田内水位较高,在水稻收割完毕后便可蓄水兼进行鱼、虾养殖,充分利用水资源。

(3)沙坦低地内滨河船屋村落的增加

清代,广府地区的传统村落增加了81个,占样本总数的22%。清代村落选址的平均海拔较低约为6.1m,平均选址坡度也较为平缓约为2.1°。人工促进淤积使得浅海地区的用地逐步浮出水面。此类区域水量更加丰富,道路以河流为主,村落多以船屋的形式分布在河面上。广府民系核心区清代传统村落特征示意如图2-2-6所示。广府民系核心区土地开发与村落选址特征演变见表2-2-1。

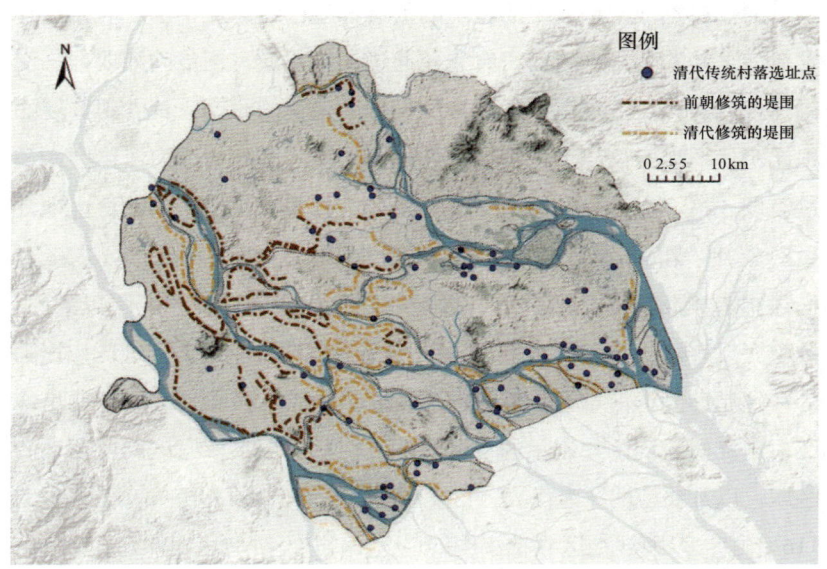

图2-2-6　广府民系核心区清代传统村落特征示意图（底图改绘自《珠江三角洲农业志》）

表2-2-1　广府民系核心区土地开发与村落选址特征演变

时间	宋代以前	宋元时期	明代	清代
主要土地开发类型	滨河平原（61%）	丘陵周边低地（53%）	河坦沙洲（63%）	沙坦滩地（82%）
土地开发地貌地点	水资源稳定的平原土地	"已成之沙"（已经成陆的沼泽地）	"新成之沙"（新成陆的沼泽地）	"未成之沙"（浅海滩区域）
水利设施作用	—	顺水而为，修筑河堤	向河要地	向海要地
水利体系特点	较少建造大规模水利体系、沟渠	大围、单向围、敞口堤围	小围、闭口围	筑闸联围、大围、闭口围
水利工程技术	较原始	土堤	石堤	泥、石并用
主要农业种植类型	传统的稻作、渔猎	稻作、旱作	稻作、果基鱼塘	稻作、桑基鱼塘、果林、潮田
新建村落数量(个)及占地	32（9%）	179（49%）	77（21%）	81（22%）
平均选址高程 (m)	6.4	8.1	6.8	6.1
平均选址坡度（°）	2.0	2.6	2.4	2.1

续表

时间	宋代以前	宋元时期	明代	清代
政治社会背景	以土著居民为主，汉民集中居住	大量汉民来到珠江三角洲开垦。政府主导堤围修建，鼓励围垦	宗族制度兴起，宗族组织堤围兴建与农田开垦	政府鼓励垦荒，迁海复界，宗族发展强迫世仆开垦土地

二、广府民系核心区内传统村落景观区划

1. 适应低洼地势的三类土地利用方式

广府民系核心区内的传统村落均位于珠江三角洲平原区域内，在整体地势低洼的地理环境下，由于珠江三角洲平原区域内夹杂丘陵台地的地貌特征的影响，传统村落的选址环境具有了一定的分异。从传统村落发展历程来看，其不断向地势更为低洼、积水更多的区域发展，形成了三种与水共生的土地利用方式（图2-2-7）。

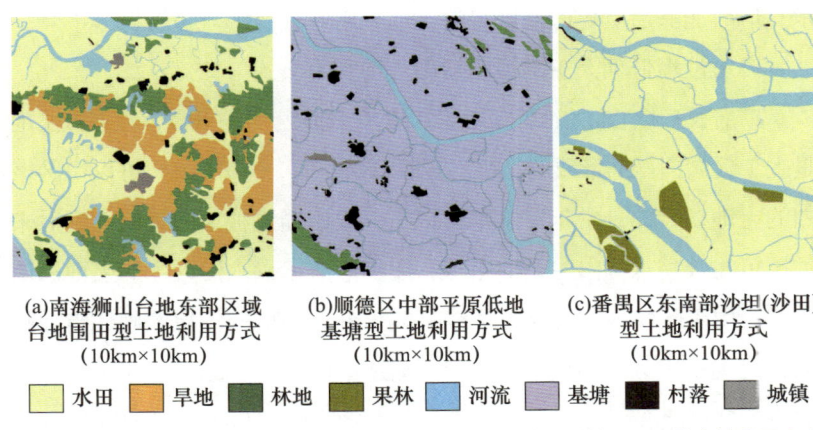

(a)南海狮山台地东部区域 台地围田型土地利用方式 (10km×10km)

(b)顺德区中部平原低地 基塘型土地利用方式 (10km×10km)

(c)番禺区东南部沙坦(沙田) 型土地利用方式 (10km×10km)

水田　旱地　林地　果林　河流　基塘　村落　城镇

图 2-2-7　广府民系核心区三类土地利用方式
（注：图片根据民国时期测绘图识别绘制。）

（1）台地平原交错区内水田旱地结合的土地利用方式

在广府民系核心区的北部区域分布着诸多丘陵台地，较大的有南海狮山台地、番禺桥台地，以及白云山等诸多丘陵。区域内台地的海拔多在 20 ~ 25m，区域内的丘陵海拔最高可达 460m，为广府民系核心区地势最高的部分。该区域内较高海拔的土地难以通过河流进行

灌溉，只能种植旱地。此区域内平原地区的地势高出珠江常年蓄水水位 0.6～0.9m，容易得到河水的灌溉，多种植水稻形成水田。顺应高低变化的地势，区域内形成高地旱地、低地水田，水旱地交错的土地开发方式。利用民国时期的测绘图计算可知，该区域内的土地中有约 63.19% 的面积，常年能够蓄水，其中天然河流占总面积的 7.66%。区域内的水田种植需要进行堤围的修筑来防治水患，当地人将其称作"围田"。

（2）平原低地人工开挖基塘土地利用方式

广府民系核心区南部地势更为低洼，平原上除了散落的岛丘外，高程与珠江河道水位相近，该区域内更易受到洪泛的影响。明代中期以后该区域逐步挖塘筑基，形成连片的基塘，连片的基塘又称基水地，成为一种分布在广府民系核心区南部南海、顺德及周边区域的特色人工地貌。通过基塘型的土地利用方式，该区域内大量土地被改造成了可以蓄水的水塘，该区域内大约有 88.62% 的土地常年能够蓄水，形成能够适应更低洼地势的土地利用方式。

（3）沙坦低地人工围垦的沙田土地利用方式

广府民系核心区东侧临近出海口的区域地势更为低洼，大多数土地是人工促淤围垦而形成的，平均高程仅为 –0.4～–0.7m。可以说区域内的土地，大部分常年在水平面以下，人们通过种草、筑堤再到后来种植可在较高水位内生长的水稻，逐步形成了以水田为主的土地利用方式。由于区域内多为新浮生或者人工促淤形成的沙坦地貌，当地人多称此类水田为"沙田"。沙田区域由于地势更为低洼，约有 97.82% 的土地常年能够蓄水，成为一种更能适应低地水环境的土地利用方式。

2. 广府民系核心区内传统村落景观分区

广府民系核心区内由于自然资源的差异性，尤其是水资源的差异性，产生了围田、基塘、沙田三种类型的土地利用方式。三种类型的土地利用方式促使其内部传统村落景观在水利体系、生产方式、聚居地选址等方面各具特色。在区域尺度，可基于土地利用特点将广府民系核心区分为三个区划，进行传统村落景观的研究。通过上文的分析可知广府民系核心区内土地利用方式的分异，与其所处的地形地貌环境较为相关。在老三角洲平原之上的台地、丘陵及其周边区域，多采用水旱地相结合的土地利用方式。在老三角洲平原的南部地势较为低洼的区域，则多开挖形成基塘为主的土地利用方式。新三角洲平原的沙坦地则多被开挖形成沙田。广府民系核心区内河道水网密布，将广府民系核心区划分为了多个滨河地块。通过将地貌与水环境叠加，可将广府民系核心区以河流为边界，分为台地围田区、低地基塘区与沙坦（沙田）区三种类型的景观区划。广府民系核心区传统村落景观区划如图 2-2-8 所示。不同景观分区内土地利用特点统计如图 2-2-9 所示。

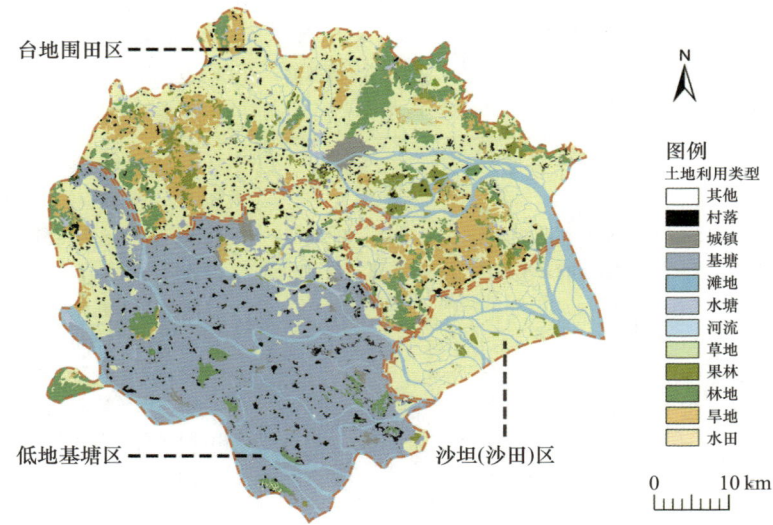

图 2-2-8　广府民系核心区传统村落景观区划图
（注：图片根据民国时期测绘图识别绘制。）

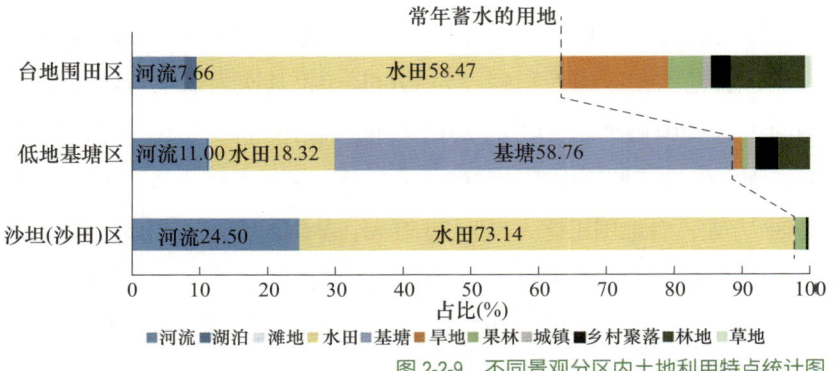

图 2-2-9　不同景观分区内土地利用特点统计图

本次研究选取的 369 个广府民系核心区传统村落样本，属于台地围田区的有 164 个，属于低地基塘区的有 177 个，属于沙坦（沙田）区的有 126 个。广东三大汉民系传统村落景观分区见表 2-2-2。

表 2-2-2 广东三大汉民系传统村落景观分区

分区名称	分区内主要土地利用方式	分区范围		分区土地主要开发时代
		清末的行政分区	现代行政分区	
台地围田区	水旱地结合的开发方式	广州市、鹿步都、茭塘都（西部）、沙湾都（北部）、金利都、沁冲都、三江都、黄鼎都	广州市（越秀区、荔湾区、海珠区、天河区、黄埔区、白云区）、南村镇、新造镇、化龙镇、石楼镇（北部）、石基镇（北部）、沙湾街道（北部）、狮山镇、里水镇、大沥镇	宋元时期、明代、清代
低地基塘区	基塘种植养鱼相结合的开发方式	西淋都、鼎安都、马宁都、东涌都	丹灶镇、南庄镇、西樵镇、九江镇、乐从镇、佛山市、龙江镇、陈村镇、北滘镇、伦教街道、大良街道、容桂街道、勒流街道、杏坛镇、均安镇	明代中叶开始转型开发
沙坦（沙田）区	沙田以种植深水稻作为主要的土地开发方式	沙湾都（南部）、茭塘都（东部）	东涌镇、榄核镇、石楼镇（南部）、石基镇（南部）、沙湾街道（南部）	清代

3. 广府民系核心区内主导型景观区的确立

广府民系核心区内三个景观区划，由于区域面积、人口数量、经济发展程度的不同可进一步分为主导型与亚型进行研究。在区域面积方面，台地围田区的面积较大为 1766km²，其次为低地基塘区，占地面积约 1201km²，沙坦（沙田）区面积较小为 297km²。在人口数量方面，低地基塘区由于特殊的产业形式，劳动力需求量较大，人口为 82 万人，台地围田区人口为 75 万人，沙坦（沙田）人口数量最少且多为不能入户籍的疍民，其具体数量暂无统计，但人口数量是远少于台地围田区和低地基塘区的。在经济发展程度方面，低地基塘区可以说遥遥领先于其他两个区。清初即有"洋船争出是官商，十字门开向二洋。五丝八丝广缎好，银钱堆满十三行"的记载。一丝带百业，桑基鱼塘不仅成为珠江三角洲的经济支柱，而且带动了蚕桑业、织造业、淡水养殖业及外贸业的发展，产生了巨大的经济效益，促进了珠江三角洲工商业的总体发展，使其成为广东的经济中心。顺德作为珠江三角洲蚕桑业的中心，成为名副其实的岭南强县，一度控制广东银行 80% 的资金，成为"广东银行"和"南国丝都"。虽说广府民系核心区内台地围田区所占面积最大，但相对于低地基塘区来说，人口密度较小，经济水平较低，因此本书选取低地基塘区作为广府民系核心区域最具代表性的主导型传统村落景观进行研究，台地围田区与沙坦（沙田）区内的传统村落作为亚型。广府民系核心区内不同景观区传统村落景观的数据对比见表 2-2-3。

表 2-2-3　广府民系核心区内不同景观区传统村落景观的数据对比

类型	台地围田区	低地基塘区	沙坦（沙田）区
分区面积（km²）与占比	1766（54%）	1201（37%）	297（9%）
1937 年所在区域人口数量（人）	753146	816407	—
耕地面积（hm²）	112838	113932	22880
经济效益	中	高	低
区域内传统村落数量（个）及占比	177（48%）	166（45%）	26（7%）
传统村落类型等级	亚型	主导型	亚型

第三节　广府民系核心区低地基塘区传统村落景观特征

一、广府民系核心区低地基塘区的区域景观特征

低地基塘区作为广府民系核心区的特色产业区域，在明中叶以前多种植水稻田，后由于商品经济与桑蚕业的发展，基塘形式的土地开发区域逐步扩展。区域内水利体系完善、人口密度大，经济发达，既是广府民系核心区内的主导传统村落景观类型，又是广府民系特有

的一种传统村落景观类型。通过对民国时期的测绘图的解译与分析可以发现，低地基塘区内"三生"斑块的分布情况如图 2-3-1 所示，其"三生"斑块景观指数统计见表 2-3-1。低地基塘区总体形成了连片的基塘基质，联通的河网廊道与依水中高地而建的生活斑块的区域景观特征。

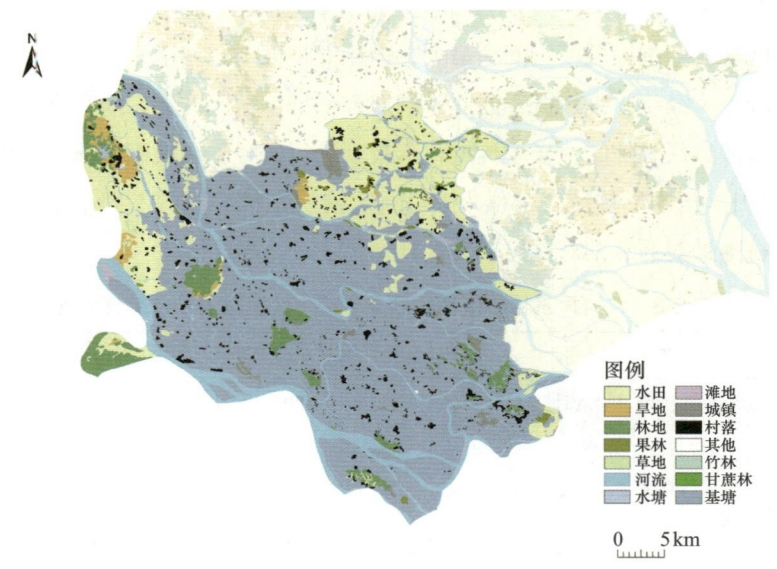

图 2-3-1　广府民系核心区内低地基塘区"三生"斑块构成图
（注：图片根据民国时期测绘图识别绘制。）

表 2-3-1　广府民系核心区低地基塘区"三生"斑块景观指数统计

类型		斑块数（个）	斑块类型面积（hm²）	斑块类型面积百分比（%）	平均斑块面积（hm²）	斑块密度（×10⁻²个/hm²）	最大斑块占比（%）	平均最近距离（m）
生态空间	河流	66	15842.73	11.00	240.04	0.05	10.73	56.63
	湖泊	66	452.54	0.31	6.86	0.05	0.06	1072.19
	滩地	10	318.54	0.22	31.85	0.01	0.10	6361.45
	林地	73	6600.71	4.58	90.42	0.05	0.97	552.34
	草地	9	211.36	0.15	23.48	0.01	0.07	1825.07
	竹林	4	105.4	0.07	26.35	0.00	0.06	2573.61
生态斑块合计		228	23531.28	16.33	—			

续表

类型		斑块数（个）	斑块类型面积（hm²）	斑块类型面积百分比（%）	平均斑块面积（hm²）	斑块密度（×10⁻² 个/hm²）	最大斑块占比（%）	平均最近距离（m）
生产空间	水田	181	26382.23	18.32	145.76	0.13	2.01	271.78
	基塘	202	84619.59	58.76	418.91	0.14	4.47	111.78
	旱地	24	1960.18	1.36	81.67	0.02	0.64	2139.73
	果林	56	965.78	0.67	17.25	0.04	0.09	1326.85
	甘蔗林	1	4	0.00	4.00	0.00	0.00	—
生产斑块合计		464	113931.78	79.11	—	—	—	—
生活空间	城镇	30	1727.52	1.20	57.58	0.02	0.37	2048.36
	村落聚居地	1192	4792.04	3.33	4.02	0.83	0.07	226.30
生活斑块合计		1222	6519.56	4.53	—	—	—	—
其他		6	23	0.02	3.83	0.00	0.01	5595.59

1. 河网纵横的自然生态基底

整个珠江三角洲平原由西北向东南倾斜，低地基塘区就位于地势更为低洼的珠江三角洲南部区域。区域范围内大部分为地势较低的平原地貌，海拔多在 0.7～2.5m。在平原之上夹杂着多个小型岛丘，海拔多在 10～25m，较为零散孤立地分布在平原之上。孤丘上多形成人工次生林地，主要树种有水松、水杉、木棉、细叶榕、大叶榕等，林地斑块占区域总面积的 4.58%，分布数量较少。

区域内水系发达，河流斑块占区域总面积的 11%，是主要的生态斑块。主河道较为宽阔有 200～300m，大部分河道深 5～14m，比降较小。河道间可相互沟通，汇流水面宽广，越往下游分汊河道越多、水网越密，形成纵横交错的网状河流廊道。河流廊道具有"半日潮"的水文特性，在日常情况下，每天出现一次高潮和一次低潮，一次次高潮和一次次低潮，且高潮和次高潮以及低潮和次低潮的高度相差较大，相差近 1m，由于田面高程较低，可利用潮差进行灌溉。每年4—9月的多雨台风季节，容易出现河水上涨，如果叠加潮水，易形成风暴潮，促使河水上涨，淹没农田并威胁村落的安全。因此，低地基塘区内既拥有丰沛的水资源和便利于潮水灌溉的条件，又要面对低地水患的灾害威胁。

2. 桑基鱼塘为主的生产斑块

（1）连片的基塘斑块。低地基塘区内低洼且水患频发的自然环境使得传统的农耕种植的耕作方法，难以大面积开展。从唐代开始，区域内就有了利用池塘养鱼的记录，但规模较小。宋代在顺德的龙山与龙江两地，开挖了8124亩（1亩≈666.67m^2，下同）鱼塘，约占当地土地面积的18%，形成了大规模开挖鱼塘的先例。到明代中叶以后，由于桑蚕产业的刺激，挖塘养鱼、塘基种桑的土地开发方式逐步蔓延开来，到清乾隆年间掀起了"弃田筑塘，废稻树桑"的高潮。在高回报的经济刺激下，桑基鱼塘产业逐步成为该区域的主导产业，该区域低洼的土地多被挖做基塘。根据本次统计，在民国时期基塘的面积约为84619hm^2，占区域总面积的58.76%，基塘斑块的平均面积更是达到了418.91hm^2，连片的基塘斑块成为该景观区内的基质。现代连片的基塘景观如图2-3-2所示。

图2-3-2　现代连片的基塘景观

（2）灌溉防洪一体的闭口堤围体系。基塘型的土地开发方式中人工参与程度较高，既需要筑堤防水患，又需要修河满足基塘的排灌。因此，沿江河修筑堤围进行防洪，内部疏浚河道进行排灌，是低地基塘区农田生产的保障。

①闭口堤围体系的形成。

低地基塘区的堤围体系可分为外围与子围两类，其中外围多为沿江或主干支流河道形成的大型基围，子围则是在其内部为进一步控制某一区域的水文条件而修建的子围以及各乡各堡修建的乡围等。由于低地基塘区内整体地势偏低，河道为网状，其大部分基塘四面环江河，堤围的修筑顺江河分布，形成圈筑基塘四周的闭口堤围体系。根据《珠江三角洲农业志》，至清末民国时期低地基塘区内共建了100多处堤围，其中有31处沿江大型闭口堤围。闭口大型堤围往往是由多个子围不断地筑闸连围而形成的，光绪年间《重辑桑园围志》载："沿内河两岸捍以子围，多设窦闸以时启闭。"这说明在闭口大型围堤内各个堡为防内涝还会修建子围，又称内围，如桑园围内有20余个子围。规模较大的外围，能捍卫1.3万～2万 hm² 的农田，子围则可捍卫几公顷至几十公顷不等的农田。所以，广府民系核心区的低地基塘区的堤围体系，在闭口围的基础上，形成了外围和子围相互嵌套的堤围体系。外围与子围结合的闭口堤围，在一定程度上将农田与江河分隔开来，削弱了洪泛对农田的影响。低地基塘区主要堤围水利体系位置如图 2-3-3 所示。

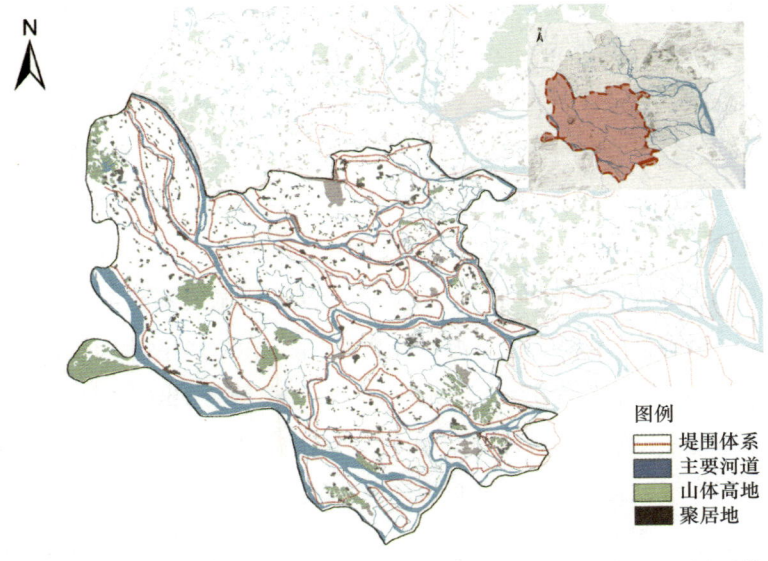

图 2-3-3　低地基塘区主要堤围水利体系位置图（堤围位置改绘自《珠江三角洲农业志》）

②隔江、疏涌、开渠的河道治理措施。

在建设多个堤围后，广府民系核心区内的堤内外水体被分隔开来，其农田用水的排灌多依靠与江水相连的大大小小的河道来完成，这些从宽到窄的河道，多被广府人称作"海""涌""滘""渠"等。"海"多指自然形成的珠江三角洲内部的主干河道，堤围内连接"海"的河道，广府人多称之为"涌""滘"等。嘉庆年间《龙山乡志》和光绪年间《九江儒林乡志》皆载"广人谓小港曰涌""谓小水可通舟者约滘"。对待这类河道，广府人多采用疏浚的方式，保障畅通，以供舟楫之便。"涌""滘"在堤围内部相互联通，不仅能够提供农田灌溉功能，还可以具有水运交通作用。"渠"则为最窄的河道，主要用来连接"涌""滘"与鱼塘，是鱼塘不可缺少的排灌小水渠。就这样，密布的水网被分级处理与疏浚，满足了农业生产的需要与防洪的要求。

③闸窦水利调控设施。

堤围上有多个闸窦等水利调控设施，闸窦的修建，对于围内水体的整体调控有着至关重要的作用。根据引水与防洪的需要，进行开闭，调控堤内外水位，有内闸与外闸之分。据《九江儒林乡志》载，"各埠涌口每设闸，以时启闭"。在咸丰年间《顺德县志》的舆图中也明确地标出了江尾堡中主要水闸的位置。不难看出，闸多位于"海"与内部主要的"涌"之间。闸的规模与形制较大，主要作为调控进入堤内水量多少的设施。《广东通志》水利卷记载"窦设闸通于江"，"自是启闭以时，雨则分波内潦，旱则引潮灌溉数万亩，洼污之田悉为高腴，渠皆可行舟"。在河海旁较大堤围上一般都有水闸的修建，管控江水能否进入围内，称之为外闸，外闸形制较大，沿江堤设置，内部连通围内主干航道，开闸即可通航。内闸设置在堤围内河涌之上，可调控内部河涌上下游水位高低，闭闸可用来蓄水灌溉，开闸则可泄洪排水消除内涝。窦的形制较小，为鱼塘之间或农田与水道间的小型排灌设施。闸窦等的修建，使广府地区人们掌握了利用水源的主动权，可以兼收排洪、灌溉和行舟之利。

（3）桑基鱼塘与果基鱼塘的农田斑块。低地基塘区内的农业形成了塘中养鱼与基上种植的复合种植模式。据《广东新语》记载，基塘内多养殖鲩、鲢、鳙、鲮等四大家鱼。基上种植作物种类丰富，有桑基、蔗基、果基和杂基等。基塘结合形成了复合的农业景观类型，其中比较有代表性且种植广泛的有果基鱼塘、桑基鱼塘两种。果基鱼塘形成于明初，由于商品经济的发展，基塘地基上多种植果树，形成了果基鱼塘体系。万历年间《顺德县志》记载："负郭之田为圃，名曰基。以树果木。荔枝最多，茶桑次之，柑橙次之，龙眼则树于宅，亦有树于基者"。这说明明朝时期广府地区的果基鱼塘已经初成体系，并且基上的水果种类丰富。

桑基鱼塘形成于明中期，明万历年间《顺德县志》《杂志·第九》中的"负郭之田为圃，名曰基"是"基塘"中"基"的最早记载。城市工商业的发展和桑蚕业的发展，促使基塘地基上改种桑树，桑基鱼塘体系逐步形成。《广东新语》上记载了桑基鱼塘的组成方式："池塘以养鱼，堤以树桑。"塘里养鱼，塘泥可做基上桑树的肥料，桑树叶被蚕食用后，其排泄物可作为鱼饲料，形成了"基养塘，塘养基"的循环利用模式。据广东省科学院广州地理研究所的调查可知，基塘"基"上的农作物比一般旱地种的产量高 25% ~ 50%。桑基鱼塘体系把养鱼业和桑蚕业的生产结合起来极大地促进了珠江三角洲地区的经济发展。

3. 依水中高地而建的聚居地斑块

低地基塘区内传统村落的聚居地斑块具有数量多、规模小、分散分布的特征。低地基塘区聚集着广府民系核心区内众多的人口，人口密度在三个分区内最高，其内的聚居地斑块数量也最多，据统计低地基塘区传统村落有 1192 个聚居地斑块。低地基塘区的聚居地平均斑块面积为 $4.02 hm^2$，小于台地围田区 $4.56 hm^2$ 的聚居地平均斑块面积，也小于潮汕民系核心区内传统村落约 $6.45 hm^2$ 的聚居地平均斑块面积。低地基塘区的聚居地斑块密度较高约为 0.83 个/百 hm^2，但由于斑块面积较小，整体低地基塘区内的聚居地形成了分散分布的特点。

造成区域内斑块规模小与分散分布的主要因素还是低地基塘区内低洼的整体地势。低地基塘区内地势较高的区域仅有散布在区域内的多个孤丘，孤丘周边尤其是山脚处地势较高，能够防御水患，往往成为传统村落聚居地的最佳选址点。在低地基塘区内散布的低丘地势稍高，多成为传统村落聚居地的选址点，如顺德区均安镇内丘陵的山脚有约10个传统村落选址，且均安镇丘陵的东南西北等多个方位均有传统村落选址，说明在低地水患的影响下，择高而居是第一位的，相对来说聚居的朝向问题次之。除了依靠自然高地的聚居地选址方式，低地基塘区的居民还会选择在较高的河岸或堤围等人工高地之上营建传统村落。这些人工高地有的是依靠深挖鱼塘所得到的泥土堆积而成的，在一片普遍低洼的片区内形成稍高的聚居地。由于低地基塘区内水乡泽国的地势形态，适宜营居的地势稍高的土地较少，低地基塘区内聚居地分布就较为分散，聚居地斑块面积也较小。低地基塘区内依水中高地而建的生活斑块如图2-3-4所示。

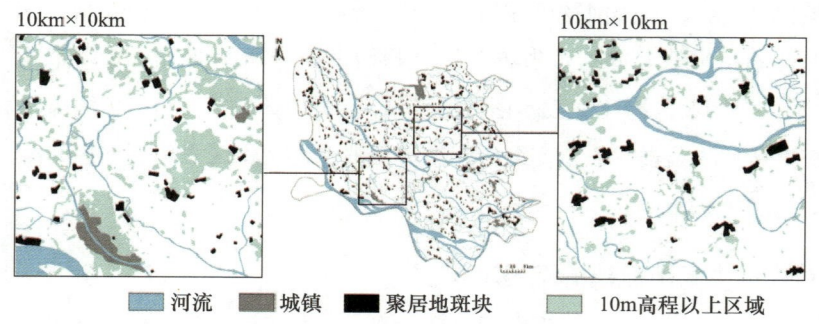

图 2-3-4　低地基塘区内依水中高地而建的生活斑块
（注：图片根据民国时期测绘图识别绘制。）

二、广府民系核心区低地基塘区的传统村落群景观特征

1. 以堤围为传统村落群边界

低地基塘区受到珠江三角洲河网体系的影响，土地被水网分割形成多个大小不等的江河间小平原或小沙洲。选址在河网中小平原的传统村落为保障聚居地与农田的安全，需要修筑沿河沿江的堤围，来应对水患的威胁。低地基塘区的堤围主要是从宋代开始营建的，堤围建造之初，规模比较小，一般来说都是一个村落或者几个村落沿河修筑的小型堤围。后随着沙坦的逐步浮生，更多沿河的土

地祖露了出来，加之基塘产业对河流的侵占，低地基塘区内河道逐步缩窄，水患日益严重。到了明清时期单薄的小型堤围已难以抵御水患，低地基塘区内先民便联合起来，将在多个分散的小型堤围（私基）的基础上，逐步筑闸联围，并加固加高堤围，形成涵盖诸多村落的联合大围。联合大围形成后，围内的村落便成了抵御水患的利益共同体，一旦某处堤围决口，就可能对整个围内的村落都造成损失。水患在一定程度上增加了村落间的内聚力，从而形成堤围内部交往密切的传统村落群。广府民系核心区低地基塘区水利边界与行政边界的关系如图 2-3-5 所示。

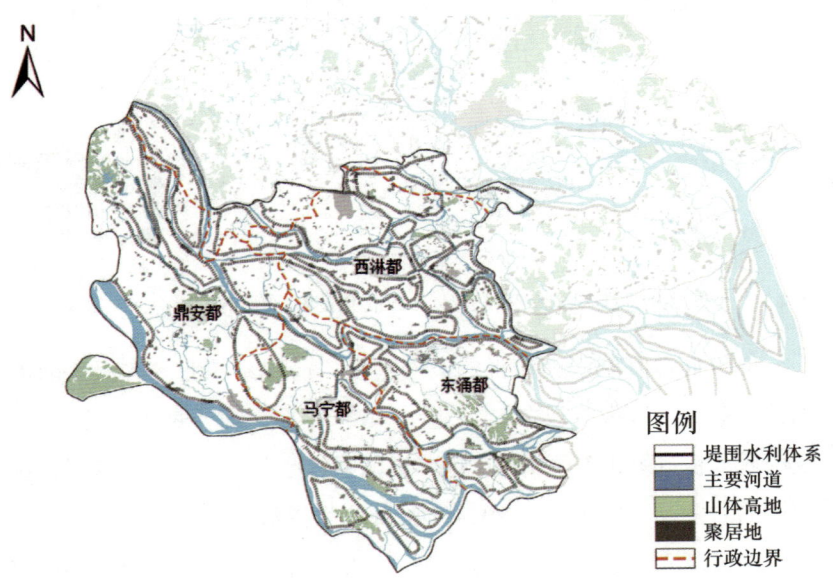

图 2-3-5　广府民系核心区低地基塘区水利边界与行政边界的关系
（根据咸丰、民国《顺德县志》、宣统《南海县志》识别绘制）

低地基塘区在传统时期形成了大大小小约 200 多条堤围，其中对村落群的形成产生影响的主要是沿江的大型堤围。沿江的大型堤围的修建往往能够影响整个江河小平原中的传统村落。面积过小只有数平方千米的河间小的沙洲区域，则附属于其旁较大规模的村落仅仅作为农耕开垦用地，可将其纳入其旁的村落群范围内。通过对低地基塘区内较大的沿江堤围边界的提取，可以看出低地基塘区的传统村落可以划分为约 26 个传统村落群，平均村落群面积为 67.4km^2，平均每个村落群内涵盖了约 37 个传统村落。依据大型堤围与自然河网边界划分的低地基塘区传统村落群如图 2-3-6 所示。

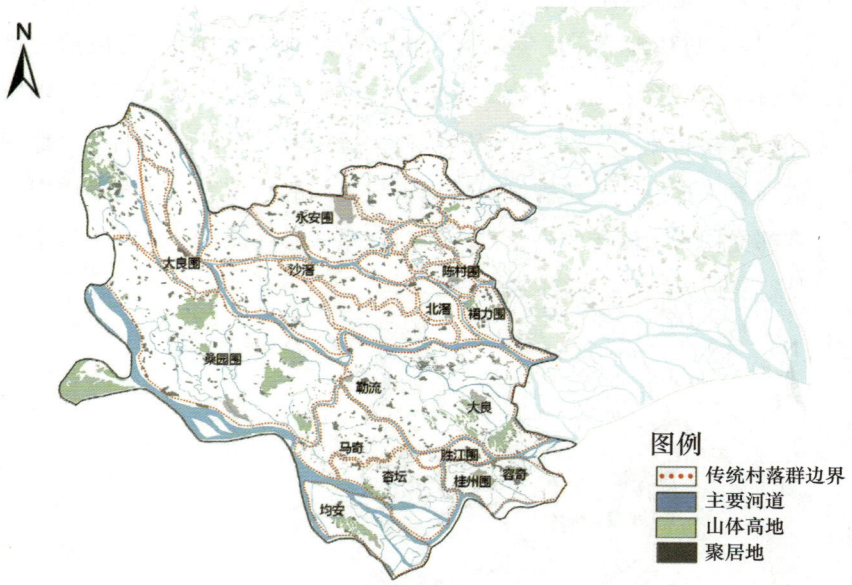

图 2-3-6　依据大型堤围与自然河网边界划分的低地基塘区传统村落群

位于低地基塘区西南部的桑园围是广府民系核心区内最大的堤围，跨南海、顺德，包含 14 个堡，其中 11 个堡属于南海，龙江堡、龙山堡、甘竹堡 3 个堡属于顺德。桑园围内至今还较好地保存了传统时期的农业灌溉方式，于 2020 年被评为世界灌溉工程遗产。以桑园围为例可以清晰地看出在水患影响下低地基塘区传统村落群间的协作方式。桑园围北临北江，南临西江，处于两江主干河道之间的区域，同时受到两江水患的影响。自南宋有大规模移民迁入营居后，便开始修筑堤围，此时的堤围数量较少，多为各村落和各堡修筑的小围。到明代桑园围内的各个堡均形成了一定规模的堤围系统，形成了以堡为单位的水利维修、管理制度。到清代由于乾隆年间大规模水灾的影响，围内 14 个堡联合出钱资，相互协作修筑堤围。联围后的桑园围，面积约 134km^2，沿西江、北江形成约 68.85km 的主干堤围，形成了涵盖约 137 个传统村落的堤围水利型村落群单元。低地基塘区桑园围内的 14 个堡的分布如图 2-3-7 所示。

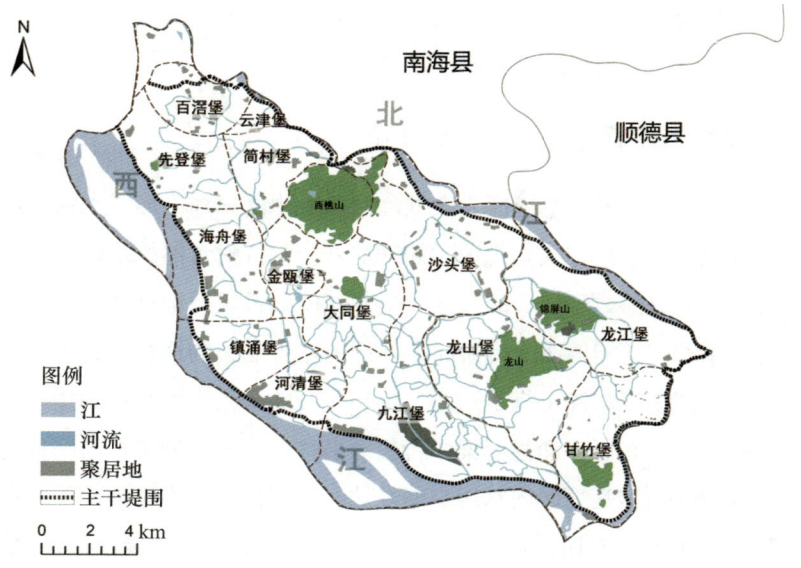

图 2-3-7 低地基塘区桑园围内的 14 个堡的分布图
（根据咸丰、民国《顺德县志》、宣统《南海县志》绘制）

桑园围沿江的大型堤围体系运转，主要依靠围内诸多宗族协作来保证。宗族间的协作主要包括划分各自维护与管理的堤段，共同出资，共同选举堤围管理组织者等。以桑园围为例，其作为清代中后期广东省最重要的蚕桑产区之一，受到官府极大重视，清政府将桑园围纳入广东官府的直接管理之中，并拨付一定的资金用于堤围的修复。另外在官府主导下，围内的宗族绅士相互合作，于乾隆年间建立桑园围工程总局。从清中叶起设立的桑园围工程总局起到了水利建设的中枢作用，将桑园围原来各自为政的各堡两县，联合在一起，建立一套基于全围的完善的工程组织和实施体系，并形成"按亩派筑、分段管理"的堤围管理政策。据《桑园围总志》记载："至各堡内乡村又各自分段立界，盖附基水利租业系基主业户所得，今宜分析某堡某处某段，系某乡村所管，庶岁修救护得有专责也"。在统一管理的基础上，桑园围的堤围被分为多段建界碑，每段分给不同基主业户进行管理，基主业户多为一个宗族或宗族分支。各个宗族负责堤围的长短与其农田面积相关。云津堡、简村堡、百滘三堡交界处的堤围划分较为复杂，《桑园围总志》中对这部分堤段的绘制较为详细，各乡均有须负责的堤段。桑园围内村落群具有完善的管理制度，与分工明确的堤围维护任务，围内村落间的联系紧密。

2. 以水路交通为村落群联系方式

传统时期低地基塘区内多依靠密集的水网体系，形成水路交通为主的村落间联系方式。传统时期开挖基塘时依附自然的水网脉络加之人工的修整形成了江、涌、滘、渠的河网体系。低地基塘区的河网体系水量充沛，能够满足传统时期多样的水上船只的通行，其中较为宽阔的珠江主干河流可满足汽船、帆船、驳船等大中型船只的通行，小型的木船可在涌、涌甚至渠中行船。多样的水上交通工具与密集的水网体系使低地基塘区内水运交通发达，既可以通过水路向围外运输货物，又可通过木船前往农田之中进行耕种。如陈村"周回四十余里，涌水通潮，纵横曲折，无有一园林不到"。又如昌教堡"其耕也咫尺，皆以舟往"，低地基塘区水上交通的通达性和普遍性可见一斑。桑园围内的水路交通网络如图2-3-8所示。

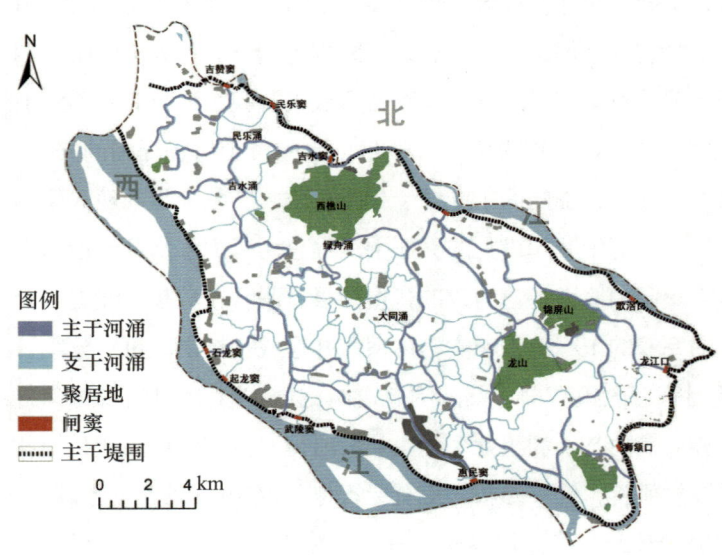

图2-3-8 桑园围内的水路交通网络（根据《民国桑园围志》绘制）

以桑园围为例，其村村通水路，村民的出行、耕种，村落间的贸易往来均依靠水路交通网络。桑园围的河道可分为主干堤围外的西江、北江水系，以及围内的主干河涌和其他小型支干河涌。其中堤围外的西江、北江主航道为桑园围主要的对外联系航道，可达广州、澳门等大型城镇。围内的主干河涌既是围内灌溉的主要通道，也是围内主要的交通道路。据《九江儒林乡志》记载，其主干河涌有明确的宽度要求，为86m。即便有官方明确的管理要求，民众为追逐利益而私占河道的事情也屡见不鲜。桑园围内的主干河涌之上，传统时期常出现"每当岁晚各商船回舶塞塞，小艇往来甚为不便"的情形，凸显出水路交通在桑园围内的繁忙程度。

3. 以堤围河涌上的墟市为贸易枢纽

围内的墟市分布与水网交通体系有着较为密切的联系，出现了诸多临桥、沿堤、临窦的墟市。在清代以前，低地基塘区内的墟市分布与广东其他区域相似，多以堡为单位，多选择堡内的地理中心作为墟市选址。清中期之后低地基塘区逐步从稻作生产转为鱼桑生产，村落的粮食生产无法自给自足，加之围内商品化经济对墟市的依赖，使得墟市的数量不断增多。由于低地基塘区的丝、绸等产品的销售目的地为海外，其内的墟市多建设在对外交通的水路河道两岸。另外，低地基塘区内村落群与外界相通的水道，需穿过堤围上的闸窦，才能进入围外的大河航道，因此作为围内外水系交汇点的堤围闸窦区域，也成为诸多墟市选址的区域。

以桑园围为例，其内墟市遍布，在清宣统年间发展形成了99个墟市，以围内268个村落来计算，平均每2～3个村落就会出现一个墟市。其中有4个规模较大的墟市，即观山、万安、大岗、九江。四大墟市内有几百至上千家店铺，店铺种类齐全，涵盖了桑蚕、稻米、鱼花、家禽等多种类型。四大墟市中除了靠山而建的大岗市，其余均沿围内的主干河涌分布。如九江市位于九江大涌的两侧，墟市沿河涌两岸建设，沿河两岸形成两条平行于河涌的商业街，是桑园围内最大的墟市。围内的其余诸多墟市，也多沿河涌分布通过水路交通进行货物运输。另外，在桑园围内堤围上的部分闸窦，即石龙窦、惠民窦、民乐窦、吉水窦等上都发展出了墟市。分布在闸窦上的墟市，处于围内外交通运输的节点，便于围内外商贸货物的交换。

低地基塘区内的传统产业以养鱼业与桑蚕业为主，尤其是清代乾隆二十四年开始的"一口通商"政策，使得国外采购生丝集中于广州区域，更加促进了低地基塘区面积的增加与区域内商品化农业的发展。以种桑养鱼为主业的低地基塘区村落既需对外出口生丝又需向外采购粮食，有着较强的对外贸易的需求。低地基塘区内墟市的数量与密度，均为广东省内最高。据《顺德县志》记载，顺德在明万历年间有 44 个墟市，到清宣统年间，增长到了 156 个墟市，墟市密度可达到约 0.2 个 /km²，墟市的平均贸易半径近 4.8km。如顺德区杏坛镇，在清代就有"三墟六市十八镇"的佳誉。低地基塘区的墟市不仅数量多，而且规模也较大。以顺德龙山乡大墟为例，明代时其还只是搭廊肆作为"聚货交易"之所，没有固定的酒店。后来，扩大规模设立店铺，到清代已是"百物辐辏，商贾常满"了。又如南海九江市，在清代光绪年间，"万货丛集，百工填委"，街弄 26 条，行市 7 个，铺肆发达有1500 余家。桑园围内的墟市与水路交通联系如图 2-3-9 所示。

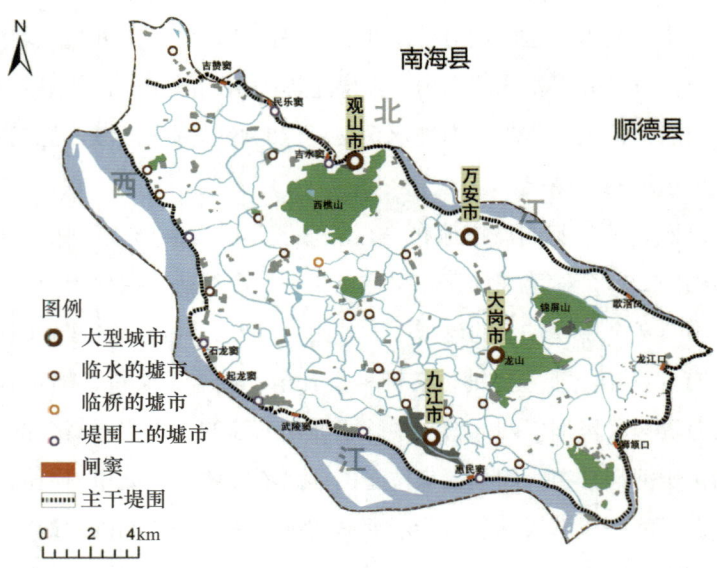

图 2-3-9 桑园围内的墟市与水路交通联系（根据《民国桑园围志》绘制）

三、广府民系核心区低地基塘区的村落单体景观特征

广府民系核心区低地基塘区内的传统村落，在地势低洼的环境营居，适应了复杂多变的水环境，实现了经济的提升与发展，也进一步促进了传统村落文化的发展，形成具有岭南水乡风韵的特色传统村落。位于佛山市南海区西樵镇的儒溪村，于南宋时期建村，位于桑园围内部，村内水网密布，目前仍保留着基塘农田肌理，是典型的低地基塘区传统村落，以其为例对低地基塘区村落单体景观特征进行解析。

1. 移民迁徙与营居历程

儒溪村的建村时间与桑园围相近，其聚居地的选址变迁与桑园围的修筑有着重要的关联。儒溪村内共有江边村、上儒村、下儒村、北丫村、良田村、槎谭村、基边村、新村八个自然村。八个自然村中江边村最早建村，为南宋嘉定三年（1210年）余氏先祖从福建迁入广东新会，后从新会荷塘今江门市蓬江区荷塘镇迁入儒溪开基而建的。下儒村建村稍晚于江边村，为南宋末年由陈氏先祖迁入建村，随后岑氏由台山迁入下儒村，余氏也有部分从江边村迁入下儒村，下儒村成为多姓聚居的自然村。江边村与下儒村的开基可以说是儒溪村形成与发展的第一阶段。此时期的村落选址具有较传统的风水格局，讲究背靠山体，聚居地前方还有朝山相对。最早建村的江边村选址于靠近西樵山的高地，聚居地为蝴蝶状，分为东、西两大组团，分别朝向隔岗和便岗两个朝山（图2-3-10）。下儒村背靠便岗，东向也朝向一个不知名的小山丘，随着时间的推移，下儒村逐步环便岗发展，形成环丘的聚居地形态。江边村与下儒村建村的宋末元初时期，桑园围的东、西基虽初步修建完成，但此时儒溪村内还是水乡泽国，地势低洼，所以此阶段建村的村落选址高程较高，江边村的选址高程约为5m，下儒村的选址高程约为6m。

余姓在江边村落脚后，逐步分散形成新的自然村，成为儒溪村发展的第二阶段。在宋末元初余姓就迁入上儒村开基，随后赵姓于元

图 2-3-10　儒溪村内江边自然村风水格局

至正十五年（1355年）从今江苏省南京市迁入，到明代中叶又有老氏从沙头世老村（今九江镇）迁入。上儒村由多个姓氏组建而成，目前有余、老、赵、陈、何等约20个姓氏。上儒村依旧依自然小丘而建，小丘高度仅5m，坡度又缓，久而久之逐步被聚居建筑完全覆盖。

明清时期随着桑园围堤围体系的完善和基塘的大规模开挖，内部洪泛灾害逐步减少，较为低平的地势也逐步可作为聚居地的营建区域，儒溪村建村发展进入第三阶段。到明弘治九年（1496年）余氏的后辈余宗泽从下儒村迁入槎谭村和基边村开基。到清代仍有部分移民迁入儒溪村，儒溪的北丫村、良田村是由清初梁氏先祖从鹤山迁至此处放鸭定居而建的。新村的建村年代最晚，具体年代暂无资料可查。第三阶段形成的自然村没有山丘可依靠，只能选择低洼地内较高的地方进行村落营建，由于高地面积少，越晚建村，聚居地面积越小，如下儒村、基边村、北丫村、良田村都为分散而布的小型村落。其选址高程为1～4m，普遍低于较早建村的村落。儒溪村由高至低的营居次序，是整个低地基塘区内村落选址营居次序的写照与典型特征（图2-3-11）。

图 2-3-11 儒溪村从依山到靠岗再到滨河的营居次序图

2. 选址环境与景观格局

儒溪村面临着地势低洼、水害频繁的地理环境，其村落的景观格局非常注重对水的处理和对微地形的利用。首先，早期的居住用地多利用丘陵地貌，选择顺应山坡而建，其建筑群从前到后逐步升高，这样方便雨水的快速排出，保证了暴雨期聚居地内部安全，如江边村、下儒村等。其次，结合其内水网密布的地理特征，发展了围筑河坦和改造低洼潮田的特色农业模式基塘。将低洼积水地进一步深挖为水塘养鱼，把挖出的塘泥筑起围基种植甘蔗、果树、桑树，合理地利用了低洼地区的水资源条件，形成高效的立体化农业景观。另外，儒溪村在其居住用地的后面多建风水林，前面建风水塘，外围为基塘。这种层次分明的格局，营造了一种较为舒适的村落环境，其居住用地后的风水林可以抵挡寒风和蒸腾降温，其居住用地前的风水塘，可利用水体的蒸发吸热，降低村落小环境温度。以村庄内最大的自然村下儒村的聚居地为中心，其村落内的诸多景观要素形成了基塘—涌—居—岗—居—涌—基塘空间序列。下儒村的聚居地紧密地环绕便岗，在低洼地势中紧密围绕高地，保证聚居地较少受到水患侵扰。其聚居地前方临近河涌，方便船只通行和村庄与外界进行联系。下儒村的四周低地则被开挖形成基塘，以调配水土。总体形成适应低洼地势的景观格局特征。儒溪村下儒自然村景观格局如图 2-3-12 所示。

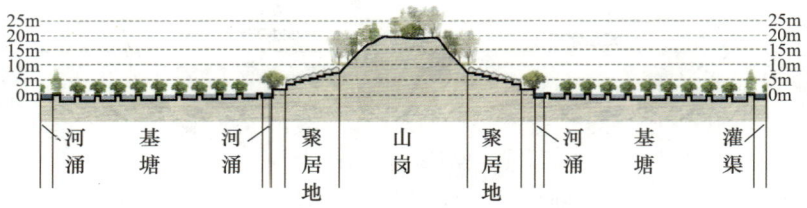

图 2-3-12　儒溪村下儒自然村景观格局图

3. 鱼鳞状排布的基塘景观

儒溪村在明代以前多为沼泽低地，一片水乡泽国，区域内的土地经过历代不断地挖塘筑基由沼泽变成连片的鱼塘。儒溪村在明清时与其他的基塘村落一样，由于生丝市场的发展，逐步形成了在鱼塘塘基上种桑，用来养蚕缫丝的产业形态。目前儒溪村内仍延续传统的桑基鱼塘农田肌理，但较少种植桑树，"基"的面积不断缩小，"塘"的面积增大。据统计，目前儒溪村内有鱼塘约 1000 个，面积 5500 亩，以黄骨鱼养殖为主。除基塘农业外，儒溪村传统时期还兼种水稻、甘蔗等。传统时期以种桑养蚕、养殖塘鱼为主，儒溪村因不同自然村的地势差异，其内部的产业形态会稍有区分。在地势较高的江边村邻近区域，传统时期多种植水稻作物，地势最为低洼的北丫村、良田村内的水塘底种植的慈姑、莲藕非常出名。江边村旱地如图 2-3-13 所示。儒溪村基塘如图 2-3-14 所示。

图 2-3-13　江边村旱地

图 2-3-14　儒溪村基塘

儒溪村内连片的池塘的给排水主要依靠村内的三条主干河道，分别为绿舟涌、陈仲海涌和儒溪涌。其中绿舟涌为桑园围内的主干河涌，向西连接吉水涌连通西江，向东连通北江。陈仲海涌向南可通向九江镇。主干河道宽度为25～35m，既能满足农田排灌又可行船。儒溪涌是村内诸多小河涌的统称，其中有条支流可经过海舟村通向西江。儒溪村内的主要河涌由北向南流淌，其间连通了多条小河涌，小河涌又连接了多条小水渠形成密布的水网体系。鱼塘通过塘口与小水渠相连接，通过塘口上小水闸的启闭可以与外界互换水体。能够直接与小河涌、河渠连接的鱼塘称为"头筒塘"，排灌便利。不能直接与河渠相连的称为"二筒塘"，其排灌需要等到"头筒塘"排干水之后，借头筒塘的位置进行排灌。还有更差的"望天塘"，没有排水出处。除了畅通的"涌－渠－塘"体系外，儒溪村的基塘区还会在河涌上设置闸，控制村内农田的排水，目前村内主要的水闸位置设置在村庄南侧，为大转角闸和基边闸。村内鱼塘与河涌连接的暗渠较多。儒溪村主要水系如图2-3-15所示。

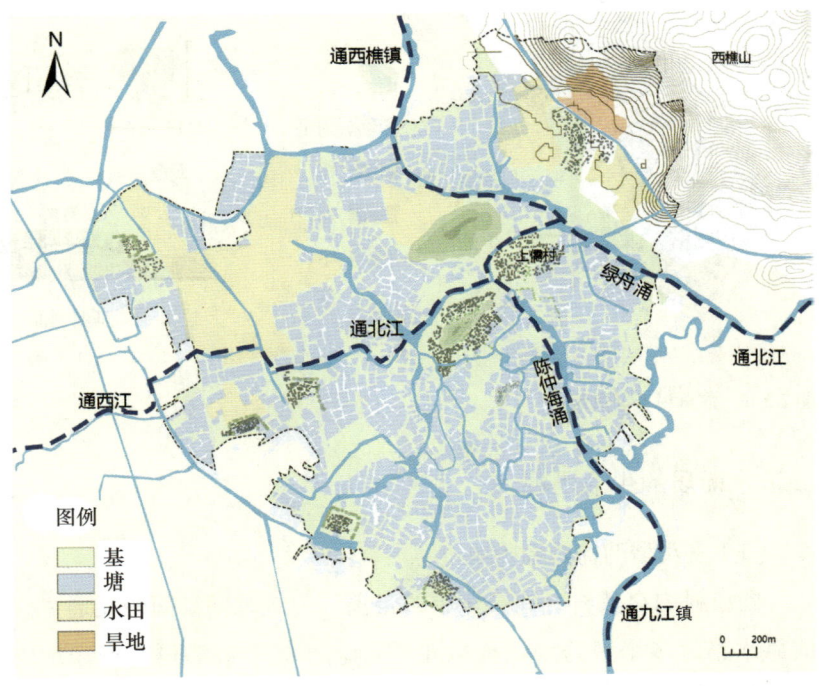

图 2-3-15　儒溪村主要水系

基塘农田主要的形态特点就是，由长圆形地塘与塘间地基组成鱼鳞状排布的农田肌理。水塘通常呈正方形或长方形，每塘面积 $0.3 \sim 0.4 hm^2$，也有的达 $0.7 \sim 1.3 hm^2$。而基宽不一，狭者成瓦筒状，宽者可达 10 余米，中央脊部略高，向两侧鱼塘倾斜。基塘地区内基与塘的比例根据不同地区的水土比例会进行调整。在《粤中蚕桑刍言》载"其法约每亩地将四成为塘，六成为基"，在九江乡志（1657 年）载"盖九江乡搵西，北江下流，地窊，鱼塘十之八，田十之二。"基塘地区的平面形态除了会受到基、塘比例的影响，还会受到河流以及光照的影响。基塘多与河流相接来满足塘内的排灌需求，另外为增加阳光进入基塘的量，基塘多东西走向排布。基塘的开挖深度也有相对固定的尺寸，据《粤中蚕桑刍言》中记载，塘底深 $1.3 \sim 1.7m$，传统时期的基塘多根据所处地理环境，将基塘开挖至 $1.5 \sim 2.7m$ 深，太浅夏天的太阳能够晒透鱼池，不利于鱼类生长，太深塘底冷也不适宜鱼类生长。儒溪村基塘景观如图 2-3-16 所示。

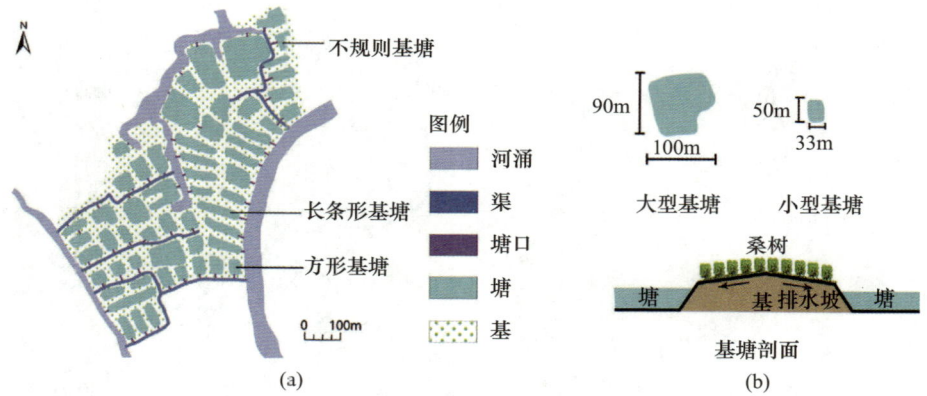

图 2-3-16　儒溪村基塘景观

4. 适水而居的生活景观

（1）多类型的梳式聚居地布局

儒溪村内自然村之间有一定的距离，传统时期其间的交通主要依靠水路，多个聚居地形成散布的形态。单个自然村的聚居地内部，多采用梳式布局的形式组织街巷。江边村背靠西樵山，聚居地分别朝西南方向和南向形成两个梳式布局的组团，两个组团前方均有风水塘。上儒村环水而建，其内部形成圈层结构，最外围是祠堂和书院，内部有墟市、集市等，村内永平古市曾是清代西樵境内四大墟市之一。下儒村的聚居地环便岗而建，前排多为宗祠建筑，后侧为民居，形成了环山岗的多梳式布局形态。北丫村、良田村、槎谭村、基边村、新村均为常见的块形的梳式布局村落，聚居地前方有水塘或者河流，连接水塘或者河流的为禾坪，禾坪后为宗祠，宗祠后为行列式布局的民居建筑。民居建筑中间的里巷，形成冷巷保障聚居地的通风与排水。其中，槎谭村、基边村以及良田村还结合涌、渠挖出了环村的河道，河道两岸种植竹子、松、杉等，形成村落的屏障。这种环村挖河的防御方式在低地基塘区的低地村落中较为常见，如著名的九江镇烟桥村就是一例。儒溪村多类型的梳式布局聚居地如图 2-3-17 所示。

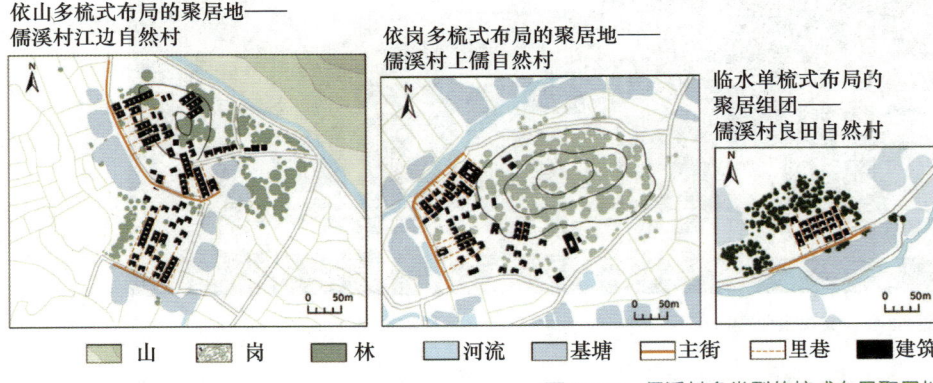

图 2-3-17 儒溪村多类型的梳式布局聚居地

（2）传统建筑特征

由于浓厚的宗族文化与对科举教育的重视，低地基塘区传统村落内祠堂与书院数量众多。据相关统计，明清两代，在桑基鱼塘景观的中心顺德，仅在龙江、龙山、里海三地所建大小祠堂就有1000多间。儒溪村内宗族文化浓厚，目前仍保留的宗祠建筑有14座，主要为余氏、陈氏、岑氏、老氏、梁氏等的宗族祠堂。儒溪村内的宗祠建筑装饰精美，多为三间二进一天井或三间三进两天井的形制。建筑多为砖木结构，墙面材质采用清水砖墙，山墙形制多为人字山墙或镬耳山墙，屋脊多为龙船脊或博古脊。宗祠内多采用灰塑、砖雕、木雕进行装饰，重点装饰部位为屋脊、墀头封檐板等。如建于清同治十三年（1874年）的文享余公祠，坐北向南，形制三间二进一天井，占地面积约200m²；花岗岩石墙脚，青砖清水墙，人字山墙，硬山顶，碌筒瓦面，灰塑博古脊，灰塑、砖雕装饰（图2-3-18）。目前儒溪村内仍有四座书院。儒溪村自古有崇文重教的风俗，曾因儒溪村余氏祖孙两代都高中进士，皇帝赐予其"儒林首第"的牌坊。

图2-3-18　文享余公祠

儒溪村在清以前属于太平墟的范围，上儒村内于清道光年间发展形成永平集市。永平集市在20世纪二三十年代，曾是南海最繁华的集市之一，当时商贾逡踵，车水马龙。日用杂货店就多达20余家，油糖米面都有的卖，每到墟日，就连九江镇的居民都会前来赶集。目前集市已经不在，但其内的青石板街和木板门店建筑还依旧存留，反映了基塘区繁荣的商贸文化。

儒溪村目前仍保留传统民居482座，多采用三间两廊的形制，砖木结构，人字山墙，且从山墙面开侧门的居多（图2-3-19）。历史上儒溪村除了面临天灾水患外，还要预防人祸，村内建有多处炮楼，目前赵家炮楼仍然屹立，形成村落内独特的防御景观（图2-3-20）。

图2-3-19　上儒村三间两廊民居

图2-3-20　赵家炮楼

（3）公共空间与风俗信仰活动

儒溪村的主要公共空间可分为祭祀活动空间、日常活动空间和贸易活动空间三种类型。儒溪村内的主要祭祀活动空间为村内的宗祠、宗祠前广场，面积为 20～400m² 不等。宗祠前广场主要作为参加宗族活动的人员的集散空间，在各个姓氏的宗祠与支祠前均有。儒溪村的神灵崇拜以水神为主，村内有洪圣宫、五圣宫等，还有广府地区较为尊崇的华光大帝等神庙。村民每逢初一、十五都前去祭拜。村内的日常活动空间主要为交通空间和休憩空间。作为以水路交通为主的基塘村落，儒溪村内沿河多设置码头连接村内的主要街巷，作为水路转运空间（图 2-3-21）。村内的休憩空间主要为滨池塘的榕荫广场，多在树下设置坐凳供人们休憩。

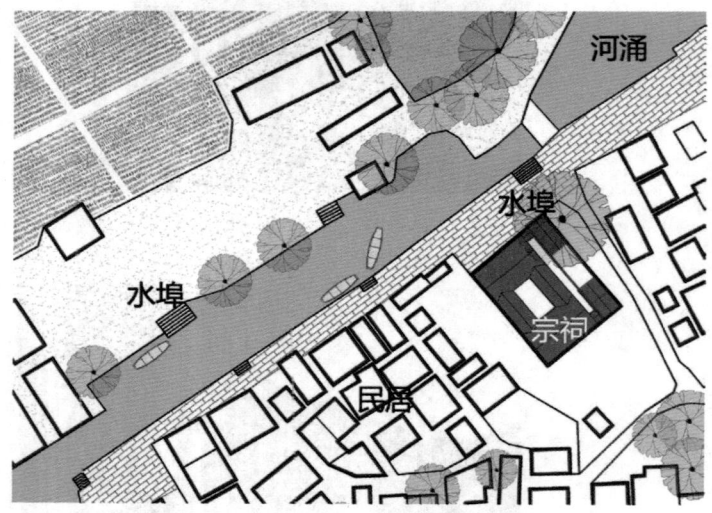

图 2-3-21　儒溪村上儒自然村宗祠前广场与水埠码头

（4）景观意象与景观元素

儒溪村内古祠堂、古民居、古桥、古榕树等景观元素共同构成了岭南水乡的风貌，村内自古流传有村落八景："儒林首第""三元榕荫""岗背敲经""拱桥晚望""云龙反照""石狮沐浴""四甲松涛""方井流香"。"儒林首第"为曾树立于上儒村村口的余家先祖获得的"儒林首第"御赐牌坊。上儒村"三元榕荫"为三元宫前的榕荫广场。"拱桥晚望"中的拱桥由"红米石"砌成，与其下的碧水相映成趣（图 2-3-22）。"云龙反照"则指在云龙书社前观看水景，现云龙书社已经被损毁。"四甲松涛"在下儒村陈家与岑家交界处，

图 2-3-22 儒溪拱桥

村前向西北方，有大片茂密的松树林，每每大风吹过，松枝此起彼伏，形成波涛，如大海波澜壮阔，景色宜人，故称"四甲松涛"。如今，没有了高大茂密的水松，"四甲松涛"也就成了传说。"方井流香"指村内一口开凿于明代的方形水井，也由"红米石"砌成，是传统时期居民的主要饮用水源。虽说村落八景有很多已经损毁，但通过其描绘的意象，可发现儒溪村内既有古榕、山岗、河涌、松林等丰富的自然景观元素，又有牌坊、古井、石狮等人文景观元素。儒溪村自然景物与人工构筑物结合，形成了一派人与自然和谐共生的景象。

第四节 广府民系核心区台地围田区传统村落景观特征

一、广府民系核心区台地围田区的区域景观特征

1. 平原台地交错的生态基底

广府民系核心区的台地围田区位于北侧，区域内在珠江三角洲冲积平原之上有较大面积的起伏连续的低丘岗地，形成平原台地交错

的地貌特征。台地围田区内原是珠江古海湾内的岛屿群，有市桥台地（大谷围）、河南岛群、帽峰山、白云山、狮山台地等高地，随着古海湾的淤积成陆，这些古岛屿群逐步成为珠江三角洲平原之上起伏的低丘岗地。区域内的主要水源来自北江，北江在流经该区域时受到低丘台地的影响，分叉为珠江、佛山水道、潭州水道等多条河道。由于地处珠江三角洲下游，区域内河道宽阔，水量丰富，诸多河道在冲积平原之上进一步分叉，形成较为密集的河网。该区域内水资源丰富，根据本次统计，仅范围较大的河水滩地区域的面积就约占该区域总面积的10%。河道较难企及，多被林地、草地所覆盖，使得该区域范围内的林地占比较广府民系核心区内其他区域更高，此区域内林地占比约为10%。丰富的水资源与高低不平的地貌，促使平原低地内水患频发。而丘陵台地区域高亢难以灌溉，向传统村落的农业发展提出了挑战。区域内主要的生态斑块是林地，占区域总面积的10.93%。广府民系核心区内台地围田区"三生"斑块构成如图2-4-1所示。广府民系核心区台地围田区"三生"斑块景观指数统计见表2-4-1。

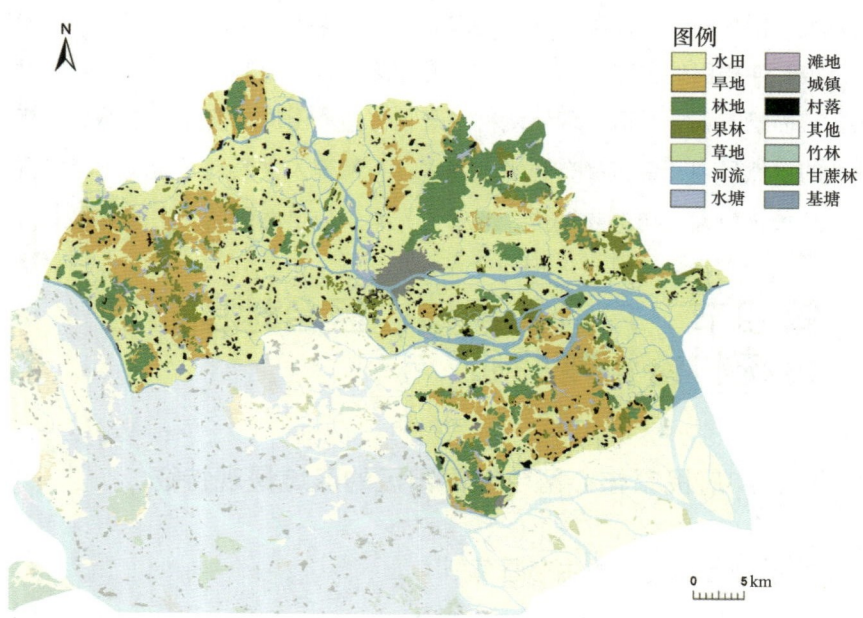

图2-4-1　广府民系核心区内台地围田区"三生"斑块构成图
（注：图片根据民国时期测绘图识别绘制。）

表 2-4-1　广府民系核心区台地围田区"三生"斑块景观指数统计

类型		斑块数（个）	斑块类型面积（hm²）	斑块类型面积百分比（%）	平均斑块面积（hm²）	斑块密度（×10⁻² 个/hm²）	最大斑块占比（%）	平均最近距离（m）
生态空间	河流	161	11610.62	7.66	72.12	0.11	6.53	108.35
	湖泊	217	2733.45	1.80	12.60	0.14	0.06	688.91
	滩地	5	41.77	0.03	11.73	0.00	0.01	13239.64
	林地	142	16574.21	10.93	116.72	0.09	2.21	450.95
	草地	24	1209.32	0.80	50.39	0.02	0.46	1872.54
	竹林	8	61.82	0.04	7.73	0.01	0.01	328.97
生态斑块合计		557	32231.19	21.26	—	—	—	—
生产空间	水田	330	81075.52	53.47	245.68	0.22	14.58	63.03
	基塘	16	361.77	0.24	22.61	0.01	0.05	939.72
	旱地	172	23802.95	15.70	138.39	0.11	3.92	301.94
	果林	277	7530.98	4.97	30.03	0.16	0.35	440.28
	甘蔗林	2	66.54	0.04	33.27	0.00	0.03	41503.15
生产斑块合计		797	112837.76	74.42	—	—	—	—
生活空间	城镇	26	1921.9	1.27	73.92	0.02	0.88	2708.16
	村落聚居地	965	4404.75	2.90	4.56	0.64	0.04	332.11
生活斑块合计		991	6326.65	4.17	—	—	—	—
其他		31	238.62	0.16	7.70	0.02	0.02	2695.54

注：因四舍五入，总计不为100%，下同。

2. 水旱结合的生产斑块

（1）以防洪为主的敞口堤围体系。台地围田区内围绕低丘岗地的大片冲积平原，水资源丰富，有利于农耕产业的发展，是区域内传统村落主要的发展生产的用地。但由于地势较为低平，河水季节性涨落引起的洪灾以及旱灾都会威胁到台地围田区内农作物的安全。台地围田区的堤围主要起到了防洪的作用。由于台地围田区内成田时间较早，且内部多为较高的丘陵地势，只对沿江面进行围合就可以分隔江水与农田从而防止水患。在台地围田区内受诸多高地的影响，堤围难以围合形成闭口堤围。该区域形成了诸多沿主干河道两岸线性分布的单向堤围或未围合的敞口堤围（图2-4-2）。以河南岛上的琶洲围为例，其位于珠江主河道南岸，沿珠江主河道线性分布，全长约7km，其堤围的设置主要为防治珠江水患对南侧河南岛上农田的侵袭，由于河南岛内部地势较高，没有形成围合的形态。

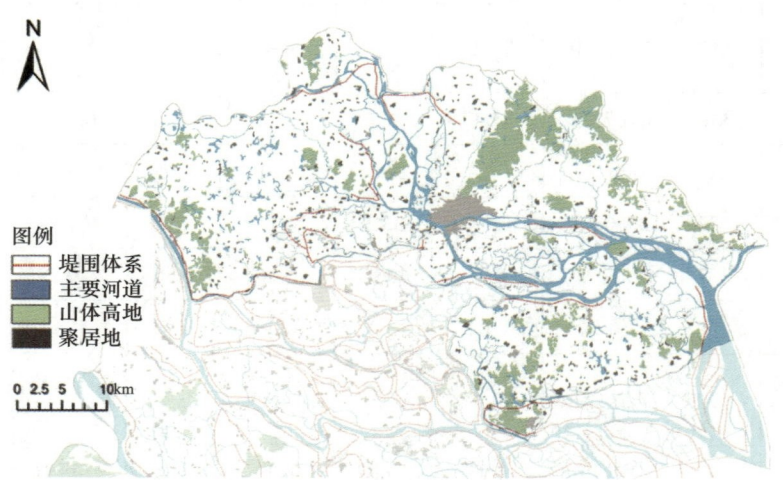

图2-4-2 台地围田区内堤围分布图（堤围位置改绘自《珠江三角洲农业志》）

由于开发时间较早，台地围田区内一般是先种植作物，再逐步发展堤围体系，形成"先垦后围"的土地开发次序。堤围的兴修可以调蓄水资源的平衡，相对于广府民系核心区的下游地区，台地围田区内农田的地势较高，其内堤围高度较低。台地围田区内还有不少丘陵台地区域，如番禺桥台地和南海狮山台地等。台地丘陵区域高程较高，河流较少，该区域内多形成旱地，并沿丘陵台地分布，形成旱坡耕地。这种旱坡耕地的灌溉需要依靠人工的引水设施，如水车、龙骨车等。这种旱坡耕地因浇灌不便，多依靠自然降雨进行浇灌，干旱的时候就弃用不耕，在传统时期多为"望天田"。由于经济效益不高，旱坡耕地的面积远小于其他耕地面积。

（2）水旱结合、果林连片的生产斑块分布。台地围田区内有冲积平原和丘陵台地等多种地貌，其农田类型也较为丰富，既有在高坡岗地的旱地，也有在冲积平原与丘陵间低地的水田，形成了"平原稻作""丘陵旱地"两种特色农业景观。台地围田区内的冲积平原地势平坦、水分充足，非常适合水稻的种植。水稻喜高温多雨，一年可二熟或三熟。台地围田区的水稻种植历史悠久，据记载，东汉时期已有双季稻的栽培。到宋朝时期，北方南迁入广东的居民中，有不少是江南地区的移民，他们有丰富的水田耕作经验，开垦出了大量的水稻田。明中叶后广东的经济作物逐步发展，台地围田区内的甘蔗种植量逐步增大，与水稻田相间种植，增加土地产值。在台地围田区的冲积平原内部，形成以水稻种植为主，甘蔗、塘鱼农副产品为辅的"平原稻作"农业景观。

除了冲积平原地区，在台地围田区的丘陵台地区域多种植耐旱作物，主要有番薯、花生、果树等，形成"丘陵旱地"的农业景观。番薯是明代从越南传入广东地区的，明朝末年番薯已成为广东地区主要的粮食作物，番薯产量高，比较耐旱，无须灌溉，在台地围田区内地势较高的旱坡耕地内种植较为广泛。花生是台地围田区内主要的经济作物，能够作为油料，在旱坡耕地中种植广泛。

台地围田区内的丘陵岗地，多种植果树，有"连冈接阜，弥望不穷"之说，可见果树种植的广泛。台地围田区便利的水运交通，促使区域内从明中叶起便开始了商品化农业的发展，至清末民国时期已经形成果木的专业区域，主要分布在以广州为中心的番禺的大石、龙湾、古坝，东至黄埔、茭塘，西至顺德陈村、南海平洲一带。围田区内果树类型丰富，有龙眼、荔枝、番石榴、杨桃、香蕉、梨、橄榄等。

经过历史上多年的发展，在民国时期该区域内形成了水旱地交错分布的农田斑块特征。在地势低平的平原区域多开发形成水田，在地势较高的丘陵台地区域则多开发形成旱地。整体区域内的"三生"斑块构成较为丰富，整体"依丘而居、低水高旱"的"三生"斑块分布格局。

3. 依坡而建的生活斑块

台地围田区内有两个面积较大的台地区域，即番禺桥台地和南海狮山台地区域，约占台地围田区总面积的1/3。通过将本次研究的样本村落与地貌图叠加，不难发现台地围田区内的村落分布出现了以番禺桥台地和南海狮山台地为核心的密集分布的现象。在两个台地区域内，聚集着一半以上的台地围田区传统村落，其中番禺桥台地村落群内的传统村落数量较多，在397个样本中约有50个传统村落聚集在此区域。而在台地之外的平原区域内，则形成分布较为分散的聚居地。

台地区域内的高地不易受到水患的侵袭，低地便于农业生产的发展，为兼顾两者之益处，台地区域内的传统村落多选择平原低丘交界处作为聚居地的选址。如在番禺桥台地的东侧以及南侧有连片的村落群，形成环台地村落带，连片村落群内聚居地间的距离只有500～600m。南海狮山台地与番禺桥台地一样，占地面积较大，村落多沿台地的边缘分布，约有30个村落形成沿丘陵的村落群，并在丘陵的东侧形成较为密集的区域，此区域内聚居地之间的距离为700～800m。选址在平原区域的村落多以分散的形式分布，聚居地与聚居地之间具有一定距离。散布的村落群也多选择依靠平原内的小山坡、小坡岗进行聚居地的营建。如广州河南岛区域内的村落群，在平原水网遍布的条件下仍有一半以上的村落选择依靠高地坡岗区域进行营建。

台地区域内传统村落聚居地依靠高地而建，促使其内的传统村落的选址高程与选址坡度均高于广府民系核心内的其他地区。根据本次统计，台地区域内传统村落的平均选址高程为7.69m，高于低地基塘区的7.31m和沙坦（沙田）区的3.84m；平均选址坡度为2.65°，高于低地基塘区的2.31°和沙坦（沙田）区的1.16°。在台地围田区内聚居地选址多选择在2～5°的缓斜坡区域进行村落营建，约占统计量的43%。根据统计，在台地围田区的村落内部有山体斑块存在的情况下，约有87%的村落的聚居地选择在山脚进行营建，7%的会在山间营建，甚至会覆盖山丘进行营建，只有约10%的村落的聚居地离山体有一定距离。台地围田区聚居地选址与坡度地的关系如图2-4-3所示。台地围田区传统村落选址坡度统计见表2-4-2。

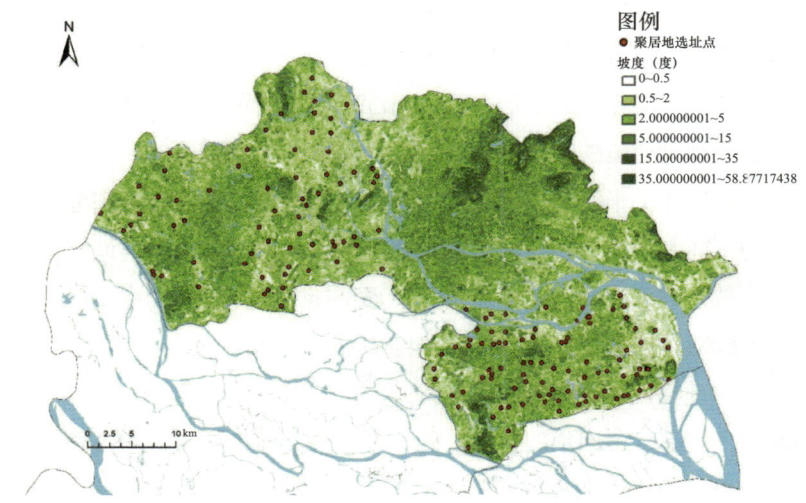

图 2-4-3　台地围田区聚居地选址与坡度地的关系

表 2-4-2　台地围田区传统村落选址坡度统计

坡度区间	0～0.5° 平原	0.5～2° 微斜坡	2～5° 缓斜坡	5～15° 斜坡	15～35° 陡坡
村落数量（个）	21	64	81	21	1
村落数量占比(%)	11	34	43	11	1

台地区域内靠山、靠丘陵、靠台地，还有环绕小丘而建的聚居地，能利用自然的坡度，促进村落内部的排水，在地势低洼的珠江三角洲区域是较适宜聚居地营建的区域。如顺德《麦村舆图纪略》记载："按麦村形势，以红花山为中心点，向来于对面山八图社处设立一圩，名曰中心圩，盖取居麦村之中之义也。"可见，稍高的位置是建村的最佳选址。在风水上讲山脉为"龙脉"，即有丘陵可靠，面水有"聚财气"的意头，村民认为后有山、前有水会带给村落平安吉祥。从预防灾害的角度讲，背山面水的空间模式能在南方雨季时，将雨水顺利排走，有助于避免被淹和内涝。

二、广府民系核心区台地围田区村落群景观特征

1. 以河流与台地中脊线为村落群边界

台地围田区内的多个高地，被珠江河道分隔形成多块中间较高且四周平缓的土地。这种地貌的形成受到了人工与自然的双重作用，在宋代以前，台地区域的高地周边往往形成多条向四周流淌的大河涌，到了宋代台地周边的土地多被人工围垦形成田地，大河涌也被改造形成多条利于灌溉的小河涌。这些小河涌从丘陵或台地的中部高地向四周流向珠江主干河道，形成多个不同方位的地表径流。从高地流淌下来的不同方位的地表径流与珠江主干河道一起，将台地区域划分为多个流域。同一流域内的传统村落交通便捷，对外出行的港口相近，在传统时期往往被划分为同一行政区域进行管理。

台地围田区西部的南海部分，在清代被划分形成金利都、沁冲都、三江都、黄鼎都四个都，四个都围绕南海狮山台地的不同方位划分。台地围田区东部的番禺部分，在清代被划分为菱塘司、沙湾司、鹿步司三个巡检司，一个巡检司管理一个都，即相当于从军事管理的角度，将原本以"都"划分的区域重新命名。台地围田区内的鹿步司为珠江主航道以北、白云山一带以南的区域；菱塘司为番禺桥台地北部与珠江主航道之间的区域；沙湾司则为番禺桥台地南部、沙湾水道以北的区域（图 2-4-4）。

图 2-4-4　台地围田区清末的行政区划示意图
(根据光绪《番禺县续志》、同治、宣统《南海县志》整理)

以都（司）为单位来看台地围田内的传统村落群，其内均形成了从台地到平原再到主干河流的地貌构成。这种依高地临主干河道的村落群分布特征，使单一村落群内既具有较好的对外联系港口，又拥有了多样的生态资源，利于传统村落的发展。另外，这种以高地中部以及主干河流为边界的村落群，直观地反映出山体高地对村落群间交往的阻隔作用与同一流域对村落群形成的促进作用。

2. 以社庙为村落群核心

台地围田内的地形复杂多样，区域内的村落群划分既受到地形环境的限定，又受到社会组织方式的影响，在司、都等行政区划以下，还形成了多个内部交流密切的村落群联盟。这些村落联盟有些可能是由明代里社乡约系统发展来的。里社制起源于明初，朱元璋诏令天下立社，亲自制定《洪武礼制》，规定民间每里都必须设立"里社"，定期举行社祭仪式，加之地方官和士大夫推行教化，使得社乡制成为明清时期乡村社会的主要组织方式。清代广府民系核心区台地围田内的村落，常受到海盗、盗乱及宗族械斗等不稳定因素的影响，加之官方军事力量的贪腐，促使区域内传统的社乡制村落组织得以保留，且增加了联防的功能。在清末道光年间有大臣疏言称"广东民风宜于乡团，召集已得十万人"，说明诸多以社乡为单位的团练组织，在广州一带推行较广。此区域内的传统村落群在村落联盟范围内，共建民间军事组织、共同祭祀、共同举办文娱活动，彼此间交流密切、利益相关，联盟内部具有较强的凝聚力。

以茭塘司为例，其区域内大致可分为 8 个村落联盟，每个村落联盟内约有 20 个的村落。这些村落联盟大多以特定的庙宇为中心，并且通过大规模的跨村落迎神赛会仪式形成凝聚力。这些村落联盟内部的庙宇，多分布在村落群的中心，沿河涌分布，交通便利（图 2-4-5）。以冈尾社为例，其内包含 18 个传统村落，俗称"冈尾十八乡"。清咸丰年间，为应对动荡的时局，冈尾十八乡的社绅建立"冈尾书院"，包括冈尾社十八乡的区域性团练军事组织，实现冈尾十八乡地方自治，保境安民。冈尾十八乡的乡民合力在潭山村修建冈尾庙，即南海神祠。每年农历二月十三日为洪圣王诞（波罗诞），冈尾社十八乡均参加这一盛大的娱神巡游活动。乾隆年间《番禺县志》载有冈尾十八乡洪圣王诞出会："冈尾庙，祀南海王，在潭山村。十八乡居人建，每岁神诞前笅，日出游，仪仗执事春色，分乡轮值置办，争新斗艳，周而复始。"冈尾十八乡的洪圣王诞的游神队伍会从各村祠堂前经过，规模盛大。这些村落联盟大多以特定的庙宇为中心，并且通过大规模的跨村落迎神赛会仪式形成凝聚力，以此作为联盟的主要机制。茭塘司各村落联盟内主要仪式见表2-4-3。

图 2-4-5 茭塘司内以社庙为中心的村落群联盟划分示意图
（根据朱光文、刘志伟《番禺历史文化概论》整理）

表 2-4-3 茭塘司各村落联盟内主要仪式

社名	包含村落数（个）	庙宇与神明	对应的清末团练组织（社学）	会期与主要仪式
显社	15	康公古庙，在官堂，又称"十甲庙"，祀康公主帅	河桥社学，在塘步	农历正月初十为康公主帅诞生日
东山社	8	东山庙，在南村。原主社为南海神，后改为祀北帝	东山社学，在南村，道光年间建	农历三月初三为北帝诞
冈尾社	18	冈尾庙，即南海神祠，在潭山，祀洪圣王（南海神）	冈尾书院，在潭山村，咸丰六年（1856年）建成	每年农历二月十三为洪圣王诞（波罗诞）
深水社	19	南海神祠，在思贤，祀南海神	深水社学，在思贤	每年农历二月十三为洪圣王诞（波罗诞）
彬社	24	所祀神明示明	彬社书院，在北亭官山墟；文澜书院，在郭望	情况未明

3. 水陆结合的路网与墟村体系

广府民系核心区内的台地围田区中部的珠江航道西连西江，东临狮子洋，水运便利，广州市在清代"一口通商"政策下，成为广东省乃至全国的主要对外贸易中心。在对外贸易的刺激下，台地围田区内的商业资本向乡村加速渗透，商品化农业的发展迅速，台地围田区内的墟市数量日益增多。以番禺茭塘司为例，其在清末宣统时期，墟市数量为34个，墟市密度达到了0.07个/km²，虽低于低地基塘区的0.2个/km²的墟市密度，但仍远高于其他两个民系。此区域内的墟市不仅数量多，而且墟市内货物类型也较为丰富，区域内果树、花卉、棉花、甘蔗、蔬菜等经济作物的种植，促使区域内墟市从基本的交换生活用品的墟市，转变为服务商业化农产品的专业化墟市。如番禺的乌涌墟，专卖梅子、生果。又如番禺茭塘司内的新造墟，以交易棉花、橄榄、番薯为特色。专业化程度高的墟市，密集分布在台地围田区，形成一个村落群内多个墟市的分布情况。清末民国时期茭塘司内墟市分布如图2-4-6所示。

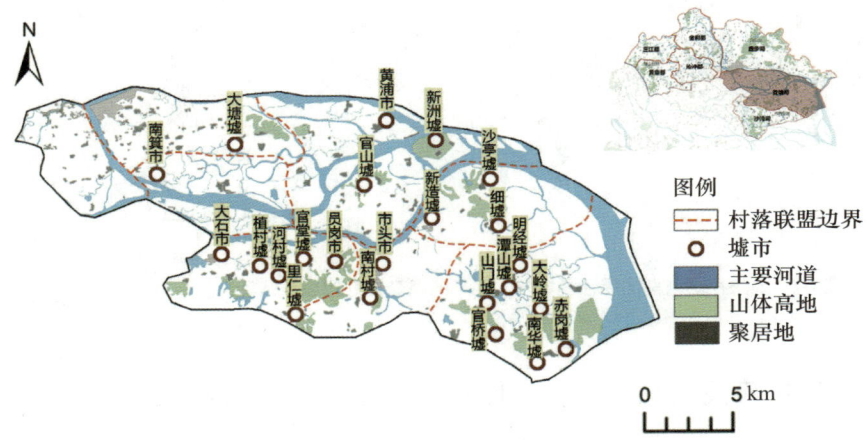

图2-4-6　清末民国时期茭塘司内墟市分布（根据光绪《番禺县续志》整理绘制）

与低地基塘区不同，台地围田区的墟市主要选择邻近村庄的位置进行营建，在外围的堤围之上较少有墟市设置。这与区域内堤围内的水运交通较为发达有关，区域内大多数传统村落均可通过水路与外界连通。临村而建的墟市，往往选址于聚居地与水路交通的交界处，使墟市既有便利的交通，又依附大宗族的管控，因而颇具规模。以冈尾社区域为例，其中部为白沙河冲积平原，西侧为市桥台地，南侧为七星岗丘陵，莲花山水道从其北侧向东南方向流淌。区域内为典型的冲积平原内夹杂岛丘的地貌，村落聚居地多选择在平坡交界之处，村落间可通过水路交通进行连接。个别选址较高的村落如眉山、山门等，则需通过陆路交通对外联系。区域内的村庄通过沥江涌等小支流连通莲花山水道，莲花山水道北通珠江，可达广州，南连狮子洋进而连通南海。支流河道连通区域内的大岭、潭山、赤岗等诸多墟市，平均每三个村落内就有一个墟市。四通八达的水网，形成了便捷的水运交通路线，将区域内的村落连接成一个市场和文化的整体。清末民国时期冈尾社区域内水路与陆路交界处的墟市选址如图2-4-7所示。

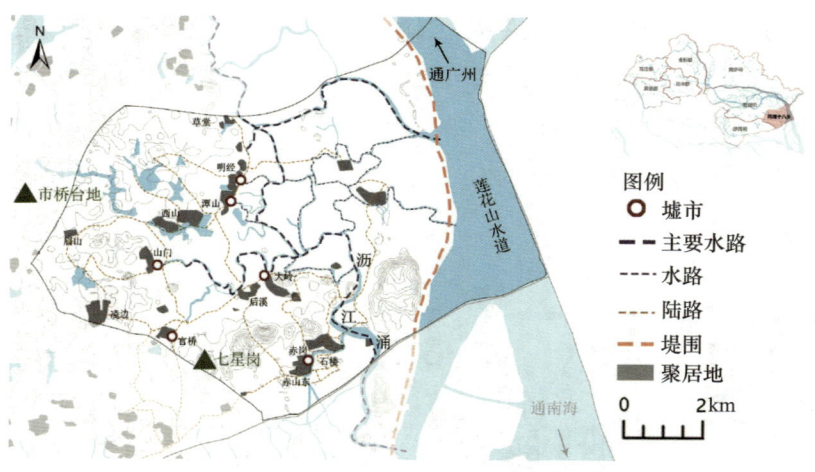

图2-4-7　清末民国时期冈尾社区域内水路与陆路交界处的墟市选址

三、广府民系核心区台地围田区村落单体景观特征

大岭村是一座具有近千年历史的广府民系传统村落，位于番禺区石楼镇北部丘陵与水网平原的交界地区，番禺桥台地的东侧，是番禺区典型的传统村落。明清两代，大岭村隶属菱塘司大岭堡，为菱塘司重要的圩市之一，称作大岭圩。村内环境优美，历史名人辈出，文化底蕴丰厚，曾被评为中国历史文化名村和中国传统村落。

1. 移民迁徙与营居历程

大岭村建村于北宋宣和元年（1119年），到中华人民共和国成立前800余年的时间内主要建设了中约、西约、上村、龙漖四个聚居组团。大岭村曾有陈、许、马、洪、曾、郑、何、刘等多个姓氏族群居住，目前主要有陈氏、许氏以及庄氏三姓村民在此营居（图2-4-8）。其中，最早来到大岭村进行营居的是许氏，许氏原籍浙江绍兴，于北宋宣和元年经南雄移居大岭开村。随后到南宋绍兴年间，陈氏始祖为避战乱，由南雄珠玑巷辗转迁徙至大岭村上村聚居组团，后陈氏发展成为大岭村第一大姓氏。随着村庄的发展，许氏与陈氏的聚居组团逐步由上村沿大岭涌移入西约、中约区域。推测其原因可能是，水运交通与商贸需求，促使大岭村的聚居组团逐步转移到临近沥江河的区域。庄氏迁入大岭龙漖聚居组团的时间最晚，在明宣德年间（1426—1435年）自东莞福永迁入大岭村龙漖聚居组团，并繁衍生息至今。大岭村营居次序如图2-4-9所示。

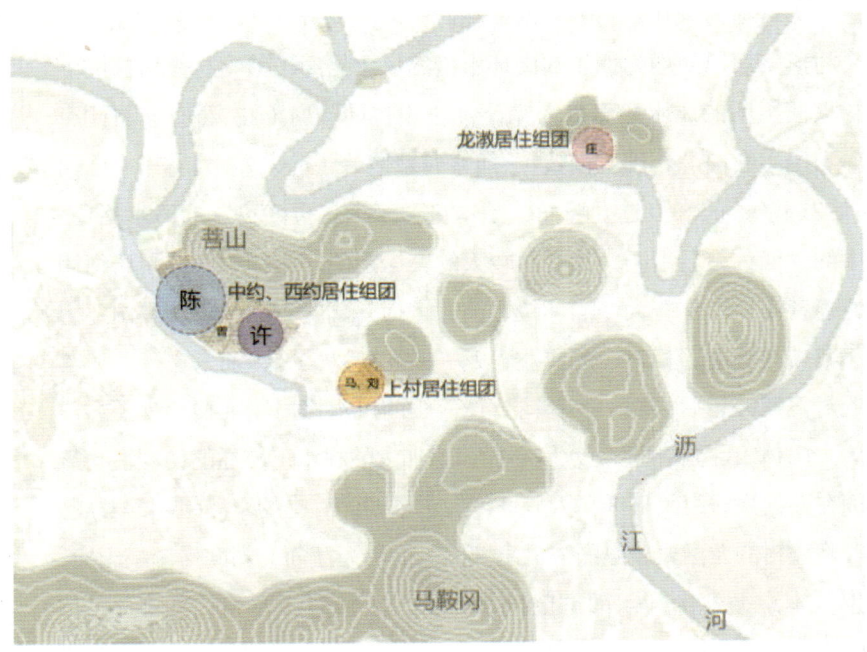

图2-4-8 大岭村主要姓氏分布现状

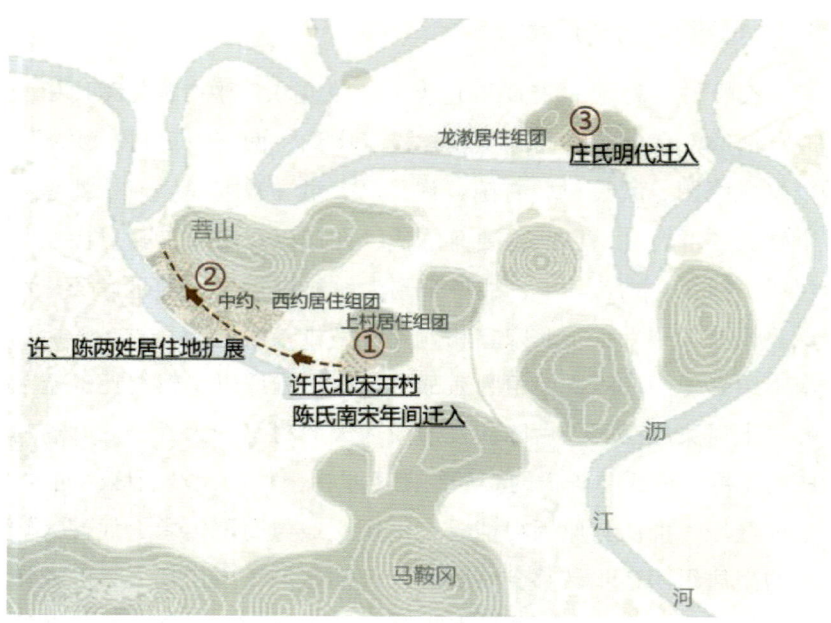

图 2-4-9　大岭村营居次序

2. 选址环境与景观格局

大岭村为宋代建村的村落，在此区域内其选址环境较为优质，各个村落聚居组团均为理想的山环水抱的风水格局。最早有人居住的上村聚居组团的风水格局最为完整，左侧有马鞍岗（左青龙）、右侧有砂石山（右白虎，现已损毁）、前方有金鹅岭（前朱雀）、背靠小山岗（后玄武）、前方流过大岭涌，基本符合了"五位四灵"的风水格局。中约、西约聚居组团为大岭村较大的聚居组团。中约、西约聚居组团背靠菩山，其前有大岭涌环绕，前有较为开阔的农田，越过农田还有飞鹅岭与其遥遥相对，形成左青龙——左连马鞍岗、前朱雀——村落遥对飞鹅岭、后玄武——村落背倚菩山的风水格局，唯独缺少了右白虎（山体），但右侧临近水网平原，增加大岭村水上交通的便利性，从而在西约聚居组团形成了大岭圩，促进了西约、中约聚居组团的发展。较晚建村的龙漱聚居组团依靠小坡岗，前为沥江河，朝向另一小山岗，也基本遵循枕山环水面屏的选址方式。大岭村山水格局如图 2-4-10 所示。

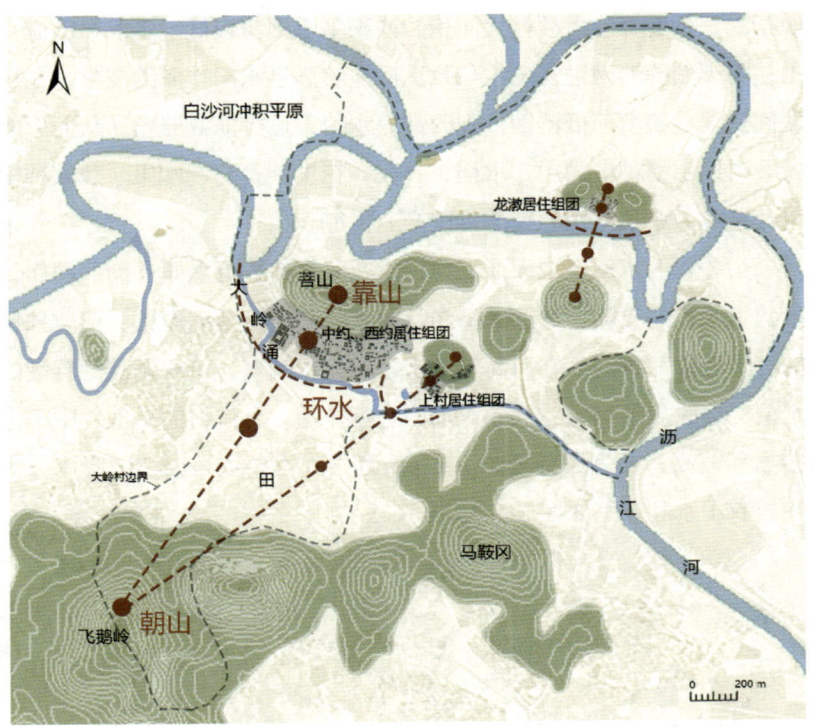

图 2-4-10 大岭村山水格局

大岭村山—居—塘—涌—田的景观格局如图 2-4-11 所示。

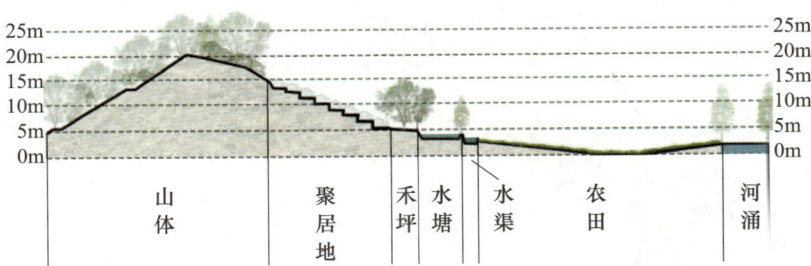

图 2-4-11 大岭村山—居—塘—涌—田的景观格局图

3. 低水高旱的生产景观

处于丘陵平原交界地带的大岭村的生产空间布局，主要是以高度的差异区分的。据大岭村陈氏族谱记载，早在明初陈氏先民就开始经营林业，在大岭村周边的丘陵高地之上种植松树，售卖木材，收益颇丰。在大岭村东南侧的马鞍冈丘陵，由于灌溉不便，多种植旱作作物如花生、番薯等。大岭村大面积的冲积平原地势较低，多改造形成水田，将天然的河网进行疏浚与改造后能够满足水田排灌的需求。在丘陵间低洼地和滨河低洼地，则改造为水塘，进行渔业养殖。从而形成大岭村以水稻种植为主，水稻、甘蔗、花生、番薯、水果、蔬菜种植以及家禽、塘鱼养殖为辅的传统产业特征。

大岭村的水田多依靠沥江河河水及其支流进行灌溉。沥江河作为莲花山水道的支流，连通狮子洋，河水随潮起潮落而盈枯，形成独特的"半日潮"景观。在河涌与农田之间设置闸窦，可根据涨潮落潮的水位，适时启闭闸窦，从而对水田进行排灌。大岭村的旱地，由于分布高程较高，多为"望天田"，其灌溉方式主要依靠天然的降水。大岭村农田水利体系如图2-4-12所示。

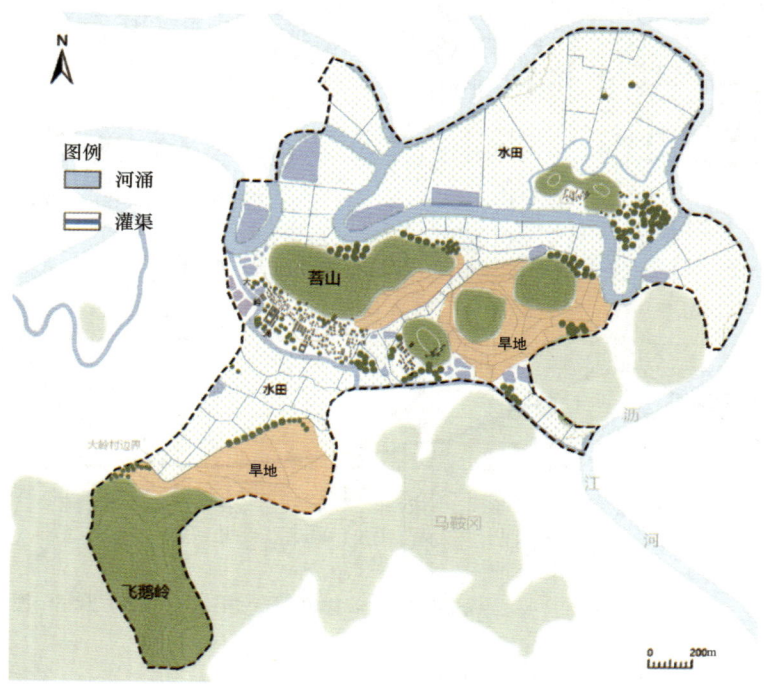

图2-4-12 大岭村农田水利体系

4. 秩序井然的生活景观

（1）鱼骨状的街巷肌理

大岭村的聚居地街巷由一条主街与行列式排列的里巷共同组

成，形成鱼骨状布局，为广府地区常见的聚居地梳式布局的一种变形。梳式布局是广府地区传统村落聚居地的典型街巷组织形式，多以一条主街或广场在村落建筑前侧作为村落主要的交通空间，并连接多条平行分布的里巷而形成，类似梳子形态。梳式布局的聚居地内部建筑成行列状排布，并在两列建筑的山墙面之间留出里巷连接主街。大岭村的主街作为村落的主要骨架，呈东西走向，宽度较宽为3～6m。大岭村的里巷与主街垂直分布，里巷之间相互平行，形态规则有序，宽度较窄多为1.5～3m。大岭村街巷空间组织逻辑十分明确、肌理清晰，大街小巷构成的"巷"和"里"形成了一种特殊的"里巷文化"。大岭村中约、西约聚居组团街巷体系如图2-4-13所示。

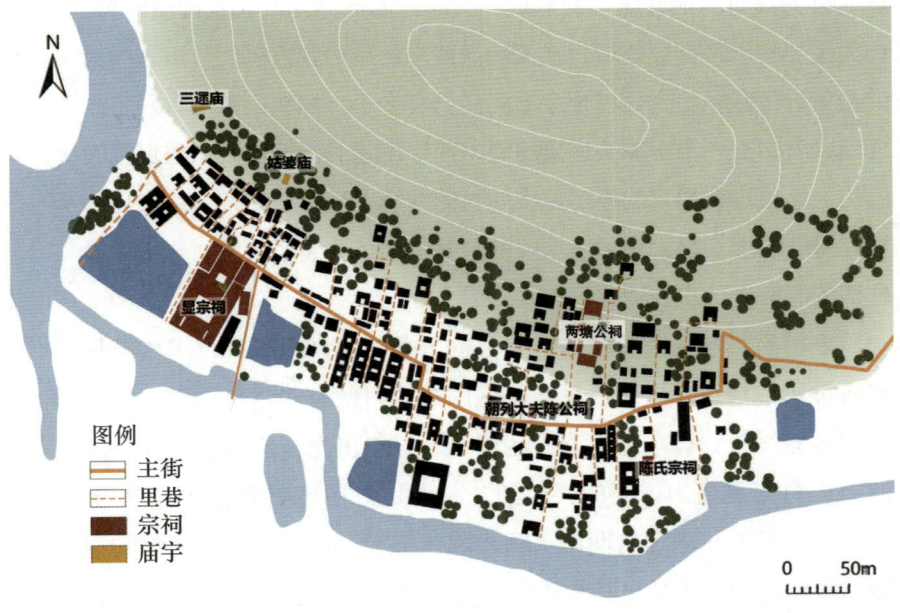

图2-4-13 大岭村中约、西约聚居组团街巷体系图

（2）统一采用三间两廊为主的民居形制

大岭村的民居建筑多统一采用广府地区传统的三间两廊形制，多个独门独户的天井院落，沿里巷两侧分布，规则有序。大岭村民居的材料较为丰富，有夯土墙、蚝壳墙、水磨青砖、木材、石材等，均为广府民系核心区内典型的建筑用材。建筑山墙多为人字墙，部

分民居采用镬耳山墙，如龙津街镬耳大屋等。大岭村的宗祠建筑有陈氏宗祠、显宗祠、两塘公祠、许氏宗祠等，其形制为多进天井院落。其中，建于明代的两塘公祠为三间三进两天井的布局形式，建于清代的善元庄公祠为三间两进一天井的布局形式。宗祠建筑造型相对民居更加丰富，装饰更为复杂，宗祠内的砖雕、木雕和石雕较为精美。

（3）公共空间与风俗信仰活动

大岭村内主要的公共空间可分为街巷空间、河涌空间、宗祠前广场三类。街巷空间是村民日常出行的主要空间，除了承载着交通的作用外，规则有序的街巷体系也反映出大岭村内"礼"制文化对村庄形态的控制作用。"礼"制文化强调的秩序性与整体性思想，促进了大岭村行列排布的街巷体系的形成。大岭村的河涌空间，在传统时期，作为主要的水路交通要道，在大岭涌西部河岸边置古码头，可与内部的主街进行联系。大岭村至今沿河涌仍有多个水埠头，平均每隔不到50m，就会有一个水埠头连接河涌，河岸设置的水埠头既供村民洗衣所用，又可进行船只的停靠。大岭村的河涌在端午节时期，还会作为赛龙舟的场地，是大岭村多功能的公共空间，凸显了大岭村与水关系密切的广府地区水乡特色。

宗祠前广场为大岭村内最重要的公共空间，用于举行宗族祭拜和各种民俗活动。广府民系核心区的宗族村落有"俗最重祭，缙绅之家多建祠堂，以壮丽相高"的记录。祭祀祖先在广府民系核心区的宗族村落是最为重要的民俗活动，大岭村在历史上曾拥有10余座宗祠，目前村内还有两塘公祠、陈氏宗祠、显宗祠三个祠堂的存留。大岭村的显宗祠是其中最重要的建筑之一，建于明朝嘉靖年间，位于村落的北部，靠近龙津桥，面向玉带河。这座祠堂采用硬山顶建筑形式，采用三进两天井的结构。显宗祠前的广场呈半封闭空间形式，临近玉带河，两侧有牌楼围合，设有门洞通往显宗祠的广场区域。牌楼一方面起到分隔空间的作用，将祠堂前广场与桥头广场隔开，另一方面通过围墙划定了广场的形状和范围（图2-4-14）。显宗祠前面的玉带河从线状的带形逐渐扩大为半圆形，这并非偶然现象，因为一般在珠江三角洲的传统祠堂前都有独立的半月形水塘，追求蓄气聚财的效果。在大岭村，居民通过将河流人工挖成半月形来代替水塘。显宗祠的空间环境可以说是整个村落空间的微观体现，在祠堂的后方可以清晰地看到茂密的山林，前面是半月形的河流，村落被山水环抱，形成了良好的景观和生态环境。景观元素丰富的水口广场如图 2-4-15 所示。

图 2-4-14 显宗祠前涌（河）—禾坪—宗祠的空间序列

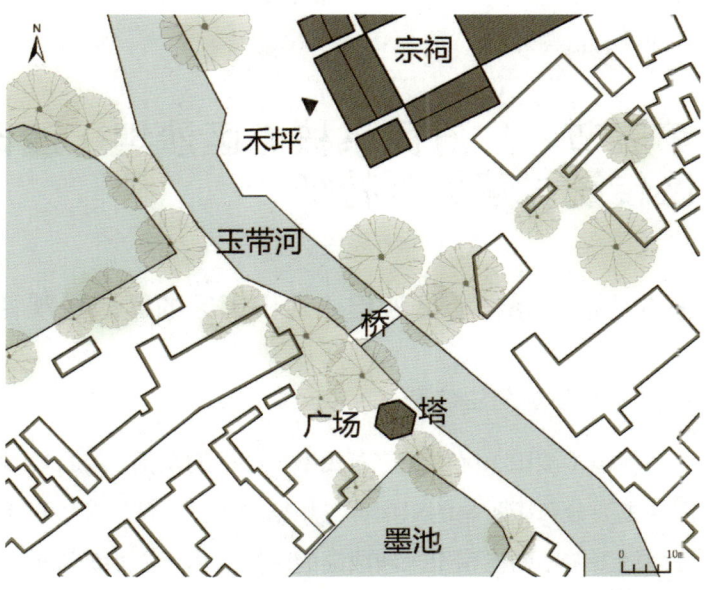

图 2-4-15 景观元素丰富的水口广场

（4）景观意象与景观元素

大岭村的特色景观元素可分为人文景观元素、生活景观元素与自然景观元素三类。首先，大岭村作为历史悠久的广府民系传统村落，受到深厚的文人教化的影响。在历史上，大岭村人才辈出，个人科举取士功成名就后，就在宗祠前竖旗杆石以作纪念，以示光宗耀祖，村内林立了多组旗杆石。村头水口营建的文昌塔名为大魁阁塔，为村民祈求科举运势，这种"文塔"的建造，在广府地区较为常见，有"乡村大姓必于所居水口起文阁，祠文昌祠，神之生日赛会尤盛，阁凡二层或三层，高者十余丈，远望似浮屠。有阁处，其内多读书家，有科第"之说。诸多人文景观的营建，渗透着大岭先民"重风水，兴教化"的思想倾向。

其次，大岭村内有诸多具有生活气息的景观元素，如街巷、巷门、水井、桥梁等。其中，桥梁作为以大岭村为代表的广府水乡常见的景观元素，既具有交通价值又能够作为村庄的休闲空间。大岭村横跨大岭涌（玉带河）的龙津桥，是一个全部用红砂岩建造的一墩二孔拱桥，桥的两端各有一棵大榕树，供村民乘凉，现在是村民的主要活动地点和景观点。大岭村的自然风光也较为优美，村庄依丘环河，村内池塘、古树环绕。

第五节 广府民系核心区沙坦（沙田）区传统村落景观特征

一、广府民系核心区沙坦（沙田）区的区域景观特征

1. 以河间沙坦为生态基底

沙坦（沙田）区位于广府民系核心区的东部，珠江三角洲下游地区，主要分布于番禺的东南部与顺德的东部。沙坦（沙田）区为珠江三角洲下游不断淤积出来新成陆的区域，由于淤积成陆的土地沙质化较为严重，多被称为沙田。宋代以前该区域内多为浅海，西江、北江

带来的泥沙,在此处淤积,加之海潮的顶托作用,形成沙坦滩涂地。明清时期由于西江、北江上游的土地开发,水土流失加快,出海口区域的泥沙淤积速度加快,各河道不断淤浅,新生沙坦不断浮露。加之人们通过抛石、种草实行人工促淤,加快了沙田的淤涨,人们开始逐步种植农作物,形成沙田。因此在珠江三角洲下游出海口附近形成了约 1600km² 的大面积的沙田地区,其中属于广府民系核心区的约 300km²。

沙坦(沙田)区内的"三生"斑块构成较为简单,其内主要由河流与其间大面积的水田所组成,其中水田约占区域总面积的 73.14%,河流占区域总面积的 24.5%,其间夹杂着部分果林。加之社会环境的影响,该区域内生活居住用地面积也较小,仅占 2%,形成较为单一的农业土地利用方式。广府民系核心区内沙坦(沙田)区"三生"斑块构成如图 2-5-1 所示。广府民系核心区沙坦(沙田)区"三生"斑块景观指数统计见表 2-5-1。

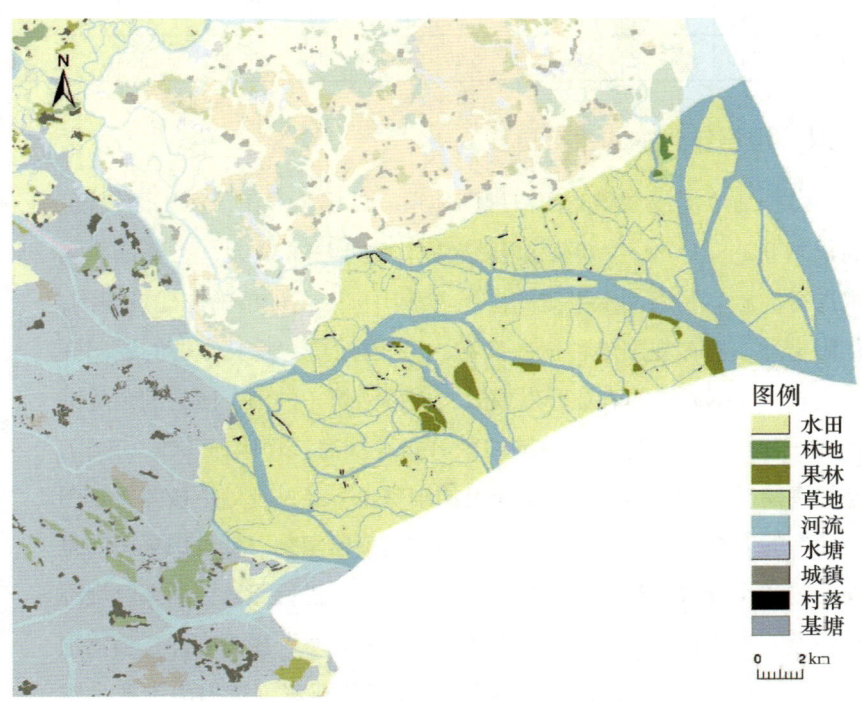

图 2-5-1 广府民系核心区内沙坦(沙田)区"三生"斑块构成图
(注:图片根据民国时期测绘图识别绘制。)

表 2-5-1　广府民系核心区沙坦（沙田）区"三生"斑块景观指数统计

分类	斑块类型	斑块数（个）	斑块类型面积（hm²）	斑块类型面积百分比（%）	平均斑块面积（kh²）	斑块密度（×10⁻² 个/hm²）	最大斑块占比（%）	平均最近距离（m）
生态空间	河流	35	7495.44	24.50	214.16	0.11	24.42	42.85
	湖泊	6	25.39	0.08	4.23	0.02	0.04	1656.11
	林地	2	56.41	0.18	28.21	0.01	0.15	505.37
	草地	1	74.81	0.24	—	—	—	—
生态斑块合计		44	7652.05	25.00	80.35	0.04	6.21	734.78
生产空间	水田	127	22374.49	73.14	176.18	0.42	3.87	41.91
	基塘	10	31.34	0.10	3.13	0.03	0.06	349.55
	果林	17	474.22	1.55	27.90	0.06	0.34	716.67
生产斑块合计		154	22880.05	74.79	—	—	—	—
生活空间	城镇	1	3.69	0.01	3.69	0.00	0.01	—
	村落聚居地	86	56.84	0.19	0.66	0.28	0.02	493.02
生活斑块合计		87	60.53	0.20	—	—	—	—

2. 以沙坦稻作为主的生产斑块

（1）适应潮汐灌溉的闭口堤围体系。沙坦（沙田）区田面较低，高程为 0.2～1.0m，每月的潮灌天数可达 10～20 天，主要依靠潮水进行灌溉。利用潮水灌溉的沙坦（沙田）区在种植前先建设堤围，稳固土地，再在堤围内种植农作物，"先围后垦"是其主要的农田开发模式。先围后垦的农业开发模式，使得沙坦（沙田）区的河道堤围形成一种规则性的走向，呈网格状分布在滨海沙坦区域（图 2-5-2）。与堤围建设相同，其堤围之上建设的闸窦也多经过规划，按照规划田地面积的大小，河涌的位置、潮水的方向预留闸窦。低沙田采用的是潮田的耕作方式，利用每天两次的潮汐规律，进行灌溉。潮来时堤围外河道的水位较高，此时开启闸窦，可引入潮水，灌溉农田；当潮水退去时，堤围外河道的水位较低，此时打开闸窦可排出田内多余水体。潮水进时灌溉田土，潮水退时留下一层薄薄的淤泥。由于淤泥有较强的营养成分，这样就形成了独特的灌溉与施用天然肥料相结合的潮灌方式。沙坦（沙田）区的土地多为人工促淤、向海围垦而成的，沙坦（沙田）区的堤围还具有排咸引淡的作用，初期形成的沙田土地盐分高，并不适宜种植水稻，经济效益不高。通过人工控制沙坦（沙田）区堤围上的闸窦，即当较淡的潮水来时开启，咸潮来时关闭，可逐步淡化沙坦（沙田）区内农田，形成适合稻作的土地。

图 2-5-2　沙坦（沙田）区主要堤围水利位置图（堤围位置改绘自《珠江三角洲农业志》）

（2）河涌、塘口结合的水利设施。为满足潮灌的需求，沙坦（沙田）区内的江、河涌、灌渠相互连通，并在交界处设置闸窦，根据每日涨潮与退潮的情况进行闸门开闭，引水灌溉。河海滩地的农田，往往由于海水的侵蚀含盐量较高，不适于农作物的种植。广府人就利用堤围、水闸，按照涨潮退潮的时间，定时开启与关闭水闸，引入较淡的河水，并阻挡较咸的海水，逐步将此区域转换为适合水稻种植的农田。由于此区域内水量丰富，水稻田内水位较高，在水稻收割完毕后便可蓄水兼养鱼、虾，充分利用水资源。沙坦（沙田）区内的主要河涌与农田间的小灌渠之间，还会在田块内开挖小型塘口。沙坦（沙田）区内塘口主要起到存蓄淡水的作用，在每年 12 月至次年 4 月咸潮频发的时节用于灌溉农作物。越靠近海边的村落，塘口数量就越多。

（3）沙坦稻田的农业景观。沙坦（沙田）区内的作物以水稻为主，《广东农业概况调查报告书中》描写沙坦（沙田）区的农业情况时记载："西南与西北近洋海之区，平原低洼之地，多为水田，广栽水稻。"广袤的水稻田是在不断形成的滨海淤泥地上形成的，在种稻前需要对土地排咸去淡，土壤利用难度较大。加之沙坦（沙田）区居民人数远少于台地围田区的人数，人少地多，沙坦（沙田）区的稻田多进行粗放型管理。与台地围田区内一年两熟或三熟的精耕细作相比，沙坦（沙田）区的稻田在传统时期为一年一熟的耕作制度。除了耕作制度差异外，在稻田的类型方面，沙坦（沙田）区也与台地围田区不同，台地围田区的稻田为浅水田，沙坦（沙田）区的稻田为深水田。沙坦（沙田）区内的水稻多种植较大的秧苗，且间距较为稀松，一段时间后才会分叉，密布水稻田（图 2-5-3）。在大面积种植水稻田的基础上，为增加收入沙坦（沙田）区还种植果树、甘蔗、蔬菜等经济作物。经济作物的种植需要排干水稻田内的水分，并晒干土地。沙坦（沙田）区内适用于种植经济作物的土地较少，多沿基种植果树、甘蔗等，其植物的根系具有稳固堤围的作用（图 2-5-4）。以稻田为主的沙坦（沙田）地区，随着淤积出来的土地不断增多，越来越多的沙坦地变成了万亩良田，这就形成沙坦（沙田）区村落沙坦稻田的农业景观。

图 2-5-3　如今的沙坦（沙田）区作物种植　　图 2-5-4　沙坦（沙田）区经济作物香蕉林

沙坦（沙田）区位于较平坦开阔的沙坦之上，整体田面平整，高程较低多为 –2～1m。由于沙坦（沙田）区的农田多为人工促淤围垦而成，其农田多被交错平直的河道切割成整齐的长方形农田。沙坦（沙田）区内的农田之间几乎没有道路或者田埂多为河渠，农民划船进入农田内进行劳作，划船送出收割的稻谷，形成被多条水道分割的块形稻田肌理。

3. 沿河分布的线形生活斑块

沙坦（沙田）区水资源丰富，土地较为稀缺，广府地区居民就以船屋的形式，停靠居住在河岸边，后来逐步发展为简单地在河岸搭制寮茅进行居住，形成了沿河线形排布的聚居地（图 2-5-5）。沙坦（沙田）区船屋为了居住的安全性与生产的便利性，不会直接停靠在较大的入海河道之上，多选择在小的河涌两岸停靠选址。到清末允许舟居的疍民上岸定居后，前来开发沙田的先民就在小河涌两岸建造简易茅草房（当地人称为"寮茅"）。无论是沿河舟居还是沿岸的寮茅聚居地，占地面积都较小，多沿河形成 500～1000m 不等的线形村落，村落平均面积也减小到了 0.66hm²。此区域内的传统村落的聚居地，可根据河道长度的不同，绵延几十米到几百米不等，宽仅几米；根据河流形态的不同，可呈一字形、十字形、U 形、L 形或曲线状平面形态。

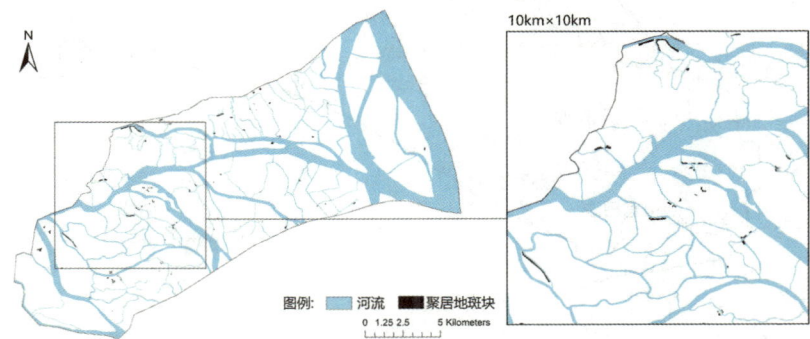

图 2-5-5　民国测绘图中沙坦（沙田）区沿河分布的聚居斑块形态
（注：图片根据民国时期测绘图识别绘制。）

二、广府沙坦（沙田）区村落群景观特征

1. 以自然沙洲为村落群划分方式

沙坦（沙田）区位于珠江三角洲的出海口附近，其内的沙坦地貌由诸多自然或人工围垦形成的沙洲所组成。沙洲的自然发育主要基于河水与海洋潮汐的顶托作用，形成过程较为缓慢。急于扩张耕地面积的广府先民，多进行人工围筑以加速沙洲的形成。人工围筑沙洲的过

程主要经历了鱼游、橹迫、鹤立、草埗、围田五个阶段，将诸多水下的浅滩陆地改造成为沙洲，并种植水稻形成沙田。广府民系核心区内沙坦（沙田）区内沙洲地有10余个自然形成的大小各异的沙洲，其中海心沙和不知名的小沙洲之上没有传统村落的分布，依靠大沙洲的疍民划船去耕作。沙坦（沙田）区约形成以大沙洲为单位的传统村落群9个，平均每个村落群的面积为32.84hm^2，平均每个村落群内包含的村落数量为5～6个。以大沙洲为单位的沙坦（沙田）区传统村落群划分如图2-5-6所示。

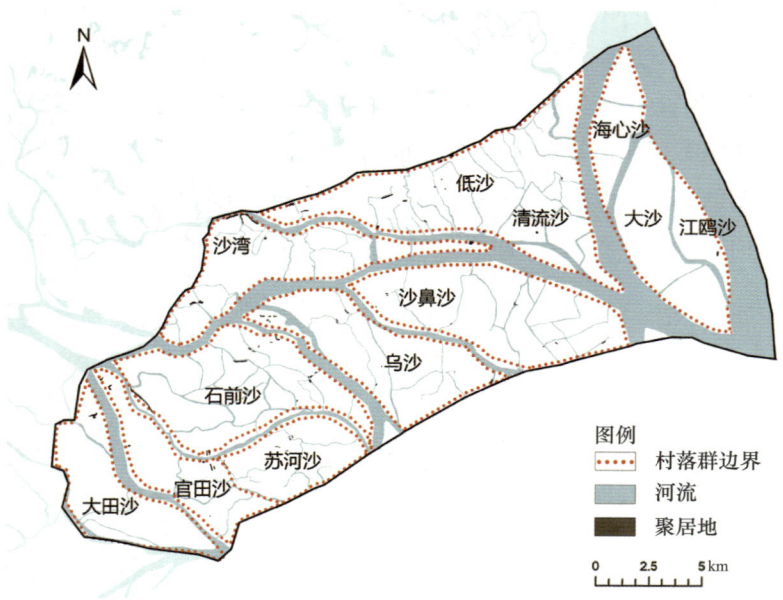

图 2-5-6 以大沙洲为单位的沙坦（沙田）区传统村落群划分
(根据光绪《番禺县续志》整理绘制)

2. 以灌溉为村落间主要联系

沙坦（沙田）区内的传统村落间的联系主要以生产为主，较少有商业活动，区域内没有贸易集市，需赶往番禺沙湾等大的墟市。沙坦（沙田）内居住与劳作的疍民、世仆、佃户，对土地没有所有权，所以其内的村落多分属于不同大宗族。村落内姓氏复杂，信仰与宗族文化明显低于台地围田区，村落与村落之间文化与生活方面的往来较少，主要受到生产需求的限制，以堤围为单位形成生产活动上联系密切的村落群。广府民系核心区低地基塘区的村落以堤围为单位，而沙坦（沙田）区弱化堤围，重视闸口与河涌。沙坦（沙田）区堤围的高度普遍较为低矮，堤围的建设主要为了防止海洋咸潮倒灌与围垦农田。真正对农田灌溉起关键性作用的是河涌。沙坦（沙田）区需要通过河涌，将上游较淡的河水引入农田进行灌溉，并通过闸口的关闭将较咸的河水阻挡到堤围外。堤围上的闸口对村落群灌溉具有较强的影响，是村落群的核心标志物。

以东涌乡为例，其北邻沙湾水道，南邻骝岗水道，整个村落群位于名为沙鼻沙的沙坦（沙田）之上。村落群内部主要河涌的水主要从沙湾水道流向骝岗水道。沙湾水道为东涌乡的主要灌溉水源，区域内安顺涌、东涌与官坦涌三条主要的河涌，均在河涌与沙湾水道交汇处设置三处主要的引水闸口。三条河涌及其内部发展出来的支流，分别形成三处灌溉水网，将东涌乡分为石基围、东涌围、官坦围三个灌溉区域。每个村落群内有近十个自然村，自然村沿主干或支干河涌选址。大地闸窦的开闭能够控制整个围内的灌溉，形成生产上相互关联的村落群（图 2-5-7）。

图 2-5-7 东涌乡（沙鼻沙）村落群内包含三个围口灌溉区域

3. 以宗族割据为村落群管控

在清末民国时期，珠江三角洲的沙坦（沙田）大部分都被居住在围田区的大族所控制。沙坦（沙田）区逐步浮生的沙坦用地的开垦，工程浩大、耗资众多，只有具有雄厚资产的大宗族才有能力参与开发。随着明清时期珠江三角洲区域内人口的增长与经济的发展，增加土地种植农作物，更加有利可图。大宗族为获取更多利润，将开垦土地的目光转移到逐步浮生的沙坦（沙田）之上，争相投入资金开垦沙坦（沙田）。沙田区域内原本以捕鱼为主要产业的疍民，成了宗族雇用的主要廉价劳动力，进行沙坦（沙田）开垦的工作。疍民加之大宗族派出的世仆与山区的瑶民，为沙坦（沙田）的开垦提供了充足的劳动力。大宗族通过雇用劳动力将大量石材运送至浅海区域筑堤围，促淤成陆，并占据围内土地，使其成为宗族的产业。如顺德和香山之间的西海十八沙和东海十六沙，基本上分属顺德、南海、番禺、香山的大族和地主。这些霸占着大量沙坦（沙田）的地主，居住在距离沙坦（沙田）相当遥远的村落，甚至连自己沙坦（沙田）的所在位置也不清楚，而是依赖他们的佃户，雇用在沙坦（沙田）区的贫困农民作为耕种沙田的主要劳动力。

番禺东南的东涌乡，宋代以前仍是深 6～7m 的浅海。宋代以后来自西江、北江干流的大量泥沙受海水顶托伸延。到了明代，开始有浮生的沙坦（沙田）出现，沙坦（沙田）以每年南延约 38m 的速度不断浮生，相连成片。东涌陆地成形时间大约在明末清初年间，据 1871 年版《番禺县志》记载：明代，东涌中部的大稳、石基、东涌、南涌等地区已经成坦。到了清代，来自西江、北江的大量泥沙受海水的顶托，在今天大稳村沙鼻梁涌口处沉积下来，形成了一个形似鼻子的沙洲，人们根据其形状称之为"沙鼻梁"或"沙鼻沙"。清代来番禺、顺德等地的大宗族纷纷派遣仆和雇用疍民来此围垦沙田，形成分属不同大宗族的沙田土地。番禺东涌乡村落所属大宗族统计见表 2-5-2。

表 2-5-2　番禺东涌乡村落所属大宗族统计表

村落名称	开发宗族源地	村落名称	开发宗族源地
石基村	番禺沙湾、石碁	石排村	番禺沙湾
东导村	番禺钟村	三沙村	番禺沙湾
大稳村	番禺钟村、南村、沙湾	沙公堡村	番禺沙湾
东涌镇	顺德碧江	庆盛村	番禺沙湾

三、广府民系核心区沙坦（沙田）区村落单体景观特征

大稳村位于番禺区东涌镇中部，是典型的沙田村落，且村落内风景优美，注重历史文化遗产保护，目前是东涌镇主要的沙田风貌观光区域。

1. 移民迁徙与营居历程

大稳村东北与东涌镇接壤，东南与南涌村接壤，西南隔蕉门水道与小乌村、天益村、鱼窝头村相望，西北与石基村接壤。位于东涌镇中部，蕉门水道流经村境西南侧。总面积 5.27km²。村内有四条主要的河涌，分别为大稳涌、沙鼻梁涌、棒界涌、三稳涌，四条河涌分别属于大稳、大云、三稳、棒界四个自然村落。村民分别住在四条河涌两岸。大稳村的先民于清代从番禺钟村、南村、沙湾等地前来耕沙，由姓氏各异的耕田人聚居而成，姓氏较为混杂，村民姓氏主要有郭、陈、何、梁、卢等。早期他们多以舟楫为宅，停靠在东涌镇河岸两侧，为大地主开垦土地，并辅以打鱼为生，生活艰苦，且只形成了水上的疍民村落。到清雍正七年（1729 年）政府提出"准其在近水村庄居住"的政策。此时东涌镇以舟楫为生的世仆与疍民才逐步在河岸边搭建寮茅，到清末逐渐成村。

2. 选址环境与营居历程

大稳村内以连片的水稻田为基底，沿主河道骝岗水道一侧有沿江堤围体系，用来保护农田。村落由三条主要的河涌贯穿，沿三条河涌的堤岸上为寮茅或水棚民居的营建区域。在堤岸上多种植竹子、果树等植物将属于不同姓氏的寮茅建筑分隔开来，形成沿堤岸有间隔的线性排布的聚居建筑。村内约有 10 余个围馆，供村民晒谷用。村落整体地势低平，村落内高差变化较小，堤围和堤岸的高度略高于水平面，农田的高程则低于水平面，在 −2 ～ −1m（图 2-5-8、图 2-5-9）。

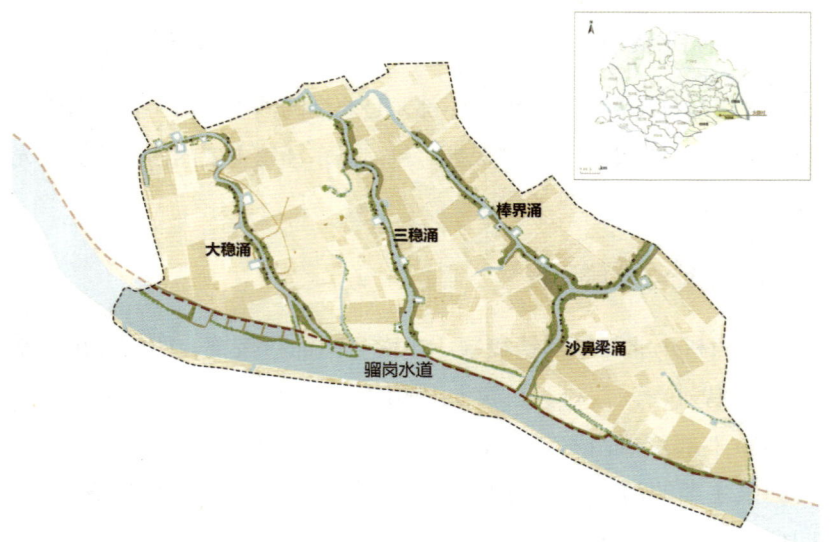

图 2-5-8　番禺区东涌镇大稳村平面图

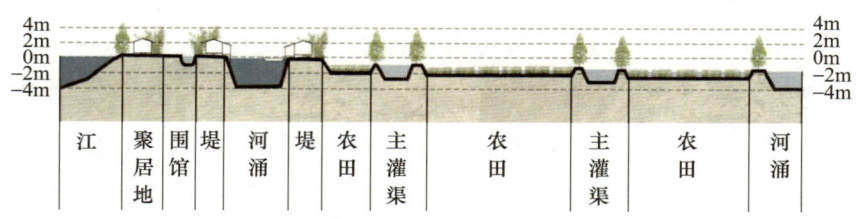

图 2-5-9　大稳村田—居—涌—居—田景观格局图

3. 潮水灌溉的万亩稻田景观

大稳村境内绝大部分为珠江三角洲沙田平原，土壤肥沃，地势平坦，在传统时期以种植水稻、甘蔗为主要作物，多种植在其堤围内部，成片发展。大稳村内围堤多为泥堤，泥堤内外两侧种植荔枝树、龙眼根、木棉树、香蕉树、葵树等植物，在增加农业产值的同时，稳固泥基。

大稳村内田面平均高程为珠基水位 –0.4～0.7m，每月可上水20天，主要依靠潮水进行排灌。大稳村主河涌的宽度约为15m，为沟通外江（骝岗水道）的主要河道，水深约2m。在主要河道与外江的交汇处设置了三处水闸，分别为大稳涌水闸、三稳涌水闸、沙鼻梁涌水闸。三处水闸每日根据潮汐规律定时开闭，对村内河涌进行水体交换。主河涌内的水体可通过窦进入田边水渠，水渠内的水可通过田间的小窦口进行排灌（图2-5-10）。在潮水不能进行农田排灌的日子，大稳村先民还会采用人力踩水车进行农田排灌。在传统时期大稳村的闸窦均为木制，后更换为石制和现代的水闸设施。大稳村的堤围主要沿江而建，在传统时期大稳村围堤全部是淤堤，村民每年从江河取淤拍围，险段侧打木桩加固，中华人民共和国成立后才逐步改善。

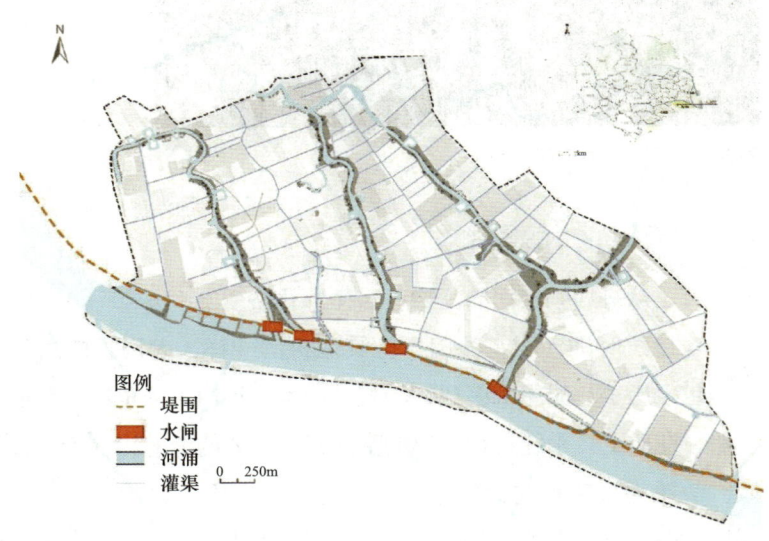

图2-5-10　大稳村水利体系图

大规模的水稻种植和低洼的地势，促进了一种特殊生产空间的产生——围馆（图2-5-11）。在沙坦（沙田）区的疍民村落中，主要依靠围馆（晒谷坪）进行谷物的晾晒与存储。沙坦（沙田）区村落以生产稻谷为主，收获的稻谷需要进行晾晒再转运出去售卖。即使在用地紧张的沙坦（沙田）区线形村落中也会留出较大的空间，以供粮食的晾晒与存储。建设大面积的晒谷坪需要有较多的泥土，所以沙坦（沙田）区村落多在晒谷坪周边挖水沟，利用挖出来的土地填充晒谷坪的土地，晒谷坪与聚居地所在的堤围相连，前设小码头，方便粮食的运输。晒谷坪就像岛一样被水沟包围，当地人称之为围馆。沙坦（沙田）区内往往几家几户便合力在宅后的农田建造围馆，因为看守粮食的需要，围馆属于半私密的空间，较少举行公共活动。

图 2-5-11 围馆公共空间

4. 由舟至棚的生活景观

(1) 从舟居到寮居的大稳村居住形式演变

与传统时期沙坦（沙田）区其他村落一样，大稳村的居住建筑类型也经历了从船屋到茅寮的转变。沙坦（沙田）区早期的船屋一户一船，在船上几乎能进行全部的生活起居。船的前舱为捕捞作业的区域，中舱为寝室和吃饭的地方，后舱为厨房或者厕所。船底一般分两层，最底层为空地进行隔水，隔水层上面为底舱，可以存放生活用品。船屋多采用不易腐烂且浮力大的杉木制成，并刷油漆防腐。在船上居住的疍民生活较为艰苦，往往全家挤在狭小的船舱里面住宿，还要接受风吹雨淋。舟居的疍民过着"一叶破舟栖五口，日泊田头夜漂流"的艰苦生活。

清末疍民上岸后，沙坦（沙田）区的人们多用竹子搭起屋架，用稻草、松皮、蔗壳等编织做墙壁和屋盖，当地人称之为"茅寮"或者"窝棚"。茅寮基本上是一层的建筑，有一个厅及一个厨房，屋旁有一个茅厕。茅寮建筑的材料多为当地人自己生产的，沙坦（沙田）区人们会在"基头"沙田堤坝上种一些竹、麻等，松皮及杉木则需要购买。茅寮一般是 10m² 左右，格局较为简单，只有一房一厅。房间里摆放一张宽约 2.2m 的床，全家人都睡在上面。当地人把这样的床叫作"仔姆床"。客厅比较小，多摆放神台以及简单的柜子、梳妆台等，也可临时作为客人的住处。条件比较好的家庭，会盖搭两层的茅寮，上层住人，下层放农具，当地人称之为"高棚仔"。有的茅寮滨河而建，一层用竹子和木头支撑，像吊脚楼一样伸进水中，二层供人居住，又称作"水棚"。此类建筑就地取材，用池杉树干及竹竿搭建承重结构，用禾秆草、杉树皮或松树皮覆盖在承重结构外围形成墙体及坡屋顶等围护结构。建筑较为简易，一旦遇到台风等自然灾害随时可能会坍塌。

在茅寮居住的沙坦（沙田）区先民，出行交通基本全部依靠水路，家家户户都有小艇。在寮茅前沿河岸多设置水埠头，来停靠船只。水埠头还可供沙坦（沙田）区先民浣洗衣物、洗沐与获取饮用水，成为多功能区域。水埠头的构造也较为简单，多为高低错落的数级石板，通向河涌。民国时期大稳村生活空间布局示意如图 2-5-12 所示。

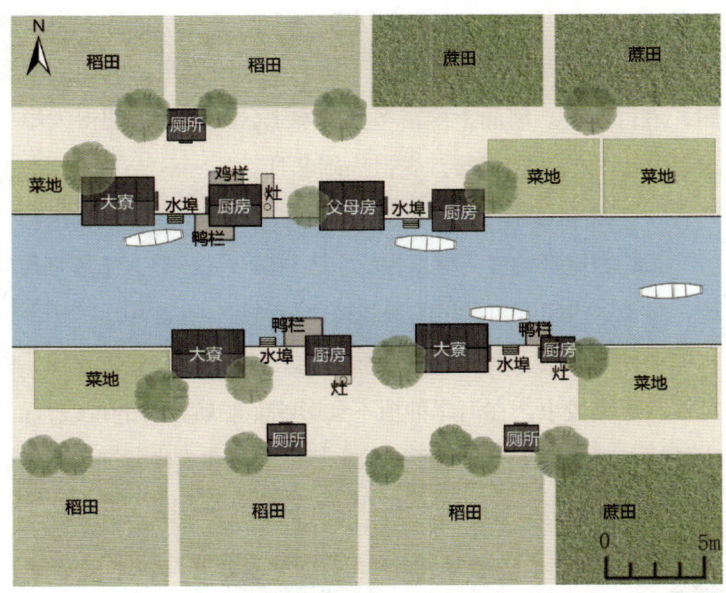

图 2-5-12　民国时期大稳村生活空间布局示意图
（改绘自《水上人的历史人类学研究》）

（2）以河涌为主的公共空间与风俗信仰活动

大稳村在传统时期的公共空间主要为聚居地间的河涌。大稳村河涌上的棹货艇和街艇，提供了村民买卖商品的空间。棹货艇和街艇与一般农用木艇差不多。头尖尾窄，中部宽壮，中部有葵篷遮盖，艇尾做居室和厨房，其余部分做货舱。此类货艇往往前往番禺桥、大岗、石碁等地购入货物，再运回沙田地区，沿涌叫卖，形成水上流动的商铺。

大稳村的文化活动有与广府民系核心区其他地区一样的传统的清明祭祖和春节期间的醒狮（舞狮）活动，还有沙坦（沙田）区别具特色的农历七月十四的水上"驱魔"活动、水上婚礼、咸水歌会以及水上斗桡活动。水上"驱魔"活动，需要从村内河涌尽头开始，边划艇，点香烛、烧衣纸，鸣放鞭炮，边向外江河涌口前进，意为将"水鬼"赶出村境，祈求村民涉水平安。水上婚礼的主要特色是划农艇迎亲，并且每逢家中喜庆婚丧等事，都煮肉烹肴招待亲朋。筵席简朴随意，场面温馨，主客之间不分长幼排序，禾秆垫坐、席地就餐，随到随吃，称为"流水席"。咸水歌是传统疍家人平日劳作时哼唱的民歌，现在东涌镇每两年还会举办咸水歌会。水上斗桡，即水上拔河。两组队伍分别乘坐两只小艇，用绳子将两个小艇固定，两组向相反方向划船，进行比赛。河涌上丰富多样的水上公共活动，使得大稳村这样缺乏公共土地的沙田村落，变得热闹非凡。

（3）景观意象与景观元素

大稳村这样的沙田村落相比宗族村落少了一些人工规划与建造的痕迹，多了一些田野与自然的景观特色与风貌。在沙坦（沙田）区的河岸两侧多种植水松、水杉，来稳固河岸。水松、水杉较耐水淹，并且树干挺拔，冠幅较小，在河岸种植不会影响船舶航行时的视线，而且水松、水杉的木质适合造船、建桥、做家具，因此在大稳村河涌两岸有较广泛的种植。松杉水道是广府水乡的特色景观空间（图2-5-13）。

图2-5-13　番禺区东涌镇松杉水道

大稳村内还保留多处古树，有榕树、木棉等，其中在大稳涌口的老榕树历史较为悠久。据考证，这棵大叶榕已有110多年历史。相传一百多年前，这里还是一片泥沙冲积而成的"沙鼻梁"，村民在此围地耕种，并堆起了一个高高的土墩，当河水暴涨时，人们可以登高避险，随即在此地种下了这棵榕树。这棵榕树目前已经成为大稳村内的风水树，成为吉祥的象征。

丰富的河网增添了沙坦（沙田）区村落的水上景观，桥梁、舟楫、水埠头在大稳村内随处可见。由于缺乏石材，在传统时期大稳村内多用河岸上生长的竹子和树木搭建简易的竹木桥，供人行通过。竹木桥跨河而建，桥下留出了较高的供船只通行的空间，整体看起来非常轻盈。大稳村的农户还会养鸭、鹅等水禽增加农业产值，所以经常能见到河涌内成群游动的鸭与鹅。由寮茅、水棚、竹木桥、松杉、水田、鸭、鹅等形成的特色沙坦（沙田）区村落景观，质朴又生动。

第三章 潮汕民系核心区传统村落景观特征分析

第一节 潮汕民系核心区传统村落景观形成的背景

一、潮汕民系核心区传统村落形成的自然背景

1. 山海之间的韩江三角洲地貌

对海开放对内陆封闭的地貌特征。潮汕民系位于广东省的东南沿海区域，背靠莲花山面向南海，其内人口主要分布在山海之间的狭长滨海平原之中，形成对海开放对内陆较为封闭的地貌特征。潮汕民系核心区位于潮汕民系中部偏北的区域，韩江从其中部流向南海，其背靠高耸的莲花山脉，加之西侧的桑浦山和东侧的凤凰山脉，使其形成了外侧三面环山一面临海，内部三角洲平原为主的地貌特征。背山面海的地理格局使得潮汕民系核心区内部地势变化幅度大，地貌分异鲜明，有山地、丘陵、盆地、平原、沿海沙垅（堤）低地等多种类型。潮汕民系核心区内地貌空间分异鲜明，可大致将其划分为山地丘陵区、平原区以及沿海沙垅区三大类（图3-1-1）。

山地丘陵区主要分布于潮州市北部的凤凰山地区以及莲花山地区，山地丘陵区面积较大，约占潮汕民系核心区总面积的58%。最高山峰为凤凰山大髻，海拔1497.8m。这些山地区域形成了潮汕民系核心区与内陆之间的天然屏障。

平原区位于潮汕民系核心区的中部，韩江三角洲的中上部，其内地势由西北逐步向东南方向降低，可分为顶部扇形平原区和中部低地平原区两类地貌。韩江三角洲顶部扇形平原区位于韩江三角洲的顶端区域：北起潮州，南至鹤垅、浮洋、东凤、店市至铁铺一线。此区域

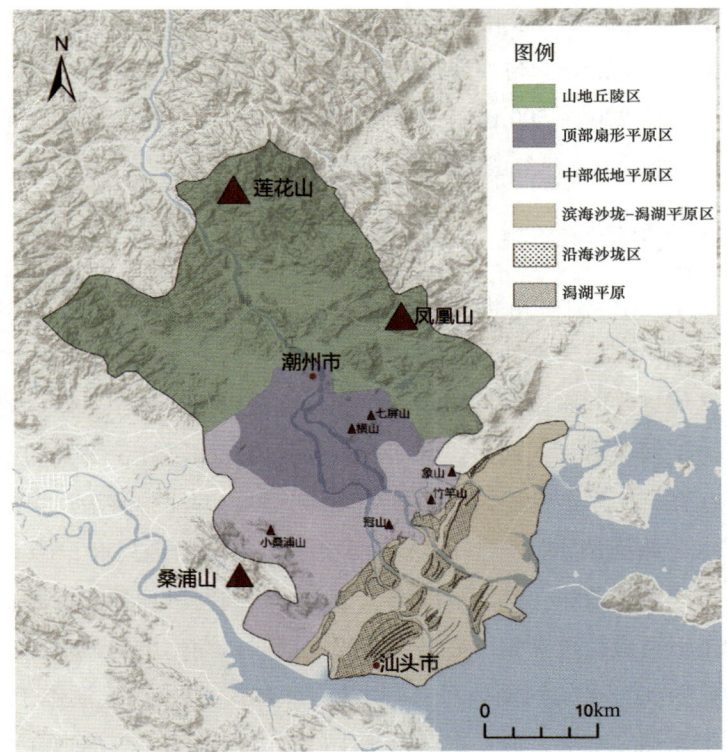

图 3-1-1 潮汕民系核心区内地貌分区图（改绘自《韩江三角洲》）

内地形呈扇形向外倾斜，河流也作放射状散开。此区域内地势较山地丘陵区更为平坦，较韩江三角洲下游地区的平均海拔高 7～8m，且临近韩江干流航运便利，所以潮州市在此进行营建，早在宋朝以前就已成为潮汕地区的政治、经济、文化中心。韩江三角洲中部低地平原区位于顶部扇形平原区的南部，向南直至庵埠、上华至樟林一线。海拔为 2～4.5m，坡度很小约为 5°。与珠江三角洲相似，韩江三角洲平原上也存留着一些残丘，如七屏山、横山等，但数量规模较珠江三角洲小一些，其中冠山、竹竿山、象山一列成为平原区域与滨海平原的界线。

滨海沙垅-潟湖平原区位于韩江三角洲的南部沿海地区，其内为河流泥沙淤积和海潮共同作用形成的沿海沙堤与潟湖平原所组成。沙垅是当地对沙堤的称呼。在成因上，沙垅是沙堤经过风力改造而成的，其高度变化较大，数条沙堤被夷平而合并，故沙垅可说是沙堤群。此区域的地貌由5列沙垅高地及其间的4个带状潟湖低地平原构成。沙垅的走向与海岸线大致平行，长者达8～9km，最高15.7m，一般宽200～500m。沙垅地势较高，潟湖平原位于沙垅之间，目前4个带状潟湖已经成陆，形成低洼的平原，高程0.5～21m。

2. 放射状的韩江三角洲水系

（1）韩江三角洲放射状水系

韩江作为潮汕民系核心区内的主干河流，从西北方向的莲花山区域逐步向东南方向流淌，在流经潮州市后分成东、西、北溪三条主干河流后注入南海。韩江的上游为梅江和汀江，韩江的中游为梅江在三河坝汇合了汀江至潮州城这一段。韩江中游沿途集纳了文祠水、凤凰溪水及一些山坑小河流水，主干河道只有一条，水量丰富，流速较快。韩江从潮州市至入海口的河段为韩江下游，韩江的主干河道经过潮州市后开始分叉，形成以潮州市为顶点，向下游呈放射状分叉的河网体系，有多处出海口。其中，北溪位于东北方，于北侧义丰港入海；东溪位于中部，为韩江的主干河道，于北港入海；西溪位于西部，在鳌头洲下又分为3条支流，东为外沙河，流经外沙桥闸入海，中间一流叫新津河，流经澄海与汕头市郊交界的下埔桥，出新津港入海，西称梅溪，流经汕头市辖区经汕头港入海。南溪连接东溪与北溪，为北宋年间开凿的人工河道。韩江下游水网分叉较多、支系发达，减缓了河流流速，但河流水量依旧丰沛（图3-1-2）。

（2）暴涨暴落的水文条件

韩江是一条典型的南亚热带暴流型河流，具有坡降大，水流急，水量暴涨暴落的特性，由于水旱灾害频发，其自古有"恶溪"的称呼。造成其水位暴涨暴落的原因有二：一是韩江上游分为两支。一为来自梅县地区的梅江，二为来自闽西的汀江。两江在大埔县的三河汇合后形成韩江，由于两江所处地理位置不同，无论是从广东东部沿海登陆的台风还是从福建南部登陆的台风，都有可能带来暴雨洪水，因而韩江发生洪水的"机遇"特别多。二是潮汕民系核心区范围内，

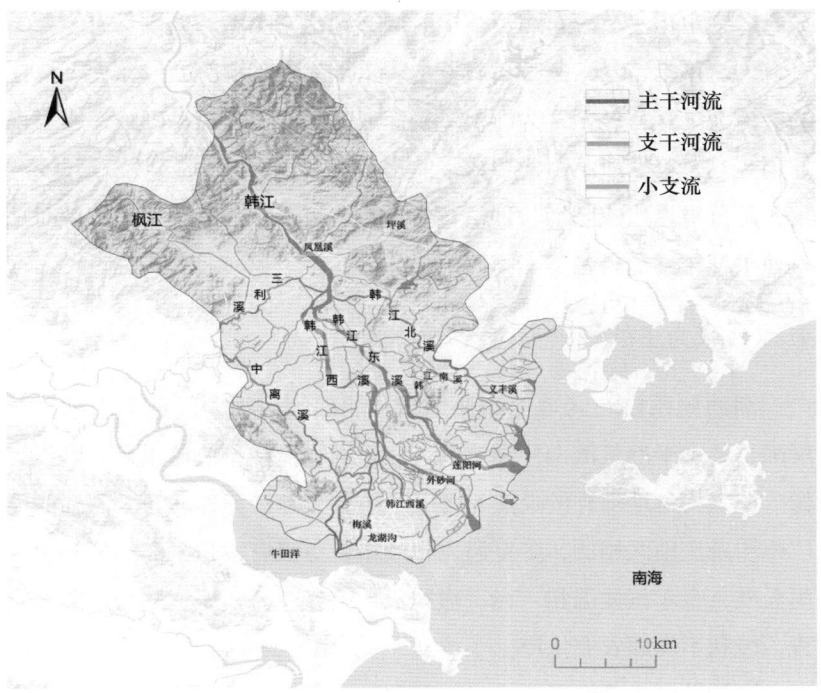

图 3-1-2　潮汕民系核心区传统时期主要水系分布图（根据民国时期测绘图识别绘制）

依山临海，地势西北高、东南低，从西北逐渐向东南倾斜，由于地形对气流的抬升作用强，加剧了潮汕民系核心区内多雨的特点。潮汕民系核心区的降雨有一个特点：雨量年际变化和月际变化均较为显著。4—9 月的降水量占全年的 80% 以上。5—6 月常常有久雨不晴的龙舟水；7—8 月又常常有来势猛烈的台风，降水的不均衡性也导致了潮汕民系核心区河流的暴涨暴落。

3. 多样的土壤条件

潮汕民系核心区由于鲜明的地形分异，不同地形内的土壤特征差异鲜明，形成多元的土壤条件。潮汕民系核心区内主要土壤有赤红壤、黄壤、山地草甸土、滨海沙土和水稻土等类型。其中，山地区域内主要为赤红壤和黄壤，赤红壤多分布在高度在 400m 以下的坡地，是竹林、杂果（橄榄、桃、李、梅、菠萝等）、薯类的主要产地。黄壤分布在海拔较高的山地区域，是茶和天然林木生产的区域。平原区域内多为水稻土，分布遍及整个区域，凡是聚承地的周围都有水稻土存在。水稻土是经人类长期栽培水耕水种，在干湿交替的条件下形成的。沿海区域有沙土，为海积风积而成，主要由石英砂组成，土层深厚但无层次，保肥保水能力弱，十分瘠瘦，在传统时期较难开发利用，部分被垦殖成园地，种植花生、番薯等。多样的土壤为传统时期农业生产布局提供各类不同的生长环境。

4. 以台风为主的气候灾害

潮汕民系核心区地处南亚热带，北面因凤凰山、莲花山做天然屏障，冬季干冷气流南侵强度弱，加之濒临海洋，故这里夏天既没有像广东兴梅盆地那样的炎热，冬天也不会太寒冷，即使与其同纬度的广州和肇庆地区相比，冬夏温差也较小，更没有雷州半岛的炎热和少雨天气，全年气候温和，光、热充足，雨量充沛，无霜期长，四季常青，较利于发展农业生产。

潮汕地区灾害性天气多样，气象灾害多，几乎各个季节都有灾害性天气，如寒潮、低温、霜冻，春季低温阴雨，5—6月多暴雨、台风、季节性干旱等。每年除低温阴雨和台风危害外，干旱、洪涝和咸潮对农业和人民生活造成了严重的威胁。传统时期的潮汕地区水利设施较难以抵抗严重的自然灾害，更缺少水库等蓄水工程，只能任凭灾害肆虐。据不完全统计，自北宋建隆三年（962年）至民国末年的近千年间，潮汕地区遭受自然灾害达825次，仅清朝268年间就发生严重水旱灾害323次。

台风是潮汕民系核心区内最大的气象灾害，台风经常造成暴雨倾盆、狂风暴潮、震山撼岳、拔木毁屋，对农业生产和人们的居住安全都有极大的影响。且潮汕民系核心区相对于广府民系核心区域距海更近，受到的台风影响更大。据《汕头市志》记述，每年在西北太平洋和南海生成的台风（包括热带低压）平均约有37个，最多的年份可达53个，最少的年份也有27个。每年对潮汕地区有影响的台风平均有3～4个，占台风总数的近10%。台风侵袭时，常带来狂风、暴雨、巨浪等灾害，是潮汕地区严重的自然灾害之一。台风虽然对局部造成破坏，但是往往带来充沛降水，这对缓解夏季旱情与高温有一定作用。

二、潮汕民系核心区传统村落形成的人文背景

1. 潮汕民系的形成

潮汕民系核心区在先秦时期为闽越的聚居地，还有畲瑶等少数民族居住在凤凰山等山地区域。自秦始皇平定百越始，渐有中原将士受遣南迁驻守此地，日久而与当地原住民通婚繁衍。古代中原帝国的这种移民政策，不仅为潮汕地区的开发建设增添了人口和劳动力，带来了中原先进的生产工具和技术，而且在与越族土著的杂居共处中，作为先进的一方，潜移默化地传播了中原的礼乐教化，促进了中原民族与潮汕地区当地民族的融合和文化交流。

西晋末年，中原受挟于北方匈奴族，中原望族和平民为避战乱纷纷南迁，形成历史上中原人南迁的第一次高潮，其中就有一部分经闽浙进入粤东潮汕地区。因这批移民的迁出地多为河洛地区，因此又被称为"河佬人"。此时迁居潮汕的中原汉族有两个显著特点：一是多以"衣冠望族"的士族为主体，二是这些以士族为主体的移民在抵达潮汕地区后，继续以家族为核心聚族而居，在短时间内发展为当地大族，因此对当地社会生活产生举足轻重的影响。此后的隋唐时期，南迁人流始终未曾间断。

到两宋时期，中原汉族与金、辽、蒙古各族先后持续的战乱纷争，又导致了两次北民南迁的高潮，特别是南宋末年形成的第二次移民高潮，影响更为深远。南宋末年抵达岭南的移民已从以往以黄河流域的人为主干转为以长江流域的江南人为主干。因唐宋移民多沿海岸经闽境而到达粤东，故又被称作"福佬人"（指福建人）。福佬人为潮汕带来了先进的稻作农业经济以及与此相应的生活方式，使吴越文化、闽海文化的气质和风格为当地人所熟悉和认同，由此推动了潮汕地区社会经济的发展和文化习俗的演变。

明中叶为移民进入潮汕地区的另一高潮，由于寇乱的影响，此

时潮汕地区不少村落村毁人亡,大量土地空闲,此时诸多移民从福建区域沿海路迁入,使得明代万历年间迁入潮汕的人口倍增。从明成化十三年(1477年)起至崇祯七年(1634年)的158年间,潮州府先后增置7县,基本形成了延续至现代的县级建制规划。随着明初潮汕方言的形成和行政区划的基本确定,潮汕民系趋于成熟,形成具有鲜明地方特征的民系。清代潮汕地区的人口继续增多,并逐步从迁入地变为迁出地,人口开始向雷州、海南岛以及东南亚等区域迁徙。

2. 山海互补的经济形态

潮汕民系核心区得益于滨海的地貌环境和便利的交通,形成了多元的经济形态。韩江三角洲平原土壤肥沃,适合种植水稻、蔬菜和各种经济作物,而丘陵山地则适宜开垦种植旱地作物,特别是甘蔗和蚕桑等。该地区海洋资源丰富,近海有近百种鱼类、四五十种虾类和一百多种贝类。丰富的海洋资源促使潮汕先民依赖海洋养活自己,从事水产捕捞和盐业生产。其中,许多人专门从事捕鱼和制盐等行业,而非农耕,以维持生计。在正常的年景中,潮汕地区是一个物质资源丰富、生活富裕的地方。即使遇到一般的灾情,也能依靠丰收时的积蓄以及平原、海洋和山地之间的互补效应渡过难关。

潮汕民系核心区内有韩江等水运航线,可内连内陆,外通华南、华北以及东南亚各国沿海,是粤东、闽西南以及赣南地区的门户。这是历史上潮汕地区经济、文化较为发达的一个重要原因。明代中国资本主义开始萌芽,对外经济日益发展,潮汕地区海运有进一步发展的机会。潮汕地区的陶瓷业、造船业等工商业也随着潮汕地区交通的发展活跃了起来。潮汕地区的瓷器生产始于唐而盛于宋。宋代潮州的瓷器生产,在本地经济发展中占有十分重要的地位。与潮州城东隔江相望的笔架山麓,窑场密集,有"百窑村"之称。潮州瓷器主要销往印度尼西亚、菲律宾、马来西亚等国。河运、海运的发展促进了潮汕民系核心区内商品的交流,多元的经济形态不仅能在潮汕民系内部互通有无,还能与国内外相互交换。

3. 崇宗敬族的宗法制度

潮汕民系的宗族观念在很大程度上受到了闽南文化的影响。早在两宋时期迁入潮汕的福建移民就带来了"理学"思想。作为理学代表人物的朱熹，于两宋时期以福建为根据地广招门徒、授课讲学，使得理学在闽地影响之深远非他省可以相比，因而理学又被称为"闽学"。"闽学"思想随福佬人迁移向潮汕扩散，使得封建的伦常规范在潮汕人心中根植深入，促进了一系列封建传统生活方式的延续和流传，因此有闽潮同俗之说。理学提倡"崇祖敬宗"，提倡修建祠堂、设祭田。明代以后潮汕地区的宗族制度进一步发展，每族除建设总祠堂外还会建设各级房祠、支祠等，并且修族谱，设立族田族产等，并建设宗法家族制度，族人必须首先服从族规家法，其次才遵守地方戒规官府条律。这一切都有利于加强宗族血缘关系，在这一点上闽、粤两地也是相同的。

潮汕地区的宗族发展，使得以民间拜神组织为表象的地缘性群体，普遍表现为大族主宰的乡族联盟。潮汕民系呈现出多元的民间信仰，既有中原传入的佛道教外，又有诸多民间信仰，如妈祖、陈元光、三山国王、双忠公等。三山国王作为祖先神，是移民文化的产物。而潜意识流播的作用，则是从追思远祖、凝结血缘和地缘的关系上去崇祀三山国王。旧时村村都有神庙，较大的村庄和市镇神庙更多。在潮汕民俗中，对神庙无论规制大小，都统称"老爷宫"，而各家各户、各行各业自设神龛，称之为"老爷龛"，神明统称为"老爷"，祭神称之为"拜老爷"。潮汕地区多元的宗教信仰，使得对社会的控制权力已经让渡给宗族组织，血缘与信仰的双重作用使得潮汕地区的宗族内部表现出团结的文化特征。

4. 精耕文化与海洋文化

潮汕民系的精耕文化特质是在农业社会中形成的。潮汕先民在土地十分有限的情况下，一方面努力进行精耕细作，力求增加农产品的产量，同时非常注重农产品的加工；另一方面从事手工艺和经商活动。在手工艺和经商等活动中，他们依赖精湛的手艺，追求精巧、独特，形成了独具特色的潮绣和木雕艺术。

传统谚语说:"有海水的地方就有潮汕人。"相比其他两个民系，潮汕民系更突出了其海洋文化的特征。潮汕地区拥有广袤的海岸线，呈现出中原移民涉海而来、潮汕移民跨海漂泊地面向海洋的格局。潮汕人的生活、生产、贸易甚至军事活动都充满了浓郁的海洋元素，从而影响了他们的文化生活、思维方式、民风民俗以及民系的发展，使潮汕文化成为一种具有海洋特色的地域文化。潮汕人的海洋文化特点表现在其具备冒险、开拓和凝聚的民族性格特质。长期在外或在海上奋斗的潮汕人培养了坚韧不拔、勇于开拓的精神特质，这是在竞争和风险中逐渐形成的。潮汕人在海外或外地为了维护商业利益、求生存和开拓市场，受到本地已形成的求同抗异的习性和灵活顽强的应变能力的支配，对同乡音、同文化的乡亲有着特别强烈的认同感。这使得潮汕人群的凝聚力常常超过其他民系群体。

第二节 潮汕民系核心区传统村落景观形成历程与区划

一、潮汕民系核心区土地开发与村落选址

出土文物证明，早在6000多年前潮汕地区就有人类的活动，其后一直为百越、畲、瑶族的聚居地，在汉武帝时期才在其旁揭阳建置，设揭阳县，使其正式纳入中原王朝的封建管理。据《续汉志》称，南海郡7个县共71477户250282人。可以推算，作为南海郡7个县之一的揭阳县，虽地区广大，但户数当不出万余，人口不过三四万。人口稀少，地多荒僻，耕作方式原始，农业生产的落后状况可想而知。晋朝时，特别是永嘉年间"八王之乱"以后，中原人民为了逃避战火，纷纷渡江而南。《闽中记》载:"永嘉之乱，中原仕族林、黄、陈、郑、罗先入闽。"其中，有部分人再从福建迁移到粤东一带。唐代有诸多宰相名臣被贬潮州，为潮州地区带来了诸多北方的先进农耕技术，火耕水耨逐步被铁犁牛耕所代替。但在8世纪（中

唐）以前，潮汕地区开发程度还很低，生存环境恶劣，人口很少。韩江三角洲许多地方还没有淤积成陆。山林茂密，野象成群。韩江和梅江有鳄鱼出没，被称作"恶溪"。北方移民对潮汕地区高温多雨的热湿气候，很不适应。一直到晚唐，潮州都是有罪官宦的贬斥地。

潮汕民系的大规模土地开发历程是从宋代开始的，历经宋元明三代的开发，在明代潮汕民系核心区内大部分土地基本开发完毕。清代初年的迁海复界政策，使得潮汕民系核心区内滨海25km的区域一度荒废，复界后才进行建设，所以清代主要增加的土地开发范围为滨海区域。对本次统计的潮汕民系核心区273个村落的建村年代，运用ArcGIS核密度分析，可大致分析其历代的土地开发范围。通过将土地开发时序图与地貌图叠加可以发现，宋元时期潮汕民系主要开发的土地范围为韩江三角洲顶部扇形平原区，明代主要开发的为韩江三角洲中部低地平原区和山区谷地，清代主要开发的为滨海区域（图3-2-1、图3-2-2）。

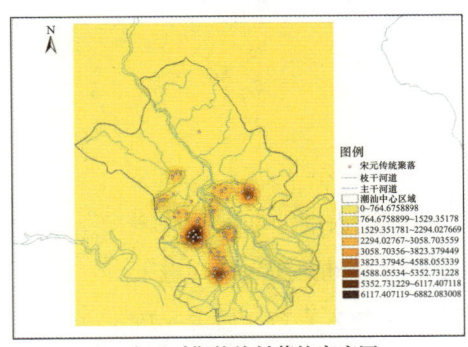
(a)宋元时期传统村落核密度图

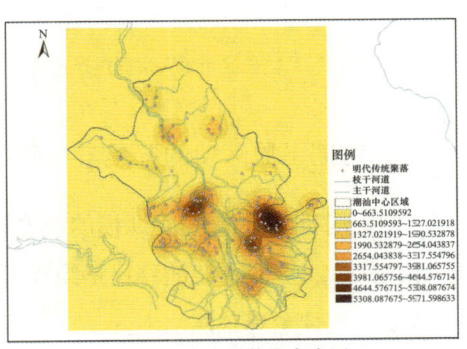
(b)明代传统村落核密度图

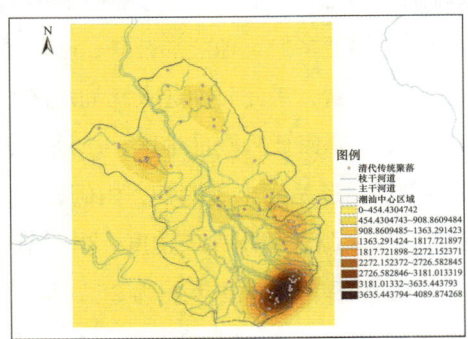
(c)清代传统村落核密度图

图3-2-1　潮汕民系核心区各时期传统村落选址核密度图

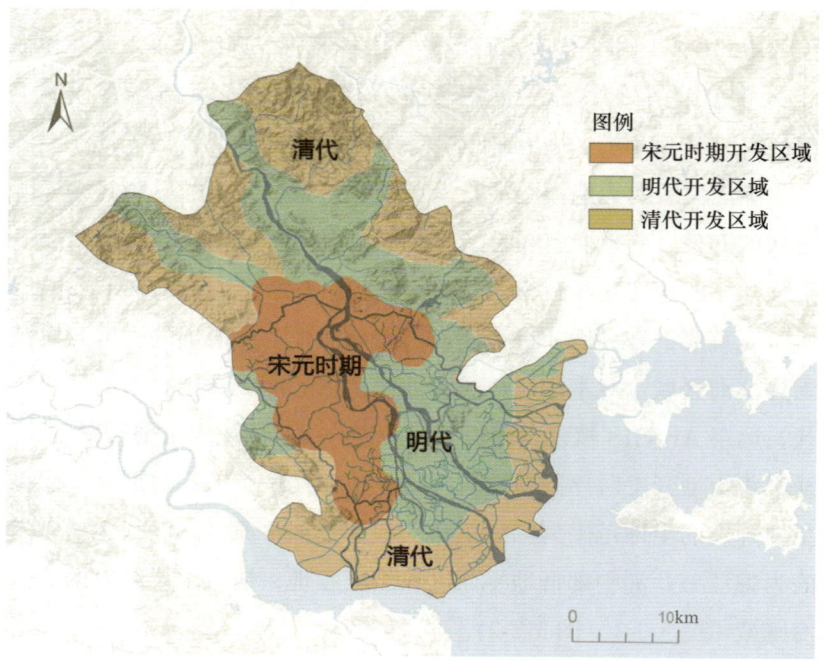

图 3-2-2 潮汕民系核心区土地开发时序示意图

1. 宋元时期平原区域的开垦与村落选址

宋元时期起才有较大规模的北方汉族移民迁入潮汕地区。从移民路线来看，此时主要的移民路线有两条，一是从陆路越大庾岭进入岭南后，流徙至粤东潮汕地区，二是从江浙、福建入粤东，后者人数较多。尤其是在南宋时期，朝廷出于加强中央政权控制力的需要，修建驿道，整治韩江水利，使得更多的土地能够开垦，吸引了较多人从福建迁徙而来。从移民来源来看，宋元时期迁入潮汕地区的移民主要有三个来源：一是宋代官吏，举家迁入潮汕地区，二是南宋末年随着逃亡的南宋政府南迁的军民，三是元末到明初，由闽赣迁入的家族，人口规模最大的当数第三个来源。潮州人口密度，唐天复元年（901年）为 5.5 人 $/km^2$，宋元丰三年（1080 年）为 25.2 人 $/km^2$，至成淳六年（1270 年）增加至 50.6 人 $/km^2$，接近粤北和粤中，大大超过广东 $14.7/km^2$ 人的平均数，但仍低于福建（67.9 人 $/km^2$）和江西（81.95人/km²）。所以移民仍源源不断地从福建、江西流入潮汕地区。

（1）宋元时期韩江三角洲顶部扇形平原的开发。宋元时期移民主要开发地区为邻近潮州市的韩江三角洲扇形平原地区。韩江三角洲扇形平原区域内高程较高，相比低洼易积水的下游三角洲更适合人们选址定居。此时流经韩江三角洲扇形平原的韩江支流除了现在能看到的东溪、西溪外，还有位于韩江西溪西侧的古潮州溪和古彩塘溪，使得扇形平原内河流纵横、灌溉水源丰沛。但此区域内的韩江经过分叉，已经变成宽浅型河流，河床纵比降变小，极易泛滥，不利于农业稳定生产。早在唐代韩江堤围就已经开始了小规模的修筑，南宋时期对韩江大堤开展了大规模的修筑。此时堤围的修筑由政府结合乡绅进行营建，经过较为精密的设计，堤围之上种植柳树来加固堤围，在河水湍急的地方还修建涵洞，舒缓水流。虽说此时堤围多为土堤，但仍使农业生产得到了有力保障。至南宋末年，整个韩江下游基本上已筑起防洪堤围。与之相配套的是，疏浚溪渠，以利排灌，其中规模较大者，有韩江南溪的开凿以及三利溪的挖浚等。

（2）从福建传入的先进水利农业生产技术。此时期潮汕人所掌握的农田水利技术多为福建籍移民所带入的，北宋时期，福建地区的农田水利事业已经取得一定的发展。其中，一些水利设施和种植方法以其卓越的性能在全国闻名，例如莆田木兰陂水利工程，它既能有效地防洪，又能灵活地进行排灌，使得周围超过13.34万 hm² 的农田在干旱和涝灾中保持丰收。此外，还有在山坡上开垦梯田、沿山引水进行水稻种植等先进的种植方式，以及利用龙骨水车进行灌溉，甚至可以骑在秧马上进行插秧等独特的农业生产技术。这些先进的农业技术随着大量移民的涌入而在潮汕地区得到推广和传播，无疑对潮汕地区农业的进一步发展起到了重要的促进作用。福建还向潮汕地区传播了占城稻等良种水稻，水稻一年两熟和一年三熟，水稻产量大幅提升，不但满足了当地的需求，还可以贩卖到其他地区。北宋时潮州已呈现'稻田千万顷""处处尽桑麻"的繁荣景象；南宋时期，潮州经济和社会发展程度，已经接近江南先进地区，令诗人杨万里发出由衷的赞叹："地平如掌树成行，野有邮亭浦有梁。旧日潮州底处所，如今风物冠南方。"

宋代潮汕地区水果种植已经普遍，而且品种繁多。杨梅、枇杷、荔枝、龙眼、莲房（莲蓬）、柑橘、香蕉、甘蔗、梅、李、梨、柿等，不可胜数，甚至有从外地传入的水果，如菠萝蜜原产于印度至马来亚一带，宋代以前已传入潮州；葡萄原产于西亚，汉代张骞自西域带回，宋代从外地传入潮州；木瓜，也是宋代时传入。宋元时期的潮盐生产日益兴盛，宋代潮州设小江、招收和隆井三个盐场，沿海盐业生产更趋兴盛。北宋末年，翰林学士王安中路过潮阳，写下了"万灶晨烟熬白雪"的诗句。

（3）平原腹地的村落选址。宋元时期是潮汕平原初步大开发的时期，根据本次调研统计可知，宋元时期兴建的村落约有63个，约占样本总量的21%。此时主要的村落选址点为韩江三角洲偏上游的区域，以韩江西溪西岸平原为主，少部分为西溪与东溪之间江东沙洲和东溪以东的东岸平原区域。此时的村落选址平均高程约为11.68m，普遍高于韩江三角洲顶部扇形平原区2～8.7m的高程。此时村落的平均选址坡度约为2.42°，这与其避开主干河流和山体多选址于平原内部较为平坦的区域相关。宋元时期村落的选址分布在韩江三角洲顶部扇形平原区域主要有两个原因，一是以"三利溪"为代表的引韩江水进行平原区域灌溉的水渠的修建，促进了平原农业灌溉体系的完善，满足了当地居民生产建设的需求。据南宋时期的《新堤记》记载，韩江三角洲"溪旁皆平地也，堤之以捍驭流，而后民得以耕于斯，家于斯"。这说明此时期在韩江两岸修筑堤围，并建设了水关涵闸和堤内沟渠等一系列的水利设施，有助于韩江三角洲平原腹地的开发。二是基于对汉民政权的依附性，宋元时期传统村落的选址较邻近潮州城，较少选址于瑶族、畲族聚居的山地区域。潮汕民系核心区宋元时期传统村落选址特征示意如图3-2-3所示。

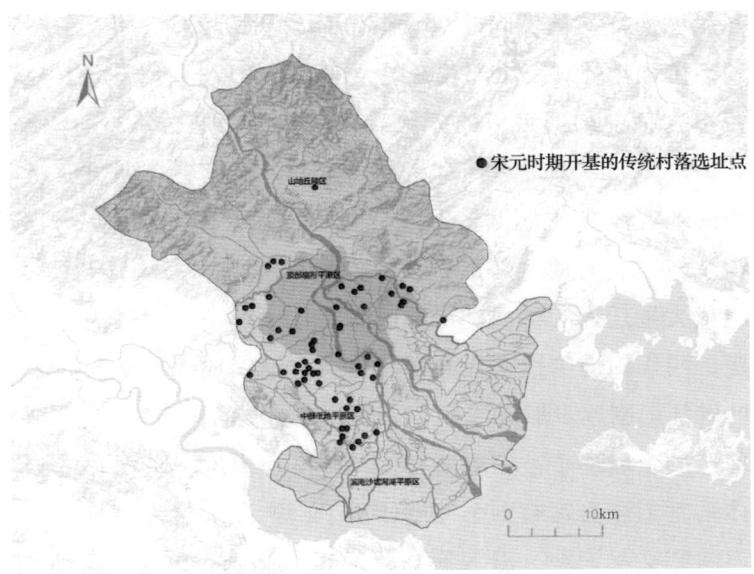

图 3-2-3　潮汕民系核心区宋元时期传统村落选址特征示意图

2. 明代平原与山地的开垦及村落选址

明代初年潮汕地区政局稳定，农田水利设施也趋于完善，潮汕区域内人口自然增长速度加快，加之明政府鼓励人们从人口多处往人口少处迁徙，大量福建人迁入潮汕地区，共同促进了潮汕人口的增加。明政府在福建莆田设置了"设局驻员"这一移民管理局，使得此时的移民更易经莆田流转来到粤东潮汕地区，许多族谱都载"系出莆田"或"先祖迁自莆田"，其缘由盖在于此。14世纪末（明洪武年间）部分畲族人、疍民编入户籍，到嘉靖三十年（1551年）潮州达到这一发展时期的人口峰值。此时该地区土地面积约为14931.5km^2，人口密度达到63.6人/km^2，超过南宋末的50.6人/km^2。

（1）韩江三角洲中部低地平原和山区的开发。明代新开发的土地范围较大，基本包括了潮汕民系核心区内绝大多数适宜农业耕种的用地，根据其地貌分区，明代开发的土地可以分为三类。

其一是韩江三角洲中部低地平原区，此区域在宋元时期开发的韩江三角洲顶部扇形平原的下游。韩江三角洲的地势不像一般三角洲那样从顶部向前缘倾斜，而是呈马鞍形，即三角洲的上游和下游地势较高，中部较低。中部低地平原呈一弧形的带状区域，镶接在顶部扇形平原的外缘，即从枫溪、炮台溪下游，经沙溪、彩塘、庵埠、横垅以南，至北溪中游。韩江三角洲中部低地平原内的地貌类型多为洪泛平原、沼泽性平原、积水洼地，地势低洼，积水较多，对此区域的开发，需要大量的人力来修建水利工程，明代大量迁入的移民，正好解决了这一难题。为解决低地水患问题，明代的堤围在宋代的堤围体系上继续加固与新建，在明代中叶韩江堤围逐步形成体系。明代韩江堤围的修筑技术进一步提高，曾经的土堤逐步被石堤所替换，防洪能力进一步提升。韩江堤围体系之上还修筑有多个涵闸，用于引韩江水进行灌溉。据《周府志·艺文》记载，澄海冠垅村附近的涵闸，可引水灌溉数千亩。可见明代的水利技术有较大提升。除了堤围、涵闸外，明代还继续整理疏浚灌溉河道，其中最著名的应该属中离溪，中离溪位于韩江三角洲西南缘桑浦山之下，溪水东部建设15处涵闸引韩江水入溪，开通后行舟排灌均受其益。

其二是各山丘谷地区域，明代潮汕民系核心区的平原区域开发殆尽，其不断增长的人口促使人口向山地转移。临近潮州城的西北和北部丘陵率先被开发，此类区域内有沿河较为平坦的山丘谷地，灌溉便利，交通便捷，为主要的开发区域。丘陵地区主要依靠山泉坑涧来进行灌溉，需要蓄水抗旱。根据嘉靖年间《潮州府志》记载，嘉靖二十六年（1547年）以前，潮州地区有陂塘90处，其中海阳县有6处，潮阳县有39处，饶平县有38处，惠来县有7处。明代潮汕地区对山林的开发，较具破坏性，多处林地被毁，用来开荒种田，被开垦的山林区域水土流失，导致下游河道逐渐淤积，山洪增多。韩江上游被河流带走的泥沙，在下游堤围压缩下，更多被冲到河口，沿海堆积，促进了韩江三角洲海岸线的推移。

其三是潮汕民系核心区滨海区域的开垦。潮汕民系以擅长耕海著称，其族人擅长打鱼与捕捞，仅澄海县自明嘉靖四十二年（1563年）

至泰昌元年（1620年）便通过围垦增加耕地超过 2600hm²。但此类区域在清初的迁海复界中被荒废，较难考证明代时期开垦的方式，本书将其放入清代进行论证。

（2）商品性农业发展。明代随着大量的移民迁入潮汕民系核心区，农村有了更加充足的劳动力资源，使各种水利设施得以不断兴建和完善，农田防洪防潮、灌溉排涝的能力得到加强，双季稻种植面积扩大，从而使粮食的单位面积产量平稳上升。据估算，元代该地区水稻平均每公顷产 2813kg，接近一般地区宋元时期平均每公顷 2843kg 的水平；明代后期为平均每公顷 3284kg，已经高出南方水稻平均每公顷 2776kg 的 10% 以上，进入全国先进行列。由于明代农业生产的发展，直到明末清初，潮州仍有余粮输往外地。

明代潮汕民系核心区农业除了粮食生产以外，其他经济作物也有一定规模，并作为商品销售到国外。潮州经济作物既有柑橘、荔枝、龙眼、番凤梨（菠萝）等水果，又有甘薯、玉米等杂粮作物。潮汕民系核心区明代较具特色的商品性农产品为糖和盐。明代中后期潮州府已经有一定规模的甘蔗种植，用来生产蔗糖，且潮州制糖质量较高，明末屈大均在《广东新语》中记载："葱糖称潮阳"。另外明代潮汕地区的海盐生产在宋元时期的基础上继续发展，从"煎煮法"逐步转为更大规模快速制盐的"滩晒法"。明代潮州还有布业、陶瓷业等手工业的发展，形成了诸多远销海内外的潮州商品。

（3）沿江村落的崛起。根据当时统计的样本数据，潮汕民系核心区范围内现存明代建村的村落数量最多，约有 152 个，约占样本总量的 50%。根据明代土地开发的特点可知，此时建村的村落主要选址于韩江东溪两岸的中部低地平原区，此类村落数量最多，约占 38%。另外，还有深入丘陵山地进行选址的村落，约占 17%（图 3-2-4）。由于选址于山地的村落增多，明代潮汕民系核心区内传统村落的选址高程较宋元时期有所增高，平均高程达到了 29.44m。由于明代开发地多为山间平地，其村落选址坡度没有显著增多，只增加到了 2.52°。值得注意的是，明代在韩江主干河流东溪、西溪以及北溪两岸选址的村落较多，约有

31个村落之多，如龙湖镇三英村、江东镇洲东村、澄海区外埔村等。得益于韩江大堤的修筑，其主干河流两岸的农田不会经常受到洪水灾害的威胁，沿岸选址的村落数量增多。另外，清代的潮汕民系核心区内随着商业的发展，船舶贸易兴盛，加之韩江自古以来就是沟通粤闽赣地区的主要河流，选址于韩江两岸的村落具有了交通贸易的便利。明代以前潮汕民系核心区与我国内陆区域的交通贸易较多，明代之后随着海运的发展，沿海地区形成了诸多港口，如南澳岛的深澳、隆澳、云澳三个海港和澄海区的辟望港和南洋港等。

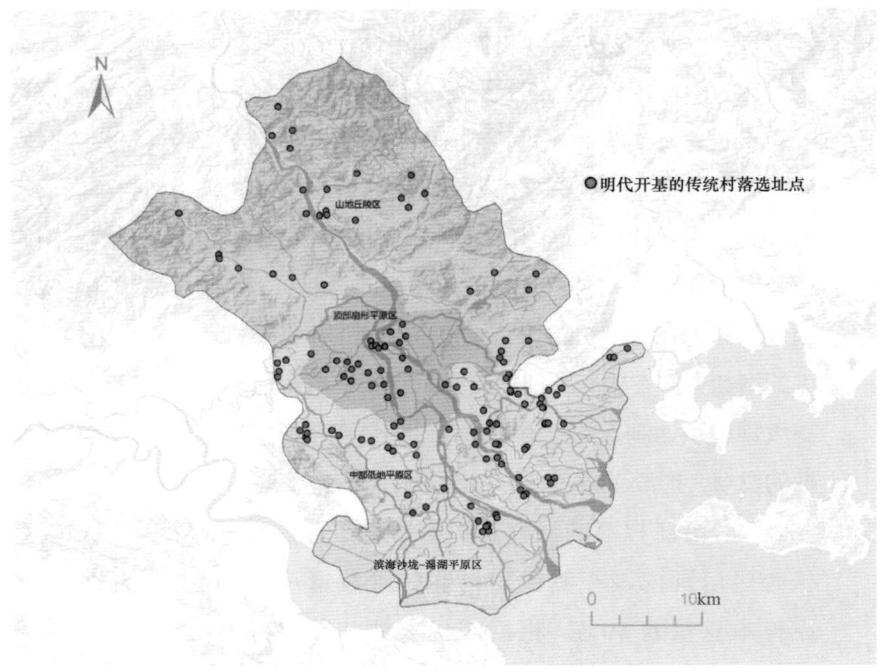

图3-2-4 潮汕民系核心区明代传统村落选址特征示意图

3. 清代沿海沙垅平原的开垦与村落选址

（1）清初迁海复界令对沿海区域的影响

明末清初的战乱使得潮州社会环境较为动乱，加之从顺治十八年（1661年）至康熙六年（1667年）先后实行海禁迁界，潮州沿海 25km 内成为无人区，使得潮汕地区的人口大幅度减少。据统计，明清之交潮州人口至少损失三四十万，并且迁海政令要求沿海 25km 范围内的居民均迁往内陆，对潮汕地区这种海岸线漫长的区域影响最为重大，以滨海的澄海县为例，其因为迁海政策所抛荒的土地占其总开垦土地面积的 96.16%。直至康熙二十三年（1684 年）台湾收复后，潮州才真正开始进入恢复和发展时期。复界后的潮州地区实行了招民复业、鼓励垦荒、轻徭薄赋、兴修水利等一系列鼓励农业发展的措施，人口也逐步恢复。到了清中叶已经是生齿日繁、土狭民稠了，潮州人口至嘉庆二十三年（1818 年）已经增长为 140 万人，至清末宣统二年（1910 年）为 300 多万人，而明代潮州人口最多只有五六十万人。潮汕民系核心区清代传统村落选址特征示意如图 3-2-5 所示。

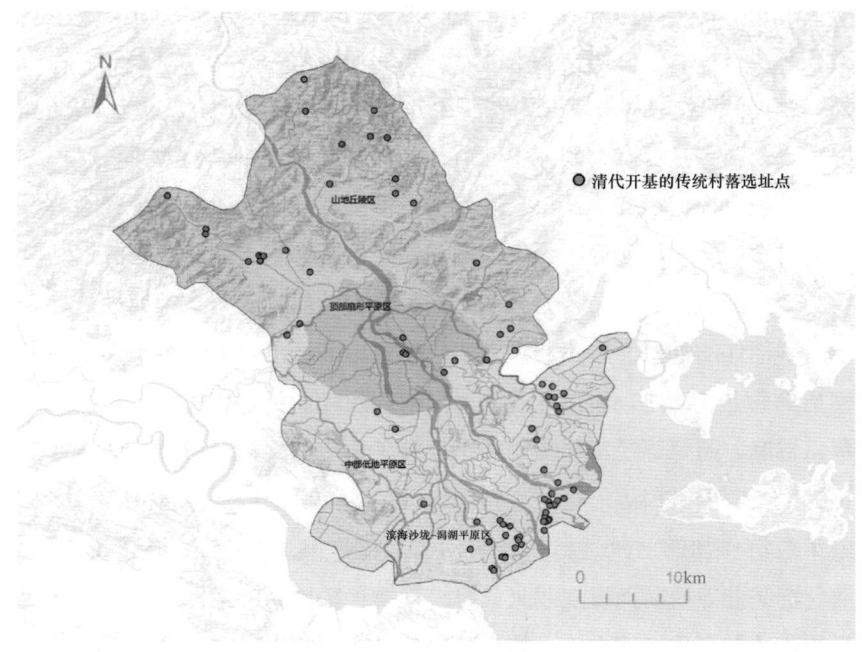

图 3-2-5　潮汕民系核心区清代传统村落选址特征示意图

（2）沿海地区的复垦与围垦

清初的迁界令促使大量位于滨海地区的人口来到山地区域，使得清代潮汕民系核心区的山区较明代又有进一步的开发。清初复界之后沿海区域百废待兴，不少原迁出民回到滨海区域内，兴水利垦荒种田。此时的清政府采取了一系列的实际措施帮助垦荒复耕，如三年内不收取赋税等，刺激了当地人民垦荒的热情，揭开了清代滨海区域开垦的序幕。到乾隆时期社会较为安定的潮汕地区人口增长迅速，人多地少的矛盾促使沿海滩涂不断被围垦，潮汕地区平原前缘的海岸线向前延伸。到清末，随着滨海地区的开发，韩江口的海岸线已经推进到北溪口的月窟、银砂，东溪口的北港，外砂河口的南港，新津河口的吉贝垅一带。海岸线之前在低潮期还有大片滩涂露出。清代复界后的垦荒与滨海围垦使得潮汕民系核心区内土地开发的主要区域为沿海地区。

（3）商品性农业的发展

受自然地理条件限制，滨海区域的土地虽经开发利用，但耕地面积还是无法大量增加。明末清初人均耕地面积为 $0.33 \sim 0.67 hm^2$，清中叶后社会安定，人口增长迅速，到清末人均耕地面积不足 $0.07 hm^2$，导致粮食供求关系发生巨大转变，宋代至清代中叶，潮汕地区有较多稻米输出，到清中叶后，潮汕地区大米要靠外地补给。该地区从粮食出口地变成了粮食输入地，不得不仰给于暹罗（今泰国）、缅甸及海南。人地矛盾问题促使潮汕民系核心区的人们最大限度地利用土地资源进行耕作。因为劳动力充足，农业耕种越来越精细化，除了双季稻作的种植面积不断扩大，能带来更多经济效益的经济作物的种植面积也不断扩大。清代潮汕地区甘蔗、棉麻、桑蚕、水果、烟草、棉麻、蔬菜等经济作物的种植都有了一定的规模。另外，清代樟林港以及庵埠港口等一些位于韩江出海口的海运港口快速发展，也促进了经济作物的对外运输，还带动了农副产品加工业的兴起，制糖业、棉纺业等应时而发展起来。经济作物种植面积的增加，占用了大量的种植粮食作物的农田，特别是樟林港所在的澄海县，经济作物的种植面积已经超过了粮田作物的种植面积。

（4）滨海区域聚集的村落选址

根据本次调研统计可知，明代潮汕民系核心区内兴建的村落约有 87 个，约占样本总量的 29%。其中，大部分的村落都选址于滨海区域，约占清代新建村落的48%。在沿海新建的村落多沿海岸线，尤其以澄海县地区为主，新溪镇和坝头镇（现属澄海区）内的村落全部为清代新建，形成沿海岸线的较为密集的村落群。清代中叶由于人口的增多，背山面海的潮汕民系核心区除了向海要地外，还有少部分人逐步向山要地。清代在明代开发山丘谷地区域的基础之上，进一步向更高海拔的山地拓展，开荒种田，此类村落数量约占清代新建村落的32%。

二、潮汕民系核心区内传统村落景观区划

1. 适应多元地貌的土地利用方式

根据上文的梳理可知，位于山海之间的潮汕民系核心区，土地开发首先立足于地势较高位于韩江三角洲上游的顶部扇形平原区，之后逐步扩展到较为低洼的中部低地平原区，在中部低地平原区开发完毕后，又不断向山、向海要地。潮汕民系核心区内山地、滨海、平原三种类型地貌分区内的土地开发程度相差较大，土地利用方式各有特色（图3-2-6）。

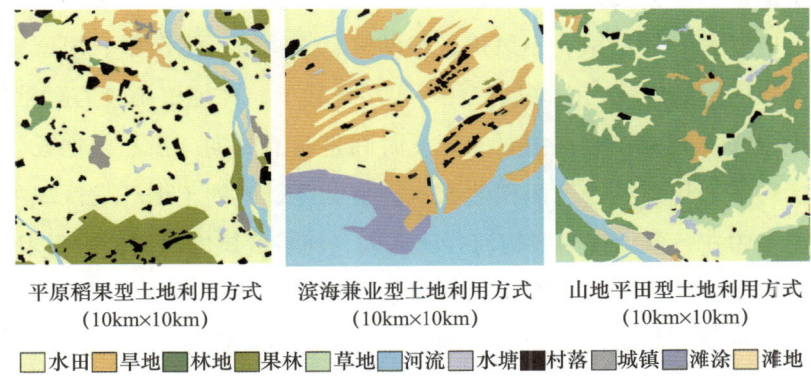

平原稻果型土地利用方式　　滨海兼业型土地利用方式　　山地平田型土地利用方式
（10km×10km）　　　　　　（10km×10km）　　　　　　（10km×10km）

□水田 □旱地 ■林地 ■果林 □草地 ■河流 ■水塘 ■村落 ■城镇 □滩涂 □滩地

图3-2-6　潮汕民系核心区内的土地利用方式
（注：图片根据民国时期测绘图识别绘制。）

（1）平原地貌内以稻作果林为主的土地利用方式。韩江三角洲平原区域位于潮汕民系核心区的中部腹地，主要包括潮州市以及潮安

区东南部的浮洋镇、江东镇、龙华镇、东凤镇、隆都镇、官塘镇、沙溪镇、金石镇、彩塘镇等镇区。区域面积占到潮汕民系核心区面积的27%。此区域内地势平坦开阔,开发时间早,土地开发程度高,形成大量连片的稻作产业。加之区域内水利交通便利,促进了其内经济效益较高的果树种植业的迅速发展。区域内的土地利用方式主要以稻作与果林为主,兼有少量旱作作物。

(2)滨海沙垄地貌内水旱并作、渔农盐兼业的土地利用方式。潮汕民系核心区东南部区域临近海洋,此区域主要为汕头市澄海区的范围,包括新溪镇、外砂街道、莲上镇、莲下镇、溪南镇、东里镇、盐鸿镇等镇区。区域面积占到潮汕民系核心区面积的21%。潮汕民系有着深厚的海洋文化,滨海区域是潮汕民系族群擅长进行生产生活的地区。但由于迁海复界、倭寇匪患等因素的影响,潮汕民系核心区内的滨海区域现存的村落多为清代所建,目前能追溯到的传统时期的土地开垦特征也多为清代的遗存。此区域内兼备海陆的优势,并且其内拥有独特的沙垄-潟湖形式的滨海地貌,形成稻作、旱作以及渔、盐业等多种滨海土地利用方式。

(3)山地地貌内以稻作为主的土地利用方式。山地丘陵地区位于潮汕民系核心区的北部,主要为潮州市潮安区北部的区域,包括古巷镇、登塘镇、赤凤镇、归湖镇、文祠镇、意溪镇、凤凰镇等镇区。此区域内山高坡陡,平坦用地较少,耕地资源较为匮乏,导致开发时间较晚,主要的开发时间是明清时期。虽然山地丘陵区占潮汕民系核心区面积的52%,但此区域内的土地开发区域主要集中在各条山溪两旁的河谷区域内,河谷区域内地势相对平坦,适宜水稻的种植。与客家民系擅长在山坡地开垦梯田不同,潮汕民系主要开垦山间较为平坦的区域,形成以山间平田为主的土地利用方式。

2. 潮汕民系核心区内传统村落景观分区

区域内多元的地貌环境,促进了潮汕民系核心区内部土地利用方式的分化。基于主导土地利用方式,可将潮汕民系核心区划分为山地平田区、平原稻果区、滨海兼业区三个传统村落景观区划。根据本次样本统计，平原稻果区的村落占样本总数的47%，滨海兼业区的村落约占样本总数的29%，山地平田区的村落占样本总数的24%。潮汕民系核心区内地貌分区与土地利用分布叠加如图3-2-7所示。潮汕民系核心区不同地貌类型内土地利用特点统计如图3-2-8所示。潮汕民系核心区土地利用分区见表3-2-1。

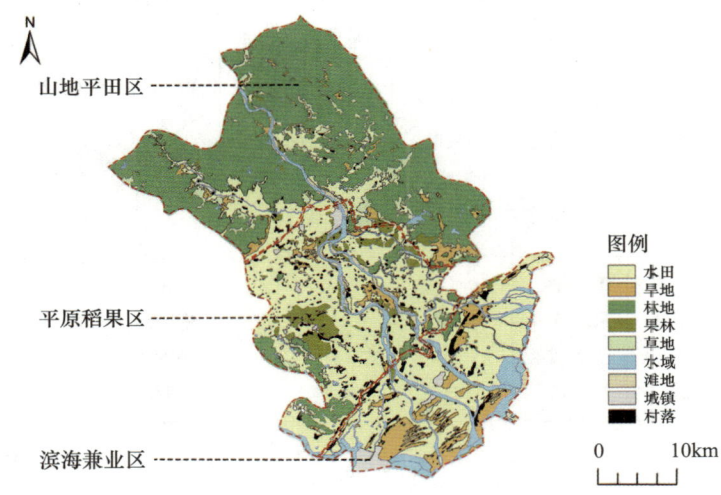

图3-2-7　潮汕民系核心区内地貌分区与土地利用分布叠加图
（注：图片根据民国时期测绘图识别绘制。）

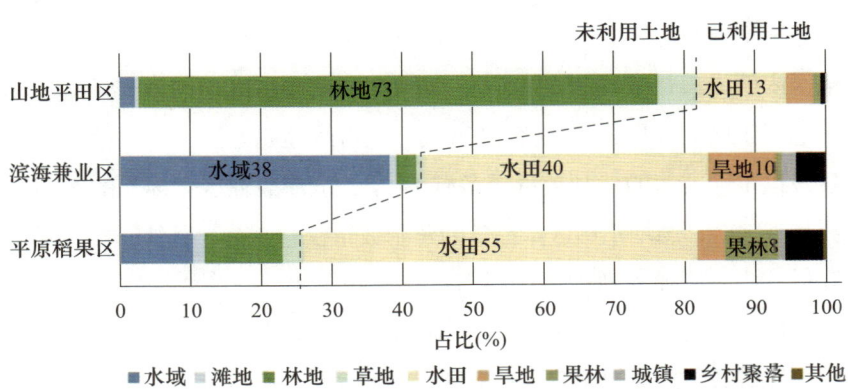

图3-2-8　潮汕民系核心区不同地貌类型内土地利用特点统计

表 3-2-1　潮汕民系核心区土地利用分区表

分区名称	分区内主要土地利用方式	分区范围		分区面积（km²）	分区土地主要开发时代
		清末的行政分区	现代行政分区		
平原稻果区	稻、果等农耕土地利用方式	潮州市、西厢都、大和都、东厢都、登云都、登隆都、江东都、水南都、东莆都、隆津都、南桂都、隆眼城都、中外莆都、上莆都、龙溪都	潮州市的浮洋镇、江东镇、龙华镇、东凤镇、隆都镇、官塘镇、沙溪镇、金石镇、彩塘镇等	465（27%）	宋代、元代、明代
滨海兼业区	渔、农、盐等滨海土地利用方式	汕头市、鮀江都、鳄浦都、蓬州都、外莆都、苏湾都	汕头市澄海区的新溪镇、外砂街道、莲上镇、莲下镇、溪南镇、东里镇、盐鸿镇等	362（21%）	清代（曾因迁界政策荒废）
山地平田区	稻、林、果、农等山地利用方式	归仁都、登荣都、秋溪都	潮州市的古巷镇、登塘镇、赤凤镇、归湖镇、文祠镇、意溪镇、凤凰镇等	895（52%）	明代、清代

3. 潮汕民系核心区主导景观区的确立

潮汕民系核心区内部不同景观区划的内部，土地开发程度、人口数量以及传统村落的数量，具有较大的分异。通过不同类型景观分区内的人口以及经济指征的综合比较，可将潮汕民系核心区内的传统村落分为主导型与亚型进行分类研究。由民国的人口数据可知，平原稻果区内的人口最多约为 51 万人，滨海兼业区内的人口约为 37 万人，山地平田区的人口最少约为 12 万人。在行政建制方面，平原稻果区县级以下"都"的建制数量最多有 14 个，滨海兼业区"都"的建制数量有 5 个，山地平田区"都"的建制数量仅有 3 个。另外，本次研究样本中，平原农耕型传统村落数量占到了 49%，滨海渔农兼业型传统村落占到了 29%，山地经济作物型传统村落数量 22%。

通过各项指征的比较不难发现，潮汕民系核心区内的平原稻果区内的土地开发程度最高，人口、"都"建制数量以及传统村落的数量都占有绝对的优势，因此可选将平原稻果区内的传统村落即平原农耕型传统村落作为潮汕民系核心区内的主导类型进行探讨，将滨海渔农兼业型传统村落以及山地经济作物型传统村落作为亚型进行讨论。潮汕民系核心区三大类型传统村落景观的数据对比见表3-2-2。

表 3-2-2　潮汕民系核心区三大类型传统村落景观的数据对比

类型	平原农耕型	滨海渔农兼业型	山地经济作物型
"都"建制数量（个）	14	5	3
1937年所在区域村落人口数量（人）	510546	369505	118494
耕地面积（hm^2）	37358	27490	13991
分区土地主要开发时代	宋代、元代、明代	清代	明代、清代
区域内传统村落数量（个）及占比	139（49%）	82（29%）	63（22%）
传统村落类型等级	主导型	亚型	亚型

第三节　潮汕民系核心区平原稻果区传统村落景观特征

一、潮汕民系核心平原稻果区的区域景观特征

1. 平原沃土的生态基底

平原型传统村落主要位于潮汕民系核心区的中部，该区域为韩江三角洲中上部的平原地区，该区域内自然资源为平坦肥沃的土地与充足的水源。此区域内主要的地貌为三角洲平原，地势平坦开阔，土壤以肥沃的水稻土为主，开发历史悠久、人口众多，是潮汕民系核心区内农耕条件最好的区域。区域内主要的水源来自韩江，韩江主干河流在此区域内分叉，形成西溪、东溪、北溪三条主要汊道纵横分布在平原之上，为此区域提供了丰富的水源，同时还兼备了航运的便利性（图3-3-1）。区域内大部分土地都能够利用韩江上下游的高差，从韩江引水实现自流排灌。但由于韩江的涨落不定，此区域主要应对的是来自韩江的洪泛灾害。另外，此区域三面环山，既有西北部的莲花

山、凤凰山，又有东侧的桑浦山，诸多来自山间的溪流如枫江、桂坑水等也汇集于平原之上。加之平原内部地势平坦，来自山间与韩江上游的水体不易排出，在平原之上形成了多条溪流、沼泽地与坑塘。因此，此区域内还有内涝的风险。此区域内周边的桑浦山和其他丘陵残丘之上有少量的天然林地、草地资源，所占面积较小。平原沃土、江溪纵横的生态资源环境既为此区域内的先民提供了优质的自然资源，也带来了内涝、洪灾等的生存危机。平原农耕风貌如图 3-3-2 所示。潮汕民系核心区平原稻果区乡村"三生"斑块构成如图 3-3-3 所示。潮汕民系核心区平原稻果区内的"三生"斑块景观指数统计见表 3-3-1。

图 3-3-1　宽阔的韩江

图 3-3-2　平原农耕风貌

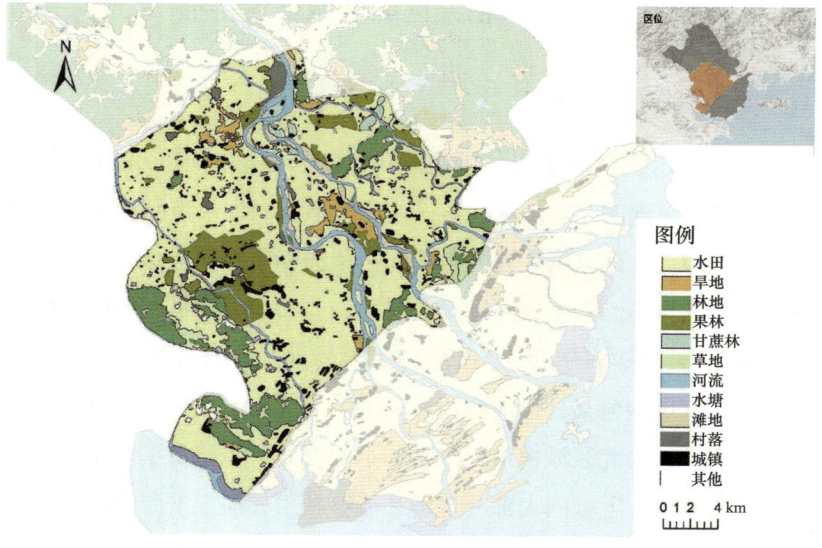

图 3-3-3　潮汕民系核心区平原稻果区乡村"三生"斑块构成图
（根据民国时期测绘图识别绘制）

表 3-3-1　潮汕民系核心区平原稻果区内的"三生"斑块景观指数统计

类型		斑块数（个）	斑块类型面积（hm²）	斑块类型面积百分比（%）	平均斑块面积（hm²）	斑块密度（×10⁻² 个/hm²）	最大斑块占比（%）	平均最近距离（m）
生态空间	河流	30	3040.65	5.83	101.36	0.06	4.68	328.31
	湖泊	75	556.2	1.07	7.42	0.14	0.05	854.56
	滩地	28	988.56	1.90	35.31	0.05	0.27	500.05
	滩涂	10	412.47	0.79	41.25	0.02	0.45	1088.43
	林地	30	4697.19	9.00	156.57	0.06	2.19	523.05
	草地	22	1264.95	2.42	57.50	0.04	0.68	1116.20
生态斑块合计		195	10960.02	21.01	—	—	—	—
生产空间	水田	83	31330.53	60.06	377.48	0.16	27.82	126.55
	旱地	20	1376.55	2.64	68.83	0.04	1.09	1806.23
	果林	39	4169.7	7.99	106.92	0.07	3.68	808.29
	甘蔗林	8	481.95	0.92	60.24	0.02	0.21	265.53
生产斑块合计		150	37358.73	71.61	—	—	—	—
生活空间	城镇	14	716.58	1.37	51.18	0.03	0.60	3220.83
	村落聚居地	440	2818.62	5.40	6.41	0.84	0.23	297.76
生活斑块合计		454	3535.2	6.77	—	—	—	—
其他		25	310.14	0.59	12.41	0.05	0.11	1386.81

2. 稻果兼作的生产斑块

（1）自流灌排的五个平原灌区。潮汕民系核心区平原稻果区位于山海之间的平原腹地，具有肥沃的土壤条件，加之韩江一带水源充沛，灌溉便利，利于农耕。平原区域的灌溉水源多来自韩江河道，且从韩江上游引水，加之地势自东北向西南倾斜，水流灌溉农田后可从韩江下游、中离溪、榕江等河流排水，形成了五个基本满足平原农田自流灌溉的灌排网络。五个灌区分别为韩江西溪以西平原灌区、江东围灌区、秋溪围灌区、东厢围灌区、上外莆灌区。在韩江西溪以西平原灌区，沿韩江西溪西岸修筑南堤，并在南堤上修建了25座引水涵，引韩江水进行灌溉，灌溉范围包括整个韩江以西平原。可以看到主灌渠多呈东北向西南走向，平行排列在韩江西溪的西侧，引韩江水，并排入中离溪，形成平均间隔约 3km 的灌溉水网。清代韩江西溪以西平原灌区下游龙溪还设置了两处关闸，即郭陇的埕关和斗门关，均为排水所用。平原区域的每个灌区内包括沿江堤、引水涵、主灌渠、支灌渠等设施，有的区域还会配置排水涵关，共同构成了集防洪、灌溉、排水为一体的平原水利体系。韩江三角洲平原区域内的水利体系与分区如图 3-3-4 所示。

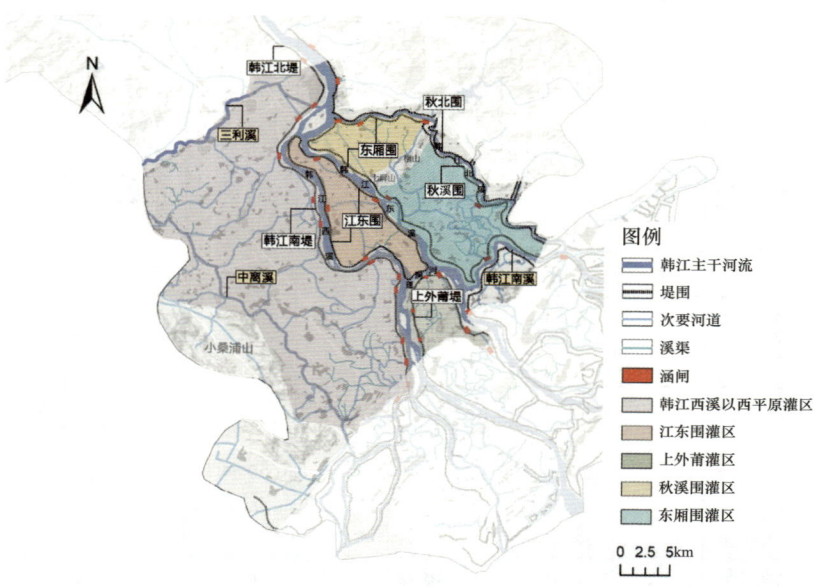

图 3-3-4　韩江三角洲平原区域内的水利体系与分区图
（改绘自民国二十五年八月潮安县全图）

（2）防洪地沿江堤。平原区域由于地势平坦，韩江河水的洪泛灾害对其两岸村庄的生产、生活有着严重的影响，因此自古以来修筑韩江堤就成为此区域内最为重要的水利工程措施。韩江堤自唐宋时期起便陆续修筑，到明代已经成为较为完整的沿江堤系。最初韩江堤的修筑主要在天然堤的基础上用土加高加厚形成人工堤围，其后逐步采用"筑龙骨""建石矶""筑灰堤"等技术措施加固堤围。经过历代的修筑与加固，至民国时期，据韩江工程队 1947 年勘查，韩江主干河道的东溪、西溪、北溪及新津河、梅溪两岸干堤总长 206.82km（南溪两岸无调查），加上干流左右岸干堤（北堤、城堤及东堤），主要堤围全长达 217.2km。沿韩江主干河道两岸的江堤，一定程度上削弱了韩江洪灾对该区域的影响，保障了农业生产的安全。

（3）连接江河的人工河道的建设。在韩江三角洲平原天然形成了诸多古河道、古溪流，但多为自然弯曲的水道，许多并不能相互连接。在传统时期人们多通过开挖沟渠的方式，使内部天然河道溪流相互贯通，形成规模较大的水运、排灌网络。北宋中叶，在韩江下游开凿的南溪和三利溪两条人工运河，以及明清时期开凿的中离溪，对改善该流域内部及其与外界的水运交通与灌溉均具有显著作用。其中，三利溪为北宋元祐时期（1090 年）知府王涤在潮州城西主持开凿，连通了韩江和榕江水系，兼具灌溉、排水、航运之利，故名三利溪。南溪为北宋年间开凿的人工河道，成为连接韩江东溪与北溪的交通水道。明嘉靖七年（1528 年）潮州人薛侃在韩江三角洲平原西开凿的中离溪，沟通了东至龙溪、西至枫江的自然河道，是韩江西溪以西平原区域的重要南北向交通水道，兼有排水灌溉效益。较大规模的人工河道建设，改变了平原区域内水系环境，增加了河流间的连通性，有利于灌溉与航运的发展。潮汕民系核心区平原稻果区人工河道建设如图 3-3-5 所示。

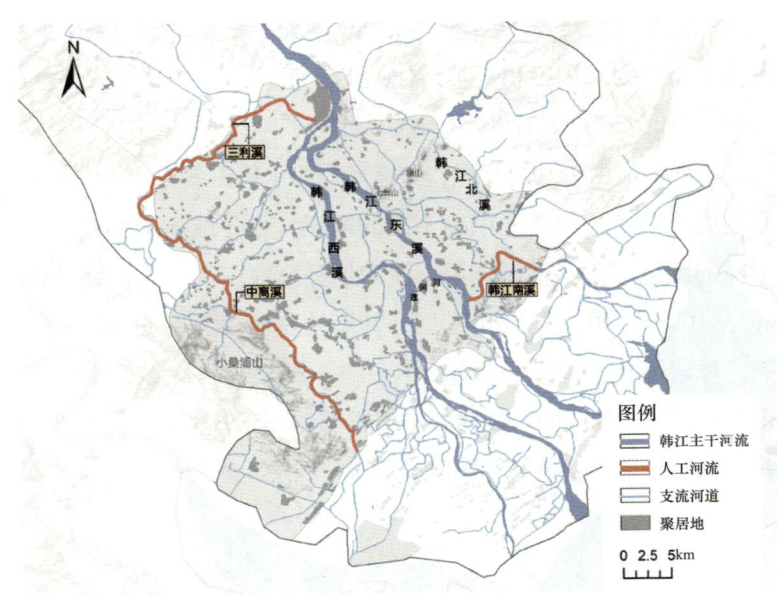

图 3-3-5 潮汕民系核心区平原稻果区人工河道建设

（4）稻果结合的生产斑块。平原区域内土地开发程度高，绝大部分的土地都被开垦形成农田，生产斑块面积约占区域总面积的72.83%，为此区域内景观基质。平原区域排灌便利，大部分的农田均为水稻田，部分轮种旱作，少部分区域为追求更高的收益，还会种植经济作物。水田约占区域总面积的64.32%，分布在平原区域内的大部分地区。平原内高程相差较小，水田斑块在区域内连续度高，平均斑块面积达到了523.98hm²。旱地则多分布在山地边缘以及韩江沿岸的一些砂质土壤之上，约占区域总面积的5.34%。旱地多种甘薯、甘蔗、花生、芋、萝卜及蔬菜等。

平原区域范围内盛产的经济作物众多，如甘蔗、麻、花生，并且盛产柑橘、菠萝、荔枝、龙眼、香蕉等热带水果，其物产的丰盛使得南宋诗人杨万里有"如今风物冠南方"的赞叹。另外，此区域内主要种植的特色经济作物是潮州柑。早在明代，潮州地区就有利用水稻田种植柑的记录。此后清代潮州柑的生产范围逐步扩大，到民国时期种植面积已经超过了2600hm²，并远销欧洲、日本等国家。其种植区域主要集中在韩江西溪以西平原区，即潮安区彩塘镇、金石镇、浮洋镇等地。果林的种植范围多为水田改造而成，也有的是利用山坡地进行栽植，果林的种植面积约占区域总面积的3.2%。此区域内的农田种植类型多为水稻田和果林，加之生产面积较大，形成了良田万顷、果林万亩的农业生产景观。

平原区域由于地势平坦，其区域内的水稻田多为连片的平田。平原内连片的水稻田首先根据不同的灌区，划分成多个水利单元，在不同的灌区内部，根据支渠、溪沟划分形成田块。农渠间隔一般为60～100m，田块多呈长方形，其短边临近农渠，宽15～30m不等，每块面积0.13～0.20hm²（图3-3-6）。平原区域的水稻田，排布规整，形成规整的方格网状农田肌理。少部分旱地会种植麦类、甘薯、玉米、豆类、马铃薯等粮食作物。

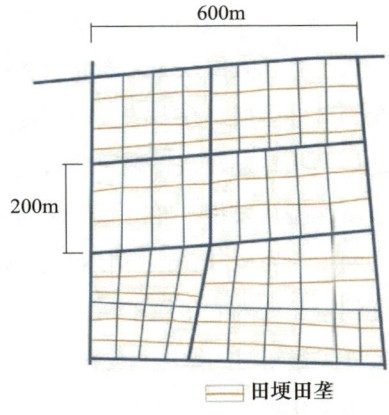

图 3-3-6　水稻田肌理

水稻田改造为种植潮州柑等经济作物的农田时，由于潮州柑不耐水湿，需要开凿沟渠进行排水，修筑较高田垅。由此原本规整的水稻田田块内又增加了多条行列状田垅，排水沟相间分割。在柑橘、龙眼、甘蔗等其他经济作物的农田之中还会开挖直径 10～60m 的近似圆形的水池，当地人称之为堀池或田井，用于存蓄水体，涝则排水，旱则取之进行灌溉。通过池塘、田垅的运用，平原区域内的农田更加能够适应水旱灾害，单位产量提升，农田肌理变得更加多变与丰富，是当地农民精耕细作的结果（图 3-3-7）。

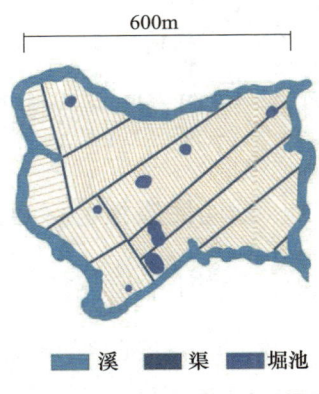

图 3-3-7　种植潮州柑的农田肌理

3. 高密度大规模的生活斑块

潮汕民系核心区内的平原区域，开发时间较早，人口众多。据史料记载，潮州府的人口从北宋初年的3万余人猛增至清代晚期的221万人。由于人口众多，潮汕民系核心区平原地区村落的规模普遍高于全国其他区域。众多的人口使得潮汕民系核心区内的平原区域乡村聚居地面积普遍较大，聚居地斑块数量较多，聚居地分布密度较大。通过本次统计发现，此区域内聚居地斑块数量约为440个，聚居地的平均面积约为7.39hm^2，用地约占区域总面积的7.46%。不断增多的人口促使平原区内的村庄不断外扩其聚居地面积，一般有连片扩展和在邻近处另建新村的做法，使得平原区域上的村庄分布逐步变得更加密集，达到了0.84个/km^{2}的聚居地斑块的密度。平原区域内村落选址较少受到地形条件的约束，为了方便耕作，聚居地多在农田的地理中心分布。根据本次统计，平原区域村落的耕作半径为853m，使得聚居地斑块呈现出分散状、均质化的特点。聚居地斑块彼此之间仍有一定的距离，本次统计的潮汕地区聚居地斑块的平均最近距离约为298m，实际上两个相邻村落之间有少则几百米多则1～2km的距离（图3-3-8）。

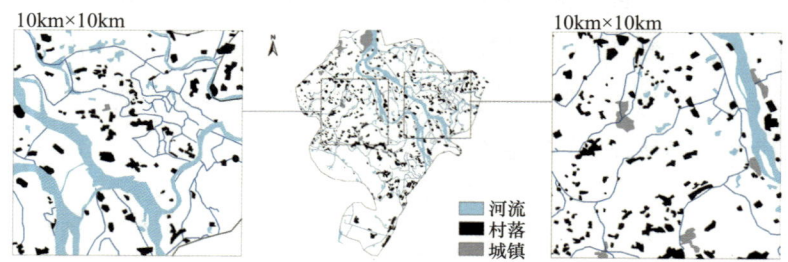

图3-3-8　潮汕民系核心区平原稻果区内高密度大规模的生活斑块
（注：图片根据民国时期测绘图识别绘制。）

二、潮汕民系核心区平原稻果区村落群景观特征

1. 以通航河流为中心的传统村落群

潮汕民系核心区的平原区域受到韩江西溪、东溪河道的影响，被划分为三个滨江平原。滨江平原的面积较大，聚集着大量的传统村落。其内村落群的划分主要与能够通航的河道具有较大的关联。此区域作为韩江三角洲平原的中部地带，位于滨海与内陆交通的枢纽地带，沿韩江可达闽赣，外接南海可通港沪。区域内主要的河流航道为

韩江主干河道，有韩江东溪、西溪、北溪，还有人工疏浚的韩江南溪、三利溪、中离溪等。此区域内主要的河流航道为传统村落主要的对外交流通道且兼具灌溉功能，其村落群多以单侧临近航道或中部为航道的形态分布。受到交通距离的影响，单侧临近航道的村落群规模多小于中部能够通航的村落群。平原区域内的村落群形成了16个以"都"为单位的村落群。每个村落群内涵盖20个左右的传统村落，平均村落群面积为29.05km^2（图3-3-9）。

图3-3-9 平原稻果区的村落群划分（根据光绪《海阳县志》整理绘制。）

2. 一都一墟的村落群内组织方式

（1）"临河而墟"的墟市选址特征。平原稻果区内便利的交通促使了其商品化农业的发展。通过对平原区域内较大的墟市进行落图分析，可以发现此区域内墟市的选址与通航河道关系密切，多临河选址，可利用水运的便利性，满足墟市对外贸易的需求。其内部的墟市数量虽不如珠江三角洲地区多，但也有将近20个具有固定店铺的墟市，如庵埠、浮洋、龙湖、金石富、彩塘、枫溪、云步等。根据光绪海阳县志记载，在清代末年潮安县的所有墟市内的固定店铺已经达到了5000余家。除了这近20个较大规模的墟市外，此区域范围内还有诸多没有固定店铺的墟市。平原区域内的主要墟市的平均贸易范围约为27km²，平均贸易半径为2.93km，墟市密度约为0.04个/km²。平原区是潮汕民系核心区内墟市分布最为密集的区域，较小的贸易半径也凸显了此区域内商贸发展程度较高的特点（图3-3-10）。

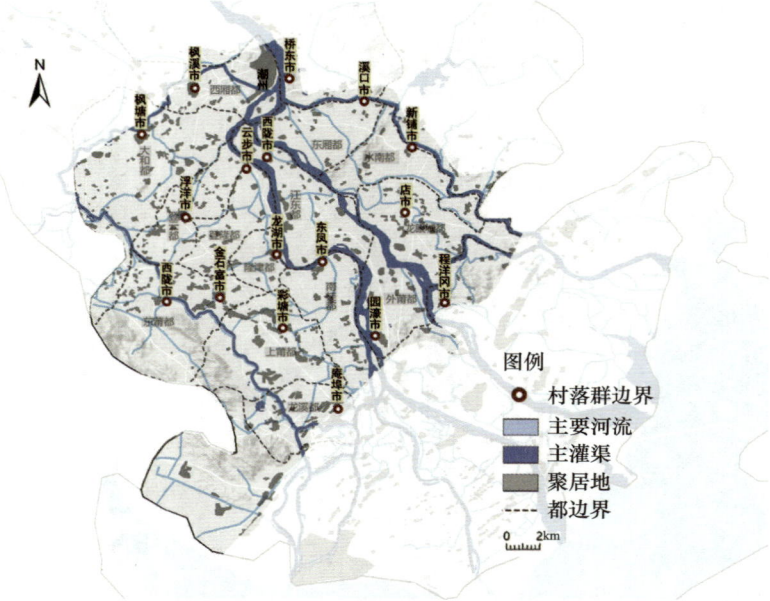

图3-3-10　平原区河流、墟市与"都"边界叠加图（根据光绪《潮州府志》整理绘制。）

（2）以墟市为核心的村落群。清代以来平原区域的传统村落长期被划分为16个"都"进行管理，每个"都"内都有一个墟市，只有面积较大的东莆都，有金石富市和西垅市两个基层市场，平均每个"都"内包含20多个传统村落，形成"一都一墟"的村落群。在"都"内部，墟市多选址于地理中心区域或临近韩江主河道的位置。选址于区域的中心位置的墟市，距离各个村落较为接近。此类型的墟-村村落单元的格局多形成以墟市为中心，普通村落环绕分布的圈层型空间结构。临近墟市最近的圈层内，往往分布着数量较多的村落，外层圈层的村落规模和数量均小于内层圈层。

根据南朝沈怀远《南越志》的记载："越之市名为墟，多在村场",潮州地区的墟市也多是传统的农耕村庄逐步转型发展而来的。随着墟市内贸易的繁荣,人口流动的加大,此区域内的墟市经济发展程度较高,建设了较大规模的庙宇、书院等设施,逐步成为区域内的政治、经济、文化中心。

  墟市不仅是潮汕地区商业贸易的中心地,同时还是民间宗教信仰、民众日常社会交往的重要公共空间,也是各方宗族势力互相较量的关键场所。墟市的职能首先是满足农民交换他们生产的产品的需求,其次为农民的日常需求提供服务,如当铺、医馆、兽医、戏曲表演等服务型产业也在墟市集中,形成区域内贸易与服务的中心。明清时期广东的墟市主要有三种类型,即地方官吏建立的墟市、民间集资建立的墟市(主要通过股份制的经营方式进行),以及社团建立的墟市。其兴起原因主要是适应当时经济的发展或宗族发展的需要。无论哪种类型的墟市,都有士绅参加或由其控制,士绅常常成为"墟主"或"墟长"。大宗族之间通过推举世绅成为墟长,来进一步在墟市中开设店铺,增加宗族的收益。因墟市内人员聚集、流动性较强,其内文化的发展能够对周边的村落产生较强的影响,在龙湖古寨内,在每年的正月十五元宵之夜,龙湖古寨周边村落的村民多会前来观赏各式花灯,并参加夜游活动,热闹非凡。每年的春节期间龙湖古寨的舞龙队也会来到镇内的各个自然村中进行巡回表演。墟市的文化特征会逐步扩散并影响村落单元内文化的发展,逐步形成了村落单元文化发展的共同体。龙湖古寨商业街现状如图 3-3-11 所示。

图 3-3-11 龙湖古寨商业街现状

（3）"沿江主路，网状陆路"的水陆结合的村落群间交通方式。平原区内由于韩江发达的水系条件，其主干河流西溪、东溪、北溪等均可沿江形成便捷的水运交通路线，也成为区域内主要交通道路。

通过沿江码头的设置，形成陆路与水陆转运的枢纽。村落间的联系则主要依靠陆路交通。由于灌区内整体地势较为平坦，道路的分布不受地形的限制，道路主要为连接村落居住地的直线单路，整体形成较为规则的网状。大部分的道路均从村落的一侧穿过，有较大的具有多聚居组团的村落内会有道路穿过。网状路网加强了村落间的联系，并且在临近墟市的区域路网逐步变得密集，道路等级变高，使墟市不仅为区域内经济中心，还是交通中心。

以隆眼城都与水南都为例，其区域内50余个村落中有2个因为地理交通优势和地缘经济优势，在明末清初时期逐步成为墟市。北侧的新铺市开埠于明代末年，开设在苏寨的人家村内，邻近韩江北溪的娘祠渡口，是围内外商品贸易的主要地点。墟市内主要经营粮食加工与粮食的售卖业务，也有杉木、竹子等木材交易，以及百货店、农具店、酒店、小食店、棺材铺、轿铺等。中部的店市为明末清初由后溪村的金氏开设，主要进行猪与牛等农畜交易，是远近闻名的"牛墟"。两个墟市均处于围内主干道路的两侧，店市位于围内两条主干道路的交叉口，是陆路交通的中心，新埠市位于围内主干道路与韩江北溪的交汇处，是围内水陆交通的中心，两者相互结合，成为围内商品集散的主要场地。

3. 共筑江堤的村落间水利协作

韩江水患是潮汕民系核心区平原区域传统村落共同面对的问题，韩江主干河流沿岸完整的沿江堤系，是由历代政府引导，各村村民参与修筑的。

如康熙四十年（1701年）修筑海阳县（今潮安区）北门堤工程就是其中一例。此年韩江大水，冲毁北门堤，修筑工程浩大，为此，潮州府主管官员督领，责成沿堤岸海阳等四县官府率领乡民及时抢修、加固堤防。其法是按照富者出资、民户出力之原则，由所在四县"绅衿商民随力捐助钱",以为"木石灰土之费",而"各属"民户则"令照家甲均出工力赴役",说明韩江大堤的修建涉及揭阳、海阳、澄海、饶平四个县级行政单位。大堤的修筑工程量大,往往需要多村的协作才能够完成,大堤的维护工程则多由同一灌区内的村落参与。据广东饶平(澄海)隆都大巷志记载,康熙三十五年(1696年),隆都上堡堤围,决堤四十丈(合133m),秋隆两都民众合筑。平原区内的大多数村庄都要出人力修筑滨江堤围,并不是只有临江村落才参与修筑,形成村落间的水利协作模式。在平原区域内沿江堤围与灌溉河渠的修筑均需要多村的协同才能完成,村与村之间通过水利设施的修筑与维护,形成了区域抗洪的共同体。

以隆眼城都中韩江东溪东侧的隆都灌区为例,其村落群面积约为34km²,其内有46个村落。村落群三面临江一面临近平原内的小山丘横山与七屏山,沿江区域内均有堤围的建设,将形成完整的防洪体系。西北部紧邻韩江西北部的龙门关引韩江水进入灌区内,韩江水经龙门关后分流形成两股灌溉水源,灌溉灌区内的大部分农田。两股灌渠分别通过南关涵和北关涵将水排出到韩江南溪和韩江北溪内,形成了完整的上游引水下游排水的灌排体系(图3-3-12)。

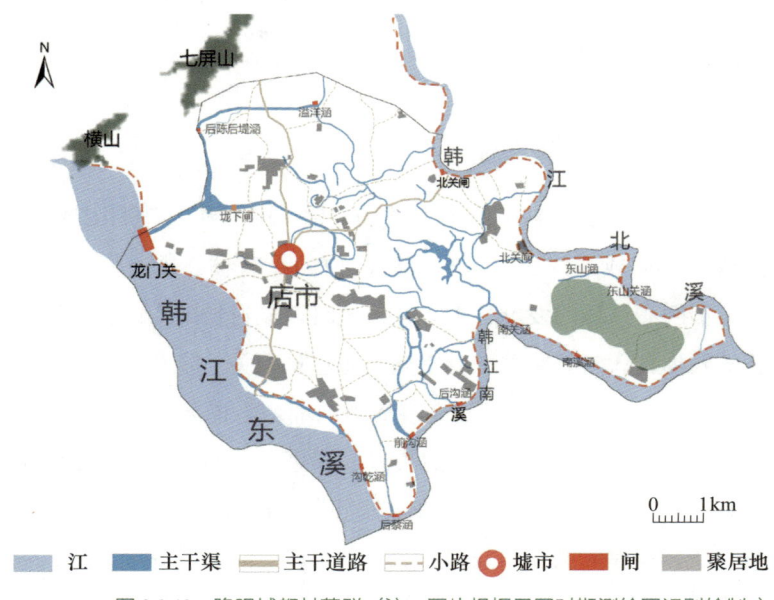

图 3-3-12 　隆眼城都村落群（注：图片根据民国时期测绘图识别绘制。）

三、潮汕民系核心区平原稻果区村落单体景观特征

后沟村位于潮汕民系核心区内的韩江三角洲平原区域，传统时期（这里所说传统时期是指1949年以前的农耕经济时代，下同）属于隆眼城都长岐堡，现位于汕头市澄海区隆都镇的东南部（图3-3-13）。因村前有一条大水沟与邻村相隔开，而该村居于沟后面，故称后沟村。后沟村传统风貌保存良好，古建筑、古窑址等文物古迹丰富，是典型的平原区传统村落。

图3-3-13　后沟村区位图

1. 移民迁徙与营居历程

后沟村建于宋末（约1270年），相传由福建人许荆山迁此居住，渐成村落，成为许氏单姓村。后沟村内曾有林、黄、陈、刘等多姓氏，但随着许氏的发展壮大，在传统时期该村长期为许氏单姓村。许氏的发展壮大与其跨地域的宗族联盟息息相关。隆都镇历史上有"四许十八陈七十二乡"之说。《澄海市前埔乡志谱》中记载，清乾隆五年（1740年），隆眼城都的前溪许、樟籍、前埔、后沟四乡联宗建大宗祠于前溪许，祠名"名贤许公家庙"。此次联宗，将隆眼城都内所有许氏，以追溯共同祖先的形式，结合成"隆都四许"之势，乡民称之为"四许联宗"。

此跨地域宗族组织以血缘纽带联系六村，四许联宗以居于前溪许的毓嵩公为大宗，下有四房支：前溪许村为大房，始祖为石溪公；樟籍村为二房，始祖为朝凤公；前埔村为三房，始祖为拙庵公；后沟村为四房，始祖为荆山公。荆山公派下有五房：大房为宅轩公，二房为南轩公，三房为懿轩公，四房为松老公，五房为冶权公。一、二、三房居住在后沟村，四房松老公的裔孙居住在隆都镇的仙地头村，五房冶权公的裔孙则居住在澄海区莲华镇的后浦村。四许联宗后，始祖大宗祠于隆都集市中心——店仔头（今称"店市"），置铺收租，至清嘉庆年间（1796—1820年），许氏店铺已占3/4以上。联宗后的许氏在隆都镇中一直颇具势力，成为后沟村许氏宗族发展壮大的保障。

2. 选址环境的景观格局

后沟村选址于韩江南溪西侧的平原，村落内整体地势平坦开阔，平均高程较低仅有 2～3m。村内有多条溪流，当地也称作沟，蜿蜒而过，水资源丰沛。后沟村宋末建村时，其东侧的韩江南溪，又称山尾溪，刚好开凿完成，使其成为韩江东溪与西溪水陆交通要道旁的村落，促进了村落的发展。村落内的溪沟直通韩江南溪，村落内的聚居地，沿溪沟分布，从宋末至清代，逐步沿沟形成沟前、沟中下、沟尾三个居住片区，后来到清代才逐步建成的南厝与西厝片区，没有临溪分布，选择较为开阔的农田区域。总体看来后沟村的聚居地主要集中在村庄南部地势较高的区域。后沟村内早期较为理想的聚居地选址为邻近溪流的区域，临水的选址既有利于生活用水，又便于聚居地排水，并且符合传统的风水理念。

后沟村内尤其是较早建造的聚居地片区，多采用溪沟、池塘、树木等元素塑造后沟村聚居地与农田的边界。以沟尾聚居组团为例，其聚居地的北侧、西侧与东侧均有溪流环绕，其南侧则人工开挖了诸多连续的坑塘，在用来排水的同时形成了聚居地南侧的屏障。在聚居地与溪流之间还种植了诸多树木形成林地，树木的种植既能加固堤岸又能成为村庄的防护林。溪沟、池塘、树林形成天然的聚居地屏障，将选址于一望无际的平原区域的后沟村聚居地进行围合，提高了村落的

3. 稻果瓷多样的生产景观

后沟村内农业是后沟村传统经济结构的主体，但其村内地势低洼，多内涝积水成灾，加之韩江南溪的洪泛影响，村内的水利体系的建设成为农业发展的主要保障（图 3-3-16）。后沟村在临近韩江南溪一侧修有堤，名为"塭堤"。塭堤属于韩江南溪北堤的一部分，北起后沟村娘宫，向西南沿南溪直抵溪尾村，是后沟村东侧主要的防洪屏障。后沟村在塭堤上开有两个涵闸，其中南侧的后沟涵，于清代改造完成，是后沟村内主要的农业灌溉水的来源 [图 3-3-17（a）]。后沟涵穿堤而过，根据农业用水量，适时启闭闸，调节村内溪渠的水量。塭堤北部的娘宫涵，是后沟村以及秋西围灌区的重要排水涵闸。后沟村内丰富的溪沟，通过人工的梳理相互连接，形成了从南侧后沟涵引水流向北侧娘宫涵排水的村庄内的农业灌排渠道 [图 3-3-17（b）]。

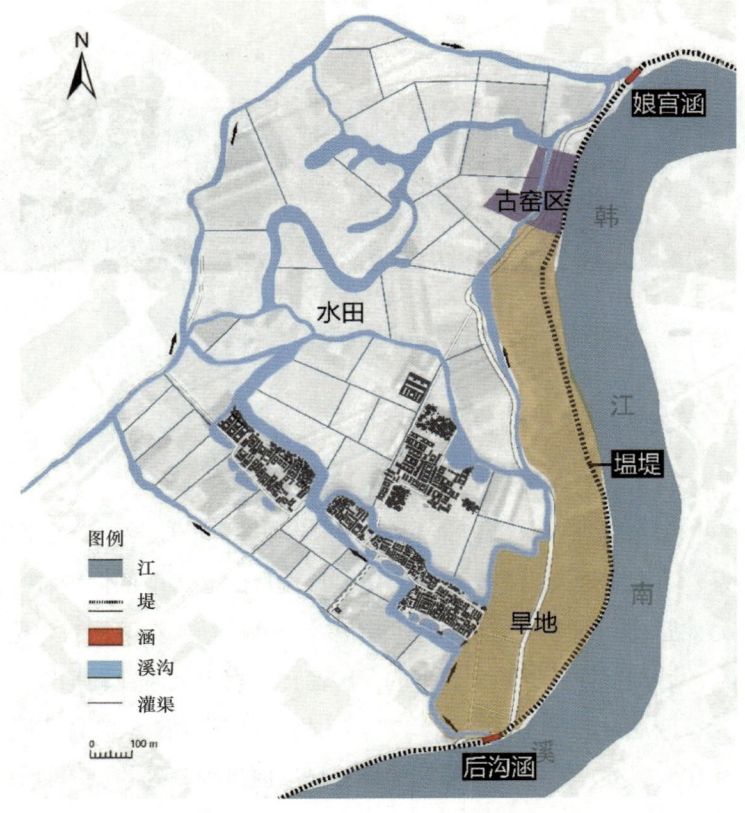

图 3-3-16　后沟村农田水利体系图

后沟村通过传统时期水利设施的营建，形成了连片大面积的水稻田。在滨江堤附近较高的冲积土上，难以灌溉，多形成旱地或种植果树，形成"堤上果林、堤下稻田"的生产景观特色。在传统时期后沟村内主产水稻、甘薯、花生、小麦、玉米、豆类等，还有水果如水蜜龙眼、莎蜜龙眼、乌叶荔枝、赤叶荔枝等。后沟村传统时期的经济结构中，农业占60%，砖瓦业占25%，养鱼业占5%，侨汇占8%，行船及其他约占2%，产业类型丰富。后沟村内独特的韩江冲积土适宜烧制砖瓦，加之临近韩江的便利交通，使其村内的砖瓦业远近闻名，有"未有村先有窑"之说，现村内还有10处窑址[图3-3-17（c）]。村内还会利用池塘养殖草鱼（鲩鱼）、鲢鱼、鳙鱼、鲤鱼、鲮鱼等，村民介绍，邻村东沟贩运鱼苗远近有名，远销台湾，后沟村后亦有村民发展这一产业。后沟村种植甘蔗历史悠久，主要是竹蔗、蜡蔗等果蔗。村中的竹蔗具有清、甘、甜的独特味道，闻名于中国香港、泰国等地。

(a)后沟涵　　　　　(b)后沟灌渠　　　　　(c)后沟古窑址

图 3-3-17　后沟涵、后沟灌渠和后沟古窑址

4. 单姓大宗族的密集聚居景观

（1）对应血缘亲疏关系的聚居组团分布

后沟村在整体聚族而居的基础上，在同一宗族内部依据房支关系，将聚居地分为多个聚居组团。后沟村的聚居地依据传统习惯可分为大厝社、祠堂社、沟中社、南厝社、西厝社、沟下社、沟尾社七个社。后沟村许氏荆山公派下的大房裔孙，居于大厝社、祠堂社、沟中社、南厝社和西厝社；二房裔孙，居于沟下社；三房裔孙居于沟下社和沟尾社。后沟村"社"的划分是以血缘为基础的，随着每个社人口发展的不同，社的大小也各不相同。后沟村大房裔，人丁较为兴

旺，在后沟村七个社中，占了五个社（图3-3-18、图3-3-19）。同一房支的族人在一起聚族而居，族人依据父辈排行被分配住宅，是传统封建礼制、宗法制度下的产物。可以说村庄内居住空间的分布，直接反映了后沟村内居民血缘关系的亲疏远近，这种对应血缘亲疏关系的聚居组团分布方式，在潮汕民系核心区平原区域内的传统村落中较为常见。

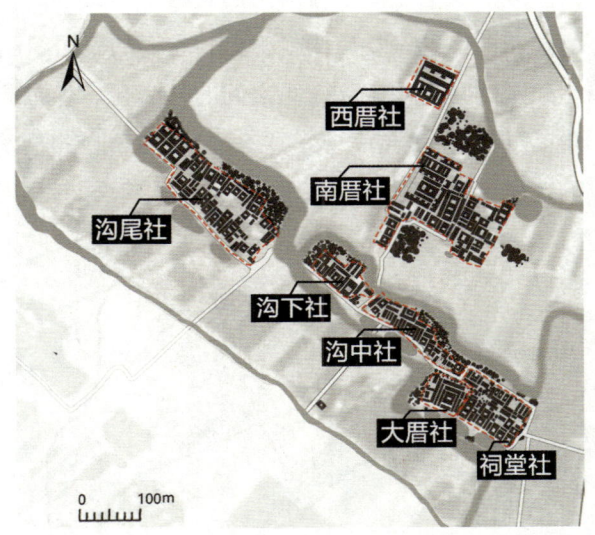

图3-3-18　后沟村聚居组团分布

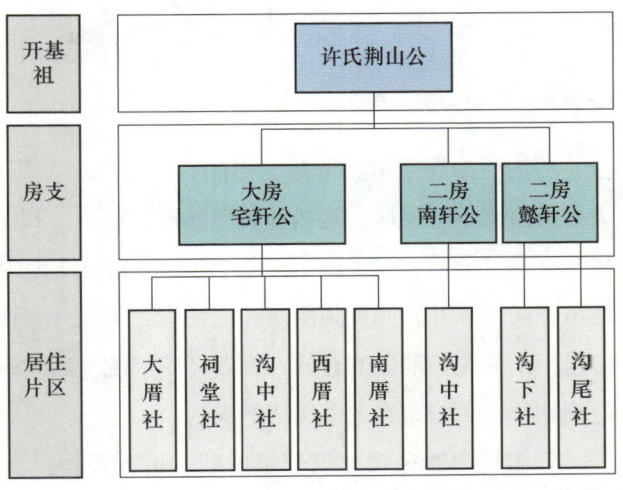

图3-3-19　后沟村房支与居住片区关系图

147

（2）以大型建筑为中心的密集式布局

后沟村在单个建筑组团通常由一个大型府第式民居建筑群和一些周边散落的小型民居构成，建筑间排列紧密，形成密集式布局的聚居组团。聚居组团多以横巷作为主街，以纵巷为支路巷道。后沟村内横巷多平行于河流，位于聚居组团的前侧，聚居地与前侧水塘之间的禾坪多与横巷结合，形成聚居地前侧较为开阔的区域，是村落主要的交通空间。村落内的支路多垂直于横巷分布，形成诸多平行排布的纵巷。在后沟村密集式布局的聚居组团中，纵巷有的是大型建筑的从厝与主体建筑之间的从厝巷，有的是小型民居之间的巷道，纵巷宽度较窄，仅有 2～3m，起到连接建筑出入口与主干道路的作用（图 3-3-20）。

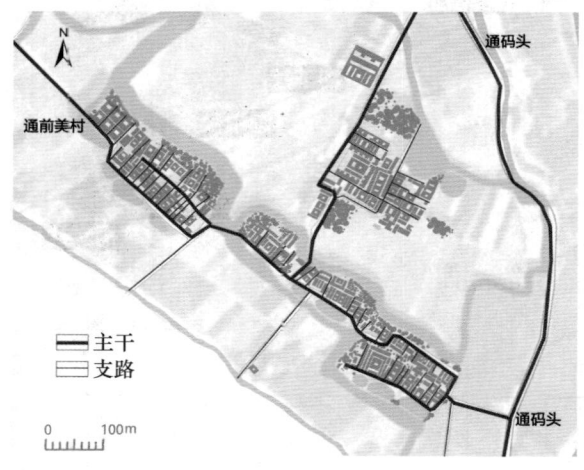

图 3-3-20　后沟村街巷肌理

后沟村内民居常见的基本形制有"下山虎""四点金"等，均为天井合院式小型民居，是典型的潮汕民居形制。其中，下山虎形制的民居又称"爬狮"，为三合院式，它的平面布局为中间厅堂，两旁为卧房，前带天井，两侧为厨房和贮物室，大门开于正中或侧边。四点金是下山虎和其前座的合成，为四合院形制。后沟村内的小型民居多行列状排布，分布在大型民居的周边。

后沟村内的民居建筑都是大型府第式民居，当地称作驷马拖车形制。驷马拖车，"车"指的是中间的"三座落"祠堂，"马"指的是两侧各两条线状的从厝,四匹"马"是隶属于各个小家庭的住屋,簇拥着安放家族祖先牌位的祠堂"车"。驷马拖车建筑形制整体以三座"三座落"建筑为中心,两侧各带两从厝,后带后包者。后沟村的驷马拖车形制的建筑,主要有大厝社的村祖祠、沟下社的许氏宗祠、西厝社的大厝,以及南厝社三落智祖公祠四栋。其中较早建造的大厝社的村祖祠采用中轴三座落,左右两侧各三从厝,后侧双层后包的形制。在较晚建造的南厝社三落智祖公祠建筑中,中轴仍采用三座落的形制,两侧则由从厝屋变为了多个朝向中轴建筑的下山虎形制的民居(图3-3-21)。多个下山虎形制的民居串联与从厝屋一样分在主体建筑两侧,在外层的下山虎形制的民居建筑中,其正房升高为两层,两侧厢房仍为一层,增加了整体驷马拖车建筑对内围合之势。

图3-3-21 后沟村南厝社的三落智祖公祠的驷马拖车建筑

(3)公共空间与风俗信仰活动

后沟村内的公共空间有建筑群外部边缘与建筑群内部两种选址区域。建筑群外围与池塘或者农田的过渡地带,空间较为开阔,多作为村落的公共空间,当地多称之为阳埕,这点与广府地区禾坪的选址区域较为相似。后沟村村祖祠和许氏小宗祠前与池塘之间的阳埕广场,就选择在建筑群的南侧,形成线形较为开敞的空间。另外,在像后沟村一样的潮汕地区的传统村落中,还有一种位于建筑群内部,临近祠堂分布,同祠堂一样属于特定的宗族或房支,多用作宗族活动的公共空间。后沟村内的三落智祖公祠与二房祠和三房祠等宗祠前广场均为此种类型。以三落智祖公祠为例，其宗祠前的空地，两侧被从厝围合，加上外侧的围墙，共同形成了较为封闭的祠堂前广场。

后沟村内的公共空间为村落内公共集会、祭祀节庆、农作物加工等活动提供了场所。潮汕地区保持着时年八节祭祖酬神风俗，后沟村也不例外。后沟村有时年八节有春节、元宵节、春分、清明节、端午节、中元节、秋分、冬至，都是乡民日常生活中非常重视的节日。后沟村中最为隆重的是每年农历正月初九举行的游神活动，称作"营老爷"或"老爷出游"。该活动从腾龙古庙出发，前往沟头村，再向东绕到大堤上，然后经过西厝社、南厝社、沟中社、沟下社、沟尾社，绕村一圈后回到腾龙古庙，游神路线基本涉及全村主要的道路。腾龙古庙中供奉13位神祇，在游神过后，各社将13位神祇分开请到各社的"厂"中。每个社的"厂"，其实就是在各个社的公共空间中设置的临时棚，将各个社的人都集中在自己的社中进行祭祀活动。在举行完分社的活动后，在农历正月十四的晚上，全村会一起举行营灯活动，与游神路线一样沿全村主干道点灯游神。后沟村公共空间与游神路线如图3-3-22所示。

图3-3-22 后沟村公共空间与游神路线

（4）特色景观元素

后沟村内的传统建筑上的五行山墙、嵌瓷花脊、凹肚门楼、拜亭等元素极具潮汕地方性特征。五行山墙是民居山墙顶部山尖部位的细部处理，常见的有金、水、木、火、土五种形式，具有装饰和风水寓意。嵌瓷花脊是指利用嵌瓷的装饰手法将百花百鸟、瑞兽、吉祥图案等内容装饰在屋脊之上，工艺复杂、造型丰富，色彩华丽，多用于庙宇宗祠等公共建筑。凹肚门楼是指潮汕民居大门处向内凹，形成的特色民居入口做法，具有遮挡视线、驱邪之意。拜亭是较大的家庙或祠堂中，在两进院落的后门（或二进院落的中厅）向前面的天井凸出的一块覆顶空间，它与后厅相连形成凸字形平面，是在祠堂举行祭拜活动时，子孙向后厅牌位跪拜的地方。另外，阳埕、码头等村落内主要的公共空间，以及具有吉祥寓意的八卦井等元素都是此区域内较具特色的乡村景观元素。后沟村景观元素如图 3-3-23 所示。

(a)许氏宗祠凹肚门楼　(b)天后宫嵌瓷花脊　　(c)后沟村阳埕　　　　(d)后沟村渡口

图 3-3-23　后沟村景观元素

第四节　潮汕民系核心区滨海兼业区村落景观特征

一、潮汕民系核心区滨海兼业区的区域景观特征

1. 滨海沙垅 – 潟湖平原交错的生态基底

潮汕民系核心区内的滨海区域，由于河流入海口泥沙沉积与海洋潮汐的共同影响，形成了独特的沙垅 – 潟湖平原地貌。其形成过程大致经历了三个阶段。第一阶段，当河流将携带的泥沙输送到河口外时，这些泥沙在海浪的作用下按照颗粒大小逐渐沉积形成水下沙堤。第二阶段，水下沙堤逐渐升高，最终露出水面，沙堤与海岸之间形成

了受潮水影响的潟湖。第三阶段，随着河流不断输送沙子，现有的沙堤扩大、提高，中央的潟湖逐渐被沉积填满，形成了陆地平原，而沙堤也会受到风暴潮和风向的不断改造，最终完全连接到陆地。与此同时，新的沙堤又在前方逐渐形成，韩江三角洲不断向海洋推进，如此便形成了沙垅－潟湖平原形式的海岸线演进方式。

目前滨海区域内已经形成了五列沙垅。第一列沙垅北起仙洲，经盐鸿、樟林、东里、内底、上华、庵埠、蛇浦至玉井，位于第三列岛丘的南东麓。全长约33km，是沙垅与岛丘内侧平原之间的过渡地带，形成年代距今2000～2500年。第二列沙垅北起南砂，经莲阳、澄海、外砂、下蓬至岐山，规模最宏大，长约28km，形成年代约为2000年前的汉代。第三列沙垅北起和州，经海后、白沙、新溪、头合、陈厝合至金砂，沙垅条数多，但较低，全长约18km，南宽北窄，南高北低，形成年代约为唐初，距今1400～1500年。第四列沙垅北起风洲，经坝头、九合至龙湖，断续分布，长约20km，北高南低，形成年代为宋末，距今约700年。第五列沙垅北起七合，经义合、金兴、合昌、福建围、北港、小莱宪至珠池肚。沙垅较短但高程较大，北高南低，形成年代为清代，距今约150年。五列沙垅位置与形成年代如图3-4-1所示。

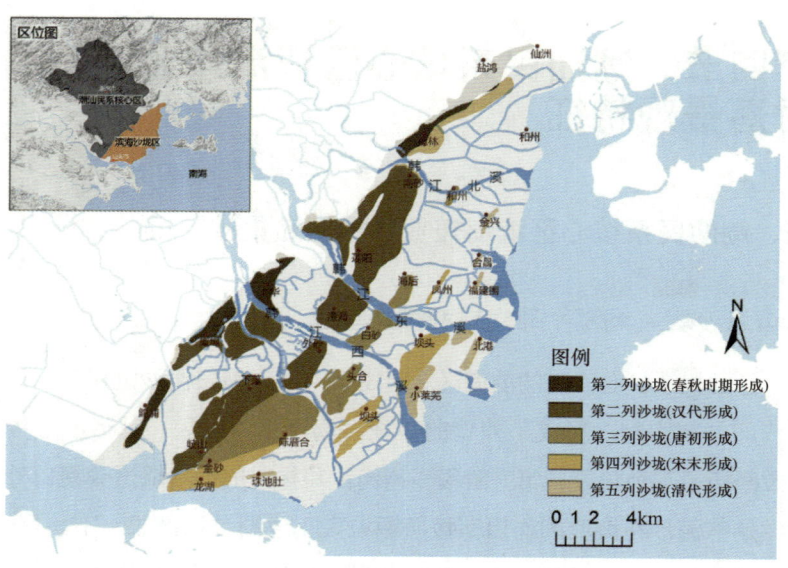

图3-4-1　五列沙垅位置与形成年代（改绘自《韩江三角洲》）

在五列沙垅之间还有四个带状的由古潟湖转变而成的平原区域，在滨海区域范围内形成沙垅－潟湖平原交错的地貌。沙垅的高度、宽度变化受到人工围垦与滨海风积作用的共同影响。沙垅的宽度、高度自陆向海逐步变窄、变高：第一列宽 400～500m 或 1000m，高 3.5m；第二列宽 1500～2500m，高 4.0m；第三列宽约 1500m，高 4.0～6.0m；第四列宽约 300m，6.0～8.0m 高；第五列宽仅 50～100m，高 8.0～15.0m。沙垅间的潟湖平原高程也逐步降低，自陆向海依次为 1.8m、1.5m、0.9m、0.5m 形成了高低错落的复杂地貌环境。滨海沙垅－潟湖地貌剖面示意如图 3-4-2 所示。

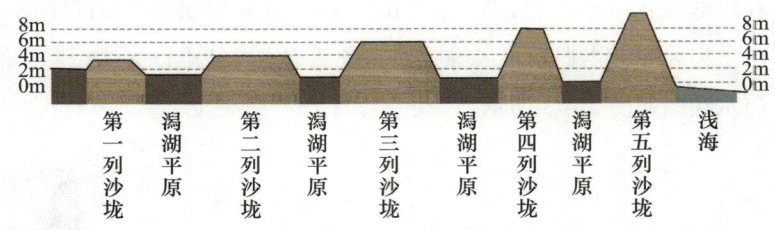

图 3-4-2　滨海沙垅－潟湖地貌剖面示意图

2. 沙垅旱地潟湖水田的生产斑块

（1）排咸引淡由陆向海围垦的水利体系

滨海沙垅区域内除了沙垅顶部高程较高外，沙垅间的低地（原来的潟湖）以及滨海围垦的滩涂用地的高程均较低，需要修筑堤围来保护农田。滨海区域内多条分叉入海的河道一定程度上减缓了韩江的流速，但加剧了海洋咸潮对该区域水文条件的影响。由此滨海区域内多采用设有涵闸的排咸引淡的堤围水利设施，来抵抗河流的洪泛与海洋咸潮的双重影响。

防洪防潮的沿江、滨海堤系。

滨海沙垅区域内早在明代就已经开始在主要的出海河道两岸修筑堤围，经过了清代的加固与修筑堤围已经基本连成堤系。到清代，韩江各支流的堤防，已经筑至南砂、莲下、澄海、外砂、鸥汀。河堤正好与起自南砂止于汕头的韩江三角洲前缘第二列沙垅相接。这样，沙垅拦住海潮的侵入，河堤抵御洪水的冲击，使滨海沙垅区的农田有了良好稳定的耕作环境。据《潮州府志》载，澄海县有堤围25187丈（折约83.1km），合计52103丈（折约172km）。另外，澄海县近海地方还有沿诸多小分汊河修筑的小堤（亦称洲园堤）超210km，合计大小堤围总长超过430km。除江堤外滨海区域内海堤也有了一定的规模，据清乾隆年间《潮州府志》载，韩江下游及揭阳、潮阳、惠来等县已建江海堤围共达76443丈（折合254.8km），基本形成了沿海岸线的海堤。此区域内的江、海堤的修筑往往与平原区域一样，由官府进行统一的组织，由各乡民众参与建造，由于没有统一的标准，传统时期此区域内的江堤的高度、宽度不尽相同，堤身低矮单薄，高程一般为4～5m，面宽仅为3m左右，常发生崩塌，只能防御普通洪水和风潮，当遇到台风等强烈的自然灾害时便难以完全抵御。汕头市水利图如图3-4-3所示。

图3-4-3　潮汕滨海兼业区水利体系图（改绘自《汕头市水利志》）

向海围垦的堤围水利。

清代此区域内繁衍了的大量人口，给这个土地资源历来短缺的地区造成巨大的压力。自18世纪中期起，迫于人口压力，人们开始向海要地，韩江各汊河下游海口，被陆续垦殖。根据记载，围垦主要有四种：一是官绅围垦。地方官员或士绅出资围垦，围垦后租给乡民，收取地租。二是联宗联姓围垦。各乡同一宗族或同乡各姓氏联合围垦，各分地利。三是学校、庵寺产业地围垦。官府划定海滩地域，雇工围成鱼墙、沙田后，借以收租作为学校、庵寺经费。四是乡民联合围垦。沿海乡村几户或十几户农民联合围垦后分地，自耕自种。规模一般较小，基本上没有水利设施，旱暴雨涝，经常歉收。

  传统时期沿海居民围海造田，一般是在近岸地势较高的滩涂进行，围堤前低潮时滩面多已露出水面，围堤后便可利用围内滩地开垦种植。一般是先种耐咸水草（所谓"草坦"），再通过筑堤围，建关设闸，引淡洗咸，在半咸半淡的"潮田"内种植耐咸的"赤谷"（五月禾），兼收渔利；在已脱咸的"围田"中栽培多种农作物。也有的围垦先筑低矮的堤围，形成鱼塭，利用潮水涨落进出捕捞鱼虾，其后再排咸引淡，逐步种植作物。向海围垦的农田由于土壤、咸潮、台风的影响，收益并不是很高，相比而言，鱼塭的收益较好且有因此而致富的。潮阳县在清乾隆时期，有一乡民张勋于牛田洋南岸桑田一带围垦经营鱼塭，成为当时潮阳四大富户之一。排咸引淡的水利设施，改变了滨海地区地潮咸湿的现状，促进了沿海区域的滩涂不断向海推移，扩大了农耕面积，保证了滨海地区农业的发展。

抵御咸潮的沟、涵、闸水利设施。

  与平原区域一样，此区域内的农田灌溉主要依靠修筑沟渠引韩江水作为水源，与平原区域直接利用韩江主干河流作为灌溉水源不同，滨海区域内水流较小的河流无法穿过沙垅只能平行于沙垅方向而流，成为滨海平原之上主要的灌溉河流。此区域内通过引较淡的河水，灌溉后通过沟渠、河道排入海洋的做法引溪水冲淡沿海岸的土壤的盐碱含量，使得滨海地区成为适宜耕作的区域。另外，海洋潮汐作用每日将咸潮反灌入内河之中，威胁农业生产，从清代开始便在河水入海口处普设关闸，以达到节制水势防止海水倒灌的目的，正如清朝《潮州府志》记载，"乡民筑坝御咸，灌溉田亩"。比较大的关闸有清道光十八年（1838年）潮阳县令吴均在峡山区主持修建的东溪水闸，有7孔，每孔净宽2m。除了入海口的关闸，此区域内江、河、海堤围上的涵闸，也会根据咸潮侵入的时间，进行适时启闭，以达到排咸引淡的目的（图3-4-4）。清乾隆《澄海县志》堤涵篇记载："堤头涵，在南洋村雷岩堤头，水由南洋下社之新桥水关入，涵尾小沟长十五里，重新打溪入海。"此区域的水利体系在引江排海的同时还修筑河闸，以防止海洋咸潮，共同形成了引淡水防咸的滨海水利体系。堤围、涵闸与沟渠共同构筑了此区域内引江水灌溉，并排水入海的水利体系。北港村滨海围垦的农田与鱼塘如图3-4-5所示。

图3-4-4　韩江东溪出海口的江堤

图3-4-5　北港村滨海围垦的农田与鱼塘

（2）"沙垅旱地，潟湖水田，滨海渔盐"的生产斑块分布特征

潮汕民系核心区内滨海区域的发展开始较早，早在唐代就已经有常住人口，但由于此区域内土地咸湿，还会经常受到台风等海洋灾害的影响，长时间以来此区域内的农耕产业发展较为缓慢粗放，人们多以渔盐为生，有"南洋为望乡，多以中盐富"之说。此区域内农业大规模的开发是从康熙八年（1669年）撤销迁界令后开始的，此时民众纷纷迁回滨海地区。因清朝实行海禁政策，盐渔业生产衰落，大部分渔民回乡后只能从事土地农业。乾隆年间，大量垦复耕地，从事种植业的人口数增加，农业生产得到较快发展。嘉庆年间《澄海县志》记载："南洋寨城……四乡水谷云集，居民富庶，乃可战可守之地。"加之清代水利兴修与围垦，此区域内大量滨海盐碱地被开垦形成水

田。到民国时期潮汕民系核心区滨海沙垅区域的大部分成陆的土地，或种稻，或种经济作物，或养鱼，均被开垦。

滨海沙垅区域内灾害频发，既有韩江的洪泛威胁，又有海洋咸潮的影响，还有潟湖平原内涝问题等，都对农业生产提出了巨大的挑战。先民们通过水利设施的兴修与不断地围垦，改造整理滨海区域的二地，约占区域总面积 60.83% 的区域被改造成为水田。地势较高的沙垅之上或者滨海的沙土地等较难灌溉的用地，则被改造形成了旱地，此区域内的旱地较平原区域多，约占区域总面积的 9.86%。此区域范围内还有大面积的滨海滩涂，对于滩涂用地，此区域主要采取围垦和海水养殖两种利用方式，以充分利用海洋资源。另外，韩江支流梅溪的出海口两岸，适合盐业的发展，曾建设潮汕地区规模最大的盐场小江盐场，带动了区域经济的发展。通过长期的土地开发，此区域内总体形成了"平土可耕，高土可种，下土可渔，斥卤可盐"的多样的生产斑块，充分适应了多变的滨海地貌。多种类型的土地开发方式使得此区域内土地开发程度较高，根据本次统计，此区域内的生产斑块面积约为区域总面积的 71%。滨海兼业区内的"三生"斑块构成如图 3-4-6 所示。滨海兼业区内的"三生"斑块景观指数统计见表 3-4-1。

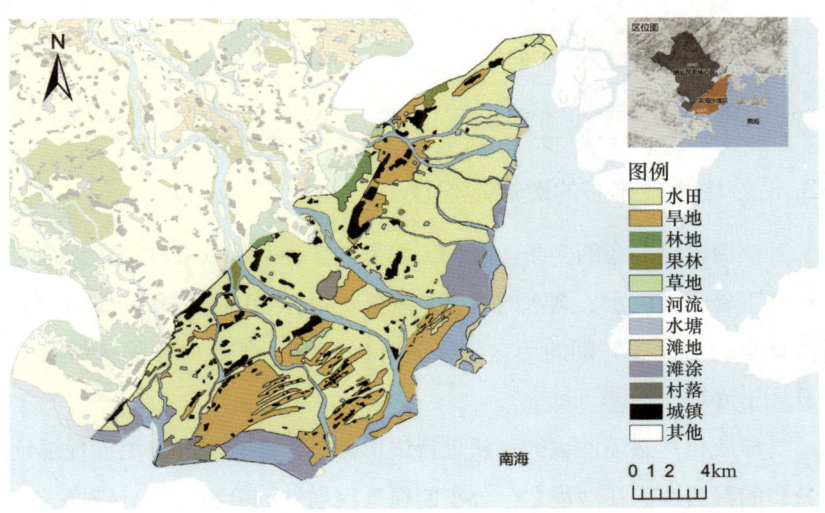

图 3-4-6 滨海兼业区内的"三生"斑块构成图
（注：图片根据民国时期测绘图识别绘制。）

表 3-4-1 滨海兼业区内的"三生"斑块景观指数统计

类型		斑块数（个）	斑块类型面积（hm²）	斑块类型面积百分比（%）	平均斑块面积（hm²）	斑块密度（×10⁻² 个/hm²）	最大斑块占比（%）	平均最近距离（m）
生态空间	河流	63	5395.5	13.55	85.64	0.16	4.31	63
	水塘	22	233.82	0.59	10.63	0.06	0.12	22
	滩地	16	556.47	1.40	34.78	0.04	0.63	16
	滩涂	8	2104.74	5.29	263.09	0.02	2.30	8
	林地	4	361.8	0.91	90.45	0.01	0.71	4
	草地	10	239.67	0.60	23.97	0.03	0.33	10
生态斑块合计		123	3892	22.34	—	—	—	—
生产空间	水田	36	20904.66	52.50	580.69	0.09	11.10	36
	旱地	40	6292.26	15.80	157.31	0.10	4.34	40
	果林	24	292.86	0.74	12.20	0.06	0.25	24
生产斑块合计		100	27489.78	69.04				
生活空间	村落	181	1998.81	5.02	11.04	0.45	0.46	181
	城市	4	1371.96	3.45	342.99	0.01	2.66	4
生活斑块合计		185	3370.77	8.47	—	—	—	—
其他		6	65.61	0.16	10.94	0.02	0.10	6

3. 沿沙垅线性排布的聚居地斑块

滨海区域分布的多条沙垅，土壤呈沙质不利于农业种植，但地势较高不易受到洪水、潮水的侵袭，刚好可以作为传统村落的聚居地的选址点。从民国时期的历史测绘图可以看出，约有 81% 的传统村落选址于沙垅之上。

传统村落跟随沙垅的形状进行线形排布，形成了多条沿沙垅绵延分布的聚居地。在沙垅之上分布的村落聚居地的分布密度、规模、形状都受到了沙垅的宽度、高度、长度的影响。由于沙垅条形高地地形的限制，垅上的聚居地分布得更加密集，据本次统计，滨海区域有 181 个聚居地斑块，平均聚居地斑块面积为 11.04hm²，远远大于平原区域的 6.41hm²，平均斑块密度约为 0.46 个/km²，也远远大于平原区域的 0.84 个/km²。在规模较大的沙垄之上，相应的聚居地规模会越大，如在从南溪镇至莲下镇长逾10km，宽度约500m的大沙垄上，约有10余个村落的聚居地连片分布。在较短约1km长的且宽度仅150m 的汕头市龙湖区的小沙垄之上，可见两三个村落的聚居地分布在同一条沙垄之上。在规模较大的沙垄之上，聚居地与沙垄平行分布，在成陆较早的沙垄之上，村落之间则彼此没有间距，紧密分布形成村落群，靠近海洋成陆时间较晚的沙垄之上，聚居地彼此之间具有一定的距离，约相距几百米。

与沙垄由陆及海的形成历程相对应，传统村落在沙垄上定居的过程也是逐步由陆及海地进行。通过将滨海区域村落的建村年代与沙垄进行叠图可以发现，从第一列沙垄至第五列沙垄，建村年代越来越晚。在较早形成的第一列沙垄上多分布宋元时期的村落，第二列沙垄上的传统村落上主要为明代及明代以前建村。在较晚形成的第三、第四、第五列沙垄之上则多为清代建村的村落。沿沙垄分布的生活斑块如图 3-4-7 所示。

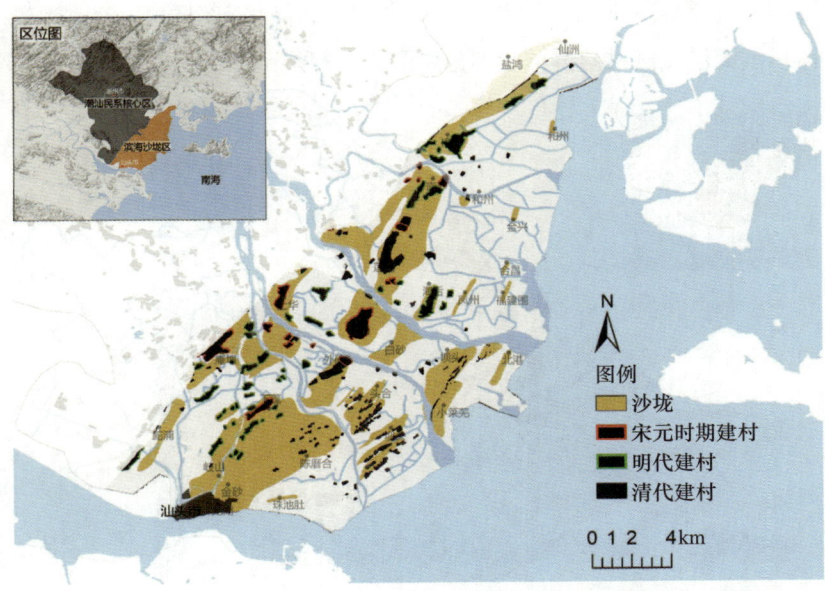

图 3-4-7　沿沙垄分布的生活斑块（注：图片根据民国时期测绘图识别绘制。）

二、潮汕民系核心区滨海兼业区村落群景观特征

1. 依主干入海河道划分的传统村落群

滨海沙垅区内的传统村落群，自明代至清代以"都""堡"共同作为县级以下行政边界的区划单位。清代滨海沙垅区属于澄海县范围，其内包括澄海县七个都之中的苏湾都、外莆都、蓬州都、鳄浦都、鮀江都五个都，其中范围较大的苏湾都又分为苏湾都江南堡与苏湾都江北堡，其他几个都内没有堡的划分，形成六个县级以下的基层行政区划。由于开发时间的相对往后，加之此区域内土地开发难度较大，人口密度的相对稀少，从而使此区域内的行政区划范围较大。

六个基层行政区划的边界与区域内部主干河流位置相重合。韩江流淌到滨海沙垅区内，由于沙垅地形的影响，河道进一步分叉，水量充足的主流切过沙垅直流入海形成了五条主要的出海河道，由北向南可分别为韩江北溪、韩江东溪、韩江西溪、外沙河以及梅溪。五条主要的入海河道成为滨海沙垅区内六个传统村落群基层区划的天然边界，将此区域分割形成六块滨海沙垅-潟湖平原传统村落群。滨海沙垅区域内村落群规模较平原区域大，平均村落群规模约有60km²，面积约为平原区村落群的两倍。每个村落群单元内约有52个传统村落。滨海沙垅区村落群单元划分如图3-4-8所示。

图3-4-8 滨海沙垅区村落群单元划分（根据嘉庆《澄海县志》整理绘制）

2. 以大沙垅为中心的村落群结构

（1）由大沙垅逐步向海拓展的聚居地

在每个村落群内，聚居地多先集聚在较早形成的大沙垅之上，后逐步向海围垦，并逐步迁居至靠海的小沙垅之上。大沙垅上聚集了区域内绝大部分的村落与人口，是区域内的生活、生产资料交易的中心，整个滨海沙垅区形成了约五个以大沙垅为重心不断向海发展的村落群单元。以莲下镇为例，其内第一、第二列沙垅之上聚集了约66.5%的人口，且沙垅之上不乏万人以上人口的村落，人口密度在民国时期已经达到广东省平均人口密度的4.9倍，其内建村较为久远的程洋冈村，聚居地面积约为23hm^2。在莲下镇距海较近的区域则较少有村落分布，只有零星分布的滨海小型渔村，其聚居地面积仅有1hm^{2}左右。整体看来滨海沙垅区村落群单元内，村落聚居地规模由陆及海逐步减小，村落分布密度也由陆及海逐步减小。大沙垅由于人口的集聚逐步成为了村落群内的经济、文化和教育中心。

（2）沿大沙垅线形排布的墟市

滨海沙垅区既占据潮汕民系核心区对外港口的便利区位，又需从外进口粮食以补足内部粮食产量的不足，其内商贸发达，形成了诸多墟市。清乾隆年间《澄海县志》记载："地狭人众，土田所入，纵大有年不足供三月粮。濒海居民所恃以资生而为常业者，非商贩外洋即鱼盐本港也。"每年三四月，商贩在南洋采购大量红糖，租船经海路北上换回大批棉花、布、米、面等物。贸易的发展促进了当地墟市的建设与发展，据统计民国时期此区域内墟市最发达，约有20个具有固定店铺的墟市。根据施坚雅的乡村市场理论，可将滨海沙垅地区内约20个墟市，根据功能定位分为中心墟市、中间墟市以及基层墟市三个等级。沿大沙垅中心线形分布的墟镇如图3-4-9所示。

滨海沙垅区内的中心墟市，既是整个潮州府对外交流的门户，又具有重要的批发集散功能，其选址经历了由内陆河港到滨海海港的转变。最早成为区域中心墟市的是位于区域北侧的樟林港，樟林港在清康熙末年取消海禁的管理政策后，以其滨海临河的优势地理区位，成为粤东地区最大规模的港口，形成了八街六社的规模。由于樟杜港河

图 3-4-9 沿大沙垅中心线形分布的墟镇（根据嘉庆《澄海县志》整理绘制）

港对船只规模的限制，清末在直接滨南海的汕头港开埠，其逐步取代了樟林港与东陇港口的地位。这两个中心墟市主要经营进出口贸易，贸易范围北通国内的福建、台湾、杭州、宁波、上海、山东、天津和国外的日本，南达国内的广州、雷州、海南和国外的越南、泰国、马来西亚、印尼等地区，贸易范围广泛。区域内的中间墟市基本都均有设置，且店铺数量均达到了 100 个以上，能够接收中心墟市的输入商品，将其批发分散到下属村落。在民国时期，苏湾都江北堡的东陇市有 400 家店铺，苏湾都江南堡内的莲阳市有 401 家店铺，外莆都县城市有约 300 家店铺，蓬州都的外砂市有约 100 家店铺，鳄浦都的鸥汀市有约 100 家店铺，鮀江都的蓬州市也有 100 家店铺。滨海沙垅区内的基层墟市，也可称作农村市场，是区域内糖、油、盐、渔等农产品向上流动进入市场体系的起点，约有 10 余处。

通过对此区域内较大规模的墟市进行落图可发现，滨海区域的墟市选址多选择在较早成陆的大沙垅之上，没有选址于滨海的小沙垅之上的。分布在大沙垅之上的墟市，多位于沙垅的中心位置，周边紧密分布着大量的村落。在沙垅中心选址的墟镇，能够联系其周边的村庄，并且这些墟镇虽为内陆乡镇，但通过其墟市周边的小河道可通往韩江，可形成河港，满足出洋对外贸易与水陆运输的需求。

（3）同垅连寨的村落群防御体系

滨海沙垅区所在的澄海县，虽占据滨海的地利，同时也面对着海盗频发的人祸。根据陈春声的研究，韩江流域在明清政权交替的近两百年的时间（16—17世纪）里，因山贼、海盗、倭寇的空前活跃而引发了严重的地方动乱，官府无力在迅速转型的社会中维持安定和起码的秩序，只能发布"小民归并大村"的政策号召散居的百姓归并大村，并同意村民在聚居地设防自卫。以澄海县为例，明末该县重要的居民点，几乎全部成了军事堡垒，据康熙年间《澄海县志》记载，"在下外为冠陇寨，在上外为莿林寨；在中外为渡头寨；在苏湾为程洋冈寨，为南湾寨，为樟林寨……"各都内均将诸多乡村进行整合，"筑城设防"，提高村庄聚居区域的防御性。

江南堡内的村落就是"小民归并大村"的典型，其区域内在第二列沙垅上连片数千米，由建阳、槐南、立德、许厝、李厝、永新、竹林、兰苑、上巷九个自然村组成的超大村落群，更加具有代表性。这九个自然村内聚集较多人口且内部有规模较大的莲阳市（南洋市）较为富庶，更容易被海盗所觊觎。这九个自然村在其村落的外侧开凿了连片的池塘，将村落围合了起来，在没有池塘的区域，则多用长排屋的外墙或寨墙的形式，将聚居地牢牢地围合了起来。通过并村连寨提升了这九个村落间协同防御的功能。到清代之后周边滨海的小村落更加容易受到海盗的侵袭。江南堡莲阳乡内九个自然村"并村连寨"的防御体系如图3-4-10所示。

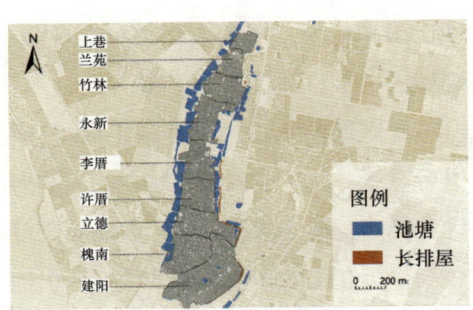

图 3-4-10　江南堡莲阳乡内九个自然村"并村连寨"的防御体系

3. 村落群内多元互补的产业结构

滨海地区由于特殊的区位条件，其内部乡村的产业类型较为丰富，有农耕、渔、盐等。正如明万历年间澄海县令王嘉忠的《地方事宜议》记载："澄海地处咸潮，荒埔沙洲止宜麻草甘蔗，可种禾苗者仅十之四五……澄海穷荒之地，每年淫涝泛滥，否则飓风推涌咸潮，田禾淹没……有收之年十仅二三，而无收者常十之八九……故澄海之民多半不务正业，而以捕鱼煎盐为生计。"

（1）沙垅旱地潟湖水田的农业景观

在沙垅的形成过程中，海浪的作用将较大颗粒的沙石搬运到沙垅的顶部，而较小颗粒的沙砾则沉积在潟湖平原的底部。沙垅高处的土壤质地较粗糙，保水和保肥能力较弱，灌溉困难，因此只能选择一些适应旱地条件的作物进行种植。而沙垅低处的平原地带，土壤细腻，具备良好的水利条件，并且具有较强的持水能力，非常适合发展大规模的水田用于水稻种植。

在较高的沙垅地或者滨海沙地，由于地势高亢或者土壤保水能力弱，其区域内只能种植旱地，常见的作物为番薯，番薯是传统时期该区域内仅次于水稻的粮食作物，在旱地中被广泛种植。另外，旱地中还可种植蔬菜、水果等经济效益较高的农作物。滨海区域兼具海运的便利，尤其在鸦片战争以后，其内部诸多的旱地均改种经济作物，沙垅上种植棉、麻，沙田种植甘蔗、柑橘，甚至有些水田也改为果园，种植龙眼、荔枝、枇杷、菠萝、杨桃、橄榄、桃、李、柿、柚等水果，许多优良品种远销海内外。此区域的水田、旱地、果园形成多样的滨海农耕景观类型，并且整体遵循沙垅高地旱地、潟湖低地水田的农作物分布规律。精耕细作的滨海沙垅旱地景观如图3-4-11所示。

此区域内水田的肌理与平原地区相似，均采用溪渠引韩江水源进行灌溉。此区域内较具特色的为滨海沙垅旱地景观肌理。此区域内地势较高，缺乏灌溉渠道，农业灌溉受限。好在此区域内的地下水位较高，可在田内开挖小型的堀池，引地下水进入，进行蓄水灌溉。此区域内的堀池相对于平原区域分布更加密集，基本每隔20～40m，就会有堀池的分布，用于灌溉农田，而平原地区的堀池只是辅助灌溉的设施，其分布较为随机。此区域内的堀池面积较小，直径在2～10m。密集分布的小型堀池，像一个个田井，分布在农田之中，形成依赖人工提水灌溉的农田。此区域内清代后期人口逐步增多，人多地少，促使无论大小每块区域的农田都被精心耕种，农田斑块分布紧密，较少看到田间空地，形成精耕细作的海滨农业景观。依赖堀池灌溉的旱作农田肌理如图 3-4-12 所示。

图 3-4-11　精耕细作的滨海沙垅旱地景观　　图 3-4-12　依赖堀池灌溉的旱作农田肌理

（2）渔业与滨海养殖业

此区域内海岸线绵长，滨海滩涂广阔，适宜渔业捕捞和海水养殖。潮汕民系核心区内的海洋水产资源丰富，主要经济鱼类有 30 多种，贝类以近江牡蛎、文蛤和河蚌居多，虾蟹中比较名贵的有对虾、毛蟹和青蟹等。传统时期海洋捕捞设备较落后，大部分渔船为木质船，基本只能在 70m 等深线以上的近海海域作业，捕捞形式主要有拖网、刺网、敷网等，以捕捞杂鱼、虾、蟹为主。除了海洋捕捞外，此区域还会少量进行淡水捕捞，渔民多在出海口定位架网，捕捞韩江流域的鳗鲡等水产。海洋捕捞带来的码头、捕捞船、渔网、鱼制品等，都为此区域内的乡村带来了独特的海洋风情。

滨海地区因韩江带来的大量泥沙不断向海洋沉积，在沿海区域形成大量滩涂。这些滩涂通过人工圈住形成围海池塘，可进行海产品的养殖，当地叫作"鱼塭"。早在宋代就有滩涂养殖业的记载，即民族英雄文天祥抗元路过潮阳时便已发现潮阳有专门养蚝的乡民，到

1952年仅澄海县的鱼塭面积就已超过6600hm²。此类滩涂养殖，主要选择近海岸10m水深以内的浅海滩涂进行围垦，主要养殖鳗鱼、虾、蟹和贝类。传统时期的鱼塭主要由塭堤、水闸、水沟组成，塭堤用于减弱海水对鱼塭的侵袭，水闸与水沟配合海潮的涨落，更换鱼塭内部水体。滨海地区网格状的鱼塭池，规则有秩序地排布在海岸沿线，形成具有经济价值的特色海岸线风貌。滨海养殖地鱼塭如图3-4-13所示。鱼塭肌理如图3-4-14所示。

图3-4-13 滨海养殖地鱼塭

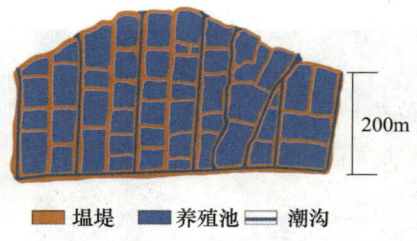
图3-4-14 鱼塭肌理

除了海水养殖，此区域内的淡水养殖业历史也较为悠久，据《潮州府志》载：南宋时期澄海县隆都已有贩卖鱼苗者。据明代周府志澄海里志记载："嘉靖四十二年（1563年）樟林豪民林若字、林万通强占荒滁开池养鱼肥己。"至明万历二十年（1592年），澄海县有养鱼池塘180hm²左右，由此可见澄海的池塘养鱼在400多年前已相当发达。清代与民国时期，池塘养殖业已进入鼎盛时期，渔业成为该区域内仅次于农业的主要支柱产业。

（3）特色盐业景观

早在汉代潮州一带就有海盐产业，唐代李吉甫所撰《元和郡县图志》卷三十四有云："盐亭驿，近海。百姓煮海水为盐，远近取给。"至宋代，潮州沿海形成了小江、招收、隆井3个盐场。小江盐场位于今澄海区东里镇及溪南镇部分地区，统辖今饶平、南澳、澄海、揭阳等地的盐务。除小江盐场外，至迟到嘉靖年间，招收、隆井两场亦以生盐生产为主。在生产工艺方面，自唐至宋，各盐场均沿用老的煎煮法制盐，即先用海滩咸沙埠曝晒滤出卤水，再将卤水装在锅里，用柴薪生火熬煮成盐，称作熟盐。明代转为滩晒法，利用阳光及风力将海水中的水分蒸发，使之结晶成盐，此方法制出的海盐为生盐。由煎煮法改为滩晒法，降低了成本，提高了工效，利于规模化生产，为明代后常用的制盐手法。

滩晒法制盐，需要将沿海区域的土地进行固定与整平，建设堤坝阻挡海水直接灌入，并设施引潮沟引海水进入盐田。海水进入盐田受到日晒蒸发，逐步结晶析出盐。由此滨海地区的盐田常呈现出规则的方格网状肌理，且由于结晶程度不同，不同的盐田还会呈现出深浅不一的色彩变化。滨海地区晒盐法制盐的盐田如图3-4-15所示。

图 3-4-15 滨海地区晒盐法制盐的盐田

（4）制糖产业的发展

甘蔗作物较能够耐受海洋咸潮，早在明万历年间，知县王嘉忠在《地方事宜议》中记载："澄海地处咸潮，荒埔沙洲止宜麻草甘蔗。"加之滨海区域海上贸易的发展，农业商品化的倾向更加突出。明清时期制糖业逐步兴盛，很多水稻田都改种甘蔗，用以制糖。甘蔗成熟后便会被运送至糖寮进行加工。传统时期的糖寮多采用牛带动石滚压蔗，压榨出的甘蔗汁，会被运送到附近的煮糖间。煮糖间多为简易的覆顶茅草房，房间内有多口大锅，用来煮甘蔗汁，随着水分的蒸发，蔗糖不断析出。制好的糖除在本地区销售外还可通过海运到达上海、苏州、天津等地售卖。制糖业为此区域内带来了较高的收入，形成了甘蔗林、糖寮等特色生产景观。

（5）产业多元的苏湾都江南堡村落群案例

以苏湾都江南堡为例，其内村落之间的产业较为互补，农业为主的村落占大多数，在区域内 52 个自然村中，有 39 个自然村以农业为主，有 9 个自然村从事渔业养殖，有 7 个自然村从事海洋捕捞产业。江南堡内村落的产业类型与滨海距离有较大联系，从事农业的村落主要位于距海较远的大沙垅之上，地势较高，可引韩江水进行灌溉，如管垅、下岱美村等村落；在距海较近且临近大面积滩涂与垅间低地的村落，可利用低地开挖鱼塘，进行渔业养殖，如南湾村、云英村等村落；在临近河道，出海便利的村落则以浅海捕捞为生，如渡亭村、南砂村、北湾村、东湾村、海后村等村落；最临近海洋的南份村在进行农耕的同时还会采集贝壳、珍珠为补充产业，形成多样的耕海产业。苏湾都江南堡村落群农田水利体系如图 3-4-16 所示。

图 3-4-16　苏湾都江南堡村落群农田水利体系图
（注：图片根据民国时期测绘图识别绘制。）

江南堡内的农业用地大部分为滨海低地，由于临近海洋区域内河道低浅，不能蓄水。遇到台风暴雨，极易出现涝灾天气，稍旱沟渠又立即干涸，容易出现旱灾，因此在传统时期就建设了诸多水利设施。江南堡在民国时期之前就建设了 10 余处堤围，来围垦滨海的土地。每个堤围内均设涵闸，仅莲下镇在清乾隆二十九年（1764 年）设有

20个涵闸。据记载，传统时期当地的主要涵闸有堤头涵、杜王洲涵、大涵头涵、猪母嘴涵、新沟涵、前溪涵、石牌涵、仙美涵、蛤婆石涵、西沟涵、雷岩涵、三湾涵、七乡涵、南湾关和新桥水关等。堤围的设置可防止海洋咸潮入侵，涵闸的设置可将上游较淡的韩江水引入围内，用来灌溉农田，共同起到了排咸引淡灌溉农田的作用。

由于人工围垦的发展，江南堡区域内第四、第五列沙垅的发育受到了限制，其滨海区域土地平坦开阔，发展了数十公顷的鱼塭，形成诸多发展渔业的村落。鱼塭的设置是在滨海滩涂上筑堤，开沟、设闸以储蓄海水，并利用潮水涨落纳进（或投入）鱼、虾、蟹苗，进行养殖。江南堡内鱼塭内主要养殖鱼、虾、蟹、贝类。另外，江南堡内滨海围垦农田中种植了诸多耐咸的蔗林，加之堡内商贸的发展，共同促进了江南堡内制糖业的兴盛，涂城村、上岱美村、外蚁村、程洋冈村等村落内均有制糖厂的兴建。

三、潮汕民系核心区滨海兼业区村落单体景观特征

程洋冈村位于汕头市澄海区莲下镇，在清代属于苏湾都江南堡，村落选址于第一列沙垅之上，是建村年代较为久远的典型滨海沙垅区传统村落（图3-4-17）。程洋冈村历史悠久，传统风貌保存完整，村内有大量传统建筑，被评为"广东省古村落"和"广东省历史文化名村"。

图3-4-17 程洋冈村区位图

1. 移民迁徙与营居历程

（1）滨海大梁冈上的凤岭古港

程洋冈村的形成与发展得益于其江海之交的村落区位。唐代以前程洋冈村一带还只是一片沉淀在韩江出海口的沙垅，因为远观形似深入海中的大梁，故称大梁冈，也曾被称为凤岭、凤鸣冈，后来才改称程洋冈。到北宋初年，由于韩江南溪的修建，北临南溪、南临南海的程洋冈成为潮州出海的交通要道，"凤岭古港"创港，并成为广东海上丝绸之路的重要港口之一，程洋冈经济由此开始繁荣。至北宋末时，程洋冈内一度有17座窑，"永兴街"市集和营盘市随之兴起。凤岭港有"有负山阻海""为潮郡之襟喉"之称。明清时期，由于海岸线的迁徙，程洋冈逐步失去了其滨海港口的区位，但仍是区域商业贸易中心，清中期制糖业较兴旺，全村共有糖房14家，清末民国时期仍拥有商号116家。

（2）多姓迁入的发展历程

在唐代以前程洋冈附近居住的先民主要为僚人原住民，伴随着凤岭古港的兴起，随着程洋冈古港商贸的繁荣发展，政府军队的驻守带来稳定安康，从宋代到清代，程洋冈陆续有蔡、郭、许、李、柯、钟、郑等姓氏慕名迁入定居，形成了约14姓杂居的聚居地。大部分姓氏的先民均从福建迁入，如人口较多的郑、陈、许、林等姓氏。其中，郑姓和陈姓先祖分别于宋代自福建莆田迁入，许姓先祖于南宋末年从福建长乐县石友寨迁入，林姓先祖于明景泰从福建漳州漳浦赤岭畲族乡迁入。也有的姓氏从潮汕民系核心区内开发较早的平原区迁入，如蔡姓先祖于明洪武五年（1372年）从海阳县辟望乡（现澄海城区）迁入。

程洋冈村内诸多的姓氏，分属于仙美、石寨、坑顶、郑厝、五莲、湖北、山兜七个社。仙美社位于村庄的最北侧，临近韩江南溪，因临近韩江南溪港口而逐步兴起，主要是林姓的聚居地。石寨社背依鲤鱼山，主要为陈、洪两姓的聚居区域。平埔山东麓的南侧，海拔较高的区域为坑顶社，有蔡、郭二姓聚居，海拔较低的为郑厝社，为郑姓所聚居。村庄最南侧的聚居组团面积最大，依沙垅排布，从垅西至垅东可分为五莲、湖北、山兜三个社，分别为蔡、陈、柯、许姓氏的聚居区域。各个姓氏的聚居组团之间，边界较为模糊，呈现出多姓杂居的特征。程洋冈村内姓氏分布如图3-4-18所示。

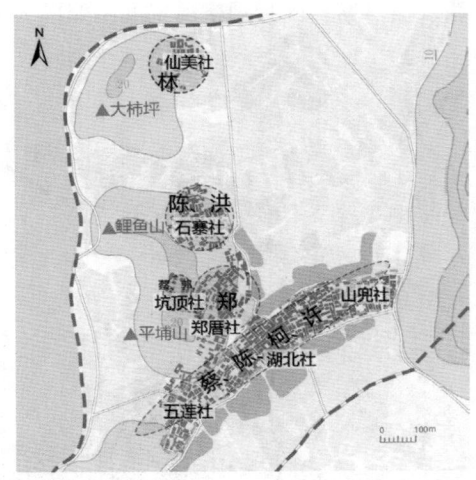

图3-4-18　程洋冈村内姓氏分布图

2. 选址环境与景观格局

程洋冈村整体呈现出东高西低的地势格局，东面为山势较高的虎丘山，整个村落以此为靠山，西面有三座较小的山体作为村落基址的护山和案山。再靠西面为大水系韩江。位于护山和案山之间还有多个连串排布的池塘。整个村落的风水呈现出负阴抱阳的理想格局。

从选址环境看，程洋冈周围地势较低，东溪和南溪的水流湍急，径流量较大。这样的自然环境要求人们必须选择高地来建造房屋。陈氏先人最早选择了鲤鱼山麓作为定居地，而程洋冈的蔡氏先人只能在平埔山麓一带的高地上选址。随着宗族的不断繁衍壮大，原本狭小的山麓地区逐渐饱和，不得不向外部拓展。因此，附近隆起的沙垅成为另一个适合居住的地方。首先，以垅脊部分为中心建立了祠堂，然后族人的住宅根据地形的不同逐级建造，形成以东西向垅脊为分隔，分别朝向南北两侧池塘的聚居组团。垅下则利用古海湾、古潟湖的低洼地势，顺势开挖池塘，为垅上的聚居地排水所需。随着村内贸易的发展，沿沙垅的聚居区域逐步成为程洋冈村内最大的聚居组团。五莲、湖北、山兜三个社在沙垅之上连绵分布，垅下方开挖连续的水塘，沙垅两侧均为连片的水田，形成滨海兼业区常见的田—塘—居—塘—田的空间格局。程洋冈村景观格局如图 3-4-19 所示。程洋冈村田—塘—居—塘—田景观格局剖面图如图 3-4-20 所示。

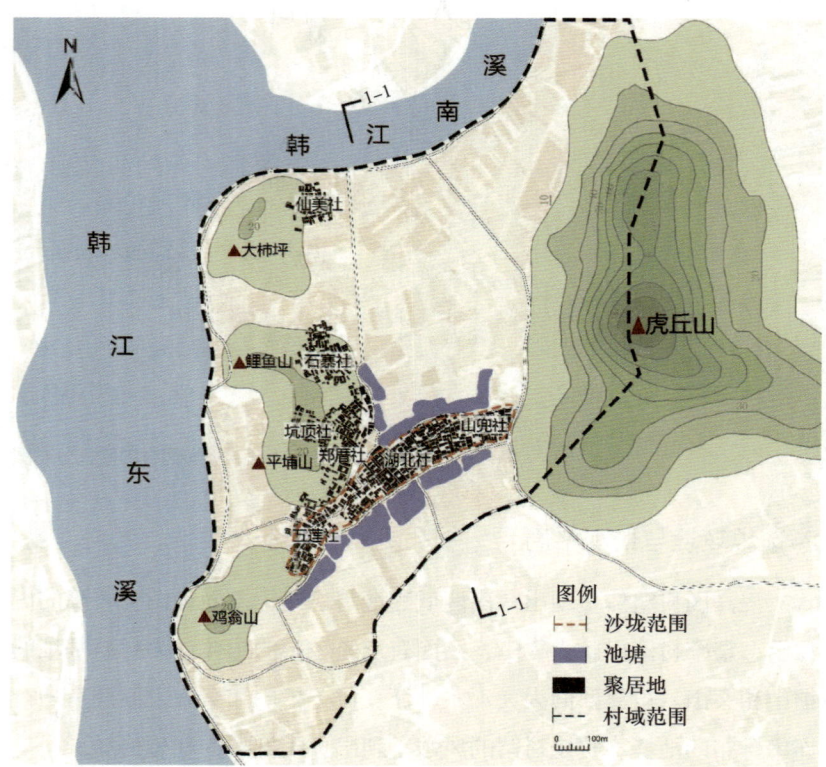

图 3-4-19　程洋冈村景观格局图

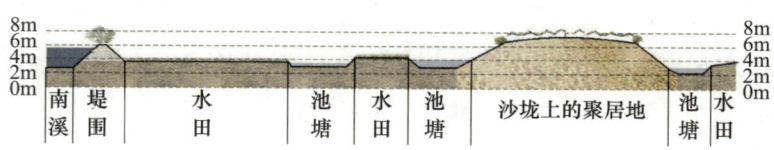

图 3-4-20　程洋冈村田—塘—居—塘—田景观格局剖面图

3. 垅分灌区的生产景观

程洋冈村所处的滨海沙垅地貌，使其村内的土壤沙质化严重、含盐量较高，并且临近韩江南溪与东溪，地势低洼，容易产生洪涝灾害。为应对这样的自然条件，程洋冈村建造了滨江的堤围体系用来防洪，并且在沙垅南北两侧分别形成两个灌区，灌溉农田。村落的北侧与西侧因紧邻韩江南溪与东溪，沿江均有堤围的建设，临近韩江南溪的堤围为后湖大堤，临近韩江东溪的为前洋与石路堤。程洋冈村北侧的水田，依靠仙美涵从韩江南溪引水，自北向南灌溉，灌溉范围较小，只为程洋冈村一村所用。村内沙垅南侧的农田，依靠石尾下涵从韩江东溪引水，自西向东进行灌溉。从石尾下涵灌渠，引水的灌渠灌溉范围较广，可灌溉程洋冈村、窖尾村、管垅等村庄的农田。程洋冈村内的多处土壤由于沙质化较为严重，较难改良形成水田，只能种植小麦、甘薯等旱作作物。村内的旱作农田主要分布在滨韩江南溪、东溪，以及临近沙垅的区域。另外，村内连片的水塘，也成为村民放养池鱼的区域，还可在池塘种植菱角、龙莲子等水生作物，作为村庄的补充产业。通过水利体系的建设与农田的合理利用，程洋冈村内的产业变得较为丰富，形成可商、可渔、可农的产业特点。程洋冈村农田水利体系如图 3-4-21 所示。

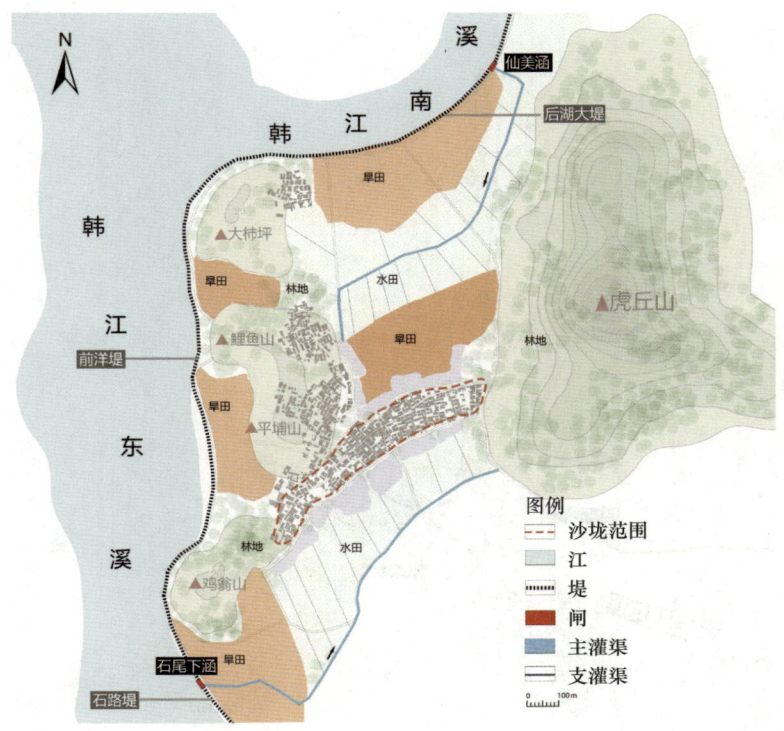

图 3-4-21　程洋冈村农田水利体系图

4. 敬宗崇神的生活景观

（1）依垅而建的聚居组团

从聚居地结构上看，程洋冈村内七个社的聚居组团，可分为四个居生片区，一是仙美社形成的仙美片区，二是石寨社形成的石寨片区，三是坑顶社、郑厝社形成的平埔山片区，四是五莲社、湖北社、山兜社形成的陇（垅）路片区。其中倚山而建的仙美、石寨、平埔山片区内采用的是梳式布局形式，以山脚下较低海拔的横巷为主路，并向更高海拔的山体延展形成支路。聚居地建筑随等高线逐级而上，形成前低后高行列式排布的形态。在沿沙垅分布的垅路片区，则在沙垅中部最高的地方建设主路，村内将该主路称为"垅路"并向两侧形成巷道，总体形成鱼骨状布局的街巷肌理。垅路两侧的巷道垂直于主路分布，长度随着沙垅的宽度而变化。垅路两侧的建筑，从垅路到池塘，高度逐步降低，形成顺应沙垅地势，中间高、两侧低的聚居组团。程洋冈村街巷肌理如图 3-4-22 所示。

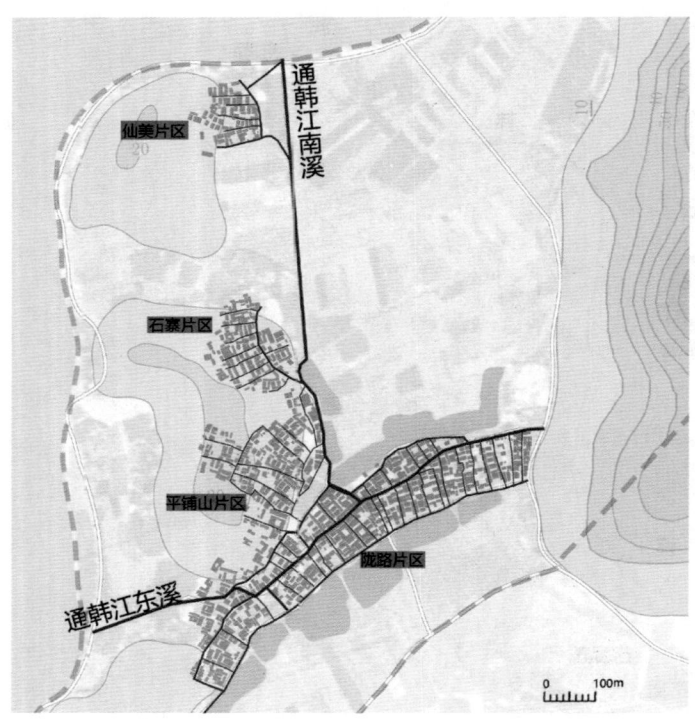

图 3-4-22　程洋冈村街巷肌理

聚居地内的传统民居建筑形制以四点金和下山虎为主，与潮汕民系核心区的平原区域较为一致。其内的宗祠与祭祀建筑的形制，由于受到沙垅狭长地形的影响与平原区域有一定的差异。由于沙垅地形与山地坡地地形内可供建筑选址营建的区域较平原区域小，建筑排布比较紧密。其内的宗祠建筑无法像平原区域一样，通过横向增加堂屋的数量，形成多间过的形制，来拓宽内部宗族人员聚集与活动的空间。沙垅区域内的村落多将宗祠或庙宇核心体中间的四点金两侧的厢房取消，形成两廊，两侧的从厝就与中间的堂屋围合形成了较大的庭院，以使核心的祭祀空间更为宽敞，如丹砂古寺，除保留门厅、门房和部分从厝房外，三座落的主体建筑二进和三进全置换为祭拜厅，左右从厝厢房也多处被置换为六个祭拜厅和客堂。另外，由于地形限制，该区域内宗祠两侧的从厝数量也较平原区域少，多为两侧各一个从厝的双从厝形制。

以程洋冈村为代表的沙垅区域内由于地形的限制，聚居地内建筑多遵从狭长的沙垅地貌，形成条带状的聚居地，以及无大型核心聚居组团的密集式聚居地布局方式，与平原区域以宗祠为核心的四周分布民居的密集式布局方式具有差异。

（2）程洋冈村公共空间与风俗信仰活动

在建筑物高密度布局的程洋冈村内，主要公共空间位于宗祠以及庙宇的前广场区域。由于庙宇的选址远离聚居地，可在其建筑的前方留出空地，与其道路共同围合形成广场。但其宗族建筑多选址于聚居组团内部，用地较为紧张，只能靠宗祠建筑向后退，与道路留出一定的距离，才能形成内凹形的广场空间，以满足宗族活动的需要。这种宗祠向后退让形成广场的做法在用地紧张的沙垅区域村落中较为常见，程洋冈村内的许氏宗祠、儒溪蔡公祠、庸祖祠前广场均为此种做法。

程洋冈村的民风民俗，既受到中原文化的影响，也有百越俚僚人的遗存，每逢传统节日，各家各舍有祭拜祖先的习俗，民间社团组织举行游神赛会、文艺游行等文娱活动。程洋冈村还保留着一些百越俚僚人的风俗，如穿俚裙、擎柴麒麟、送纸船等。此外，还有"虎丘春灯"等。

在诸多民风民俗中，最为盛大的是六年一度的游神活动。该活动随着明成化年间建成的丹砂古寺而逐步展开。每到游神活动的时候，全村七个社的族人均会组队参加，参加人数达到全村人数的半数以上，规模非常盛大。每个社均会组织自己的锣鼓队并安排表演相关节目。整个游神活动起止点均为丹砂古寺，途经各个姓氏的宗祠前广场，形成巡游的中转站点。游神路线基本覆盖了整个村落，并连接了全村主要的公共空间。程洋冈村公共空间与游神路线如图3-4-23所示。

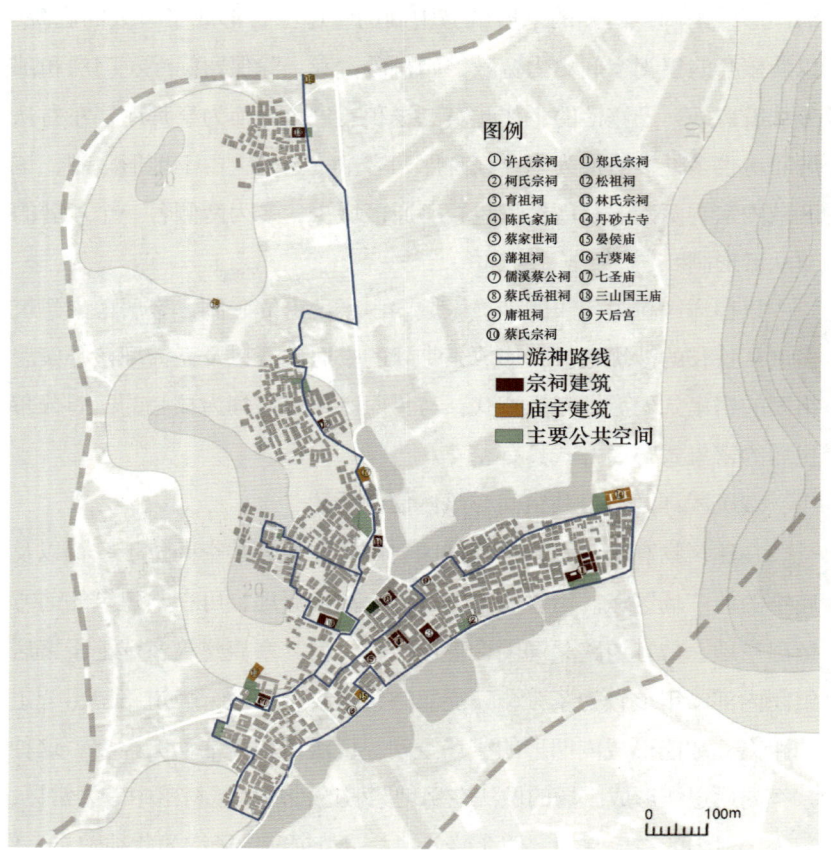

图 3-4-23　程洋冈村公共空间与游神路线

（3）程洋冈村特色景观元素

俗话说，"防陆易，防海难"。作为曾经滨海，现在仍距海较近的程洋冈村，其内的景观元素突出表现为军事防御性较强、海洋灾害适应性强，以及商贸特色突出的特点。程洋冈村的防御体系主要由寨墙、寨门/巷门以及碉楼组成。在传统时期程洋冈村的聚居地外围有较为完整的寨墙，现已经被拆毁，仅剩下仙巷寨门、临江寨的南寨门、北寨门和古巷寨门四座单独的寨门。寨门多选用坚硬的花岗石材质，坚固耐用。外围墙与寨门或巷门无缝衔接，内部形成一个城寨式闭合独立单元，具有较强的防御性。村内目前还留有两座碉楼，村内也称其为更楼，高三层，二楼以上设置枪眼，并且墙基底加厚，形成梯形断面，具有较强的军事防御功能。除了村落外围的寨墙，在程洋冈村内部垅路两侧，还有坚实的围墙，该围墙是在道路与建筑之间砌筑的，其主要功能是防止内涝。因为滨海区域内频发台风灾害，该区域在春夏两季常受到暴雨的侵袭。程洋冈村内垅路两侧的围墙与巷门相连，可围合出村内的排水通道，减弱暴雨对聚居地的损害（图3-4-24），形成了具有特色的防洪门、防盗门双层巷门。以商贸起家的程洋冈村的主街垅路兼有市场的功能，至今仍有多家商铺。另外，在临近韩江东溪与南溪的区域还留有古码头，记录着当年商业口岸的繁忙（图3-4-25）。

图3-4-24 程洋冈村垅路两侧防洪墙与碉楼

图3-4-25 程洋冈村垅路上的商业街

第五节 潮汕民系核心区山地平田区传统村落景观特征

一、潮汕民系核心区山地平田区的区域景观特征

1. 降雨丰沛的山地生态基底

该类型的乡村景观位于韩江三角洲上游的山地丘陵区域，地势

自东北向西南倾斜,地势较高,此区域的地貌以山地丘陵为主,东侧为韩江三角洲平原,西侧为凤凰山脉较高的山峰,地形坡降较大。由于位于凤凰山脉与韩江三角洲平原的交界处,来自海洋的暖湿气流,易在此区域内受到山体阻挡,冷却形成降水,此区域内范围内降水丰沛,在山地环境下形成了诸多山溪,山溪汇集于凤凰溪、文祠水、田螺湖水等河流,并最终汇入韩江。整体山地区域内水系发达,水量充沛,但自然山溪具有集雨面广、溪面窄、排水流量小,山洪易爆发、河水易涨退、大雨易涝、无雨易旱的特性,不利于农耕生产的发展。此区域内由于降雨丰沛,山地之上有较多的植被与林木资源,林地斑块约占此区域面积的71%,成为此区域范围内的主要生态基质。贯穿其间的河流为重要的生态廊道。此区域内河流的占比约为1%,水塘斑块的占比约为0.71%,说明尽管此区域内降雨丰沛,但较难蓄水。潮汕民系核心区山地平田区"三生"斑块构成如图3-5-1所示。

图 3-5-1 潮汕民系核心区山地平田区"三生"斑块构成图
(注:图片根据民国时期测绘图识别绘制。)

山地平田区内"三生"斑块景观指数统计见表3-5-1。

表 3-5-1 山地平田区内"三生"斑块景观指数统计

类型		斑块数（个）	斑块类型面积（hm²）	斑块类型面积百分比（%）	平均斑块面积（hm²）	斑块密度（×10⁻² 个/km²）	最大斑块占比（%）	平均最近距离（m）
生态空间	河流	5	1152.18	1.44	230.44	0.01	0.93	3238.47
	水塘	45	580.23	0.72	12.89	0.06	0.25	1284.16
	滩地	17	474.75	0.59	43.79	0.01	0.10	2261.31
	林地	19	58800.15	73.46	3094.74	0.02	45.11	323.32
	草地	46	4451.4	5.56	96.77	0.06	0.91	985.47
生态斑块合计		132	65458.71	81.77	—	—	—	—
生产空间	水田	59	10071.9	12.58	170.71	0.07	2.48	347.43
	旱地	55	3041.1	3.80	55.29	0.07	1.35	830.70
	果林	22	878.67	1.10	39.94	0.03	0.31	1978.33
生产斑块合计		136	13991.67	17.48	—	—	—	—
生活空间	村落聚居地	100	505.35	0.63	5.05	0.12	0.06	760.19
	城镇	2	41.94	0.05	20.97	0.00	0.04	254.56
生活斑块合计		102	547.29	0.68	—	—	—	—
其他		6	41.67	0.05	6.95	0.01	0.02	5218.84

2. 稻作林果结合的生产斑块

由于山地的土地开发难度较大，该区域范围内的土地开发程度不是很高，生产斑块的占比只达到了 17.25%。根据本次调研的样本统计，此区域内平均每个村落的耕地面积为 43hm²，远小于平原与滨海区域。此地区受山地起伏较大的影响，耕地分散、田片小，较难大规模地种植。生产斑块平均斑块面积仅有 93.73hm²。此区域内的水田主要分布于较低海拔的河谷区域，旱地则多分布于海拔较高的区域。此区域内的生产斑块相对于平原区域来说，面积加权平均斑块分维数较大，形态更加多变。这与其区域内山区多变的地形环境密不可分。

在山地区域内河谷小平原区域，坡度较缓，水利设施较好，可以种植粮食作物，但土层较薄，土壤肥力较差，在传统时期多数的土地每年只能种植单季作物，水稻单产只有2200kg/hm²左右，年产量不稳定。另外，山地水稻田相对于平原区域的水田，田块较小，沟渠间隔更为密集，主要因为此区域内的水田需开挖环山沟、中心沟等，用以排除冷泉水、铁锈水和山洪水等。田块的大小根据地势的变化而变化，没有平原区域内那么规整，更加自然随机。山间平田如图3-5-2所示。

图3-5-2　山间平田

山地区域内粮食生产的不足被诸多山地经济作物的种植所弥补，此区域内种植的经济作物主要有花生、甘薯等油料作物，还有松、杉、竹等经济林木和特色杂果以及高山茶叶等。山区缓坡地灌溉不便，利用坡地进行林、果间种，或者进行不同生长期、不同高度、不同成熟期的水果混种，是传统时期普遍的"耕山"利用形式。杂果林的生产在此地区有较长的耕种历史，从明代便有生产果品的记载，在凤溪镇有的橄榄树的树龄在百年以上。具体的杂果林种植方法一般是，把橄榄（乌榄和白榄）、荔枝、余甘子、青梅、杨梅、柿子、李子、香蕉和菠萝等水果与马尾松、台湾相思（树）、白木香等树木混种在一起，形成多层次的果、林结构。山坡地的杂果林如图3-5-3所示。

图 3-5-3 山坡地的杂果林

3. 山间择平而建的聚居地斑块

受到山区地貌的影响，此区域分布的村落数量较少，生活斑块在此区域内所占面积最小，约占 0.61%。此区域内村落的分布密度较小，约为 0.12 个/km²，远小于平原区。根据本次统计的样本数据，此区域村落平均选址海拔为 118m，大部分村落选址于海拔 100m 以下的地区，约占 75%。此区域内的村落集中分布于谷地和小盆地中，村落多选址于河谷间的溪流沿线，形成沿溪流串珠状分布的形态。在少数较大面积的河谷平原内聚集的村落数量较多，如归湖镇中部的谷地、古巷镇中部的谷地等，此类区域内的村落则呈散点状分布在小平原之上，总体形成串珠状分布为主，少数区域散点状分布的村落群分布形态。山间择平而建的聚居地斑块如图 3-5-4 所示。

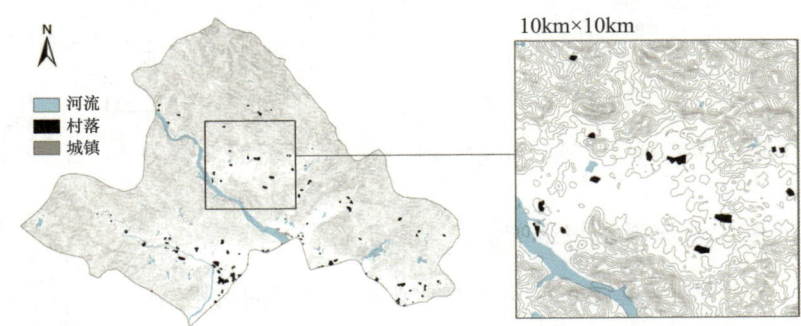

图 3-5-4 山间择平而建的聚居地斑块（注：图片根据民国时期测绘图识别绘制。）

二、潮汕民系核心区山地平田区的村落群景观特征

1. 以汇水区划分的八个山溪村落群

潮汕民系核心区的山区内山地丘陵地貌高差变化丰富，不能直接利用韩江水进行灌溉，需要依赖山间的山溪、坑塘进行灌溉。由于可耕地面积较小，开发难度较大，此区域的开发时间较平原区域晚，约在明代才开始进行大规模的开发。

山溪河谷地为村落提供了充沛的水源以及较为平坦的用地，潮汕民系核心区山地区域内的村落多沿河谷聚集分布。潮汕山地区域内有西山溪、凤凰溪、文祠水、桂坑水等8条主要的山溪河谷，传统村落沿主要的山溪河谷形成以山间汇水区划分的8个山溪村落群。在山溪水利单元内部村落的分布具有上游村落数量少、面积较小，下游村落数量较多、面积较大的特点。以汇水区划分的8个山溪村落群如图3-5-5所示。

图 3-5-5　以汇水区划分的8个山溪村落群

2. 引山溪灌溉的村落群

在溪流之间修筑河陂是此区内最为常见的引水措施，往往一条河道上有多个拦河水陂，以满足不同高度的农田灌溉所需。临河而陂

的水利设施，适合潮汕民系核心区山地水源丰沛的山溪之上，长年不断的山溪水源能够支撑其周边的农田灌溉。在水源容易枯竭的较高海拔的山溪之上，一条溪流被水陂截断进行引水灌溉。此区域的水利设施，从明代开始修建，到清中期数量已经达到了数百处，其小者灌曰数公顷，中者灌田数十公顷，大者灌田数百公顷。到改革开放以前，此区域形成大型山塘水库 6 处，小型山塘水库 74 处，引水陂渠等引水设施 53 处。诸多水利设施主要沿山地的各个大小溪流分布，山塘多分布在上游，水陂多分布在下游。山地区域引蓄水设施分布如图 3-5-6 所示。

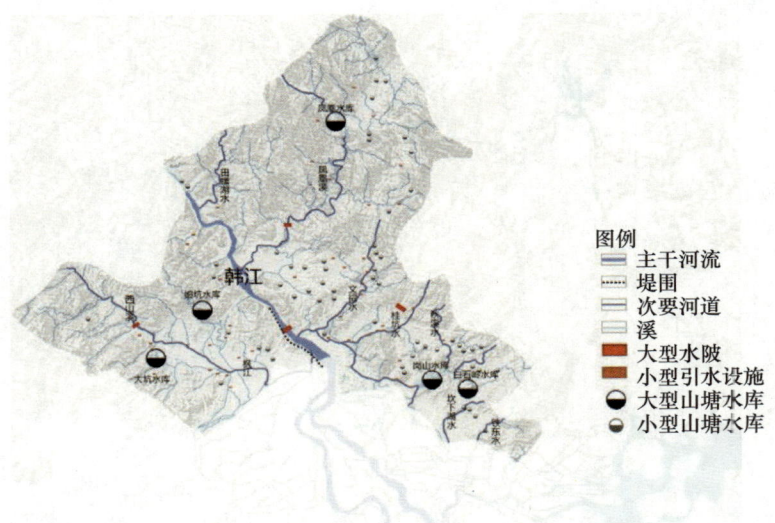

图 3-5-6　山地区域引蓄水设施分布图（根据《潮州市水利志》整理绘制）

对于山地区域高度较高，水利设施的建设难以企及的区域，需利用水车进行提水灌溉。山区的高坡需用 3～4 级水车，甚至 6～7 级水车接连提水上山灌溉。水车，又名龙骨车，分脚踏式、手推式两种。脚踏式一般设 5 个脚踏木轮，由人攀上车棚踩转木轮，轮轴带动水箱内木片提水上田，踩车可一人至四人操作。脚踏式水车的提水高度为 2～2.3m。手推式水车是由脚踏式水车演变而来的，用手推动水箱内木片，可一人或两人操作，一般用于平原地区较低扬程（1.5～2m）的提水。潮州使用水车始于南宋时期，普及于明代、清代。据 1955 年相关资料统计，全县有水车 19000 多部，提升了山地农田的抗旱能力。

以西山溪水利单元为例，其区域内的村落主要沿西山溪分布，较少分布在西山溪的支流周边。西山溪从北部三合山起源，逐步向东南方向流淌，汇入多条山间溪流后水量增多，山溪下游称作枫江，并逐步汇入韩江。临近西山溪的村落沿西山溪设置多个水陂，引水进行灌溉，海拔较高的村落多利用西山溪的支流山溪进行灌溉。虽灌溉水源不尽相同，但村落排水区域都以西山溪为主。西山溪水利单元内的村落，明显呈现出下游村落数量与面积大于上游村落的特点。西山溪水利单元内的村落群如图 3-5-7 所示。

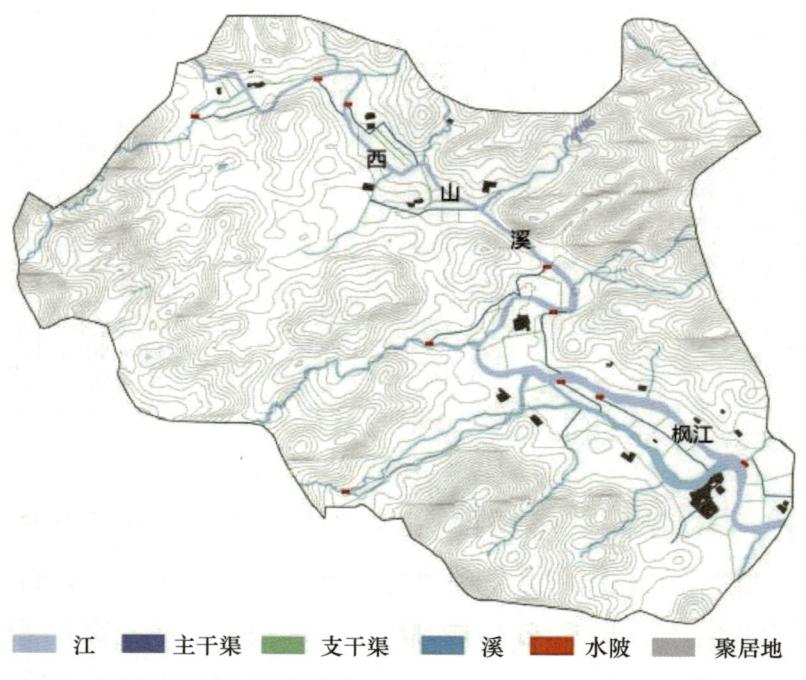

图 3-5-7　西山溪水利单元内的村落群

3. 村落群内树枝状路网的组织方式

潮汕民系核心区山地区域内的墟镇主要选择在临近平原的地区或者临近主干溪流的区域，此类墟市的选址交通较为便利，能够满足山地区域内对外交换货物的需求。山地区域虽然面积较大，但可耕地资源较少，居住的人口也较少，墟市的数量较平原地区和滨海区域急剧减少，根据本次统计，山地区域内较大的墟市仅有6个，平均贸易范围达到了172km²，平均贸易半径也较大，达到了7.4km。受到山体的阻隔，此区域内的道路多呈树枝状分叉分布的形态，主干道路往往沿河谷地区通往深山，主干道路上分叉出多个支干小路连接多个自然村。近平而墟的墟市选址如图3-5-8所示。

图 3-5-8　近平而墟的墟市选址（根据光绪《海阳县志》整理绘制。）

此区域内的墟市主要服务的村落均位于比墟市海拔高的地区，往往形成河道下游为墟市、上游为村落的墟-村体系。以铁铺镇的松下市为例，其选址于最临近韩江北溪的区域，主要服务的行政村有23个，大部分位于松下市的上游山地区域，少部分村落与松下市一样选址于滨江平地区域。此区域内有44个自然村，说明山地地形环境的阻隔使得其村落不能连片发展，形成多个自然村。居住人口的稀少和交通的阻碍使得此区域内的商业贸易活动远少于平原与滨海区域，松下市在中华人民共和国成立前只有几家固定商铺和木工摊，主要为农民买卖农副产品的集市。山地区域内村落还会以墟市为中心，形成地缘型的乡村组织，传统时期登塘镇由十八乡结成社，分六大社，称为六社，互相轮流，游神做戏，热闹非常。松下市树枝状路网与下游向上游辐射的墟-村体系如图3-5-9所示。

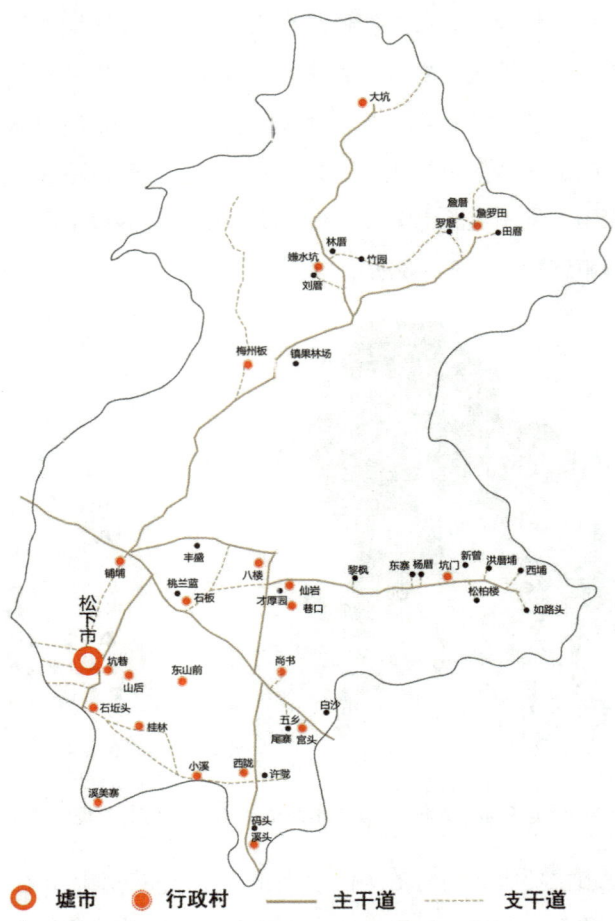

图 3-5-9　松下市树枝状路网与下游向上游辐射的墟 – 村体系（根据《铁铺镇志》绘制）

三、潮汕民系核心区山地平田区的村落单体景观特征

1. 移民迁徙与营居历程

　　白茫洲村位于潮州市潮安区登塘镇西部，明清时期属海阳县归仁都。村落选址于韩江支流枫江的东岸，其岸边遍生芦苇，花开时白茫茫一片，先人以其美如白玉而取名白珩洲。潮语"珩"与"茫"音谐，故演称为白茫洲（图 3-5-10）。白茫洲村始建于明末，村落内风景优美，历史景观格局保存完整，是典型的潮汕民系核心区内山地区域的传统村落。白茫洲村现状航拍图如图 3-5-11 所示。

图 3-5-10 白茫洲村区位图

图 3-5-11 白茫洲村现状航拍图

  白茫洲村与其他多数潮汕民系核心区内的山区村落一样，为多姓村。自明末以来白茫洲村内陆续有雷、陈、薛、管、罗、张、管、沈、赵、连、朱、刘等诸多姓氏先民迁入。村内第一大姓为张姓，张姓先祖于明朝从河南清河迁移至福建，清初从福建迁移至白茫洲村。村内第二大姓为管姓，其先祖于明朝从河南迁移至广东大埔，清初从大埔迁移至白茫洲村。其他较小的姓氏在白茫洲村内往往仅有几户人家，形成多姓杂居的聚居地。

2. 选址环境与景观格局

  白茫洲村位于潮汕民系核心区北部的莲花山地区，内部有西山溪自北向南流过，白茫洲村就选址于西山溪的东岸。村落位于西山溪冲积而成的一小片河滩平地之上，地势较平坦开阔，北侧高程较高，约为 30m，高于南侧 28m 的高程。村落聚居地选址于河滩平地的北侧，呈块状分布。聚居地北侧种植了连片的果林，聚居地南侧较为平坦的区域，被开垦形成大片农田。村庄外围有连绵的群山，当地人称之为居西溜山，海拔较高，最高峰 417m，连绵的群山将白茫洲村所在的河谷小平地四面围合，形成山间较为独立的空间单元。西山溪环村，村庄三面环溪，整体选址环境山环水绕，风景优美。白茫洲村景观格局如图 3-5-12 所示。白茫洲村"村—田—溪—果林—山林"景观格局剖面图如图 3-5-13 所示。

图 3-5-12　白茫洲村景观格局图

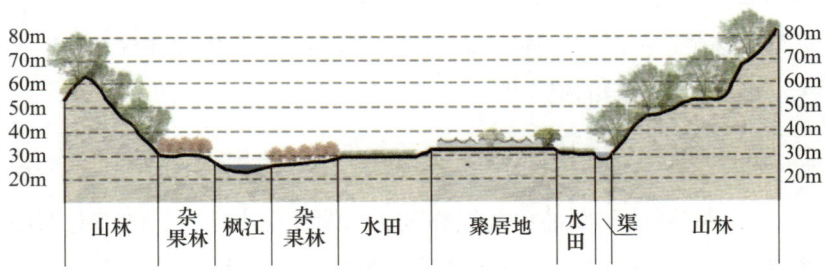

图 3-5-13　白茫洲村村—田—溪—果林—山林景观格局剖面图

3. 引流山溪灌溉的生产景观

(1) 农林结合的产业特征

白茫洲村充分利用其内的河滩平地与山脚坡地，形成了农林结合的产业体系。白茫洲村内的农田主要种植水稻，水稻田多选择滨河平地，灌溉便利。白茫洲村内较难利用的山脚坡地与滨河沙地，则被用来种植果树。白茫洲村内的果树种类丰富，有荔枝、龙眼、菠萝、生柑、橄榄等。村庄内果林的种植采用多树种混种方式，果林高低错落，适应了多变的地形环境，形成了密集的杂果林。白茫洲村内的诸多山地传统时期种植以天然的松杉林木为主的木材林。传统时期白茫村内种植的水果与林木，均可通过便利的水运交通到达潮州市一带，这也进一步刺激了白茫洲村林业的发展。

(2) 溪-陂-渠的灌溉方式

白茫洲村的农田地势北高南低，可直接利用西山溪水进行灌溉，为将涨落不定的溪流水源改为较为稳定的灌溉水源，白茫洲村主要依靠修筑河陂拦河抬高河流水位，之后可通过陂旁修筑的引水渠引水进入农田灌溉。白茫洲村选择在村落北侧西山溪上游区域修建河陂进行引水，利用河陂进行引水的设施可分为拦水陂、引水渠与引水渠上的渠首闸，以及泄洪闸等。其主要的工作原理是，首先通过在溪流中间砌石，作为泽障（"陂"）。等到水陂抬高水位之后就在溪旁开凿引水渠，引水流向其旁农田。引水渠与被水陂抬高的水体之间往往设置水闸，即渠首闸，控制水体流入灌溉渠的量。另外，为防止河陂的修建不利于溪水水位上涨时的泄洪，白茫洲村北侧的河陂上还会设置泄洪闸，根据溪水的水位，选择启闭，控制陂上的水位。在雨季河流水量较高时河水可漫过河陂，流向下游，在旱季河陂可拦蓄河水，满足周边农田的灌溉。白茫洲村内通过溪-陂-渠水利体系的兴建，一定程度上控制了涨落不定的山间溪流，形成了较为稳定的灌溉水源。白茫洲村引流山溪的溪-陂-渠水利体系如图3-5-14所示。

(a)水陂与泄洪闸　　(b)渠首闸　　(c)引水渠

图 3-5-14　白茫洲村引流山溪的溪 – 陂 – 渠水利体系

4. 山地密集聚居的生活景观

白茫洲村的聚居地被中部道路分隔为南北两个聚居组团，北侧的聚居组团建造年代较早，主要建造年代为明末清初时期，清中期以后随着人口的增多，聚居地逐步向南部发展。两个聚居组团均采用横巷为主巷、纵巷为支路的街巷体系。村落内两个主要的宗祠张氏宗祠、管氏宗祠均位于北部聚居组团的前方，其后为民居建筑群，形成宗祠引领的聚居地布局模式。两个宗祠南部的道路为村庄的主干道，较为宽阔，为主要的公共空间。相较于平原区域的村落，白茫洲村内的街巷体系没有那么规整，且建筑间距较大，这一现象与其村内为多姓聚居、缺乏宗族的统一规划与治理息息相关。白茫洲村街巷肌理与宗祠分布示意如图 3-5-15 所示。

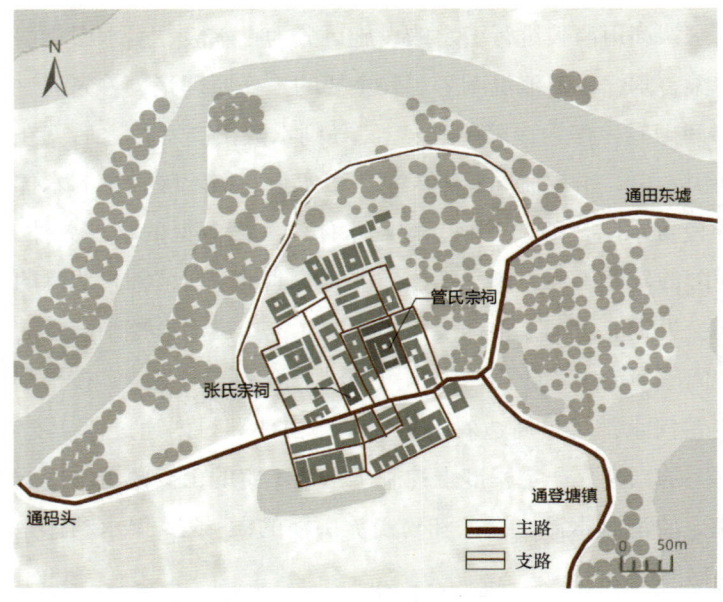

图 3-5-15　白茫洲村街巷肌理与宗祠分布示意图

白茫洲村内的建筑形制与平原区域基本一致，小型民居为下山虎、四点金，大型民居则以驷马拖车的从厝式府第建筑为主。其中，比较有代表性的传统建筑为管氏宗祠（广进堂），其为三座落二从厝一后包的平面形制，现结构完整，屋顶的嵌瓷花脊装饰精美（图3-5-16）。白茫洲村内的传统建筑相对于潮汕民系核心区平原区传统村落，会出现更多的联排排屋形制的建筑，其建筑形制较为简单，建造成本较低，在山地区域被广泛采用。排屋的形制可适应山地多变的地貌，在不同高度均可建造建筑。白茫洲村内管氏宗族北侧以及南部聚居组团均有联排排屋建筑的营建。

图3-5-16 管氏宗祠

白茫洲村内有特色的景观元素，主要与山地环境有关。其中最具特色的是横跨西山溪的位于村落东南的永平桥，桥长66m，宽1.6m，桥面由石板条架设而成，八墩九孔，最大单孔跨径7.5m，双柱式桥墩（图3-5-17）。全桥为花岗岩石料，结构严谨，异常坚固，历经250年的山洪地震等自然灾害至今完好无损。

图3-5-17 永平桥

第四章 客家民系核心区传统村落景观特征分析

第一节 客家民系核心区传统村落形成背景

一、客家民系核心区内传统村落形成的自然背景

1. 山地丘陵为主的地貌特征

　　客家民系核心区所在的梅州市区和梅县区，位于韩江上游地区，属于粤东平行岭谷洲地貌区，该区域的特点是多山地、丘陵，少有平地。客家民系核心区中间是以梅江河谷区域为核心的河谷平原区域，河谷平原两侧主要有两列山脉，即西北部武夷山系延伸下来的余脉和东南部呈东南走向的莲花山系的阴那山脉。中部沿梅江的河谷盆地的海拔较低，南北山区海拔较高，有超过1km的山峰共23座，区域内平均海拔达到了259m。整个客家民系核心区内主要有三种地貌类型，包括中部的梅江河谷地区和西侧的紫金、蕉岭山地丘陵区和东侧的莲花山、阴那山中山区。山地丘陵为主的地貌特征如图4-1-1所示。客家民系核心区地貌分区如图4-1-2所示。

　　中部的梅江河谷地区的海拔多在150m以下，包括南部的梅州盆地和北部的梅江下游梅州至松口河段较为狭窄的河谷地区，约占客家民系核心区总面积的54.5%。主要分布在梅江两岸，如畲江盆地、水车盆地、梅江（附城）盆地、丙村盆地、雁洋盆地、松口盆地、白渡盆地和松源盆地等（图4-1-3）。这些盆地耕地连片，土壤深厚肥沃，是梅县的重要耕作地带，居住群体错落分布，人口集中。

　　西侧的紫金、蕉岭山地丘陵区，海拔在150～500m，占客家民系核心区总面积的23.7%，主要分布在核心区的西北部和东部。海拔

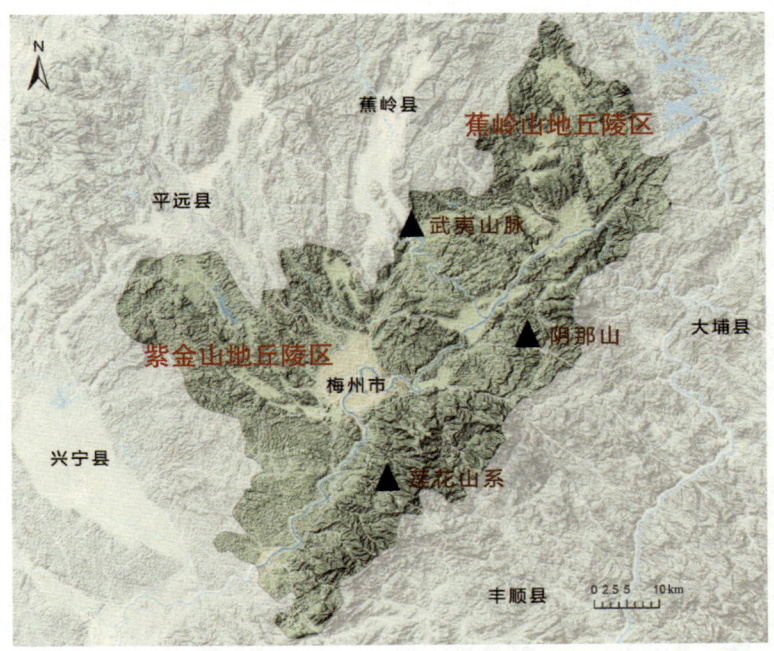

图 4-1-1　山地丘陵为主的地貌特征

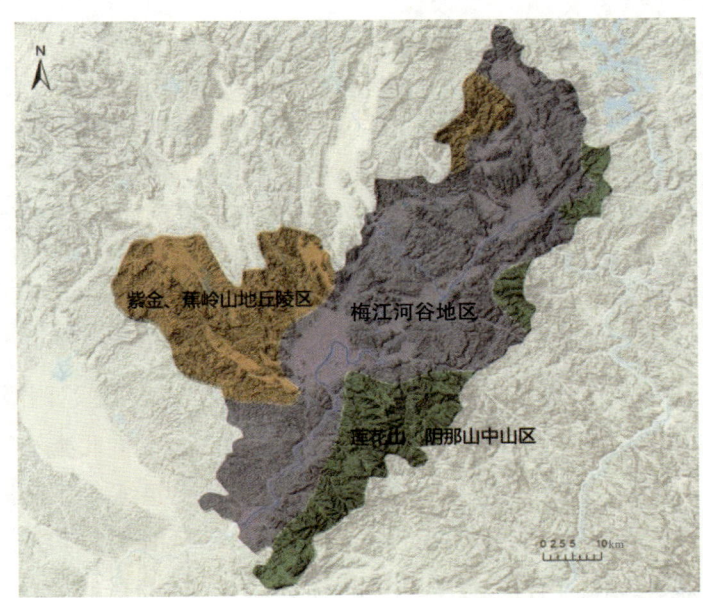

图 4-1-2　客家核心区地貌分区

500m 以上的山区有 657.8km²，占区域总面积的 21.8%，此区域内地形起伏较大，可耕地资源较少，不是客家民系核心区传统村落的主要选址区域。西侧的紫金、蕉岭山地丘陵区地貌变化复杂，在山地丘陵之间交错着多个山谷小盆地，如石扇盆地、松源盆地和隆文盆地等。

图 4-1-3　客家民系核心区内主要盆地分布图

东侧的莲花山、阴那山中山区有粤东地区最高的山脉，最高峰五指峰海拔为1297m，是粤东内陆与沿海的自然分界线。此区域内山峦层叠，山坡陡峭，较少有平地，选址于此区域的传统村落较少，此次统计的传统村落只有 3 个选址于此。

2. 中部汇水的山地水文条件

客家民系核心区呈现出以中部梅江为主干河道，两侧有多条支流汇入的类似"丰"字形的水系特征。梅江自南向北流入客家民系核心区内，发源于陆丰与紫金交界的乌突山七星练，经五华、兴宁水口流入梅县，经奋江、水车、梅南、长沙、梅江、程江、梅城、东郊、西阳、丙村、雁洋、松南、松北、松口、松东 15 个区（镇），再折向东南流入大埔县三河坝，汇入韩江直下澄海区境北入南海，全长 307km。梅江流经县境 90km，流域面积 14060.9km²，平均河宽 200～250m。其中能通航的只有梅江和石窟河。石窟河发源于福建省武平县的洋石坝，向西南流入广东蕉岭县、平远县，经梅县区丙村镇汇入梅江。两条河流北通福建，东至潮汕，是客家民系核心区传统时期主要的交通要道。

客家民系核心区地处北回归线附近，雨量充沛，境内江河溪流纵横交错，还有地下水，水资源较丰富，但水资源分布区域较不均衡。梅江的一级支流有石窟河、松源河、程江河、白宫水、三乡水、古屋水、荷泗水、周溪水、隆文水9条。梅江的二级支流有高思水、南口水、龙虎水3条。梅江的一级、二级支流均直接汇入梅江，在客家民系核心区内形成水由四周向中部梅江汇集的形态。《嘉应州志》中提到的"高者恒苦旱，下者恒苦涝"，即为客家民系核心区内水资源分布不均衡的突出表现。中部集聚的水文条件如图4-1-4所示。

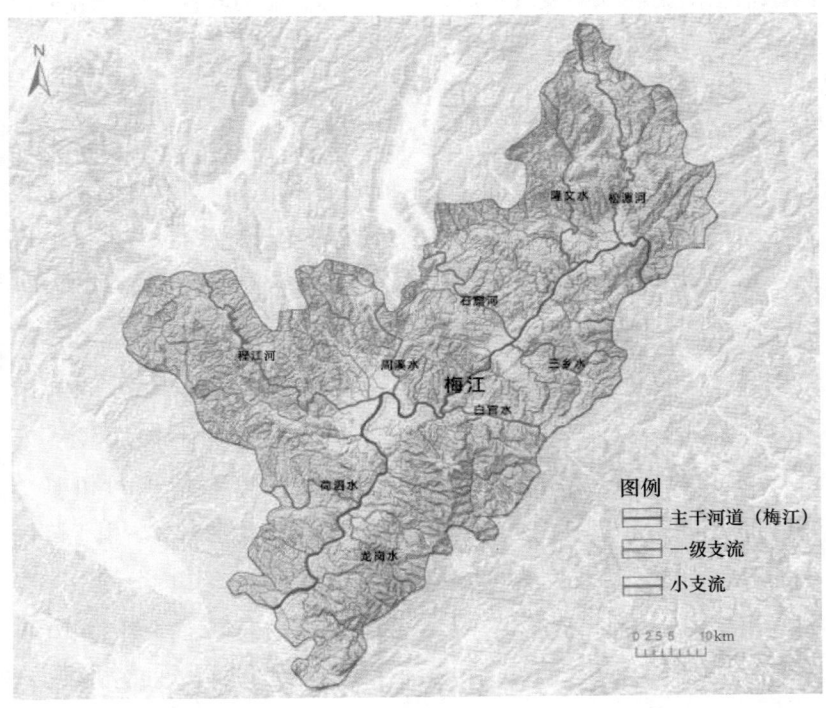

图4-1-4　中部集聚的水文条件

3. 相对贫瘠的山地土壤条件

区域内的土壤类型有赤红壤、红壤、水稻土、黄红壤、紫色土等。由于客家民系核心区内海拔差异较大，海拔400m以上的高丘低山和中山的面积占全区山地面积的1/3，海拔1000m以上的山峰有23座，形成不同的山地垂直土壤分区。黄红壤、红壤主要分布在400～800m的低山高丘陵，赤红壤主要分布在400m以下的山地与丘陵区域内。黄红壤、红壤、赤红壤三种类型的山地土，占了客家民系核心区约80%的面积，其土质黏性大，表土有机质很薄，不利于作物的种植。加之该类土壤多位于坡度较大的区域，水土流失严重，开垦后土壤较易砂质化，更难进行耕种。此类山地土地以山林、果林的种植为主。客家民系核心区内水稻土地面积较少，只占客家民系核心区面积的10%。水稻土主要分布在客家民系核心区内谷地、盆地和平缓的山坡区域，分布较为分散。客家民系核心区内江、河周边的水稻土多由冲积物发育形成，土层较深，肥力较高，是农业高产区域。

4. 旱涝交替的山地灾害特征

客家民系核心区的水资源除了地域上分布不均外，在时间上也分布不均，两者叠加形成了旱涝交替的灾害特征。客家民系核心区内按降雨量可分为丰水年和枯水年，丰水年的年均降雨量可以达到枯水年年均降雨量的3倍左右。在一年之中客家民系核心区四季的降雨量差异也较大，客家民系核心区4—9月为多雨季节，雨量最多且集中，平均总降雨量1081.8mm，约占全年降雨量的73%，尤其以5—6月的龙舟水时期降雨最为集中。而每年1—3月和10—12月的总降雨量只有391.1mm，占全年降雨量的27%。由于降雨量的分布不均，客家民系核心区内主要河道的径流年内分配很不均匀，汛期4—9月径流量占年总量的70%～75%，而非汛期10月至次年3月仅占25%～30%。径流年际变化也比较大，呈现丰、枯水年交替的现象，通常3～5年循环一次。故客家民系核心区常出现冬春旱、夏秋涝的水旱灾状况。客家民系核心区月均降雨量分布如图4-1-5所示。客家民系核心区月均降雨日数统计如图4-1-6所示。

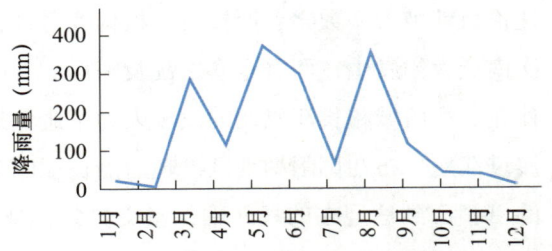

图 4-1-5　客家民系核心区月均降雨量分布图（根据 1952—1960 年梅县气候数据整理绘制）

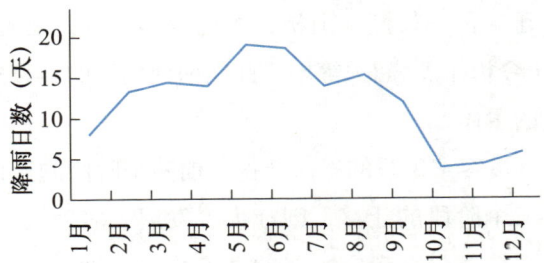

图 4-1-6　客家民系核心区月均降雨日数统计（根据 1952—1960 年梅县气候数据整理绘制）

　　客家民系核心区的水灾还表现为，梅江主干河流较易发生洪泛灾害。梅江位于韩江上游，横贯兴梅红岩盆地，地形平坦，坡降较小，仅为 0.591‰，流速较慢。然而，两岸的上游山地高耸庞大，一旦遭遇暴雨，各支流常同时暴涨，最终注入梅江。由于梅江流域植被遭严重破坏，土质主要为花岗岩和红岩，相对松散，河道淤积问题严重，排水不畅，极易引发大规模洪灾。在中游的三河坝处，梅江与汀江汇聚，洪水暴发时互相交织，一方面阻碍了梅江的排水，加剧了梅江两岸的洪害，另一方面也容易导致该区域洪水泛滥。

二、客家民系核心区内传统村落形成的人文背景

1. 移民迁徙与客家民系的形成

　　（1）客家民系的迁徙。客家民系主要分布在粤、闽、赣三省交界处的山地区域，与其他两个民系一样均为北方先民不断南迁，并与南方土著相融合而成的南方汉族支系。关于客家迁徙源流的研究，学术界尚未达成普遍共识。其中，罗香林提出的"五次大迁徙"

理论目前被大多数学者所接受。根据罗香林的研究，客家先民第一次南迁大约发生在西晋永嘉之乱及随后的五胡乱华时期。当时，居住在黄河流域和长江以北的汉族人为了避免战乱，沿着汝水向下游渡过江后分布在鄱阳湖地区，随后沿长江向下到达皖苏中部，更远的沿赣江到达现在的粤、闽、赣交界处，被称为"司豫流人"。客家民系的第二次迁徙发生在唐末，由于受黄巢事变的影响，原先的"司豫流人"再次向南迁移，这次迁移，其近者达赣东、赣南，福建宁化、长汀、上杭、永定等地，其远者已达广东的惠州、嘉应（今梅州）、韶关等地，此次南迁涌入的客家先民成为孕育客家民系的主体。

客家民系的五次迁徙，前两个阶段的迁移形成了客家民系，后三个阶段的迁移，则壮大、发展了客家民系。客家民系的第三次迁徙发生在南宋末年的靖康之难时期，部分客家民系先民被迫从二次南迁之地继续南迁至粤东北。此次南迁的移民已经扩散至粤、闽、赣交界的山区的大部分区域，由于地理环境相对封闭，移民方言逐渐与北方方言完全隔离，形成了独特的客家方言，对客家民系的形成和分布格局具有重要影响。客家民系的第四次迁徙主要发生在明末清初。当时，清军入关南下，全国陷入战乱。客家民系先民再次开始迁徙，迁徙路线相对分散，客家人开始向各地扩散，纷纷迁往广东沿海、四川和台湾等地。客家民系的第五次大迁徙发生在清咸丰和同治年间。此时，粤中地区发生了客家人与当地土著人的大规模冲突。同时，太平天国起义失败，客家人遭受迫害。客家人再次迁徙至粤东南、海南，并向海外扩散，从而使客家人开始走向世界。

（2）梅州客家民系核心区的形成。据光绪年间《嘉应州志》《客家源流》等图书记载和出土文物的考证，远在四五千年前新石器时代，梅县境内便有人类聚居。春秋战国时期，秦始皇攻占百越促使越人逃到山区居住，客家民系核心区内的山地主要为畲族与瑶族的居住地。客家民系的第一次迁徙与第二次迁徙，只有较少数的客家先民来到梅州一带，直到宋代才有一定规模的南迁汉民进入客家民系核心区。据北宋初年的《太平寰宇记》记载，梅州的客户总数占23%，据北宋后期的《元丰九域志》记载，梅州的客户占53%，基本与主户人数持平。宋代刚有部分南迁汉民在梅州繁衍生息，南宋末年梅州区域就发生了较大的战乱。南宋末年，元兵两次进攻梅州，蔡蒙吉、文天祥先后率义兵抵抗。失败后，元兵大肆屠杀军民，因此境内人口骤减。据《元史·地理志》记载，梅州2478户14865人，仅为宋元丰年间人户的20%左右。因为此次战争的影响，元代梅州人口发展较为缓慢，可以说明代以前，梅州境内依然是"人烟稀少、土旷民惰"的景象，无论是开发的程度还是人口的规模，都无法与赣南和闽西相提并论。

明代是涌入梅州区域内客家先民人数最多且最集中的时期。此时，随着赣南和闽两地的人口趋于饱和，其境内的居民开始集中向粤东北的循、梅、惠一带迁移。此时期，元明朝代更替，由于驻守在广东的元将降明，梅州一带未发生战祸，梅州的社会趋于稳定。明太祖洪武二年（1369年）废梅州复设程乡县，吸引了一批汉族客家人陆续迁入梅州一带。明洪武二十四年（1391年），程乡县有1686户6989人，到嘉靖十一年（1532年）增至3097户38366人，此时梅州已经成为纯客住县。

清代，除了部分汉族客家人迁徙至其他地区外，梅州的人口仍然大量增加。到清末，梅州的总人口超过30万。可以说，从宋末开始，特别是明清时期，大量的人口迁徙至粤东地区，形成了以梅州为中心的客家区域。梅州不仅是客家人长期迁徙的最后一个中转站，也是客家民系最终形成的地方，是客家人聚居和繁衍的中心，同时也是全世界大多数客家人的祖籍地和精神家园。梅州对内对外的影响力均不断扩张，深深地影响着与其有地缘关系或移民关系的地方，因此被尊称为"世界客都"。

客家人的发展历史源远流长。客家民系是在持续的南迁过程中形成的，他们是汉民族中以客家方言为主要交流媒介的人群，与中原具有血缘和地缘上的历史渊源。他们通过共同的生活方式、习俗、信仰、价值观和心理素质等紧密结合，形成了一个社会群体。客家人主要由从中原地区向南迁徙的汉族组成,并与当地其他民族长期融合,最终在明清时期形成。他们保留着独特的客家方言,其中融入了古代汉语雅音成分,同时还保持着共同的生活习俗、心理素质和集团意识等社会文化传统。客家人主要聚居于粤、闽、赣地区,并散居于华南各省以及海外,构成了一个汉族民系。

2. 因地制宜的山地经济形态

客家民系核心区由于位于山地区域,其传统产业以耕种山田和种植山地经济作物为主。因适宜发展农耕的用地较少,为满足生存的需要,其开垦的山地主要用于种植粮食作物,如水稻、小麦、番薯、玉米、大豆等。客家先民在经过在江西、福建的山地区域的停留后,学习了诸多山地生存经验,加之与土著畲族的融合,早在宋代就已经种植出适于山地环境生长的粳稻。明清时期又继续兴修水利,在坡地修筑梯田,并改良水稻品种,使得水稻被广泛种植,并且成为客家民系核心区内最主要的粮食作物。但客家民系核心区的山区环境中能够满足水稻种植的区域较少,还有缺乏水源的旱地。客家先民在旱地种植红薯来弥补水稻生产量的不足,该区域自古有"半年番薯半年粮"的说法。除了红薯,小麦、玉米、芋头等的种植都在一定程度上解决了客家民系核心区先民的口粮问题。

即便如此,山地环境中的客家民系核心区的粮食仍较难自给自足,其经济水平一直落后于其他民系。明清时期,随着农业的发展,客家民系核心区逐步增加了经济作物的种植,手工业和商业进一步发展起来。客家民系核心区种植的经济作物主要有茶叶、烟草、甘蔗、蓝靛等。茶叶适宜种植在山地环境之中,是山区特产的经济作物,广东人有饮茶的习俗,因此茶叶的收入是相当可观的。明中叶后期客家民系核心区也逐步开展了烟草的种植,据记载,种烟的收入是稻作收入的2倍,梅州的五叶神就是全国知名的香烟品牌。另外,客家人还会在旱地种植果树、蔬菜等,丰富种植类型,提高了客家人的生活质量,也丰富了山区经济。经济性较强的林木、矿冶、陶瓷等也有着一定程度的发展，但是，这些都是作为农业生产的补充形式而存在的。

经济作物的种植一是主要利用占山区大部分的空闲山地，土地的利用率大为提高。二是推动了山区手工业的发展，经济作物的大面积种植直接诱发了客家地区经济作物加工业的发展，在烟草等加工方面尤为突出。三是大量农产品涌入市场，推动了山区农村墟市的发展，出现了一批从事商业贸易的商人。如清代梅县已有18处墟市，清末民初又陆续增加。随着墟市的增多，墟市贸易的繁荣，经商有利可图，因之在一些客家地区出现了很多从事农产品和经济作物加工品买卖的商人。

3. 敬宗收族的宗法制度

客家民系核心区于明代中以后逐步形成了以宗族为基层社会组织方式的社会制度。其宗族制度与其他两个民系相比更强调其族源的中原正统性、尊重祖先的秩序性和聚族而居的重要性。客家民系作为在南迁过程中历经磨难的汉族的一支，具有普遍的怀旧情结和寻根意识，都认为自己的祖先来自中原，对中原文化有着强烈的认同感。其中，最突出的表现是对自己的姓氏渊源相当重视，认为自己的姓氏来自中原，并认同相应的郡望、堂号、堂联，如梅县丘氏的"河南堂"等。

客家人多选择聚族而居，即同姓共宗的村民聚居于同一个或数个村落。这种宗族组织由同一祖先的后代组成，尽管已经分散成个体小家庭，但通过祠堂、族谱和族田这三个元素紧密联系在一起，在特定的空间形成特定的地缘关系。这种鸡犬之声相闻的地缘关系，加强了客家宗族内部的联系，宗族内部统一管理、守望相助，产生了较强的内聚力，形成血缘加地缘的更为紧密的宗族制度。客家民系的宗族制度较另外两个民系表现得更加紧密封闭。

4. 山地文化与儒家文化

客家文化同时受到中原儒家文化和山地的生存环境的影响，既有儒家文化的强调秩序性、重礼仪道德、崇文重教的文化特征，又有山地文化的吃苦耐劳、追求简朴、重农轻商的文化特征。孔子提倡克己复礼，突出等级制度的重要性，使得客家民系注重宗族秩序和伦理道德。对于整个宗族来说，重家族和家庭、门第和种族、乡土关系、邻里关系；对个人要求思想道德方面重气节、薄功利、重孝悌、薄强权、重信义、薄小人等。客家人延续儒家文化崇文重教的精神，非常强调教育的重要性，即使在交通不便的山区，也会利用宗祠开办学校，创造条件也要为族人提供学习的环境。

黑格尔认为，助成民族精神的产生的那种自然的联系，就是地理的基础。客家民系长期生存在条件艰苦的山区，耕作生存条件较差，造就了其奋发图强、吃苦耐劳、勤俭持家、自强不息、坚韧不拔的淳朴民风和优良品格。山区环境下的客家人追求简单质朴的穿衣、装饰风格。身在山区的客家民系对外交通不便，较另外两个民系更加注重农耕的重要性，较忽略商业的发展，其主要秉持"耕读传家"的文化思想。

第二节 客家民系核心区传统村落景观形成历程与区划

一、客家民系核心区土地开发历程与村落分布特征演变

根据上文的分析，客家民系核心区内于宋末元初和明清时期，经历了一场较大的战乱，很多宋代建村的村落，在战争中被损毁。使得仅依靠建村年代的统计对土地开发区域的分析有失准确性。人口的迁入还会和政府行政机构的建立产生较大的关联，一旦某地人口增多，就需要设置一定的政府机构来进行管理。通过对史料的整理，可以将客家民系核心区的建置年代与建村年代进行叠图，从而分析出客家民系核心区不同年代大致的土地开发区域（图4-2-1～图4-2-3）。

第四章 客家民系核心区传统村落景观特征分析

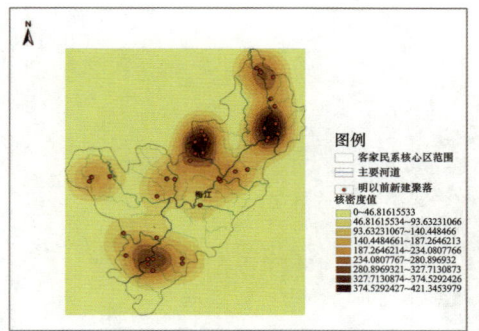
(a)明代以前营建村落核密度图

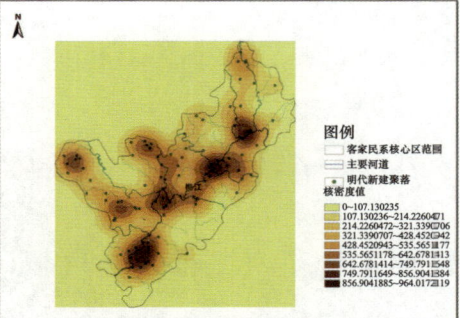
(b)明代营建村落核密度图

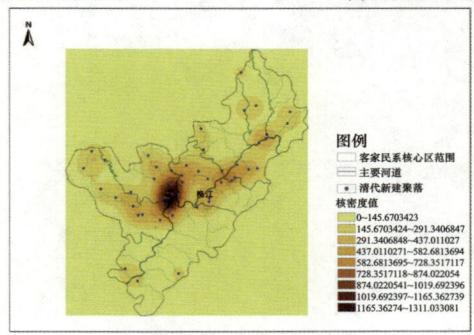
(c)清代营建村落核密度图

图 4-2-1　客家民系核心区各时期传统村落选址核密度图

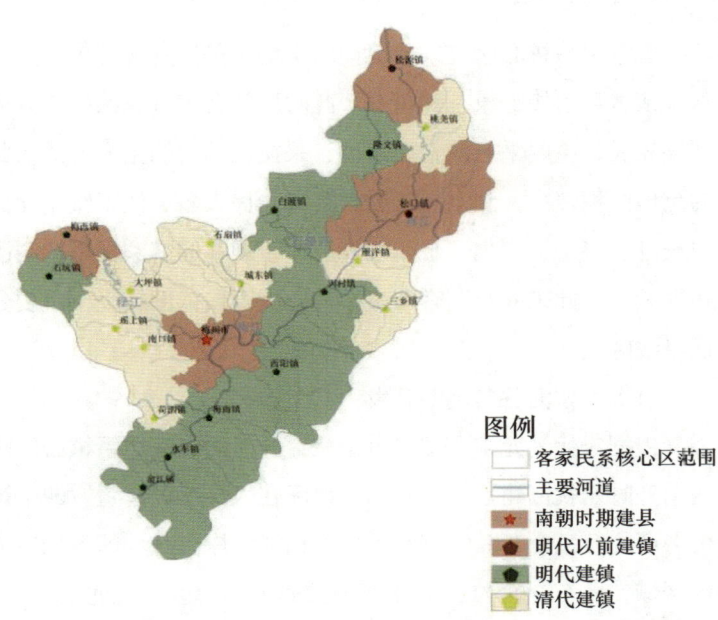

图 4-2-2　客家民系核心区建置年代分布图（根据《梅县政府志》绘制）

203

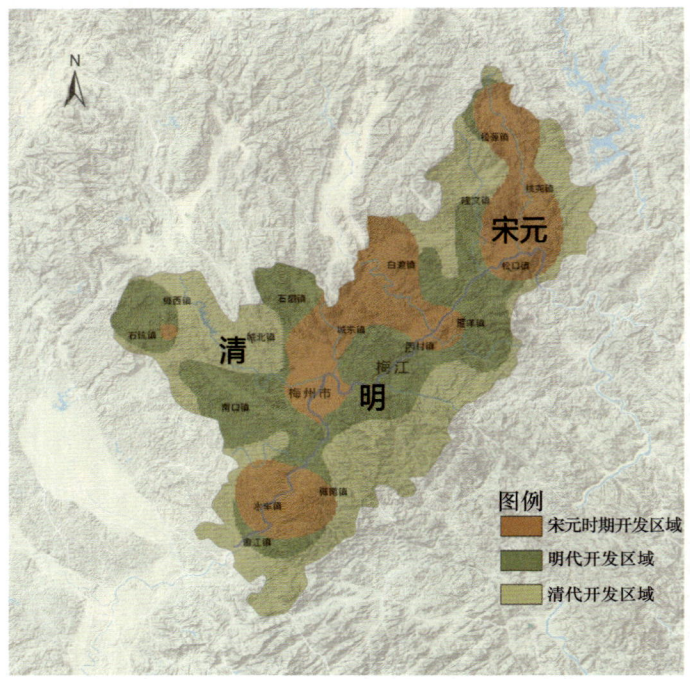

图 4-2-3 客家民系核心区土地开发时序示意图

1. 明代以前沿江河谷区域的开垦与村落选址

客家民系核心区在宋代以前的土地仍是以森林覆盖为主，并且栖息了诸多野兽如野象、鳄鱼等。此时居住在客家民系核心区的畲族与瑶族先民，主要采用渔猎、耕种、采摘相结合的生产方式，此时开发的土地面积较小。到宋元时期，客家先民大多居住于赣州北部和福建省长汀、建宁、宁化一带，较少居住于现在的客家民系核心区粤东梅州区域，因此宋元时期客家民系核心区人口依旧较少，主要分布在交通沿线区域。

（1）大型河谷盆地的开发

根据宋代《元丰九域志》记载，此时的客家民系核心区除梅州早在南齐时期就已建置，还有四个镇区在宋代已经建置。四个镇区目前可考证的有三个，其中有两个位于梅江沿岸区域，即今松口镇、松源镇区域，还有一个位于程江河下游的梅西镇区域。通过宋代的建置，不难看出此时有人口分布的地区多位于沿交通要道的交通要塞区域。

其中，梅州位于程江河和梅江的交汇处，既可沿梅江通往韩江，又可沿程江河连通到去往赣南的道路，加之梅州周边地势较为平坦，海拔较低、盆地面积较大，是主要的移民迁入地和土地开发区域。除梅州外的松口、松源和梅西也均位于水路交通要道区域。人口的发展往往会带动周边土地的开发，根据梅州的建置时序，可初步推测此时的土地开发区域主要是面积较大的河谷盆地区域，即梅州（梅江）盆地、松口盆地和松源盆地。

（2）渔猎转向种植业的发展历程

通过考古发现，在约4000年前的远古时期，客家民系核心区已有人类在近水的山地居住，从事渔猎和粗放的农业生产。渔猎活动主要集中在客家民系核心区内的沿江、沿河区域，基本不涉及土地的开垦。到先秦百越时期，居住在梅州一带的畲族利用山地，刀耕火种，种植畲禾，是山地种植水稻的早期形态。再到宋元期间，南迁的汉民将北方的农耕经验与畲族的山地种植技术相结合，逐步找到了适于山地区域的水稻品种。但此时适于山地耕作的水利设施技术还未发展成熟，此时开发的水田多位于邻近水源的地区，以利于灌溉。

（3）邻近交通沿线的聚居地选址

根据本次调研的样本统计，明代以前客家民系核心区的村落选址点多集中于沿梅江、松源河、石窟河、程江河等河流两岸的交通要道区域。由于沿河区域的海拔较低，此时期的平均村落选址海拔也较低，约为145m。选择沿交通要道分布，一是因为此类用地是移民较易于到达的位置，二是此类区域多有汉人的行政建置，政治环境相对稳定，不会受到周边土著的侵扰。此时期的村落虽沿主要河道分布，但很少临江临河分布，多选择距主干河道有一定的距离的山地平原交界处进行聚居地的营建，此时期的选址坡度也较高，约为9.7°。选址于山地平原交界处，一来可以利用山泉、山溪水从高向低进行农田的灌溉，二来符合客家营建房屋时背后有靠山的传统风水理念。此时期建村的村落约占本次调研样本的20%，说明此时期只是客家民系核心区开发的初步时间。客家民系核心区明代以前传统村落选址特征示意如图4-2-4所示。

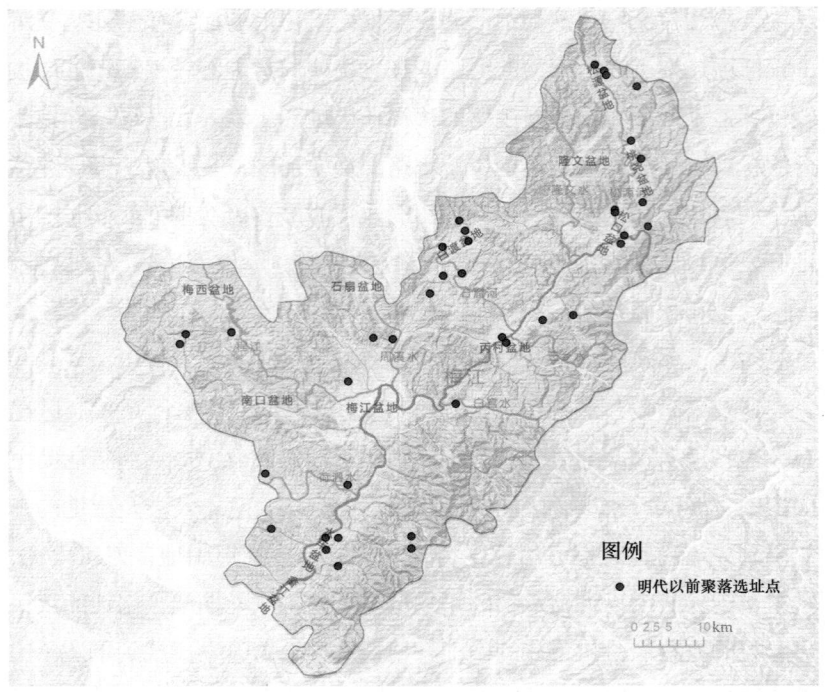

图 4-2-4 客家民系核心区明代以前传统村落选址特征示意图

2. 明代盆地的开发与村落选址

元末明初的战乱并未波及客家民系核心区，使得明初客家民系核心区社会环境较为安稳，因此也吸引了大批客家人迁徙到梅县区域，也是此时梅县逐步成为客家人政治、经济、文化的核心区域。明代大量的移民进入客家民系核心区内，加之明代政府鼓励垦荒种植，使得明代成为客家民系核心区主要土地最大规模开发的年代。根据历代的耕地面积统计，宋元时期客家民系核心区总耕地面积仅有 4516hm^2，明代土地开垦面积是前朝的约 6 倍，达到了 25490hm^2。

（1）小型盆地的普遍开发

明代客家民系核心区的建置地区域基本覆盖了整个沿梅江的河谷区域。沿梅江的河谷区域内有诸多沿梅江的河谷盆地，这些河谷盆地面积较大、平地较多，利于农耕的发展。除了河谷盆地外，明代的土地开发范围逐步向海拔较高的丘陵盆地发展，如南口盆地、石扇盆地、隆文盆地等区域。这些丘陵盆地的面积相对河谷盆地小，平地较少，坡地较多，灌溉水源也较河谷盆地少，需要人工建造水利设施才能满足灌溉的需求，其开发难度较高。明代具有福建、江西山地生存经验的大规模客家先民的涌入，为继续开垦较高海拔的耕地提供了条件。到明末，客家民系核心区内大小盆地基本都有客家先民的涉足，土地被大规模开发。

明代大规模的土地开发带来了一定的弊端和生态环境的破坏。明代政府将开荒改造为农田的土地，赋予产权给开荒者。在政策的刺激下，客家民系核心区的开荒活动更为频繁。此时的开荒方式主要是对山地环境进行毁林开荒，大量森林被砍伐，山体缺少了植被的覆盖，随即便会出现水土流失、山体崩塌、溪流被掩埋等灾害。光绪年间《嘉应州志》记载："樵采日繁，草木根荄俱被砍伐，山土松浮，骤雨倾注，众山浊流汹涌而出，顷刻溪流泛溢，冲溃堤工，雨止即涸，略旱而涓滴无存。故近山坑之田多被山水冲坏，为河为沙碛至不可复垦，为害甚巨。"过度无序的森林开发的危害是极为严重的，让客家民系核心区从"山中草木蓊翳，雨渍根荄，土脉滋润，泉源淳蓄，虽旱不竭"变为了"高者恒苦旱，下者恒苦涝"。后来客家的族谱家规多规定水源林、风水林的保护方法，大概也是从灾难中总结出的生态智慧。

（2）水利的兴修与水田面积扩张

明代客家水田面积占到总农田面积的95%，旱地面积仅占到了2%，水塘面积约占3%，说明明代客家开发的农田还是以种植水稻的水田为主。明代水稻作物的种植技术有了较大的提升，已经完成北方稻作的南方化品种改良，多采用粳稻这种适合南方山区的品种，并且可以达到一年两熟，水田的产量不断提高。水田面积的增多离不开水利设施的兴建，明代开始客家民系核心区内水利设施的兴建记录逐步增多。如《梅县畲江镇志》中记载，明正德年间畲江镇五个姓氏族群联合修筑五官塘，蓄水灌溉3000余亩，又如光绪年间《嘉应州志》记载，明代郑某在南口堡开辟环山高圳。除了大型的蓄水、引水工程外，在明代还有诸多水车修建的记录，说明此时的客家先民已经掌握了一定的适合山区环境的水利设施的营建方式。山地作物的种植和水利设施的修筑，共同促进了明代水田面积的增长。

（3）盆地聚集型的聚居地选址

明代的村落选址有着明显的盆地聚集性，客家民系核心区内的大小盆地，在明代几乎都有新建的村落。通过客家民系核心区内明代建村的村落核密度图可以看出，明代新建村落的密集分布区域主要在水车盆地、梅州（梅江）盆地、南口盆地、丙村盆地、石扇盆地、松口盆地区域内。在盆地聚集选址营建的村落，一方面能够在山地环境中尽量地择平而居，另一方面能够联合多个宗族之力营建水利设施，改造自然环境，形成适合人居营建的区域。明代是客家民系核心区内新建村落数量最多的年代，在本次统计的 195 个客家传统村落中有 103 个都建村于明代，约占 53%。由于选址于更高海拔的丘陵盆地的村落的增多，村落选址的平均海拔较明代以前的村落高，平均选址海拔达到了 161m。盆地区域的土地较为平坦，其村落的选址坡度也随之降到了 8.5°。客家民系核心区明代传统村落选址特征示意如图 4-2-5 所示。

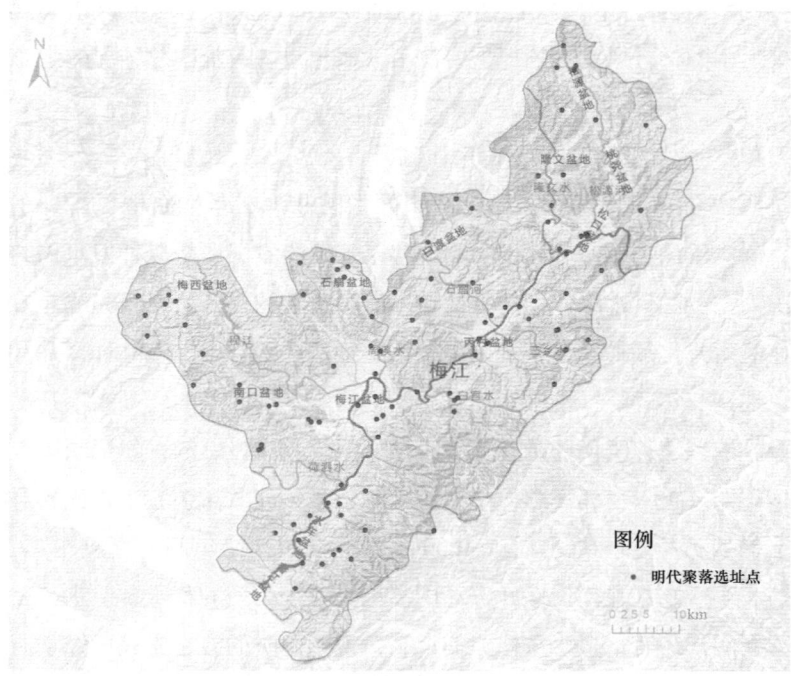

图 4-2-5 客家民系核心区明代传统村落选址特征示意图

3. 清代旱地的开垦与村落选址

清代由北方、福建、江西等地迁入客家民系核心区的移民数量已经不多,其主要的人口增长来自内部人口的繁衍生息。此时客家民系核心区经历了明代的大规模发展,适宜种植水田的区域逐步开垦完毕,人们逐步将发展的重心转到旱地的开垦。将中华人民共和国成立前的客家民系核心区耕地面积和明代的耕地面积进行比较,不难发现,经历清代的发展,客家民系核心区内水田的面积的增长并不明显,旱地的面积则增长了约10倍(表4-2-1),可以说旱地是清代客家民系核心区主要的土地开发区域。

表 4-2-1　客家民系核心区不同年代农田面积统计表

年代	水田（hm^2）	旱地（hm^2）	水塘（hm^2）	总耕地面积（hm^2）
宋元时期	—	—	—	4516
明代	24104	447	938	25489
1949 年	25114	4753	571	30438

(1) 沿江坝地与山坡旱地的开发。客家民系核心区的旱地主要有两种类型,一种是山坡上较难灌溉的旱坡地,另一种是沿河沙质化较严重、保水性差的坝地。坝地为河流冲击而成的沙质型土壤,其形成原因多与洪水的冲击泛滥有关,主要分布在梅江和程江河的河流两岸区域,旱坡地多位于山地坡度环境中,并且缺乏灌溉水源,较难开垦形成梯田、塅田。旱坡地在客家民系核心区内分布较为广泛,尤其在丘陵区域更易形成旱坡地形态的农田。这两种用地在山地环境中一直属于较难开发利用的用地,直到明代中叶引入了多个适于旱地种植的作物品种,如番薯、玉米、花生、烟草、菠萝、南瓜、辣椒、蓝靛等。这些旱作植物较适于在山地环境生长,具有一定的经济价值,但在明代还没有较大规模种植,到了清代随着商品经济的发展,这些经济价值颇高的旱地作物逐步受到了重视,开始进行较大规模的种植。

(2) 水利技术的发展和旱地经济作物的种植。清代客家民系核心区的水田发展得益于水利设施的进一步营建。客家先民利用天然的溪河，用木石筑陂开圳引水或用"蜘蛛车"提水，开筑池塘，实行养殖与灌溉结合等，据清光绪年间《嘉应州志》记载，清代全县有平塘195口，木石陂258座，水车46架，可灌田3616hm²。其中，最大的俞江五官塘，可灌东南沿山一带超过200hm²，最大水陂为松源九姑陂，可灌田超过133hm²；次为松口官坪陵，灌田89hm²。其余容积不大，水源短缺，多数农田靠山坑泉水灌溉。除了灌溉工程，清代梅县还修筑了防洪堤等防洪工程，在清乾隆八年（1743年），当时的嘉应州政府在临近梅州的梅江岸边修建堤围。清代稻作发展更加成熟，出现一年两熟的稻作。清代中期，粤、闽、赣边山区栽培的水稻品种已十分多样，一些适宜山地环境的品种逐渐占据了主导的地位。水利设施的兴建和水稻品种的改良，使得梅县区的农田增强了抵抗水、旱灾害的能力，一定程度上增加了梅州的农田产量。

在山多地少的客家民系核心区，仅依靠水稻的种植是不够养活当地的人口的。梅州地区一直有"半年薯半年粮"的说法，说明客家先民还会依靠一些杂粮作物的种植，来弥补粮食生产的不足，其主要种植的杂粮作物有红薯、芋头、玉米等。清代的《鹿洲初集》记载程乡"人稠地狭，崇冈大阜，种稻、黍、薯、芋"，说明当时的客家民系核心区多利用山岗旱地种植这些杂粮作物。除了杂粮作物，随着清代商品经济的发展，客家民系核心区还会利用旱地种植经济价值较高的作物，如烟草、茶叶、甘蔗、蓝靛、麻黄等，以增加种植收入。

（3）滨河与山地选址的聚居地。受益于陂塘等多种灌溉设施的修建，滨河的坝地旱地和较高的山地得以开发，此时期的村落选址点多分布在沿河和山坡旱地区域。其传统村落的选址高程呈现高低分化的特点，最高的村落选址高程为392m，最低的选址高程为64m。选址坡度也有较大分异，选址最为平缓的村落为0.87°，最高的选址坡度为24.5°。由于此时适宜建村的区域已经减少，传统村落多在原村进行扩建，清代新建村落53个，数量较明代减少了约一半。客家民系核心区清代传统村落选址特征示意如图 4-2-6 所示。

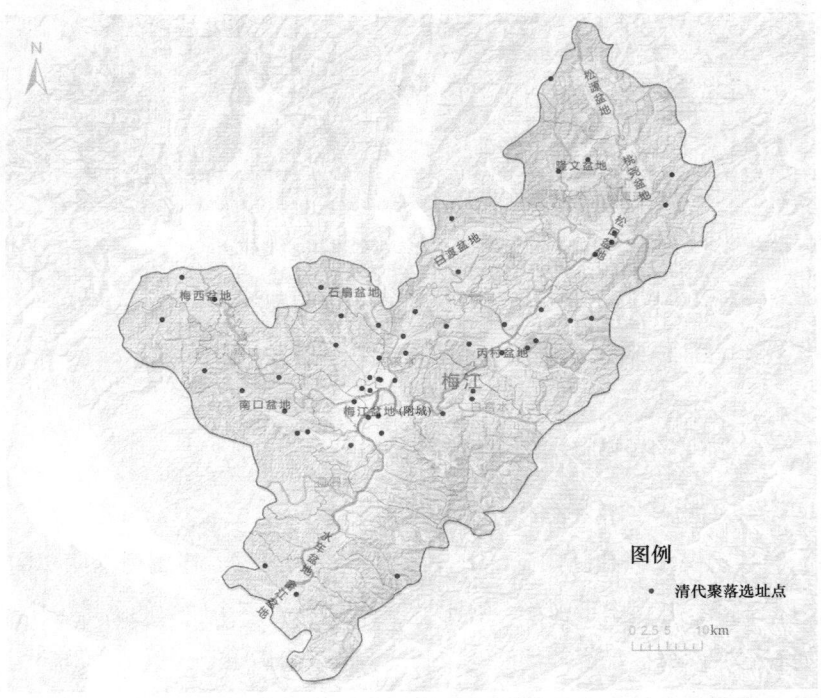

图 4-2-6　客家民系核心区清代传统村落选址特征示意图

综上，客家民系核心区的土地开发历程经历了从大盆地逐步到小盆地的开发规律，以及由水田开发转向旱地开发的方式的转变，传统村落的选址随之从低海拔向高海拔区域发展。

二、客家民系核心区传统村落景观区划

1. 适应山地环境的三类土地利用方式

客家先民通过千百年来对核心区内山地的改造与利用，形成了多种适应山地环境的土地利用方式。根据其开发地的海拔高度与地貌类型，可将其分为低海拔河谷盆地平田型土地利用方式、丘陵盆地梯塅田型土地利用方式以及高山茶田型土地利用方式三类。客家民系核心区适应山地环境的三类土地利用方式如图 4-2-7 所示。

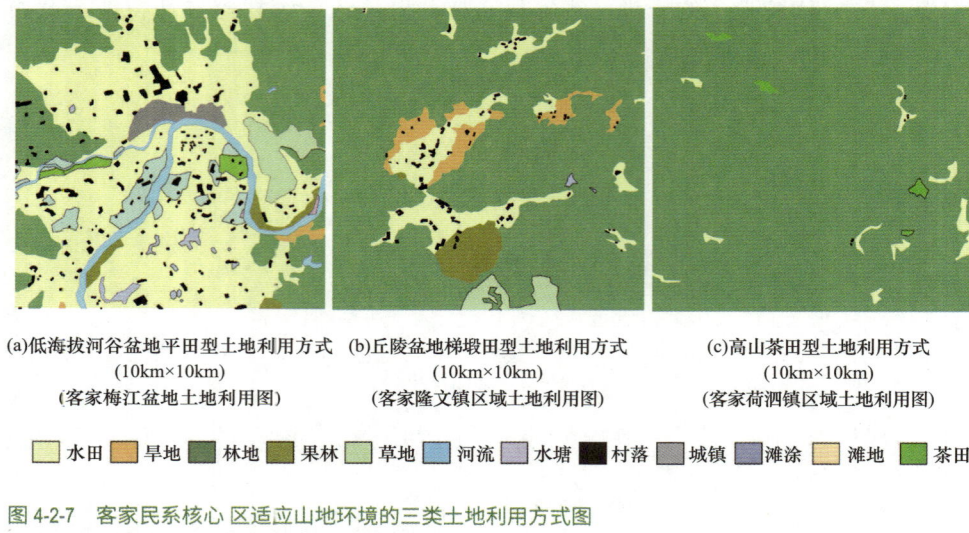

(a) 低海拔河谷盆地平田型土地利用方式　　(b) 丘陵盆地梯塅田型土地利用方式　　(c) 高山茶田型土地利用方式
　　　　(10km×10km)　　　　　　　　　　　　(10km×10km)　　　　　　　　　　　(10km×10km)
　　(客家梅江盆地土地利用图)　　　　　　(客家隆文镇区域土地利用图)　　　　(客家荷泗镇区域土地利用图)

■水田　■旱地　■林地　■果林　■草田　■河流　■水塘　■村落　■城镇　■滩涂　■滩地　■茶田

图 4-2-7　客家民系核心区适应山地环境的三类土地利用方式图
（注：图片根据民国时期测绘图识别绘制。）

（1）河谷平田为主的土地利用方式

客家民系核心区内土地开发程度最高的区域，当属梅江两岸的河谷区域，并集中于梅江（附城）、丙村、松口三个较大的盆地之中。河谷区域内海拔高度较其他区域低，多位于海拔150m以下，地势相对平坦开阔，且土壤深厚肥沃，适宜农耕产业的发展。通过长时间的开发，河谷区域内的盆地上种植较大面积的水稻田和部分旱地。由于河谷盆地内部平原面积较大，以及周边山势陡峭，农耕开发区域集中于河谷盆地中的平原之上，形成了以平田为主的土地利用方式。

（2）丘陵梯田为主的土地利用方式

丘陵区域的海拔多在 150～500m，区域内仅丘陵间的小盆地可开垦，其内的土地开发程度较低。丘陵区域内由于山体的影响，地形起伏大、日照不充足，适宜耕作的农田面积较小。农耕区域主要集中在丘陵盆地向阳的缓坡与盆地内河流两岸，形成以梯田、塅田为主的土地利用方式。粮食作物的产量较低，为补充粮食生产的不足，该区域内还种植果树、油茶、油桐等经济作物，形成旱地。丘陵土地利用方式，形成了在山体间分散的以水稻田为中心外围种植经济作物的多个小范围的土地开发区域。

（3）高山茶田为主的土地利用方式

高山型土地利用方式，主要分布在客家民系核心区东部的莲花山、阴那山山区，区域内的海拔高度多为500m以上。区域内山高水冷，雾多日照短，气温低，寒露风危害较大，不利于农耕产业发展。其内的土地开发程度最低，耕地零星分散，粮食产量较低，较少有村落选址于此区域。但得益于高山云雾的自然条件，该区域内适合茶的种植，形成了一定规模的茶田。在传统时期该地区种植茶田的面积，虽不如水稻田，但其提供的经济收益远高于水稻田，因此可将其作为该区域的主导土地利用方式进行讨论。

2. 客家民系核心区内传统村落景观分区

自然条件为土地利用的基础，并且对土地利用方式有较强的制约作用。基于上述三种典型的土地利用方式，通过将客家民系核心区内的地貌分区与土地利用类型图相叠加可将其划分为三个区域进行研究，即可将客家民系核心区划分为河谷平田区、丘陵梯田区、高山茶田区三个区域进行研究（图4-2-8）。三个区域内的土地开发程度差异较大，其中河谷区已经开垦的土地面积占到区域总面积的近30%，丘陵区占到约11%，高山区则仅开发了5%左右的土地。客家民系核心区土地利用分区如图4-2-9所示。客家民系核心区土地利用分区见表4-2-2。

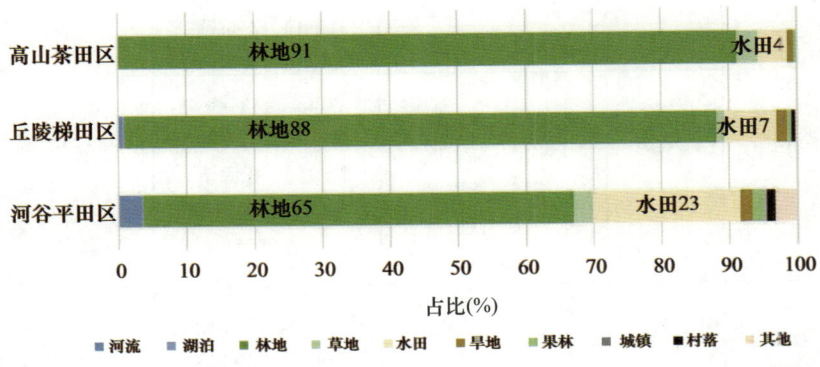

图4-2-8 客家民系核心区不同分区内土地利用特点统计示意图

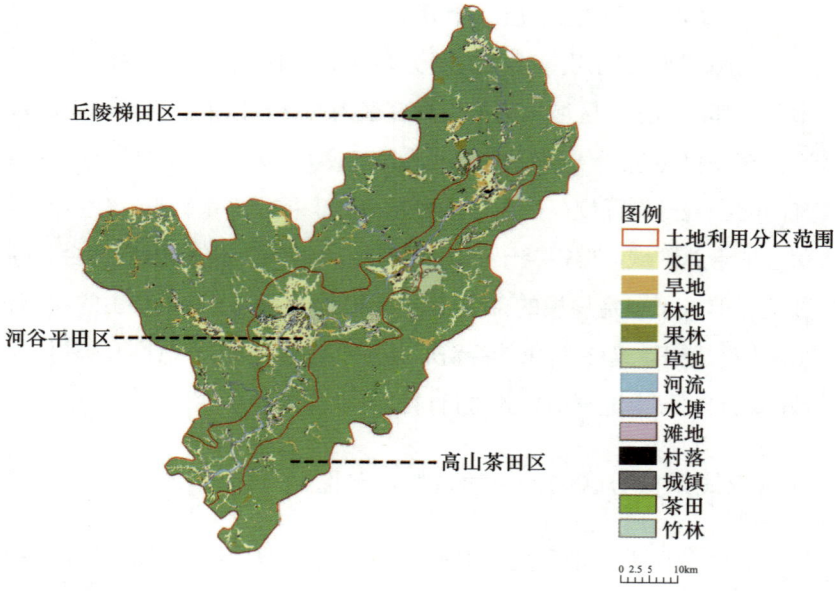

图 4-2-9 客家民系核心区土地利用分区图
(注：图片根据民国时期测绘图识别绘制。)

表 4-2-2 客家民系核心区土地利用分区表

分区名称	分区内主要土地利用方式	分区范围		分区面积及占比（km²）
		清末的行政分区	现代行政分区	
河谷平田区	农、果等农耕土地利用方式	松口堡、金盘堡、东厢堡、水南堡、扶贵堡、畲坑堡等	松口镇、雁洋镇、丙村镇、梅州市、程江镇、梅南镇、水车镇、畲江镇等	683（22.5%）
丘陵梯田区	农、果、经济	松源堡、隆文堡、半圆堡、李坑堡、石扇堡、李坑堡、石坑堡、南口堡、大平堡、瑶上堡、河田堡、锦屏堡、大竹堡、扶贵堡、饶塘堡等	南口镇、石坑镇、梅西镇、太坪镇、城北镇、石扇镇、城东镇、白渡镇、隆文镇、松源镇、桃尧镇、松口镇东部等	1665（54.9%）
高山茶田区	农、茶、油	锦州堡、西阳堡、白土堡、罗衣堡、龙文堡、榄潭堡、柴黄堡等	雁洋镇东部、梅南镇东部、水车镇东部、畲江镇东部等	683（22.5%）

3. 客家民系核心区景观分区主导型的确立

客家民系核心内部不同景观区划的土地开发时期以及社会经济状况具有较大的分异。其中，河谷区域为客家民系经济文化中心梅州市的选址区域，区域内沿梅江有诸多重要墟市港口，如松口等，交通便利。紧邻梅江的区位使该区域具有较为便利的交通条件，是传统村落主要的选址区域。河谷区域内已开发的耕地面积是三个分区内最高的，因此本书将河谷型作为客家民系核心区的主导型景观分区进行讨论。丘陵型的土地利用方式在客家民系核心区乃至整个客家区域，都是最为常见的土地利用方式，区域内通过对诸多大小不一的小山间盆地进行开垦，形成客家常见的耕山型村落群。丘陵型的景观分区占客家民系核心区的55%，占地面积最大，但居住人口低于河谷区域。高山型的景观分区内的人口和村落数量均最少，其土地利用方式也较为特殊，可作为亚型进行探讨。客家民系核心区三大类型传统村落景观的数据对比见表4-2-3。

表4-2-3　客家民系核心区三大类型传统村落景观的数据对比表

类型	河谷型	丘陵型	山地型
土地开发程度	30%	11%	5%
聚居地总面积（hm^2）	1081.9783	789.76	1.586
耕地总面积（hm^2）	17809.74	16396.87	26.11
分区土地主要开发时代	宋代、明代	明代、清代	清代
区域内传统村落数量（个）及占比	82（42%）	94（48%）	9（%）
传统村落类型	主导型	亚型	亚型

第三节　客家民系核心区河谷平田区传统村落景观特征

一、客家民系核心区河谷平田区的区域景观

1. 山间河谷盆地的生态基底

相比其他丘陵山地，区域内具有更多的水资源和平坦的土地资源

以及更多的日照时长。客家民系核心区河谷平田区主要位于客家民系核心区的中部，主要由梅江两岸的盆地和丘陵山地所组成。中部的梅江河谷整体呈东西走向，利于南向日照的摄入。区域内的梅江位于韩江上游，水量丰沛，是客家民系核心区内的主干河道，也是客家民系核心区内最重要的对外联系通道。由于梅江是整个客家民系核心区内诸多河道的汇水区域，其河流水量丰沛。根据本次统计，河谷平田区的水体斑块占到了总面积的3.7%，是三个区域内占比最高的。区域内梅江两侧的山体长期受到梅江的侵蚀，形成了诸多梅江串联的河谷盆地，而在盆地与盆地之间常成峡谷，有丘陵或山地与盆地相隔，在平面上看如同串珠一样。在客家民系核心区内，梅江串有梅江（附城）、丙村、松口三个大盆地以及畲江等小盆地。这些河谷盆地都较宽阔，冲积平原面积较大，主要包括梅江（附城）盆地、丙村盆地、松口盆地三个大盆地以及临近梅江的其他诸多盆地，地势平坦，土层深厚，利于农作物的种植，是主要的土地开发区域，也是主要的传统村落选址区域。盆地外围的山地不利于耕种，有大面积的林地，根据本次统计，河谷平田区的林地斑块占比约为65%。客家民系核心区内河谷平田区"三生"斑块构成如图4-3-1所示。

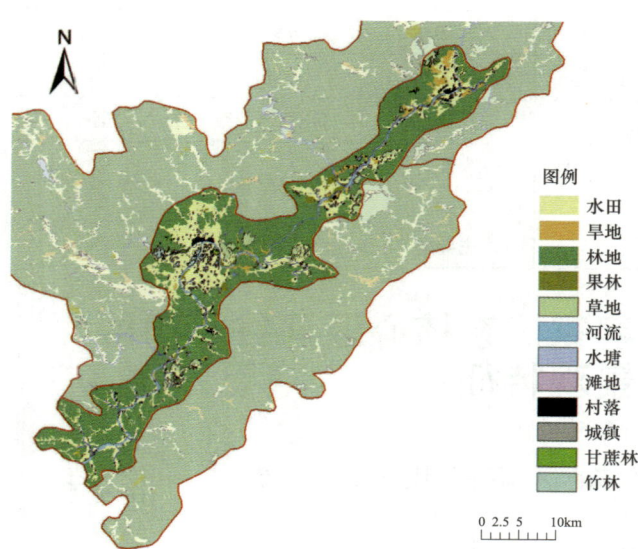

图4-3-1 客家民系核心区内河谷平田区"三生"斑块构成图
（注：图片根据民国时期测绘图识别绘制。）

客家民系核心区内河谷平田区"三生"斑块景观指数统计见表 4-3-1。

表 4-3-1 客家民系核心区内河谷平田区"三生"斑块景观指数统计

类型		斑块数（个）	斑块类型面积（hm²）	斑块类型面积百分比（%）	平均斑块面积（hm²）	斑块密度（×10⁻²个/hm²）	最大斑块占比（%）	平均最近距离（m）
生态空间	河流	33.00	2349.68	3.44	71.20	0.05	2.25	313.83
	湖泊	26.00	205.15	0.30	7.89	0.04	0.05	2082.95
	滩地	29.00	170.71	0.25	5.89	0.04	0.05	966.75
	林地	47.00	44628.05	65.42	682.19	0.07	25.25	120.24
	草地	22.00	1973.82	2.89	89.72	0.03	0.40	1345.04
生态斑块合计		157.00	49327.42	72.31	—	—	—	—
生产空间	水田	86.00	15380.64	22.55	178.84	0.13	3.95	179.79
	旱地	35.00	1208.79	1.77	34.54	0.05	0.21	1153.28
	果林	28.00	693.62	1.02	24.77	0.04	0.15	1365.90
	甘蔗林	18.00	526.69	0.77	29.26	0.03	0.23	448.47
生产斑块合计		167.00	17809.74	26.11	—	—	—	—
生活空间	城市、城镇	3.00	244.46	0.36	81.49	0.00	0.24	17031.77
	村落聚居地	728.00	837.52	1.23	1.15	1.07	0.06	238.32
生活斑块合计		731	1081.9783	1.586				

2. 盆地稻作平田的生产斑块

（1）拦溪建陂灌溉的河谷盆地水利体系。客家民系核心区内河谷平田区内的农业生产的发展主要受到山区水资源集中、洪涝灾害以及季节性降雨的影响，需要建设一套适应山区环境的水利体系。河谷平田区因地形特殊，两侧为高耸的山地丘陵，中部为低平的河谷平原，地形的高差变化促使水资源能够快速地向中部梅江集聚，加之梅江下游韩江峡谷的闭塞，使梅江江水较难在短时间内排入下游，从而形成洪水，危害两岸农田。河谷平田区内经常出现降雨年份与季节分布不均的现象，如枯水年份与丰水年份雨量相差近一倍，并且降雨多集中于每年的4—9月。因此，河谷平田区内引水灌溉与防洪成为农田主要面对的水利问题。

河谷平田区内有多条山溪河道流向梅江，农田灌溉多通过修建拦截山溪的水陂、水坝，引水进行灌溉。引水陂从山溪上游建坝，拦蓄河水，并通过人工修建的水圳引水进入农田，从而进行灌溉。以河谷平田区内的三大盆地为例，梅江（附城）盆地西侧有梅西陂、三乡陂、杨径陂三处引水陂，松口盆地有车田陂、官坪陂，丙村盆地则依靠乌泥陂。据清光绪年间《嘉应州志》记载，松口盆地官坪陂可灌田 89hm^2。可以说，引水陂在河谷平田区作用较大，通过引水陂的修建灌溉了大量的农田。拦河蓄水的水陂，虽具有一定的抗旱作用，但不如山塘的蓄水抗旱能力强。河谷平田区内还有部分山塘的建设，但数量相较拦河水陂少，主要是由于河谷平田区内整体海拔较低，是诸多山溪河道的下游，水资源相对丰沛，抗旱需求较少。拦河水陂需要建设在山体坡降较为平缓的区域，河谷平田区内相较平缓的盆地为其提供了条件。客家民系核心区河谷平田区水利体系分布如图4-3-2所示。

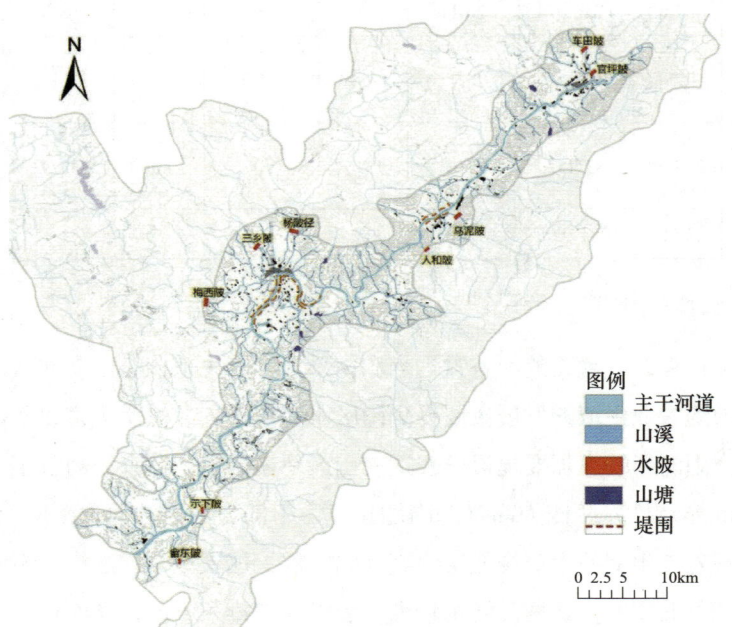

图4-3-2 客家民系核心区河谷平田区水利体系分布图（根据清《光绪嘉应州志》绘制）

河谷平田区的先民多通过沿江堤坝的修建削弱洪灾对农田的影响，早在清乾隆八年（1743年），嘉应州守于需就在梅城东门外修三公堤，长 1km，阔丈余。清乾隆四十四年（1779年），嘉应州守赵康在蕉城修筑赵公堤（今格子渡堤防），长 3000m 以上，采用石灰砌石，平均高 3.7m。民国时期，梅县民众自修程江铁炉潭堤、乖子渡堤、新中堤、芹黄堤和银竹护岸工程。

（2）沿江水田为主的生产斑块。河谷平田区内沿梅江串珠状分布的盆地，地势平坦，土壤肥沃，光照、温度、水资源较充足，为河谷区域的农业发展提供了优良的条件。区域内的农业以农耕产业为主，水旱地斑块占总生产斑块面积的 93%，其中水田占农耕斑块的 92%。大面积的水田以种植双季稻为主，一年可三熟，粮食单产较高。区域内梅江两岸的坝地，为洪水泛滥沉积而成，土质松散，沙质化严重，难以改造成水田，只能进行旱作。另外，临山的坡地之上由于地形限制较难开垦形成水田，也多进行旱作。区域内主要的旱作作物有小麦、水果、甘薯、花生、大豆、黄烟、红黄麻等。河谷平田区内在传统时期由于农耕产业较为发达，林业发展相比其他区域较弱。

3. 沿江平地聚集的生活斑块

河谷区域内的聚居地斑块呈现出在河谷平原集聚分布的特点，根据本次统计，河谷平田区 60% 以上的传统村落都集聚在松口盆地、丙村盆地、梅江（附城）盆地等多个沿梅江分布的河谷平地之上，其余则分散分布在梅江两岸的山地之上。区域内的传统村落平均选址高程 92m，其内 62.5% 的传统村落都分布在海拔 100m 以下的区域。河谷平田区传统村落的选址高程远低于客家民系核心区其他区域。河谷平田区传统村落的平均选址坡度为 5.96°，60% 的传统村落的选址坡度低于 5°。从聚居地选址的坡向角度看，其选址坡向较为多元，各方向均有分布，其中有 37% 的传统村落选址于北、东北、西北三个方向的阳坡，朝南分布能够获取更多的阳光。

由于河谷盆地内平地面积有限,为尽量节约土地面积,此区域内的聚居地多聚集分布。根据本次统计,河谷平田区的平均聚居地斑块面积为 1.15hm², 多个聚居地斑块围合形成的村落聚居地面积则达到了 2.91hm², 是客家民系核心区内村落平均聚居地面积最大的区域。由于村落内聚居地斑块聚集性较强,其间的平均距离较短,为238m,但村落间聚居地斑块分布间隔较远。客家民系核心区河谷平田区沿江聚集的生活斑块如图 4-3-3 所示。

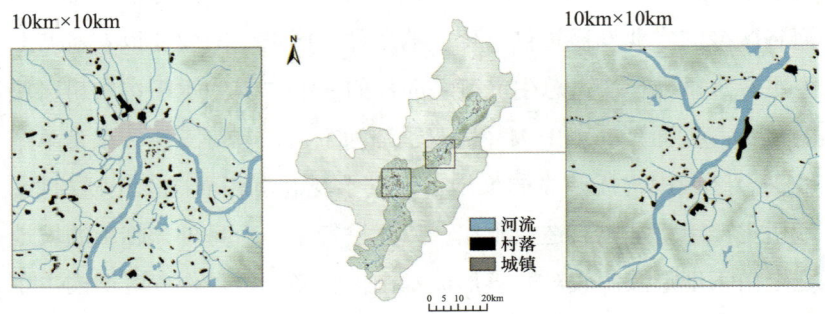

图 4-3-3　客家民系核心区河谷平田区沿江聚集的生活斑块

二、客家河谷平田区村落群景观特征

1. 以沿江河谷盆地为中心的村落群

河谷平田区内的村落群分布受到地形环境的制约较为显著。其内村落多聚居在梅江两岸的河谷平原之上,河谷平原受到低丘的阻隔,相互独立开来,形成大小不一的诸多河谷盆地。每个盆地内均有诸多村落,每个盆地内的多个村落可形成一个村落群。每个村落群组团内的村落数量与其所处的盆地的面积有关,最大的梅江(附城)盆地内,是梅州市的选址,区域内涵盖了 46 个传统村落,较小的水车盆地,仅涵盖了七八个传统村落。河谷平田区内村落群以梅江为中心,在其两岸分布,既有较为平坦的村落群建设用地,又有便利的水路条件。河谷盆地内的村落群,多呈现出滨河平原集聚,在四周山地分布的村落数量较少,多散布在山间。河谷平田区的村落形成了由多个沿梅江串珠状分布的盆地所限定的村落群。每个村落群内的村落以滨江低地为核心，聚集分布，四周的山区分散分布少量村落。客家民系核心区河谷平田区内的村落群分区示意如图 4-3-4 所示。

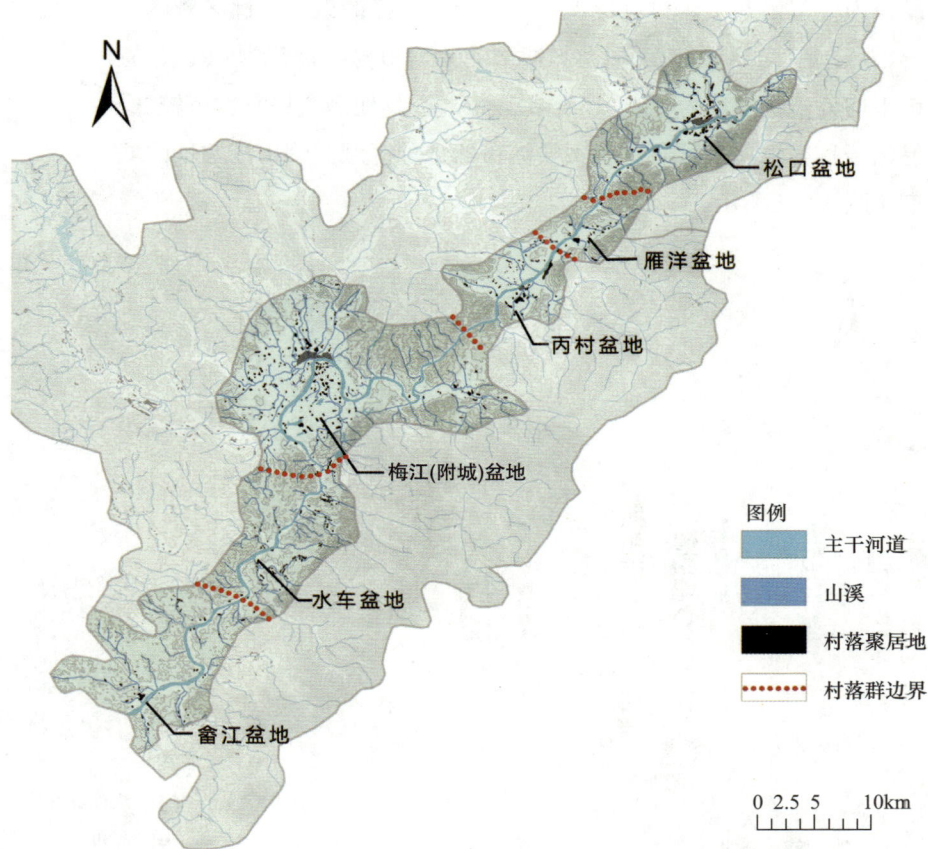

图 4-3-4　客家民系核心区河谷平田区内的村落群分区示意图

2. 以沿江墟市为村落群核心

因梅江带来的便利交通条件，河谷平田区是客家民系核心区乃至整个客家区域内的交通枢纽和贸易中心。在梅江沿线形成了多个大墟市，旧时曾有"头松口，二畲坑，三丙村"之说，到清末民国时期，形成了松口墟、丙村墟、梅州市、梅西墟、畲江墟五个较大的墟市，以及近十个小规模的墟市，共计十余个墟市。比较大的如松口墟，有店铺1000余间，畲坑墟和丙村墟各有500多间，梅西墟有300多间，隆文墟、松源墟各有200多间，其他墟市或百余间或数十间，数量不一。十余个墟市除梅西墟外，均临梅江分布。墟市内以粮盐竹木为大宗交易品，以日常生活生产用具为主要贸易货品，为客家诸多山区村落提供了对外货品交换的渠道。此区域内的一个墟市平均涵盖15个村落，墟市的平均贸易半径约为4km，墟市平均分布密度约为0.02个/km²。相对于其他两个民系墟市较低，但已经是客家民系核心区内主要墟市的选址区域。临梅江选址的墟市如图4-3-5所示。

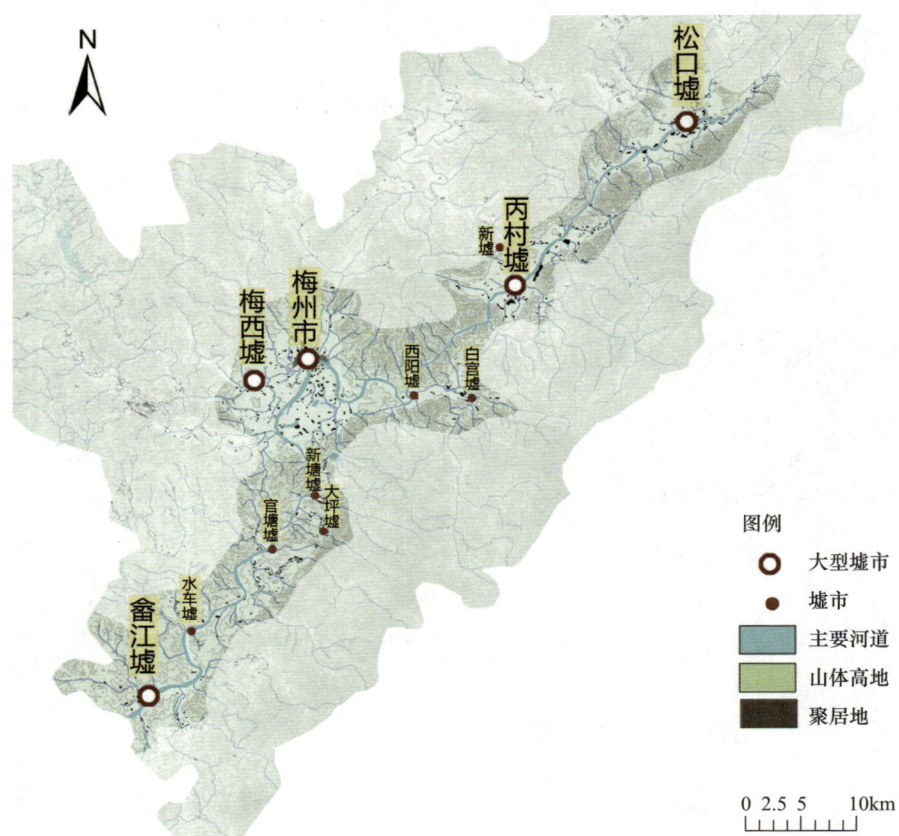

图4-3-5 临梅江选址的墟市（根据清《光绪嘉应州志》绘制）

此区域内的墟市不仅是山地村落群的经济贸易中心，还是村落群的地方信仰中心与地方宗族势力角逐的场所。墟市附近是诸多庙宇聚集的区域，多修建地方信仰的神庙，祭拜对象包括梅公王（公王）、观音、土地神、财神等，在庙会期间，周边村落的村民均会赶来参加，除敬拜外还会参加墟市的演出等娱乐活动。随着敬拜游神活动的发展，仅松口堡内就有十三座公王宫，每座公王宫都会在特定的日子举办"扛公王"巡游活动，吸引大量乡民前来参加，松口镇逐步成为区域内敬拜与娱乐活动的中心。另外，在传统时期墟市的建设具有一定的私有属性，墟市的发展离不开宗族的支持与建设。墟市多为墟市周边的大宗族所开设，并被大宗族管理运营，在多个大宗族共同管理的墟市内，有着明显的宗族间界线。一个墟镇的格局常常以某个姓氏宗族的名称形象地比拟。如丙村墟"温半街"、番坑墟"刘半街"之类的说法比比皆是。因此，河谷平田区的墟市对其周边的村落既能提供经贸、敬拜服务，又能够带动产业发展，从而形成以墟市为核心，基层商贸功能为主导的村落群。

3. 以渡口连接陆路为村落群交通方式

河谷平田区内的村落群主要依靠中部的梅江进行对外交通联系，对内则只能依靠山间小路进行交通联系。区域内临近梅江建设了多个码头、渡口，来满足陆路交通与水陆交通的转运并连通梅江两岸的村落。据光绪年间《嘉应州志》记载，仅松口堡就有西南上渡、横山渡、黄沙渡、小溪渡等 11 个渡口，可见梅江上的交通繁忙程度。不临江的村落则需通过墟市进行对外往来。因墟市多位于村落群的中部，多形成放射状的路网体系，连通周边的村落。与平原区域相比，河谷区域内地势变化较为丰富，道路需顺应山势曲折前进，较少有直线路线。

以松口堡为例，其位于梅县东北部，居梅江下游，其地处粤、闽、赣三省要冲，早在南汉乾和三年（945 年）就已经建镇。其内的松口墟形成于明嘉靖年间，是诸多商品的集散地，进口的建筑材料、潮汕食盐、海产品，江西赣州、福建龙岩的农副产品均经松口墟交易转运销售。松口墟临梅江水路航运发达，上通梅州市、五华县，下通大埔县、汕头市等地，民国时期，有大小码头26座，最多时停靠船舶近1000艘。码头将梅江水运路线与墟市道路相连接，可供货物转运与人员通行。松口堡总面积328.6km²，涵盖了37个传统村落，分布在梅江南北两岸。与松口墟同处梅江北岸的村落，可通过陆路交通到达松口墟，在松口墟对岸的村落则需通过渡口，乘船前往松口墟。松口堡内溪河山涧诸多，阻碍陆路交通通行，多修建桥梁来进行连通。据记载，清代松口堡内由地方人士捐资或集资兴建的石拱桥有五龙桥、云车桥、乐善桥等20多座。整个村落群内的路网以松口墟为核心，不断向周围山体扩散，形成放射状的路网体系，并涵盖了桥梁、码头、渡口、水路、陆路等多样的交通设施。松口镇村落群如图4-3-6所示。

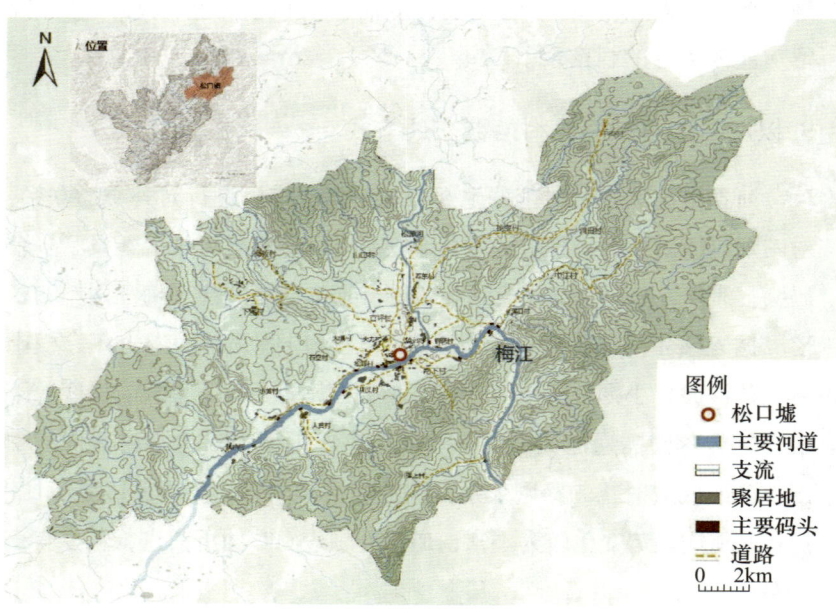

图4-3-6　松口镇村落群（注：图片根据民国时期测绘图识别绘制。）

三、客家民系核心区河谷平田区的村落单体景观特征

大黄村位于梅州市梅县区松口镇南部，紧邻梅江，因其在梅江边

转弯处有大片黄色沙滩而得名。明代建村的大黄村在传统时期一直为梅江重要的交通口岸，历史悠久、环境优美，于 2013 年被评为"中国美丽乡村示范点"。2014 年 11 月，被评为"中国传统村落"，是典型的河谷平田区传统村落。

1. 移民迁徙与营居历程

大黄村开村于明朝早期，距今有 600 多年的历史，地处梅江南岸，距松口镇 5km。大黄村的建村时间正好为松口镇大规模土地开发的时期。目前的大黄村主要分为崇阶、新江、许屋、榕树、湖洋坝、坑尾 5 个较大的村落组团。目前村内有廖、许、陈、丘、黄、梁、赖等 16 个姓氏的族群居住。

根据族谱、镇志的记载可知，大黄村主要的姓氏族群多为明代迁入，有赖氏、丘氏、廖氏、许氏、陈氏等。各个姓氏具体的迁入时间和迁入片区可能较难考证，目前根据各个姓氏祖祠的建设时间和区位大致还原出大黄村内各个姓氏的营居时序。据《松口镇志》记载，最早迁入大黄村的是赖氏，赖氏于明代初期从福建上杭迁入大黄村，选址于榕树片区内。随后丘氏也于明初迁入大黄村，选址于湖洋坝区域内，坐东南朝西北建设丘氏祖屋，据丘氏族谱记载，丘氏从福建汀州宁化县石壁村迁徙而来。随后廖氏也于明初时期的洪武年间迁入大黄村崇阶片区，建设凤池公祠堂。廖氏目前已经成为大黄村内最大的姓氏，其居住片区也从崇阶扩展到了新江区域。随后许氏于明代从大埔县迁入大黄村的许屋片区，于山坳处背山面田建设许氏宗祠。陈氏也于明代从福建迁入坑尾片区，于山谷最深处建设陈氏宗祠。梁氏迁入大黄村的时间较晚，于清代从福建三山里迁入大黄村湖洋坝区域，于山谷平原交界地带建设梁氏宗祠。大黄村营居次序如图 4-3-7 所示。大黄村姓氏分布现状如图 4-3-8 所示。大黄村主要姓氏迁徙时序与路径见表 4-3-2。

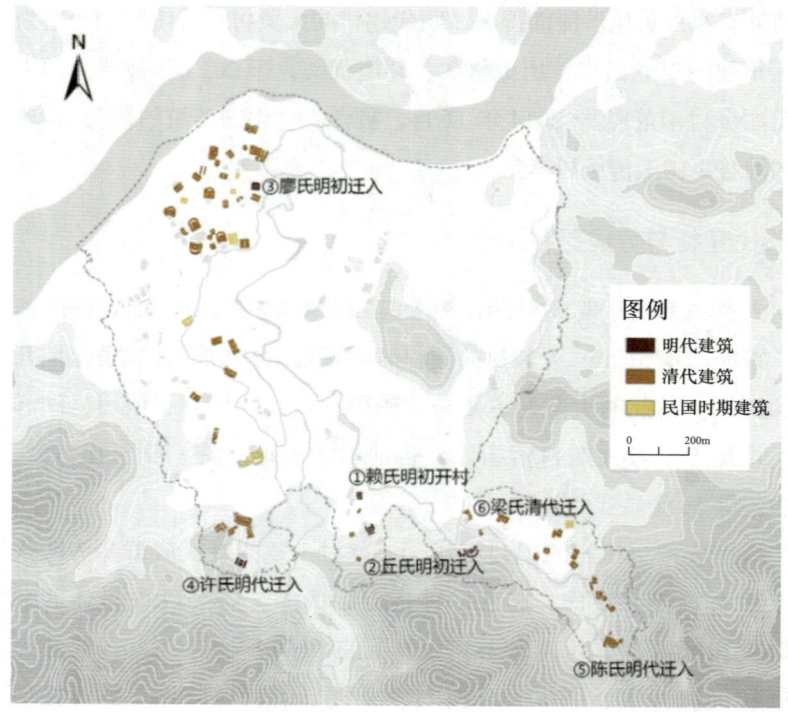

图 4-3-7 大黄村营居次序

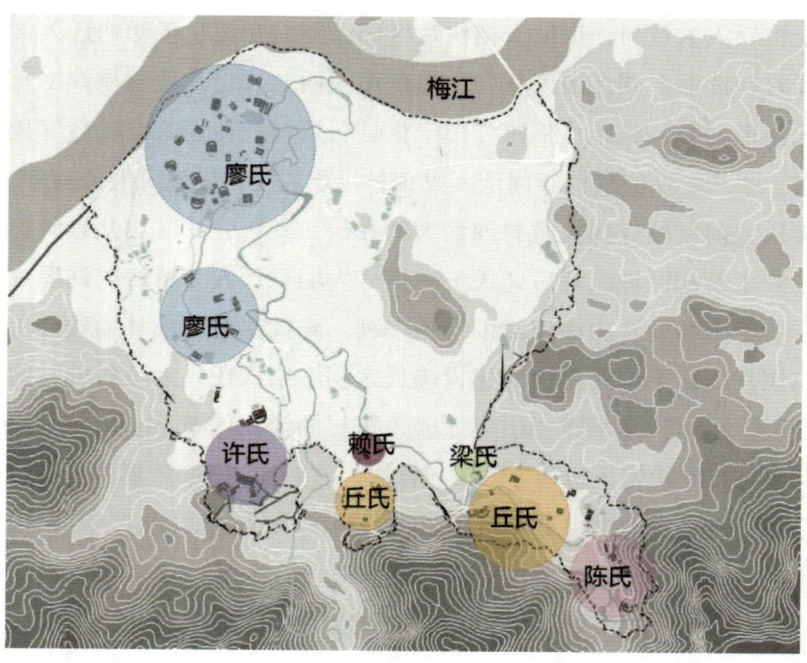

图 4-3-8 大黄村姓氏分布现状

表 4-3-2 大黄村主要姓氏迁徙时序与路径

姓氏	族谱记载迁徙原地	停留区域	到达大黄村的时间	在大黄村的营居区域
赖氏	浙江松阳	福建上杭古田	明代早期（大黄村开基）	榕树
丘氏	河南	福建汀州宁化县石壁村丘家坊	明代以前	榕树、湖洋坝
廖氏	河南汝南	浙江松阳、福建上杭	明代洪武年间	新江、崇阶
许氏	河南	梅州大埔县	明代	许屋
陈氏	河南颍川	福建宁化、上杭	明代	坑尾
梁氏	山东、宁夏	福建三山里	清代	湖洋坝

2. 选址环境与景观格局

大黄村选址于梅江中下游，梅江水系由西向东从村北侧流过，其余三面环山，村落周边环境山环水绕，风景优美。村域范围内地势整体南高北低，村域内部山体高度可达到175m，而梅江的高程仅有几米，村内高差较大。村内有三股山间汇水从南至北穿过村落，并最终汇入梅江，是村内主要的生活与灌溉水源。大黄村临近梅江的区域为梅江冲积出来的一个滨江小平原，土壤沙质化较为严重，多种植旱作植物，当地称之为坝田。坝田的内侧土壤，长期受到山间溪流的灌溉，多被开垦形成水田。大黄村内主要的聚居地多位于水田与山体之间，即在山脚处建设围龙屋，并在围龙屋前开挖水塘，形成背山面水的聚居地形态。大黄村内有六个聚居组团，即许屋、榕树、湖洋坝、坑尾、崇阶、新江。其中许屋、榕树、湖洋坝、坑尾四个聚居组团均选址于村落南侧的山间小平地，背山面水地展开聚居地营建。此类选址地势较高，不会受到梅江水患的威胁，并且临近水源，较少受到旱灾的威胁。崇阶和新江聚居组团的选址则较临近梅江，位于梅江冲积出来的一个滨江小平原之上，地势较为开阔，可形成规模较大的聚居地，且濒临梅江航运较为方便，是村落内主要的对外交流通道。在聚居组团之上，山体坡度较大，较难开垦形成农田，多在围龙屋后种植果树，形成既能抵抗山洪又有一定经济效益的果林。大黄村在山环水绕的自然环境下，形成了从梅江到山体的江—堤—坝田—水田—风水塘—围龙屋—果林—山林的景观格局。大黄村整体环境特征如图4-3-9 所示。大黄村景观格局剖面图如图 4-3-10 所示。

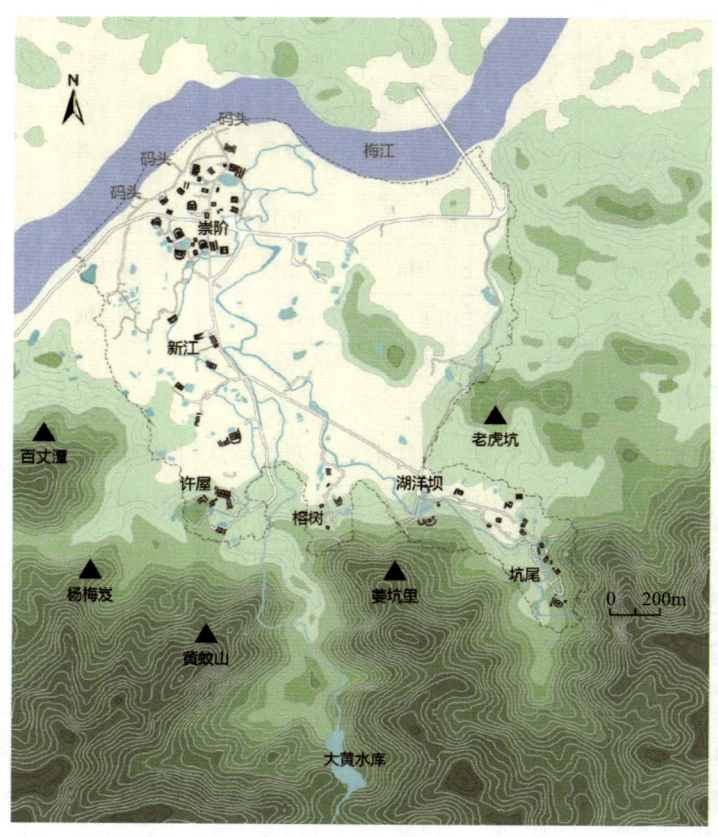

图 4-3-9　大黄村整体环境特征

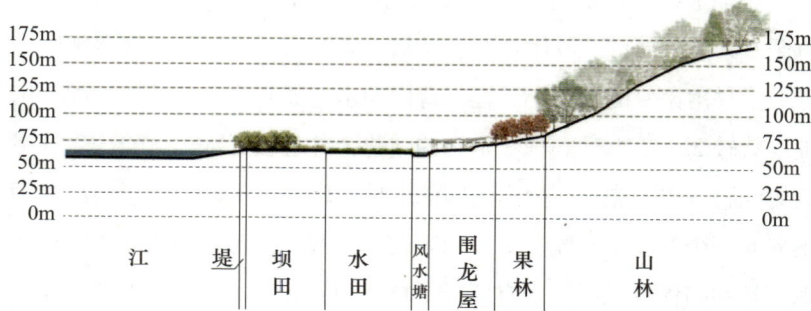

图 4-3-10　大黄村景观格局剖面图

3. 滨河平田为主的生产景观

大黄村处于阴那山系的山脚与梅江的交界处，其内部的河道多为山间汇水形成的山溪。目前大黄村内主要有鹧坑里、大把岽、坑尾溪三条山溪，三条山溪从南向北流经大黄村。三条山溪流入大黄村时已经是下游阶段，并在村庄的北部最终汇入梅江。三条山溪为大黄村的主要灌溉与排洪渠道，但三条山溪的水位受到上游水位的影响，季节变化较为明显，不能直接用于农田的排灌。大黄村先民们进行了一系列的改造，形成了蓄水、灌溉和排水相结合的水利体系。大黄村水系如图 4-3-11 所示。

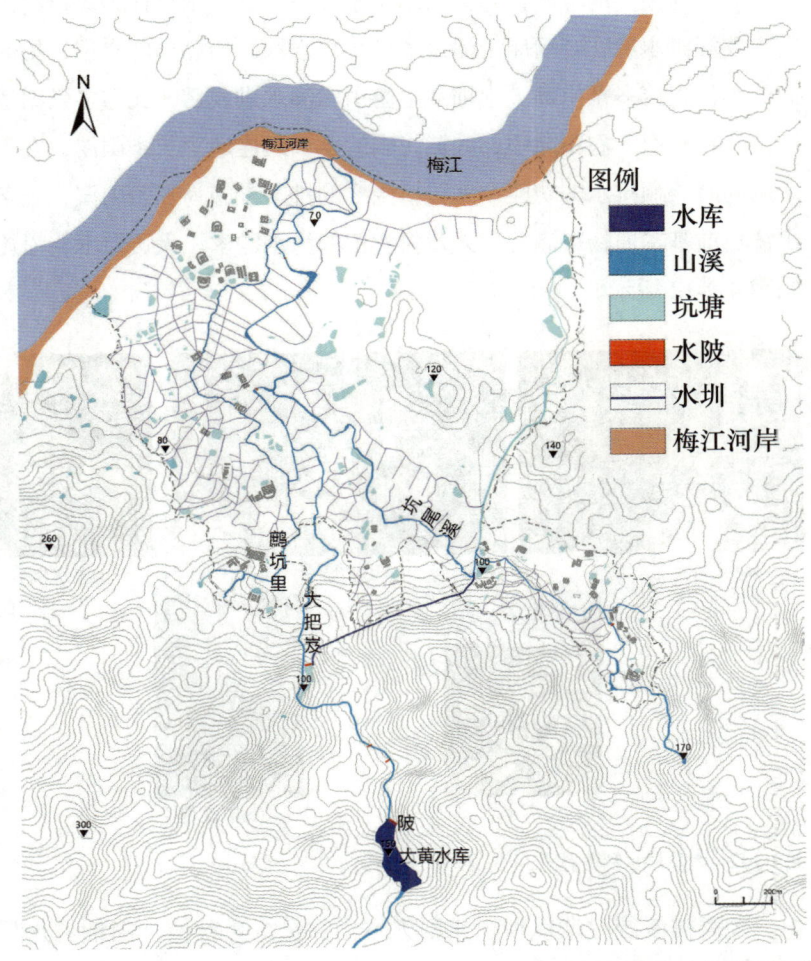

图 4-3-11　大黄村水系图

大黄村的蓄水设施主要为农田里与屋前的水塘。大黄村水库的灌溉水源主要来自截流山溪，水库可分为山塘和水坝两个部分。山塘具有一定的蓄水能力，在旱季，通过水坝开放灌溉农田，涝季蓄水防止农田被淹。另外，大黄村内农田里也会在低洼处修建坑塘，此类坑塘的主要水源为降雨。农田内的坑塘除了养殖外，还可在旱季对农田进行补充灌溉，在特殊时期也可启用屋前的风水塘进行补充灌溉。大黄村内农田的蓄水坑塘主要分布在地势较高的农田区域内，此区域内较难利用山溪水进行灌溉，密布的坑塘给此区域内的作物提供了灌溉水源。

大黄村主要的灌溉设施为山溪、水圳与渠道。山溪作为大黄村内的主要灌溉水源，其河床上建设了多个小水坝，抬高局部水位，抬高后的水位连接多条水圳。水圳从上游引山溪水进入后，又与多条渠道连接，将水引入农田之中。大黄村内的水圳还连通了三条山溪，在引水的同时兼顾排水的功能。大黄村主要的排水设施为三条山溪，三条山溪目前基本通畅，满足了大黄村农田的排水需求。大黄村水利设施如图 4-3-12 所示。

(a) 坑尾溪与水坝　　(b) 坑塘　　(c) 主水圳

(d) 小水圳　　(e) 梅江堤

图 4-3-12　大黄村水利设施图

大黄村传统时期以种植水稻为主，并会少量种植沙田柚、龙眼等果树。水稻的种植区域主要为村中部和山间较为平坦的区域，此区域内有主要溪流河道分布，灌溉便利，较为平坦的地势利于水稻的种植。大黄村为梅江的河滩地，土质偏沙质，适宜沙田柚的种植，在传统时期大黄村种植沙田柚 200 多棵。大黄村龙眼的种植比较零散，多种植在房前屋后，没有形成种植体系。大黄村在中华人民共和国成立前，生产条件差、耕作技术落后，粮食产量低，大量坡地没有被开发。大黄村约于 1958 年大搞农田基本建设。兴修水利，平整土地，在拓展水田种植的同时，开始开发坡地种植果树，在改革开放前期，基本形成了平地水田、坡地果林的产业分布特征（图 4-3-13、图 4-3-14）。

图 4-3-13　大黄村平地水田　　　　图 4-3-14　大黄村坡地果林

4. 围团状聚居的生活景观

大黄村的聚居地分布形态以多组团聚居的围团式布局为主，即以一个较大型的围龙屋为单元，围龙屋三五成群的组团布局形态。大黄村的多个围团式布局组团主要以姓氏作为区分，不同姓氏分布在不同的组团。组团内的建筑多围绕各个姓氏的祖屋进行建设，形成以祖屋为中心的聚居组团。由于客家人的风水观念，讲究将自然环境中的山峦分为二十四个不同朝向，在不同的年份，所建的房屋的位置和朝向都有不同的讲究，并一定要按所规定的方位建造，以达到吉祥的目的。所以大黄村内建筑的朝向各异，以崇阶片区为例，此区域内的每栋建筑的朝向各异，即使相邻的两栋建筑也会选择不同的朝向进行营造。在朝向各异的建筑群间，大黄村内的道路组织主要为连接围团式组团的主干道路和组团内连接各个朝向的建筑间的小路。大黄村内的主要道路在传统时期多由麻石铺成，道路顺应地势蜿蜒分布。

（1）建筑单体与周边环境的关系。根据大黄村的营居时序可以看出，传统时期大黄村先民优先选址于山地与平原交界处，进行建筑的营建。较早来到大黄村开基的许氏和丘氏，均选择背靠较高的山体，选择山脚顺坡而建聚族而居的客家围屋。其中，丘氏祖祠为围龙屋形制，在其围龙屋左右两侧有较低矮的山体形成护山，并且丘氏祖祠前有山溪流过，形成三面环山和两侧环水的选址格局特征（图4-3-15）。另外，受到梅江交通区位的影响，大黄村内梅江畔的冲积平原区域也是传统建筑的优先选址点之一。大黄村目前人数最多的廖氏，最早便选址于梅江畔进行营建。廖氏的凤池公祠是最早开基的，约在明末时期建成，其形制也为围龙屋形制（后围龙已经损毁），其屋前的河流直通梅江，是大黄村灌溉排水的主要通道，其屋后日渐形成了廖氏的聚居组团，形成临河面田的选址格局（图4-3-16）。迁入大黄村较晚的陈氏和梁氏主要分布在更加靠近山体的坑尾区域，该区域内三面环山，平地较少，地形起伏较大，但较邻近水源，所以该区域也成为大黄村先民的落脚点之一。从大黄村传统建筑的营建次序可以看出，该村移民最理想的营建围龙屋的环境是环山面田，其次为面田近交通的区域，最后是农田较少的区域。

图4-3-15　丘氏祖祠靠山环水面田的选址格局

图 4-3-16 廖氏凤池公祠依坡近河面田的选址格局

（2）建筑形制。大黄村内的传统建筑形制丰富，有围龙屋、堂横屋、锁头屋、杠屋等类型。围龙屋是典型代表之一，其平面布局为纵向椭圆形，前低后高，屋前有半月形池塘，后立面周匝"围龙"为标志性建筑符号，既有一围龙（翌皇公祠）、半围龙（进士第、凤池公祠），建筑少则数百平方米，多则上千平方米，体现家族式向宗族式建造的发展理念，为客家人聚族而居提供了居住的平台与空间。村落内的建筑多为祠宅合一的形式，此外华侨兴建的"中西合璧"的屋宇（如喆庐），在保持中国传统文化特征和客家建筑艺术的同时，对客家建筑形式进行了改造，带有华侨侨居国的建筑元素，丰富了客家传统民居的建筑形式和装饰艺术。大黄村内的传统建筑多采用围龙屋的形制，依山就势，规模宏大。大黄村的古建筑多采用夯土墙体与木工梁柱相结合的方式，一砖一瓦都尽显泥石木的本色，极具匠心。民居普遍采用三合土夯筑墙体，地铺彩砖，青瓦、琉璃瓦做天面；石柱、门框、窗户和台阶等多采用石材；门廊厅堂均有精雕细刻的花草树木和鸟兽虫鱼等，手艺精湛；彩绘的壁画和诗词书法亦随处可见，历经百年而不褪色。大黄村内的传统建筑如图 4-3-17 所示。

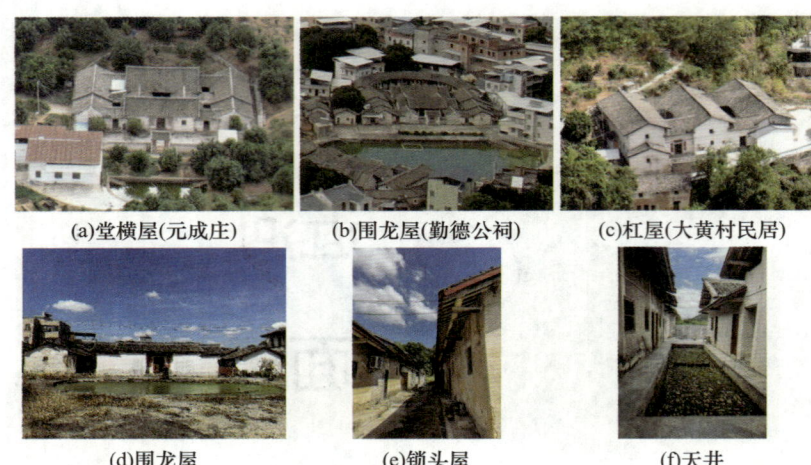

(a)堂横屋(元成庄)　　(b)围龙屋(勤德公祠)　　(c)杠屋(大黄村民居)

(d)围龙屋　　　　　　(e)锁头屋　　　　　　　(f)天井

图 4-3-17　大黄村内的传统建筑

（3）公共空间与风俗信仰活动。大黄村内由于都是祠宅合一的大型客家建筑，其主要的活动空间多位于建筑内部。与其他客家村落相同，大黄村内最重要的祭祀活动为清明、春节时期的祭祖活动，其主要的祭祀空间为各个姓氏祖屋内的祠堂。村内对于神仙的崇拜弱于对祖宗的崇拜，大黄村南侧的黄蚊山上有一座安山寺，规模较小，部分村民会每逢农历初一、十五前去祭拜。村民的日常休憩空间主要为屋内的冷巷、化胎和屋前风水塘边的禾坪空间。

大黄村村民秉承崇文重教的优良传统，读书求知蔚然成风。明清时期各村开办私塾，清末兴新学，村中各姓办有美溪、湖山、明德、笃裕、广福宫、好补习 6 所学堂，出有进士廖凤章，四品衔授朝仪大夫。1936 年，华侨、热心人士募办黄社公学，为乡村教化，培养大批人才。从大黄村走出的英才，有同盟会会员、嘉禾勋章获得者陈蓬士，同盟会会员、参加潮州黄冈起义和广州起义的廖介和，爱国侨领廖子君以及民主党派丘哲先生等。

（4）景观意象与景观元素。依山傍水的大黄村风景秀丽，既有多座拥有传统风貌的建筑，又有参天的古树与其交相辉映。濒临梅江的大黄村，交通便利，村内多条道路都能够通向梅江，形成大大小小的码头约 3 处，至今凭江而立依旧能感受到，曾经以水运交通为主的时期，大黄村码头的繁忙与喧闹。大黄村内溪流纵横，先民们在河道上架设了多座桥梁。溪流上高高拱起的桥梁，仿佛在向我们诉说着这里的历史。遍布村落的古井、水圳、渠道，为村民生产、生活提供了切实保障。形制丰富的各式客家传统民居，屋前天光云影的半月形池塘星罗棋布，屋后古树枝繁叶茂生机勃勃，庄园里硕果累累压弯枝头的岭南十大佳果之一金柚等，构成了一幅风景秀丽的客家乡村图。大黄村内的景观元素如图 4-3-18 所示。

(a)古码头　　　　　　(b)福寿桥　　　　　　(c)古井

(d)水塘　　　　　　(e)旗杆石　　　　　　(f)古龙眼树

图 4-3-18　大黄村内的景观元素

第四节　客家民系核心区丘陵梯田区传统村落景观特征

一、客家民系核心区丘陵梯田区的区域景观

1. 山间散布狭小盆地的生态基底

丘陵区位于梅江河谷区域的外围，其地貌以中、低山地为主体，其间夹杂着多个窄小的山间盆地。丘陵区的诸多山体，多被林地所覆盖，根据本次统计，丘陵梯田区内林地面积约占区域总面积的 88%。区域内的水资源相对匮乏，据本次统计，丘陵梯田区内水体斑块面积仅占区域总面积的 0.8%。区域内的水体斑块多为山间溪流、水塘，

具有空间分布不均且容易流失的特点。丘陵山地之间的小盆地，地势相对平坦，并多有山溪河流经过，便成了丘陵梯田区内主要的农业生产用地与聚居地选址区域。但丘陵梯田区内诸多较高的山体对山间盆地会造成遮挡，盆地内的日照时数较少，不利于区域内农耕的发展。客家民系核心区内丘陵梯田区"三生"斑块构成如图4-4-1所示。客家民系核心区内丘陵梯田区"三生"斑块景观指数统计见表4-4-1。

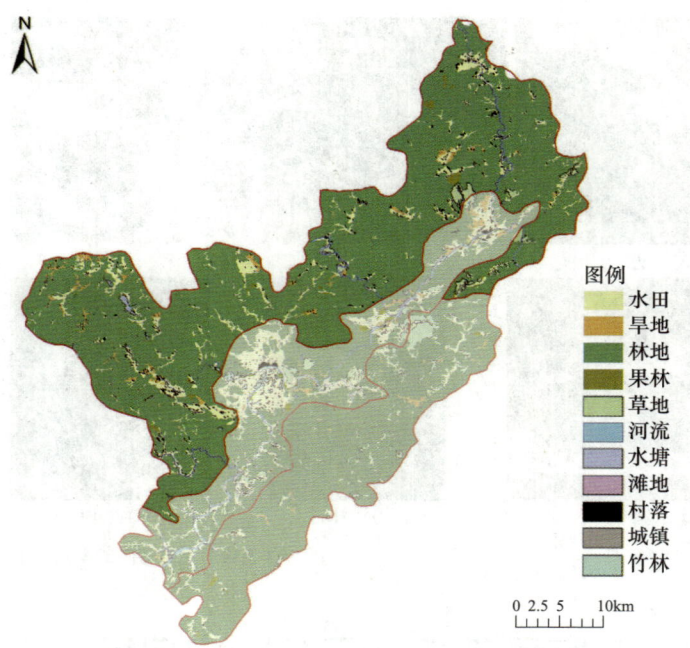

图4-4-1 客家民系核心区内丘陵梯田区"三生"斑块构成图
（注：图片根据民国时期测绘图识别绘制。）

表4-4-1 客家民系核心区内丘陵梯田区"三生"斑块景观指数统计

类型		斑块数（个）	斑块类型面积（hm²）	斑块类型面积百分比（%）	平均斑块面积（hm²）	斑块密度（×10⁻² 个/hm²）	最大斑块占比（%）	平均最近距离（m）
生态空间	河流	17	833.65	0.5	49.04	0.01	0.18	449.21
	湖泊	27	547.29	0.33	20.27	0.02	0.16	4123.29
	林地	25	145575.28	87.66	5823.01	0.02	46.15	115.17
	草地	32	1923.82	1.16	60.12	0.02	0.38	1158.31
	竹林	2	56.84	0.03	28.42	0	0.03	15838.95

续表

类型		斑块数（个）	斑块类型面积（hm²）	斑块类型面积百分比（%）	平均斑块面积（hm²）	斑块密度（×10⁻² 个/hm²）	最大斑块占比（%）	平均最近距离（m）
生态斑块合计		103	148936.88	—	—	—	—	—
生产空间	水田	243	12791.27	7.7	52.64	0.15	0.99	556.12
	旱地	55	2560.68	1.54	46.56	0.03	0.14	1763.12
	果林	32	988.08	0.59	30.88	0.02	0.15	1403.21
生产斑块合计		330	16340.03	—	—	—	—	—
生活空间	村落聚居地	1175	789.76	0.48	0.67	0.71	0.02	200.97

2. 梯田为主的小规模生产斑块

（1）蓄引结合的塘-陂-圳-河水利体系

丘陵梯田区的地势较为高亢，多依靠地势更高的山溪、河道水源来进行灌溉。此类水源主要由自然降雨汇集而成，丰水期和枯水期间水量相差较大，农田灌溉水源难以保证。加之地势起伏较大，河流流速较大，水量较难存续，丘陵梯田区内的农田经常受到旱灾的影响。为保障农田的灌溉，丘陵梯田区内多建设存蓄与引水水利设施。水源相对丰富的河谷平田区仅需要拦河筑陂，便可引水灌田，丘陵梯田区的水陂建设要选择在比农田海拔高的区域，拦河筑陂，并在陂上开挖山塘，存蓄灌溉水源。通过塘陂的建设，能够存蓄水源，还需建设水圳等引水渠道，以引水灌田。水圳跟平原的水渠相比，其内水流更加湍急，水圳修建时往往渠内高度更高，满足丰水期的排水需求。引蓄山溪灌溉农田后，多余的灌溉水便排向丘陵梯田区的河道，形成适应丘陵山地的从高至低的塘-陂-圳-河水利体系。

传统时期客家民系核心区丘陵梯田区内，由于建造水平不高，多数山塘面积较小，水陂简单地用木石堆砌进行建造。据清光绪年间《嘉应州志》记载，清代全县有平塘195口，木石陂258座，其中最大的畲江五官塘，可灌东南沿山一带超过200hm²的田地。诸多平塘的位置现在已经较难考证，通过中华人民共和国成立后的水利设施分布可以看出，丘陵梯田区内诸多的灌溉山塘已经扩大变为水库。在传统时期虽说建设了诸多蓄水引水的水利设施，但由于技术条件的限制，仍有诸多农田没有灌溉设施，其依靠自然降水，成为"望天田"。丘陵梯田区主要蓄水山塘分布如图 4-4-2 所示。

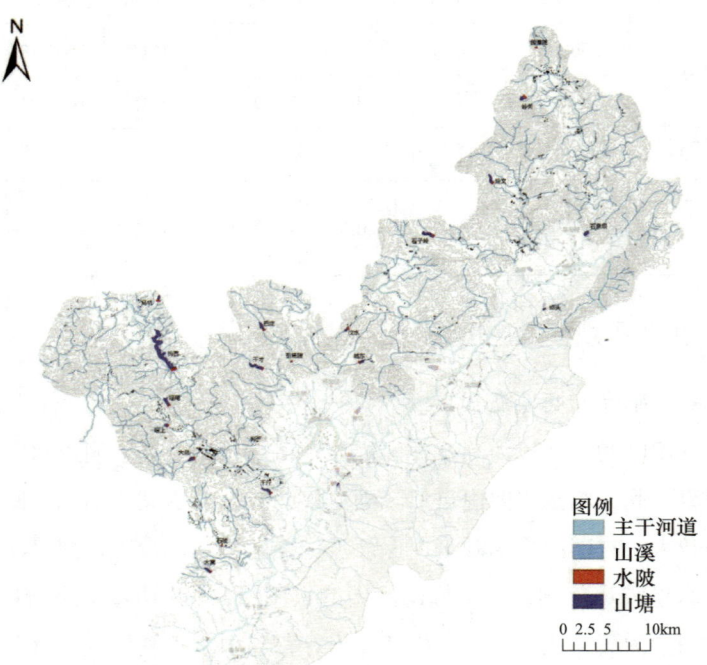

图 4-4-2　丘陵梯田区主要蓄水山塘分布图（改绘自《梅县市水利志》）

（2）梯田塅田、果林为主的生产斑块

丘陵梯田区具有河谷平原与山地的过渡性，与河谷平原相比，气温较低，雨量较多，平地较少。整体自然气候条件不利于农作物的大规模种植，需增加适应山地的经济作物进行补充，形成了稻作为主、旱油果林种植为辅的综合生产开发模式。丘陵梯田区以水稻为主要的粮食来源，根据本次统计，区域内水田斑块约占整体生产斑块面积的78%。但区域内缺少平地，无法形成大面积的排田，多采用梯田、塅田的形式来适应丘陵梯田区起伏的地势。梯田指在山坡地上沿等高线方向修筑的条状阶梯式或波浪式断面田地。塅田与梯田相似，但其田块间的高度差没有梯田大，其多设置于坡度较低的河谷或山脚处。梯田、垅田受制于地形条件的限制，耕作难度较平原区大，加之冷害、短日照等不利条件，丘陵梯田区的稻作产量较低。另外，缺乏灌溉水源的坡地之上，多种植旱作植物，如小麦、番薯、大豆、花生等，其中大豆、花生用于榨油，此类旱地占整体生产斑块面积的16%。对于坡度较高的区域，则从低海拔至高海拔形成果林、薪炭林、用材林等林业土地利用模式。

3. 沿山溪或山脚分布的生活斑块

丘陵梯田区的聚居地多选址于丘陵山地中狭窄的小盆地内，如松源盆地、南口盆地、石扇盆地等。这些盆地虽然面积不大，但相对来说土地肥沃、水源充足，是丘陵山地中重要的农业生产基地。由于海拔较河谷平田区高，此区域内的传统村落的平均选址高程上升到了187m，几乎全部的村落选址海拔均高于100m。此区域内传统村落的聚居地为了让平于耕，多依靠山脚布局，在山脚形成条带状排布的聚居地斑块。由于区域内平地较少，聚居地的平均选址坡度也有所上升，达到了8.9°，约有62%的传统村落选址坡度大于5°。由于丘陵梯田区的地势较为复杂，传统村落选址的朝向较为多元，仅有33%的传统村落选址于阳坡。丘陵梯田区内高差变化较大的地势，促使其内的传统村落聚居地分布较为分散，多沿山脚形成带形组团或选址于山溪沿线分布。根据本次统计，丘陵梯田区平均聚居地斑块面积为0.67hm²，多个聚居地斑块围合形成的村落聚居地面积则达到了2.25hm²，聚居地面积小于河谷平田区。客家民系核心区丘陵梯田区沿山溪或山脚分布的生活斑块如图4-4-3所示。

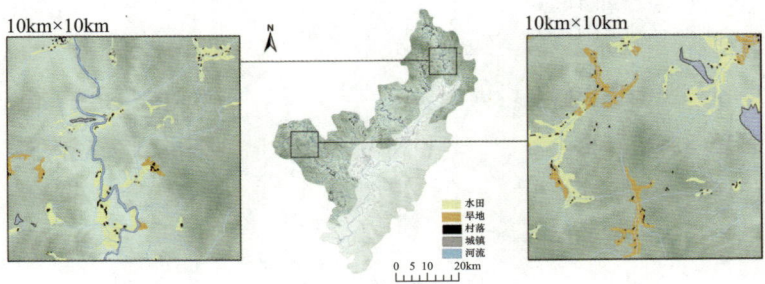

图4-4-3　客家民系核心区丘陵梯田区沿山溪或山脚分布的生活斑块
（注：图片根据民国时期测绘图识别绘制。）

二、客家民系核心区丘陵梯田区的村落群景观特征

1. 低海拔小盆地为核心的村落群

丘陵区内诸多起伏的山体限制了人们的出行,将传统村落天然地隔绝在一定范围内。丘陵区域内的山间小盆地内平地较多,是传统村落的主要选址区域。此类小盆地一般位于海拔 100~200m、面积在 1~3km², 可容纳 5~10 个村落,根据本次选取的样本统计,区域内有约 30% 的传统村落选址于此山间盆地内。其余大多数村落分布在海拔较高 200~300m 的山间小平地内。此类平地面积较小,一个小平地内往往仅包括一个村落。因此,丘陵梯田区内的村落群分区,多以海拔较低的山间盆地为核心,上部为海拔较高的小型盆地,以两侧较高的山脊为界线,形成山间竖向组织的村落群。有的两个小盆地间的道路连通较为便利,可以形成多个小盆地为核心,两侧山体为界线的村落群。每个村落群平均面积 92.5km², 其内包含 13 个左右的传统村落。丘陵梯田区村落群划分以及墟市位置如图 4-4-4 所示。

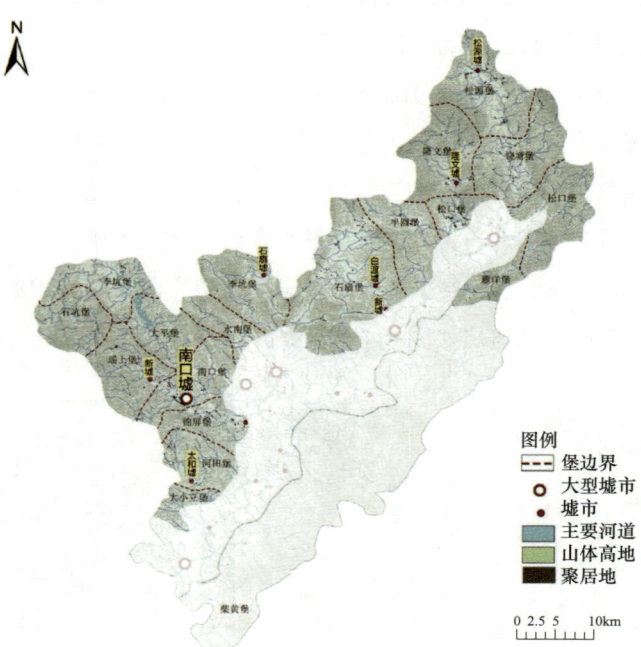

图 4-4-4　丘陵梯田区村落群划分以及墟市位置图
(根据依据民国十年《新制梅县全图》绘制)

丘陵梯田区的商贸并不发达，区域内 18 个村落群内仅有 8 个墟市，诸多村落需要去下游的村落群内的墟市进行交易。区域内的墟市密度较低，墟市平均分布密度约为 0.005 个 /km²，墟市的平均贸易半径更是达到了 23km，可以说许多分布在深山里的村民想要赶集，需要徒步非常远的距离。

2. 以山路联系的村落群

在丘陵梯田区内的梅江支流或山溪均不能通行船只，其内传统村落间只能依靠崎岖蜿蜒的山路进行联系。由于山体地形的限制，丘陵梯田区的山路，多沿梅江支流或山间溪流两岸的平坦用地开凿。道路根据山溪形态形成 S 形蜿蜒的道路体系。在经过山溪或支流时还会修筑桥梁以供通行。在梅江的主要支流旁，相对平坦的用地较多，交通道路等级较高，容易形成墟镇。例如，松源河旁的松源墟、隆文水旁的隆文墟等。以南口堡为例，梅州至广州的夜明古驿道从其中穿过，是整个客家民系核心区内重要的对外交通陆路干道。该道路为官道，道路等级较高，南口墟就建设在该古驿道与南口河的交汇处。南口河没有通航功能，整个区域内的交通就靠陆路古驿道。南口堡内其余的村落，多通过山间小路与南口墟连接，以满足对外交通的需求。南口堡村落群交通体系如图 4-4-5 所示。

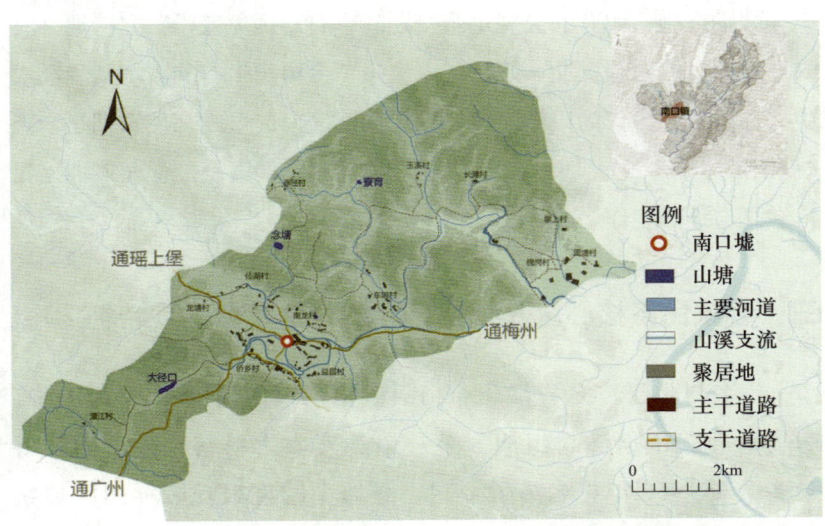

图 4-4-5　南口堡村落群交通体系图（注：图片根据民国时期测绘图识别绘制。）

3. 以共同管理陂塘水利促进村落群内协作

丘陵梯田区内的村落间有类似于堤围水利管理机构的陂塘管理机构，但规模与数量远不如堤围水利管理机构。丘陵梯田区山体地势多变，其内的农田灌溉多依赖分散的小面积陂塘或天然溪流。涉及多个村落的大型陂塘数量不多，基本只有过去官府组织修建的官陂，才会设置相关的管理机构。陂塘管理机构的模式，大抵陂设陂长、陂首，下有陂甲、圳甲等夫役，塘设塘长，下有塘甲之类夫役。陂塘管理机构的职责通常一是定期或在遭受损坏时及时修理陂塘渠圳，确保水利设施安全运作，二是合理分配利用水源，以免引发村落间的"纷争"。分灌往往涉及上下游的多个村落的利益，是陂塘管理的主要职责。分灌即"分疏消流"，即将陂塘渠圳之水利按实际需要分流灌溉农田。"计亩分水"是最基本的分灌原则和办法。

对于陂塘水利设施的维护，陂长、陂甲等要经常巡视陂塘渠圳等设施，一旦发现有损毁之处，轻者当立即修复，重者即报告乡绅率众抢修。因山区的陂塘渠圳往往远离乡村，有的甚至绕穿若干山岭，或通过山头隧道绵延十几千米才能引水到田，所以陂塘水利设施的维护是一项较为重要的工作。为了激励陂塘夫役履行其职责，各地采取了一些鼓励措施，如有的县规定服役期间享有"优免差役"之待遇，有的县定期发给口粮资助。如明代嘉应州（今梅州）有的陂圳从受灌农中"计亩敛谷"作为口粮，又如丘陵梯田区南口堡内郑仙宫圳是一条"灌田数千亩"之大圳，每年专设"巡圳十人"执役，管理该圳之日常灌溉与维修工作。

三、客家民系核心区丘陵梯田区的村落单体景观特征

侨乡村位于广东省梅州市梅县区南口镇西南部，由寺前、高田、塘肚三个自然村组成，是一个纯客家古村落，因村内华侨众多，于1958年更名为侨乡村，是典型的客家丘陵梯田区传统村落。

1. 移民迁徙与营居历程

（1）多姓迁入的村庄历史

相传，侨乡村在东汉时就有人类居住，但居住人口数量较少，不足百人。直到明末，潘永发遗孀陈氏携子女迁居侨乡村域，潘姓人口迅速繁衍，村域人口大幅增加，据说至清末仅潘姓就有千余人。自古以来，先后有 19 个姓氏的人在村域居住、繁衍，包括刘、邓、程、陈、管、濮、李、张、林、罗、古、郑、谢、钟、黄、温、潘、吴、薛等姓氏。目前侨乡村居住的主要有潘姓、刘姓、黄氏、谢氏以及钟姓等。侨乡村姓氏分布如图 4-4-6 所示。

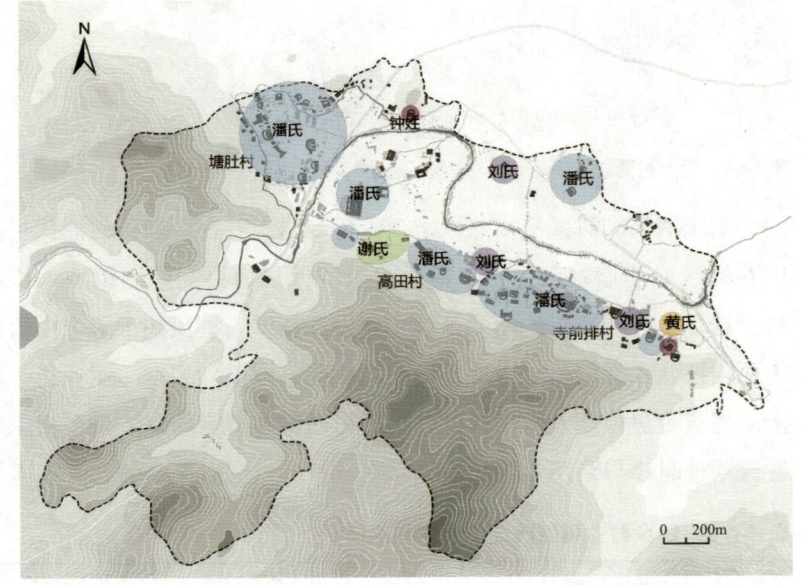

图 4-4-6　侨乡村姓氏分布图

潘氏为最早进入侨乡村并发展壮大的姓氏，据潘氏族谱记载，潘氏在南宋末年从福建宁化石壁村迁入广东境内，又于明代中期迁入梅县区域，迁入侨乡村的时间约为明成化二十三年（1487 年）至弘治十六年（1503 年）年间，并于明嘉靖三十年（1551 年）在三星山脚下今寺前排村的位置营建潘氏老祖屋秋官第。随着子孙繁衍，潘氏逐步沿着三星山脚向西发展。在潘氏发展到第五代的时候，逐步来到塘肚村选址营居，逐步形成了侨乡村人口最多的姓氏（图 4-4-7）。刘氏

图 4-4-7 侨乡村营居次序

约于明末清初的时候从梅州兴宁迁入侨乡村，并在寺前排村潘氏祖祠以西的区域建造刘氏祖祠。黄氏约于清代从梅县的荷泗镇迁入侨乡村，选址于寺前排村的西侧区域，建设江夏堂。钟氏约于清末由梅州市西阳镇迁入南口村，选址于塘肚村北侧，建设颍川堂。谢氏也于清末从梅县金盘镇迁入南口村，在高田村西部建造宝树堂。侨乡村主要姓氏迁徙时序与路径见表 4-4-2。

表 4-4-2 侨乡村主要姓氏迁徙时序与路径

姓氏	族谱记载迁徙原地	停留区域	到达侨乡村的时间	在侨乡村的营居区域
潘氏	河南荥阳	福建宁化石壁、梅州兴宁县	明末	寺前排村、高田村、塘肚村
刘氏	山西临汾	梅州兴宁县	明末清初	寺前排村、高田村
黄氏	河南颍川	福建宁化	清中期	寺前排村
钟氏	河南颍川	梅州西阳镇	清末	寺前排村、塘肚村
谢氏	河南太康	梅县金盘镇	清末	高田村

（2）沿山脚带状延伸的聚居地选址

潘氏为侨乡村的第一大姓，潘姓人口约占侨乡村总人口的85%。相比于零散迁入侨乡村的其他多个姓氏，潘氏在侨乡村分布最广，影响范围最大，从潘氏的发展过程可大致推断出侨乡村的营居时序。潘氏先民最先选择在寺前排区域进行聚居地营建，然后逐步迁徙发展进入高田村进行营居，最后选址于塘肚村进行营居。

2. 选址环境与景观格局

寺前排区域背靠三星山，前有较大面积的平地，且山泉众多，利于灌溉，三星河又是天然的排水通道，是侨乡村内较易于农业开发的区域。从风水角度看，寺前排区域背靠三星山作为主山，前侧还有围龙冈作为案山，蜿蜒而过的三星河形成半包围的形式，风水条件优越。潘氏的祖屋为侨乡村建造年代最早的围龙屋，其所选的位置背靠三星山的主峰，视野开阔。潘氏的二房一脉，由老祖屋逐步向西发展选择高田村进行营居。高田村位于寺前排村西侧，和寺前排村原为同一自然村，同样是背靠三星山，前有大片平坦区域和三星河，是较适宜的聚居地选址。侨乡村自然村分布如图4-4-8所示。

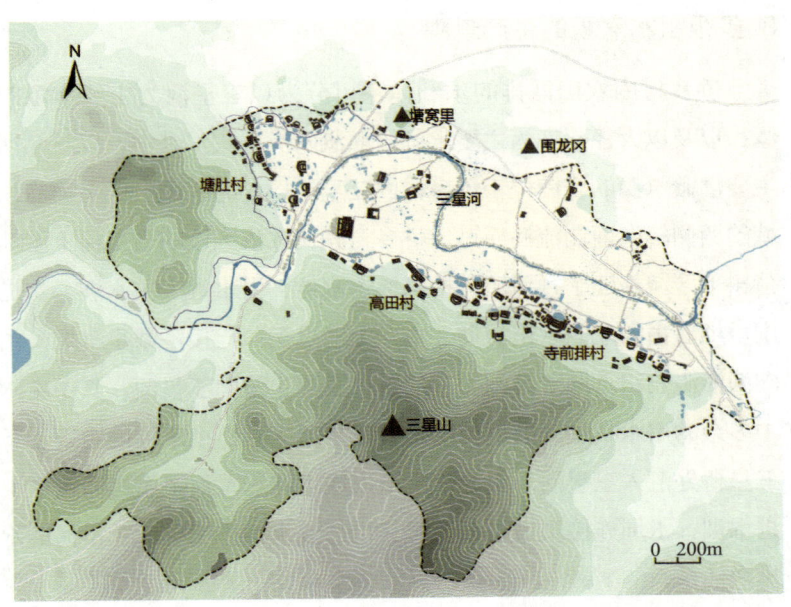

图 4-4-8　侨乡村自然村分布图

较晚开发的塘肚自然村位于侨乡村的最西边，是一个三面环山的三角形小谷地区域。谷地的南侧为三星山西部的山丘区域，谷地的北侧有一个高起的小山丘名叫乌石墩。由于两侧山丘的影响，塘肚村所在的谷地区域内部形成了高差约20m的缓坡地，缺少水源灌溉，谷地中间原为沼泽地，形成上旱下涝的状态。相传明代一郑姓先民，在塘肚村南部山谷间筑陂，并开凿环山圳，引水进入塘肚村，才使得塘肚村的缓坡地得到了灌溉水源。由于开发难度较大，塘肚村的开发时序较晚，侨乡村的潘氏大房一脉，发展到第五代才选择到塘肚村进行营居。侨乡村景观格局剖面图如图4-4-9所示。

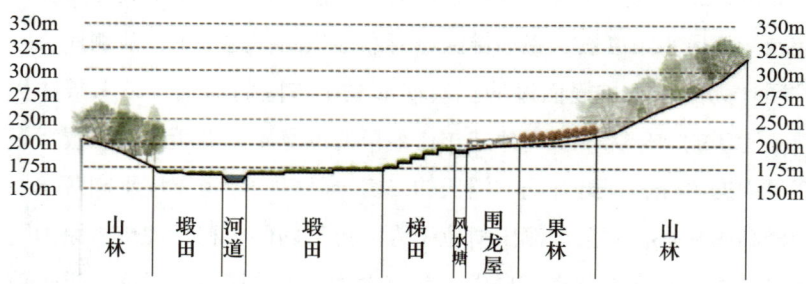

图 4-4-9　侨乡村景观格局剖面图

3. 多级引水灌溉的生产景观

侨乡村内农田灌排的水利体系可分为以三星河为主要水源的灌溉，以及以大径水库为主要水源的灌溉两类方式。其中，以三星河为主要灌溉水源的农田位于侨乡村内三星河以北的区域。三星河从该区域的西侧转向南侧流淌而过。侨乡村先民在该区域的三星河上游地区荷树下区域修建了拦河堰，抬高河水水位，引水进入主水圳。水进入主水圳后由西北向东南流动，主水圳通过窦口连接多条小水圳，由东向西灌溉农田。此区域内农田的排水最终也流向三星河，其中主水圳中多余的用水从牛降陂处再次汇入三星河区域，小水圳的水则于下游三星桥处汇入三星河。由此该区域形成了在三星河上游拦河筑堰引水进水圳，水圳连接渠道进行灌溉，再通过水圳排水进入三星河的水利排灌体系。

三星河以南的区域地势较高，主要采取塘-陂-圳-河的农田灌排体系。在传统时期侨乡村内地势较高的农田可以依靠部分山泉水进行灌溉，但后期由于山泉枯竭，村落内主要的灌溉水来源于大径水库。大径水库原是在三星河上游区域筑陂蓄水形成的山塘，中华人民共和国成立后对其进行拦河筑坝，形成水库，以增强蓄水抗旱能力。大径水库的水通过环山腰而过高圳进入塘肚村内进行灌溉，高圳的水位较高，可引水自上而下地灌溉塘肚村的梯田，多余的水则通过水圳引入地势较低的三星河内，形成利用势（落）差的灌排通道。高田村地势低于塘肚村，其灌溉水源于大径水库下游的公王潭，筑石城陂引水进入水圳。其主水圳沿高田村的主干道路自西向东而布，支水圳与其垂直，引水进入农田，并最终自南向北流入三星河内。寺前排村三星河以南部分的农田，传统时期依靠其后三星山上窝处的山泉进行灌溉，由于山泉季节性水位变化较大，容易枯竭影响农业灌溉，目前其主要连接高田村的水圳，采用大径水库的用引水灌溉。三星河以南部分的农田地势较高，利用地势较高的山塘水，利用圳道取水灌溉，并利用水位较低的三星河进行排水，形成坡地灌溉体系（图4-4-10～图4-4-12）。

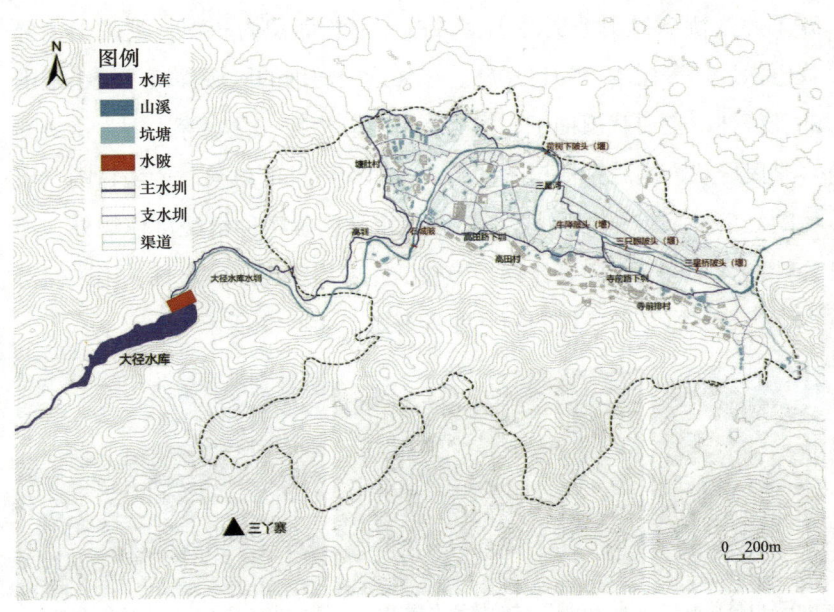

图4-4-10　侨乡村水系图

图 4-4-11　水圳　　　　　　　　　　　图 4-4-12　水圳与灌渠相连接

　　背山面田的侨乡村，既生产大规模的粮食作物如水稻、小麦、番薯以及豆类，又生产经济作物如花生、甘蔗、木薯、蔬菜等，也有经济林的种植。侨乡村内多样的水利体系类型，为其水稻田的灌溉提供了稳定的水源，其水稻田顺应地势排布形成梯田，在河边平坦区域的水稻田则形成平坦规则的洋田、排田等。在灌溉水源不稳定的传统时期，桥乡村先民还会利用早晚稻的收割间隙，进行小麦的种植。桥乡村的旱地主要分布在临近围龙屋的区域以及濒临三星河的沙地区域。桥乡村旱地面积较少，多种植蔬菜，有茄子、豆角、枸杞叶、芝麻、芥菜等。桥乡村山地资源丰富，占土地总面积的78%，其山上主要栽植松、杉等树木，为自然林。在邻近聚居地的区域种植了较小范围的经济林，主要栽植柚子、杨桃、香蕉、梅花、龙眼等。因为传统的客家民居认为屋后种植树木，有"藏风聚气"的效果。侨乡村围龙屋后的经济林又被称作"风水林"，风水林内除了种植经济作物外，还会种植凤尾竹、桉树等作物，形成围龙屋后密集的风水林，用来保持水土遮挡寒风。侨乡村内的产业景观如图 4-4-13 所示。

(a)高田村菜地　　(b)塘肚村的坡地水稻田　　(c)围龙屋后的果林与山林

图 4-4-13　侨乡村内的产业景观

4. 山脚条带状布局的生活景观

（1）山脚条带状布局的聚居地

侨乡村内的聚居地大多依靠山脚，依次排开，形成环山脚的条带状聚居地。聚居地内部主要由多个祠宅合一、体量较大的传统客家建筑，如围龙屋、堂横屋、杠屋等组成。侨乡村内大型单体建筑之间保持着较大的间距，一是因为围龙屋的建设选址既要避开山泉流水之处，又要遵循山形地势，选择风水较好的"龙脉"开基营建，使得即使同一片区的围龙屋的朝向都会有差异。二是因为侨乡村内的先民多以家族为单位进行聚居，不同房支以及不同姓氏之间的分布区域具有一定的间距。三是以围龙屋为代表的侨乡村聚族而居的大屋，往往需要较长的时间进行营建，其旁要留出堂横屋增加的空间。虽然建筑之间间距较大，但侨乡村的建筑群整体还是会选择统一分布在山脚处，让平于耕地，形成山-聚居地-田的分布格局。侨乡村建筑建造时序如图 4-4-14 所示。东华庐航拍图如图 4-4-15 所示。

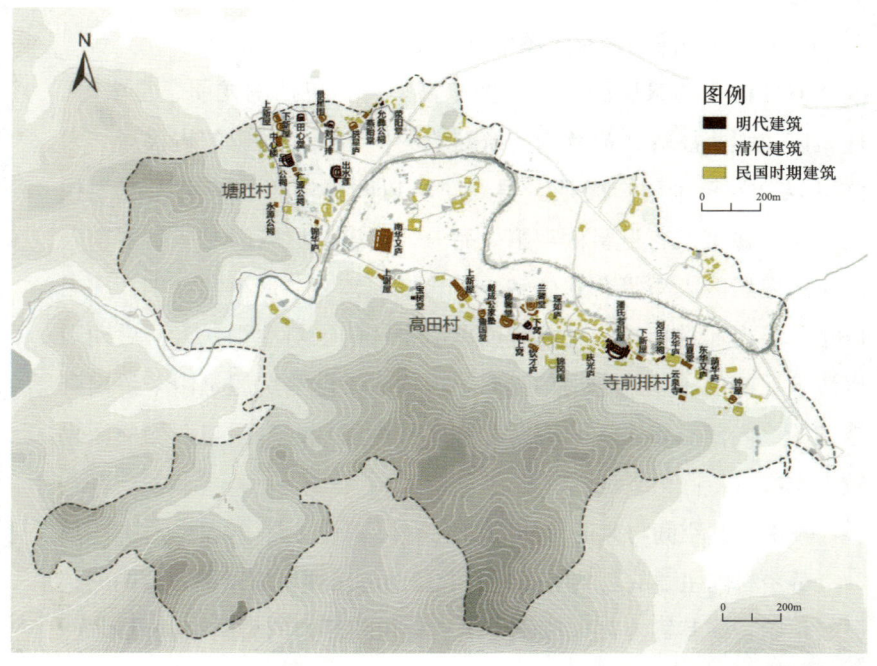

图 4-4-14　侨乡村建筑建造时序

图 4-4-15 东华庐航拍图

侨乡村内的道路可分为官道、村道和围屋内的横巷三个等级。侨乡村临近南口镇，南口镇的官道东可通往梅县，向南可通向兴宁区域，交通繁忙，是历史悠久的古驿道。侨乡村内的村道主要是满足村内外交通和连接大型围龙屋而形成的乡间小道。侨乡村的村道主要为顺应地势、顺应建筑分布而建，形成有机自然的形态。村内围屋与堂横屋间横巷，被称作"天街"，是侨乡村先民日常出行、活动与交通的空间。

（2）聚族而居的客家大屋建筑特征

侨乡村的客家民居建筑类型丰富多样，包括围龙屋、堂横屋、杠屋以及锁头屋等，被誉为传统建筑的博物馆。村里的古民居，大体可以分为三个建造时期。早期建筑以明嘉靖年间的老祖屋为代表，如兰馨堂、老祖屋秋官第、品一公祠等，这些围龙屋是客家人大家庭聚居的大型集合式住宅，尽管规模较大，但祖堂窄小，房屋低矮，显得非常拥挤。过渡时期以清中叶的上新屋为代表，后期则以清末民初的东华庐与南华又庐等为代表。这些房屋是由华侨出资修建的，内部有多个天井院落，开间开敞通透，堂屋与两侧横屋也较为宽敞。

（3）公共空间与风俗信仰活动

侨乡村内主要的公共空间为围龙屋前的禾坪，以及围龙屋内的堂屋、化胎、横巷等。客家村庄中最具特色和活力的公共空间是禾坪。禾坪位于主屋门前，长度通常与主屋正面长度相等，宽度应与屋脊的高度相当。禾坪的主要功能是晾晒谷物。除了具有生产功能外，禾坪还具有社会凝聚功能，形成了丰富多样的传统广场体系，承载了大规模族群活动。在节日和重大庆典上，男女老少会齐聚禾坪，敲锣打鼓，尽情欢乐，呈现出喜悦和祥和的景象。禾坪也是进行传统客家民俗活动的场所，如唱客家山歌、舞龙狮、斗黄牛等，展现了独特的乡村风情。侨乡村特色公共空间如图 4-4-16 所示。

(a)禾坪　　　　(b)堂屋　　　　(c)化胎　　　　(d)横巷

图 4-4-16　侨乡村特色公共空间

（4）景观意象与景观元素

侨乡村的民居建筑互不邻接，保持较大间距，散落分布，间于农田、竹林、果林、山野。不构成街巷，村庄景观疏朗从容，开阔舒展。与其他民系房屋鳞次栉比、巷道如蛛网的传统村落差异较大，具有独特的乡村风情。此外，村庄中还包括私塾、桥梁、牌坊、碑记等特色人文景观要素。

第五节　客家民系核心区高山茶田区传统村落景观特征

一、客家民系核心区高山茶田区的区域景观特征

1. 群山连绵的生态基底

山地茶田区位于客家民系核心区的东部莲花山阴山脉，区域内海拔高度高，为 200～1340m 不等。区域内气温较低，云雾多，雨量多，日照时间较少。区域内山陡峻坡度大，区域内平均坡度 21.5°，可开发利用的耕地及建设用地非常有限，在很大程度上限制了传统村落的形成和发展。区域内降水较为充沛，年降水量为

1685～1800mm，是客家民系核心区内降雨量最多的区域，但由于降水分布区域不均匀和贮水条件差，区域内总体水源提供量少，水资源仍较紧张。河流、瀑布、小溪因水量不足，常为季节性水流。山地区域内林业资源丰富，历史上是松、杉、竹用材林和经济林的产地。根据本次统计，此区域内林地斑块占区域总面积的91.21%。山地区域内植被覆盖较好，是常绿阔叶林主要分布地区。客家民系核心区内高山茶田区"三生"斑块构成如图4-5-1所示。客家民系核心区内高山茶田区"三生"斑块景观指数统计见表4-5-1。

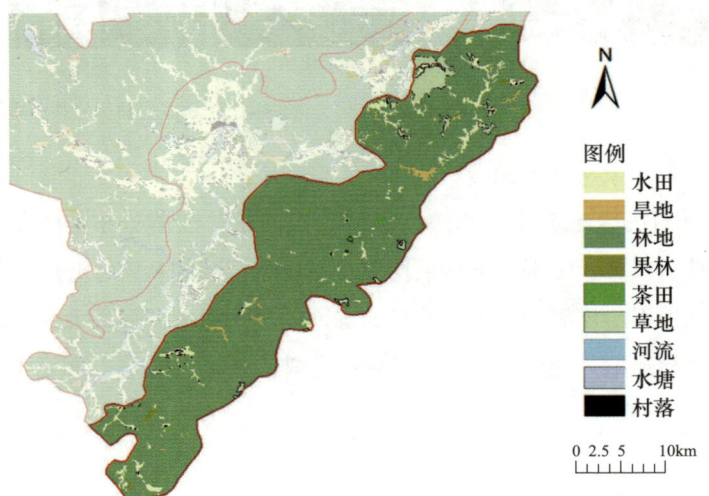

图 4-5-1　客家民系核心区内高山茶田区"三生"斑块构成图
（注：图片根据民国时期测绘图识别绘制。）

表 4-5-1　客家民系核心区内高山茶田区"三生"斑块景观指数统计表

类型		斑块数（个）	斑块类型面积（hm²）	斑块类型面积百分比（%）	平均斑块面积（hm²）	斑块密度（×10⁻²个/hm²）	最大斑块占比（%）	平均最近距离（m）
生态空间	河流	3.00	2.88	0.00	0.96	0.00	0.00	67.06
	水塘	1.00	12.23	0.02	12.23	0.00	0.02	—
	林地	9.00	62160.95	91.21	6906.77	0.01	91.12	185.39
	草地	18.00	2109.67	3.10	117.20	0.03	1.96	2198.86
生态斑块合计		31.00	64285.73	94.33	—	—	—	—

续表

类型		斑块数（个）	斑块类型面积（hm²）	斑块类型面积百分比（%）	平均斑块面积（hm²）	斑块密度（×10⁻² 个/hm²）	最大斑块占比（%）	平均最近距离（m）
生产空间	水田	94.00	2957.39	4.34	31.46	0.14	0.42	699.37
	旱地	15.00	414.06	0.63	30.2	0.03	0.35	1142.99
	茶田	12.00	343.54	0.58	20.5	0.02	0.26	5624.35
	果林	5.00	120.06	0.16	30.44	0.01	0.16	6252.36
生产斑块合计		126.00	3835.05	5.71	—	—	—	—
生活空间	村落聚居地	78.00	30.04	0.04	0.39	0.11	0.00	226.69

2. 山地经济作物为主的生产斑块

高山茶田区内农田的灌溉多依靠天然降水以及山泉、山溪水。降雨季节性分布不均，山泉、山溪水整体灌溉条件较差。加之山地区域内人口数量少，传统时期区域内几乎没有大型水利设施，多采用小型水陂，引山溪进行灌溉，或直接采用水车等方式进行人工提水灌溉。受到地形和水利条件的限制，高山茶田区内的农田斑块面积较小，且分散。根据本次统计，高山茶田区的水田面积占区域总面积的 4.34%，旱地面积占比 0.63%，水田斑块的平均斑块密度为 0.14 个 /100hm²，旱地斑块密度为 0.03 个 /100hm²。因山高水冷，日照时数短，气温低，产量不高，水稻田每公顷平均年产仅 4478～7463kg，多为低产田。高山茶田区内难以灌溉的旱地占有一定比重，以种植木薯等旱粮为主。林业是高山茶田区的主要生产门路，其山上的松、杉多作为用材林，还有柚子、梨子、桃、李等经济果林。高山茶田区是客家民系核心区内主要的茶叶生产区域，产茶区域主要分布在雁洋镇长教村、阴那村，梅南镇九龙村、黄寨村、北洞村，石坑镇，南口镇，梅西上官塘水库等地。

3. 小规模散布的生活斑块

高山茶田区地势坡度大，极大限制了村落的空间集聚与扩展，导致村落不但在空间分布上极为分散，而且规模较小。高山茶田区面积占客家民系核心区的 22.5%，但根据本次所选样本，此区域内分布的传统村落数量仅占客家民系核心区总样本的 9%。高山茶田区内的传统村落不仅数量少，其聚居地面积也较小，总体聚居地斑块占区域总面积的 0.04%。根据本次统计，高山茶田区内传统村落的平均聚居地面积为 1.1hm^2。区域内聚居地在营建过程中，会尽量选择山间较为平坦的用地，根据过往的统计，区域内传统村落的选址平均坡度为 8.9°，并且为了保证聚居地以及农耕地的日照需求，多选择向阳的坡地进行营建，其内传统村落的南侧多为较为开阔的区域。聚居地内多分散成多个堂横屋、排屋与围龙屋，倚靠山体建造。由于地形多变，村内的建筑多沿不同的高度等高线分布，形成高低错落的聚居地形态。

二、客家民系核心区高山茶田区的村落单体景观特征

桥溪村是隶属于梅州市东北部雁洋镇长教管理区的一个自然村落，位于雁洋镇东部的阴那山主峰五指峰西麓，村落选址高程约 450m，东临大塘县坑尾村，南接四和村，西通长教村，北靠阴那村。桥溪村于明代建村，四面环山，风景优美，是典型的客家高山茶田区传统村落。2012 年入选第一批中国传统村落名录。

1. 移民迁徙与营居历程

明万历年间，朱、陈两姓人家从福建宁化石壁村，经长期教化后迁入桥溪村，并不断发展壮大，形成由朱、陈两姓聚居的桥溪村。从大型建筑的建造年代来看，郑姓早在明万历年间就开始营建仕德堂，又于清光绪年间在仕德堂下方修建宝庆居。朱氏来到桥溪村后不断繁衍生息，成为桥溪村第一大姓。除郑氏的两处房屋外，桥溪的建筑均为朱氏所有。朱氏最早营建的世德楼，位于村落的最南端，建造于明末清初的 1644 年，随后选址于东南向坡营建朱氏祖祠、守庆公祠，并在晚清时期营建宝善楼、燕诒楼、衍庆楼等八栋传统民居。桥溪村内整体建筑群从最早的两姓分开营居，到后来

逐步融合，形成多姓聚居的村落群。桥溪村聚居地姓氏分布与营建时序如图 4-5-2 所示。

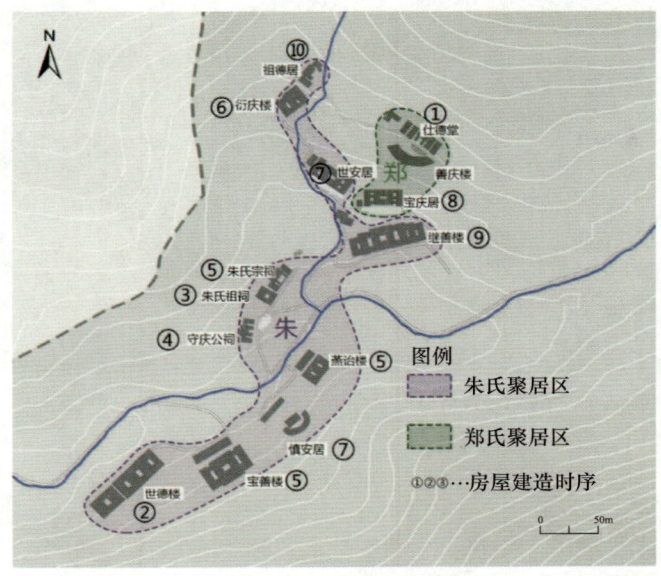

图 4-5-2　桥溪村聚居地姓氏分布与营建时序图

2. 选址环境与景观格局

桥溪村所在的阴那山区，山脊呈南北向走势，从阴那山山脊分出众多东西向支脉，支脉间为狭长的谷地。桥溪村便坐落在其中两条支脉构成的狭长谷地中，呈西南向东北走向。村落内发源于桥溪村东部阴那山山脊的阴那山溪由东向西，从桥溪村流过。村内聚居地选址的谷底区域海拔高度约为 450m，两侧山峰海拔约 800m。整个聚居选址地山谷区域东高西低，山谷狭窄，山地陡峭，仅中部的北侧香炉峰和生辰顶山体走势相对平缓且谷地稍大，为村民提供了生存发展的基本定居条件。故桥溪村落聚居地呈现两头窄、中部宽的带状形态。村落各要素在空间布局上呈现出层级性特征，建筑多选址在山脚地势稍高处，其上依次为祖坟和自然的山林，在聚居地上方山林间坡度较缓的区域种植茶田，聚居建筑下方则为少量的耕地和果林种植区。桥溪村景观格局如图 4-5-3 所示。桥溪村景观格局剖面图如图 4-5-4 所示。

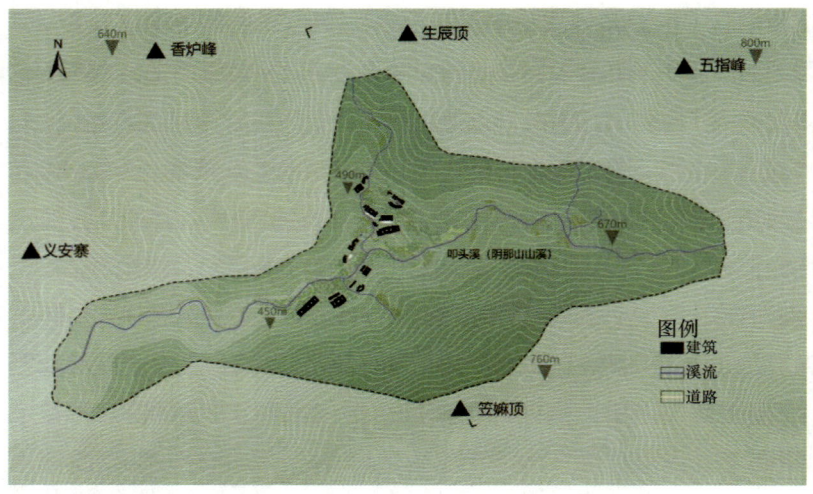

图 4-5-3　桥溪村景观格局

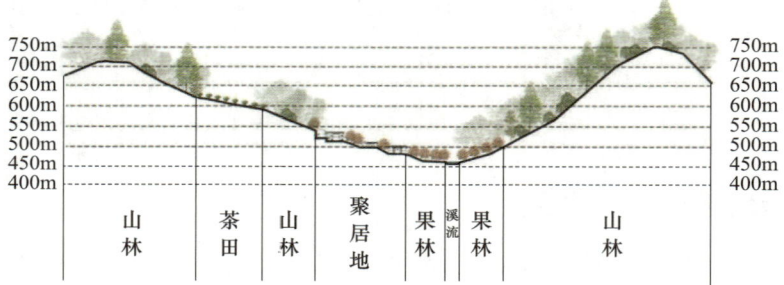

图 4-5-4　桥溪村景观格局剖面图

3. 云雾茶田的生产景观

　　桥溪村内的水利体系多依靠自然的山溪、山泉，通过人工开挖小型沟渠进行引水。水利设施较为简单，沟渠尺寸较窄，不到 0.5m 宽，多采用天然的石材作为护岸。受山溪山泉水量季节性变化的影响，沟渠经常干涸，需要人工用木桶进行提水灌溉。桥溪村内地表水源较为匮乏，但由于村落所处海拔较高，山间雾气较多，使得空气中水分充足。

　　桥溪村内的传统产业以种植水稻、香薯、花生、三华李、茶树，养蜂为主，部分村民还烧木炭、割松香、破坑木、砍伐林木。其中，水稻田较为零散地分布在叩头溪两岸较为平坦的区域内，数量较少，面积较小。以三华李为的主果树，多种植在村落聚居建筑的周边，方便采摘。茶田则多分布在临近山溪、山泉且坡度较缓的山地区域内。缓坡利于茶田的开垦,并满足不同高程茶田的日照需求。临近水源的设置能够满足茶田的灌溉需求。桥溪村种植的茶田多为雁南飞单丛乌龙茶,茶田种植是村民主要生计之一。村落内花卉的数目较多,绣球花、梨花、杜鹃花、柚花,还有许多不知名的各色花朵,吸引着大群的蜜蜂前来采摘花粉。这样的天时地利环境为村民提供了酿制蜂蜜的极好条件。于是,养蜂、制售蜂蜜也成了桥溪村村民们的营生之一。另外,从清末开始,桥溪村就有大量男性村民外出谋生(南洋、国内的香港和广州是桥溪村民外出经商的主要地点),这使得桥溪村成为一个名副其实的侨乡。在外经商的侨胞不定期地捎钱回家帮补家用,成为桥溪留守村民维持生计的另一来源。桥溪村生产景观分布如图 4-5-5 所示。桥溪村茶田如图 4-5-6 所示。

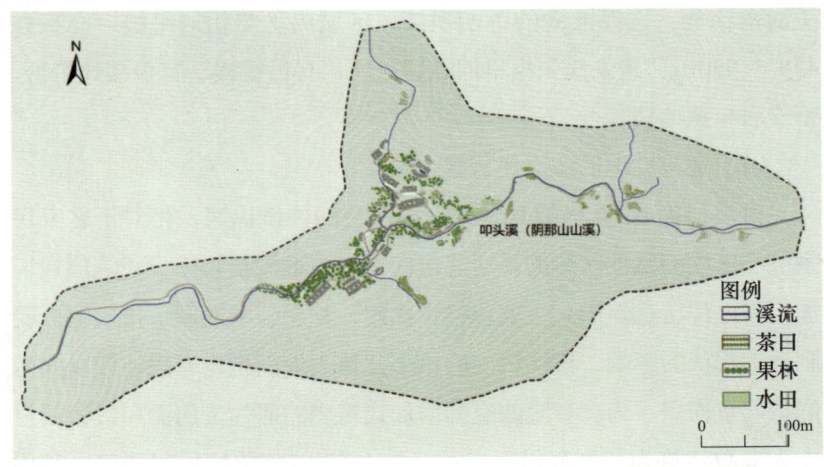

图 4-5-5　桥溪村生产景观分布图

图 4-5-6　桥溪村茶田

4. 高低错落的生活景观

（1）沿不同海拔分布的高、中、低三个聚居组团

由于聚居地内海拔高程相差较大，山地型村落的建筑群多根据山体坡度，依山就势形成高低错落的建筑群形态。桥溪村内传统建筑的选址高程相差近40m，可根据高程差异分成高、中、低三个聚居组团。选址高程最高的聚居组团，位于聚居地的东北侧，位于生辰顶和香炉峰两座山体之间，形成一处天然的内凹空间。该内凹空间向阳南坡地势较为平缓，地势从450m高程至490m高程不等，这一区域内的建筑有仕德堂、善庆楼、宝庆居、世安居、继善楼、逸庐、衍庆楼和祖德居8栋。中间高程的组团，位于村庄中部，选址于香炉峰的南向，坡度较陡，仅山脚约440m高程区域内建有3栋建筑，3栋民居建筑之上为朱氏家族的墓地选址区域。高程较低的组团，位于村落南侧，选择北向的内凹空间，区域内地势相对平缓，高程在430～450m，是朱氏先祖早期定居之所，有世德楼、宝善楼建筑群、慎安居和燕诒楼等。

（2）适应坡地的多层民居建筑

桥溪村内有16栋颇具客家山地特色的传统民居，相对于客家民系核心区内的其他区域的民居建筑而言，占地规模较小，建筑层数增加。村内传统建筑形制主要包括堂横屋、杠屋、围龙屋、排屋等。受到地形起伏的影响，桥溪村内的单个建筑占地面积均有限，较少向两侧拓展堂横屋。为在有限的空间增加建筑内的居住使用面积，桥溪村内大多数建筑为两层及以上，桥溪村内有16栋传统民居建筑，其中有9栋为两层、2栋为三层。

村落内仕德堂的"反围龙屋"设计，独具特色：其内的堂横屋为明代万历年间建造，为一个两进三横的堂横屋，因其房屋后山体地势较为陡峭，建造围龙屋难度较大，没有修建后围龙。仕德堂前有一处半圆形风水塘，在清代便顺应风水塘半圆形的形态，建造弧形二层围龙屋，名为善庆楼。善庆楼在仕德堂前，作为其垫脚楼，高程低于仕德堂，形成特殊的"反围龙屋"形制，凸显出山地建筑为适应地形变化而调整形成的丰富形制。桥溪村建筑组团分布如图 4-5-7 所示。

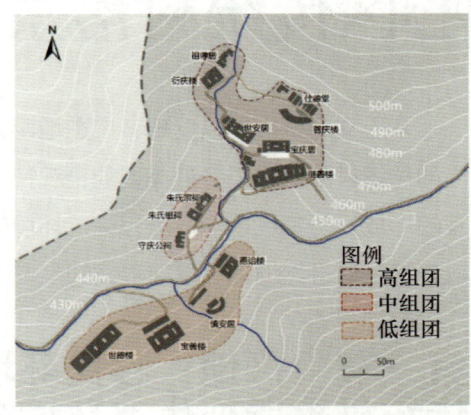

图 4-5-7　桥溪村建筑组团分布图

（3）特色山地景观元素

桥溪村四面环山的选址环境，造就了村落内独特的山林野趣的景观特色，有诸多特色的自然与人文景观元素。首先从桥溪村中部穿过的叩头溪水，流速较快，流水潺潺，河床上分布了诸多卵石。这些卵石被用来铺筑与山溪平行的主要通村道路，村内的次要道路多需向山上前进，形成诸多石台阶供人们行走。另外，在山溪上有多样的小型石桥、木桥，以满足人们的通行。村内诸多较为罕见的珍贵古树名木，如红楠木、青蓝木等，以及特色茶田果林景观，与人工建造的房屋一起构成颇具特色的高山茶田传统村落景观。

第五章 广东三大汉民系核心区传统村落景观特征比较

从上文的研究可以发现，广东地区自然与文化的多样性，促使其内的传统村落形成了多种类型的景观特征。民系间风格迥异的村落景观的形成，与其民系形成历程中对环境的选择，以及民系先民长期适应差异化的自然地理环境而形成的生产方式、生活习惯密不可分。

第一节 择地：移民环境选择影响下的传统村落所处生态环境分异

一、广东三大汉民系移民历程中的环境选择偏好分异

广东三大汉民系均为从北方迁入广东的汉族与当地土著融合而形成的。整个民系的形成过程伴随着汉民的不断南迁，整个移民过程都在进行环境选择，民系迁徙过程中的环境选择偏好，构成了民系传统村落景观差异化的生态基底。

1. 广府民系沿江迁移

广东原为南越土著居民占据，从秦朝至唐代，北方汉民虽不断南下，但数量与土著居民相比还不占优势，因此无论是从北方南迁的军籍移民还是民籍移民，多经鄱阳湖、溯赣江、经广西，沿西江来到珠江三角洲区域，或翻越大庾岭后逐步沿北江交通线路迁徙，来到珠江三角洲地区。顺西江与北江南下的广府先民乘坐木筏南下，其最早的汉民村落多分布在西江、北江两条水系的河流两岸。唐代张九龄开通了大庾岭道后大大便利了南北交通，顺北江南下的移民数量大大增多。中唐"安史之乱"后北人入粤数量渐增，尤其是两宋交替和宋元之交，金人和元人的南侵促使大量移民迁入岭南，并在蒙古人的驱赶下步步南移，最终到达珠江三角洲。

沿江迁徙的广府先民，在珠江三角洲区域逐步占据了政治、经济、文化优势，并慢慢地向周边区域扩散，就像白纸上滴下墨汁后向附近浸润一样，移民与土著居民相互交流、融合，形成墨渍式移民方式。大量人口的聚集加快了珠江三角洲的土地开发进程，越来越多的沙田，因人工堤围的修建而加速形成。广府民系核心区伴随着珠江三角洲附近沙坦的不断成陆和开发利用而不断发展，并在明清步入高速发展期。因此整个广府民系的形成发展历程具有鲜明的伴河而生和顺江而移的特点。广东三大汉民系迁移时序与路线示意如图5-1-1所示。广东三大汉民系移民信息统计见表5-1-1。

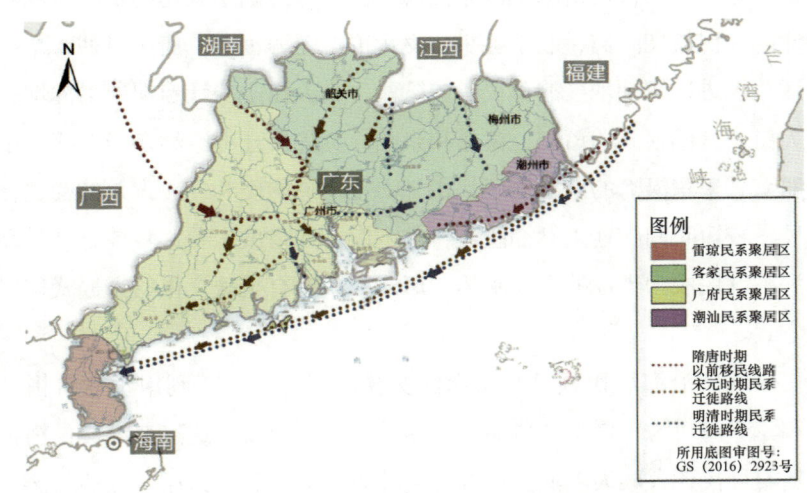

图 5-1-1　广东三大汉民系迁移时序与路线示意图
（根据《岭南历史人文地理——广府、客家、福佬民系比较研究》中汉族民系历史迁移路线图改绘）

表 5-1-1　广东三大汉民系移民信息统计表

类型	广府民系核心区	潮汕民系核心区	客家民系核心区
民系形成时间	唐宋时期	唐宋时期	宋元时期
民系核心区内大规模移民迁入时期	宋元时期	明代	明清时期
移民时序	最早	其次	较晚
移民方式	墨渍式移民	占据式移民	蛙跳式移民
移民原地	北方汉族经南雄盆地停留后迁入	北方汉民经闽南地区停留后迁入	北方汉族经赣南、闽西山区停留后迁入

续表

类型	广府民系核心区	潮汕民系核心区	客家民系核心区
族谱记载最多的迁入地	南雄珠玑巷	福建莆田、泉州	福建石壁、汀州、上杭、武平
移民路线环境特点	沿河	海路	循山

2. 潮汕民系沿海迁移

潮汕民系为闽海系的一个地域分支，其先民主要从福建迁徙而来。在福建境内，闽海系的早期居住点具有鲜明的二元化特点，经海路迁徙到达的移民落脚于闽东沿海地区，与经陆路到达的定居于闽西北的移民长期隔离，联系甚少，文化形态差异很大。唐宋时期，是南迁汉民进入潮汕地区的重要历史阶段，其人口主要迁自福建沿海地区人口密度已很高的莆田、漳州和泉州，其先民迁徙路线多沿海路，乘船来到粤东沿海的潮汕地区。由于海上交通的便利性，大量的福建移民在较短时间内迁入潮汕区域，其内原有的畲族土著逐步被融合，闽海系移民成为当地的居民主体，形成取代原有土著文化的占据式移民方式。

这些沿海居民颇具开发海洋资源的经验，善于利用鱼盐舟楫之利，亲海耕海，冒险从事海洋捕捞业和海外贸易，这种海洋文化精神随着移民迁入成为潮汕文化的重要标志。宋元时期以后，潮汕地区生齿日繁，除部分人口留居潮汕平原谋生外，大量人口外迁，首选地是与潮汕地区有着相似临海环境的雷州半岛、海南岛沿海，更远的到达东南亚沿海诸国，这些远距离的沿海、渡海迁徙都倚仗潮汕民系长期形成的"善舟亲海"的海上交通能力。因此，潮汕民系的形成和发展过程始终接受着大海的考验和洗礼，他们掌握了比广府民系和客家民系更为深刻的滨海生存经验。

3. 客家民系循山迁移

唐代及唐代以前中原南迁的客家先民大多止于赣、湘地区，经过较长时间的生存与繁衍，在唐末尤其是宋元以降才陆续迁来粤、闽、赣三省交界的山区。被迫进入山区的客家民系，经过较长时间才逐步适应了山区的生活条件，与当地的畲、瑶族融合后，逐步掌握了耕山技术，当其人口逐渐达到饱和时，再去与周边民系争夺平原地区就会受到强力的抵抗，明清时期的土客大械斗就是明证。于是部分客家人不得不沿山地返迁进入赣南，在人烟稀少的赣湘山区寻觅住地，更有客家人在"湖广填四川"大潮下，继续西迁远至汉水谷地和秦巴山地的老林地区繁衍生息。循山迁徙的客家先民，由于交通道路的不畅与山路的崎岖，多只能进行小股分散式迁徙。其迁徙最常见的是采取板块转移方式，也称蛙跳式，即长途跋涉，离开祖辈世居的大本营，转移到与原居地不相邻接的适合农耕的山地区域进行定居的移民方式。客家先民通过在复杂的山地环境中蛙跳式转移的方式，完成了人口的繁衍与族群的壮大，形成了具有山地文化的民系特征，以至于有俗语道："无客不成山，无山不留客。"

4. 广东三大汉民系环境选择偏好的形成机制

广东三大汉民系先民的移民环境选择偏好的形成，不是移民的主观意愿所造成的，而是受到移民先后、移民原居地生存经验、交通方式等多方面的客观条件的限制所形成的。

（1）尽可能先选择具有农耕优势的生存环境。移民总是会对原居地和迁徙地以及多个目标迁徙地之间进行自然和人文环境的比较，从中选择自己可能到达的优质目的地。参与比较的自然和人文环境所包含的内容比较复杂，更多富余的土地、更少的战争和自然灾害、更高的经济发展水平、更便利的到达途径等都对移民形成引力，移民通过对上述因素的综合分析形成判断。广东三大汉民系中最早形成的广府民系率先选择了地理优势明显的河网密布的冲积平原和三角洲平原。潮汕民系分布在滨海的潮汕平原和海陆丰地区，具有农耕和渔盐之利。最晚来到广东区域的客家民系只能选择条件艰苦的粤东北和北部山区作为其村落选址，该区域不仅距离封建统治中心较远，而且交通不便且开发难度最大。可以说，环境择优规律使得不同时期形成的移民在区域选择上有了相对的地理集中，造成了不同民系之间村落景观的差异化取向。

（2）尽可能选择与原居地相似的生存环境。移民在原居地长期居住，已经形成了和原居地环境相适应的生产生活方式，当原居地情况改变被迫迁移时仍希望找到与原居地类似的环境结构和环境特征。广府先民多经过南雄盆地的停留，其停留的迭代不同，有的一二代或三四代，有的七八代以至十三四代，还有的长达四五百年。经过南雄盆地停留的广府民系，掌握了在平原耕作的技术，逐步迁移到珠江三角洲区域后能够较为顺利地开展农耕。潮汕先民在福建沿海区域已经习得了诸多耕海的技术，可在粤东沿海区域顺利地开展养殖、捕捞、盐业等利用海洋资源的生产活动。在粤东地区人口饱和后进一步沿海迁徙来到滨海的雷州半岛以及海南岛的沿海区域繁衍生息。客家先民经过赣湘、闽西山地区域的停留，已经掌握了开垦梯田进行山地稻作的农耕方式，迁入广东后也主要选址于广东的粤北山地区域。这种尽量选择与原居地较为相似的生存环境的方式，是最为稳妥和安全。例如，在平原环境生存的人无法在短时间内学会包括山耕技术在内的山地生存经验，进入山地就意味着涉险。这种环境选择的惯性思维使得同一民系内部的村落景观具有趋同的倾向。

（3）尽可能选址于交通便利的区域。交通便利的区域移民较易到达且利于经贸的发展，多成为各个民系较早的迁入地以及其后经济贸易发展的中心。广府民系核心区所在的珠江三角洲地区，为西江、北江以及东江的入海口区域，是整个岭南地区内最重要的交通港口区域。在珠江三角洲内的传统村落的诸多族谱上都记载了从南雄珠玑巷南下的移民，多结竹排、木筏，漂浮顺流而下的场景。珠江三角洲区域独特的内外枢纽位置，促进了商贸发展，使其逐步成为广府民系的核心区域。潮汕民系核心区所在韩江三角洲区域，临近福建，可通过海路便捷地到达。韩江出海河道众多，航运便捷，对内通过韩江与上游梅江连通，通过海路可通福建、台湾地区，对外可通东南亚以及江沪区域，是潮汕民系内最重要的对外交流通道，也是其民系核心区的选址区域。客家先民在翻山越岭来到广东区域后，主要选择山间盆地进行营居，其中梅江两岸的河谷盆地，中部有梅江穿过水运便利，成为客家人出海的始发地，也使其内的梅州成为"世界客都"。在交通便利的区域内聚集了各民系内大量的人口，并集聚形成城市，成为民系的核心区域。广东三大汉民系核心区区位与古驿道关系如图 5-1-2 所示。

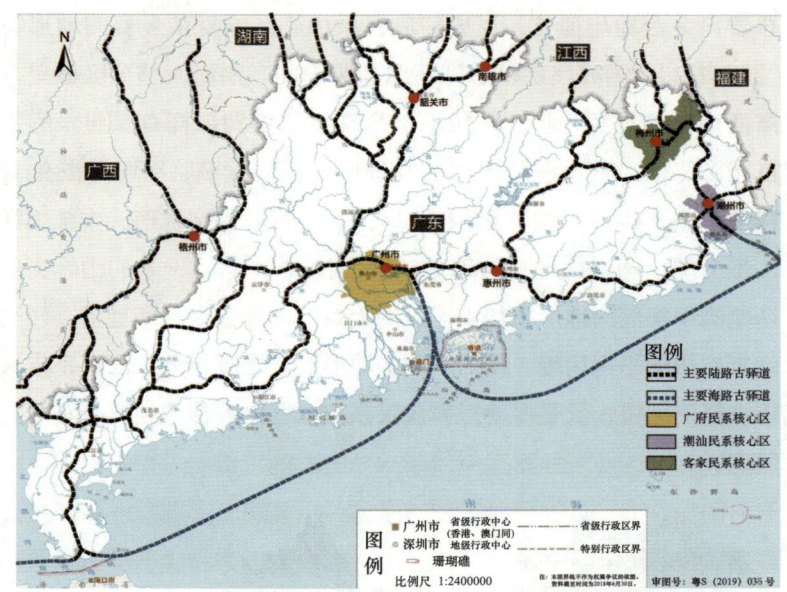

图 5-1-2　广东三大汉民系核心区区位与古驿道关系图
（根据广东省自然资源厅出版的《南粤古驿道线路简介》改绘）

综上，广东三大汉民系在形成过程中，移民到来的先后顺序有别、移民所掌握的生产技术不同，加之移民路上的交通方式不同，促使其民系间所选择营居的环境具有较大分异。

二、广东三大汉民系核心区内生态基底分异

通过上文可知，广府民系核心区选择了滨河平原作为营居区域，潮汕民系则在背山面海的区域进行村落营建，客家民系选择在河谷山地区域进行村落营建。在传统时期人类对自然的改造程度较低，所以三大汉民系选择的自然环境会直接影响聚落的地形特征，促使各民系的传统村落选址特征鲜明。

1. 广东三大汉民系核心区地形分异

在地形方面，广府民系所处的珠江三角洲区域整体地势低平，

整体坡降为 0.1%～0.2%，珠江三角洲平原的海拔多在 –1～1m。珠江三角洲区域内，河流冲积旺盛，泥沙淤塞而形成许多沼泽低地，珠江三角洲前缘也不断向海延伸。在整体低平的地势之上，散布着诸多台地与孤丘，形成广府民系核心区内复杂多变的地形特征（图 5-1-3）。潮汕民系核心区背靠莲花山面向南海，整个区域呈东北高西南低的态势。韩江三角洲不像珠江三角洲那样有 31.4% 的平原低于海平面，其内整个平原的高程皆为正值，平原平均海拔在 10m 以下（图 5-1-4）。客家民系核心区内是平行岭谷型地形，中部梅江将山地分隔，两侧山地丘陵地势较高，有 23 座高逾千米的山峰，形成两侧高中部低的地形态势。区域内大量的山地被森林所覆盖，较少有适宜农耕的平坦用地（图 5-1-5）。地形的分异既是三大汉民系先民环境选择的结果，又是促使三大汉民系核心区内的传统村落景观分异的基底。

图 5-1-3 广府民系核心区河网平原的生态环境示意图

图 5-1-4 潮汕民系核心区背山面海的生态环境示意图

图 5-1-5 客家民系核心区山地生态环境示意图

2. 广东三大汉民系核心区气候分异

气候分异对传统村落的产业特色、水利体系、聚居地布局等景观均有较强的影响。在气候方面，广府民系核心区和潮汕民系核心区都处于北回归线以南的区域，属于南亚热带季风气候区，客家民系核心区分布较为靠北，为亚热带季风气候区。在气温方面，三大汉民系气温相差不多，其中广府民系核心区年平均气温最高为22℃，最热月平均气温28.2℃，最冷月平均气温12.5～12.7℃。潮汕民系核心区平均气温居中，为21～22℃，最热月平均气温27.7～28.5℃，最冷月平均气温12.5～14.5℃。客家民系核心区平均气温为19～21℃，最冷月平均气温为11.9℃，最热月平均气温为28.6℃。因此相对来说，广府与潮汕民系核心区一年四季温度较为稳定，客家民系核心区在冬季农田则可能会受到冷害的威胁。

  灾害性气候对民系先民的生存与发展具有较强的制约性作用。广东地区自古以来自然灾害频发，尤其是突发性自然灾害，如台风、暴雨、暴潮、洪水等的发生频率更是居全国之首。广府民系核心区所处的珠江三角洲地区地势低洼，洪涝灾害最为严重，再加上夏秋季节的台风灾害，台风带来的暴雨、暴潮易引起江水上涨和海水倒灌，导致洪水泛滥频繁。潮汕民系核心区所处的粤东沿海地区主要灾害类型为海洋性气候灾害，如台风、风暴潮、暴雨、洪涝和地震等，尤其是登陆的台风，有70%能够造成日降雨量大于100mm的大暴雨，加之台风带来的狂风，对传统村落的生产生活安全提出了较大的挑战。客家民系核心区所处的粤北山区，旱灾和水灾所引发的危害程度几乎相同，同时由于山地地形条件的附加影响，还易引发山洪、山体滑坡、崩岗、水土流失等次生灾害。根据中山大学大气科学系对10—20世纪广东省各县发生自然灾害次数的统计可知，广府民系核心区面临的水灾次数最多，达到每县平均每年发生5.7次水灾，其中水灾最严重的南海县近十个世纪共发生有记载的水灾98次；潮汕民系核心区面临的风灾最为严重，达到每县平均每年7.5次风灾，且风灾大多由台风所致；客家民系核心区主要灾害有水灾和旱灾（图5-1-6）。三大民系核心区各异的生态条件意味着其内的传统村落面临着不同生存危机与挑战。广东三大汉民核心区生态环境特征比较见表5-1-2。

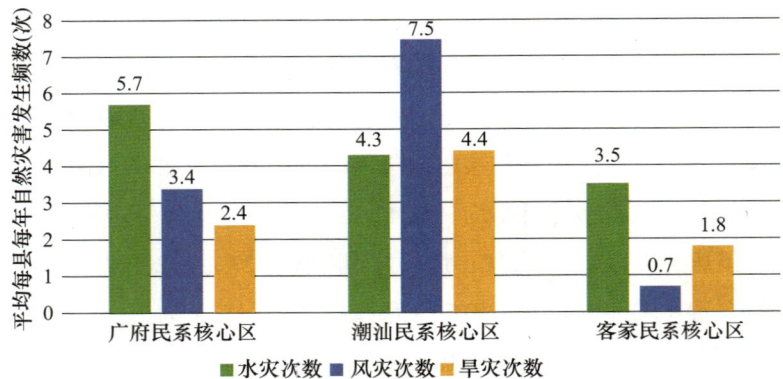

图 5-1-6　广东三大民系核心区历史自然灾害分布频数比较
(改绘自《广东历史自然灾害的分布与变迁》)

表 5-1-2　广东三大汉民核心区生态环境特征比较

生态环境	广府民系核心区	潮汕民系核心区	客家民系核心区
地形分异	水网平原	滨海平原	平行岭谷
区域内平均高程（m）	11.2	97	274
气候分异	南亚热带季风气候	南亚热带季风气候	亚热带季风气候
主要自然灾害类型	水灾	风灾	水灾、旱灾
年降雨量（mm）	1700～2000	1350～2150	1250～2000
平均气温（℃）	22	21～22	19～21
土壤	水稻土、赤红壤、潮土	水稻土、赤红壤、黄壤、山地草甸土、滨海沙土	赤红壤、红壤、水稻土、黄红壤、紫色土
植被	热带常绿季雨林	亚热带季风常绿阔叶林	亚热带季风常绿阔叶林

3. 广东三大汉民系核心区水文分异

在水系形态方面，广府民系所在的珠江三角洲内河道纵横交错，纵向河宽 400～1600m；横向河宽 200～300m 或数十米，天然河网密度为 0.81km/km²，其内纵横交错的河网的形成，主要是由于其上游西江与北江在此处交汇，水量丰富，加之地形相对平坦，积水难以排出。潮汕民系所处的韩江三角洲河道，主干河流宽 20～5500m，下游分叉较多，河道变为宽浅型，形成放射状河网。客家民系核心区所在的山地环境，位于中部的梅江集聚了四周的山间汇水，形成丰字形水网，水面宽阔在 300～500m。

在内部水文条件方面，广府民系核心区所在的珠江三角洲与潮汕民系核心区所在的韩江三角洲的水环境具有诸多分异。珠江三角洲是河流作用与潮流作用共同影响而形成的多条河流沉积的复合型三角洲，内部潮汐作用强，河水每日有两次涨落。韩江三角洲则主要是以波浪作用为主的类型，波浪作用促使其三角洲前缘的沙垅-潟湖地貌发育完善，内部河流较少受到潮汐作用的影响。客家民系核心区内部的梅江集雨面积大、水量充沛，遇到暴雨江水水位迅速增高，两侧支流河流坡降较大，在旱季河流易干涸。"易涨易退山溪水"是梅县江河水文的主要特点。降雨与水文特征的分异，将会在传统村落农田灌溉方式、居民饮水方式、交通出行等方面有着差异化的展现。广东三大汉民系核心区水文环境特征比较见表 5-1-3。

表 5-1-3 广东三大汉民系核心区水文环境特征比较

水环境特征	广府民系核心区	潮汕民系核心区	客家民系核心区
年降雨量（mm）	1700～2000	1350～2150	1250～2000
主干河道坡降（％）	0.1～0.2	0.39	0.59
主干河道宽度（m）	400～1600	20～5500	300～500
水文特色	受潮汐影响每日两次涨落	易涨	易涨易退
分布特色	网状河网，密度高	放射状河网，下游河网密度高	"丰字形"水网，易在中部集聚

三、三大汉民系核心区传统村落选址环境特征比较

1. 三大汉民系核心区传统村落选址地形特征比较

本次统计选取了三大汉民系核心区内的 857 个传统村落，并将其落点到了地形底图之上，通过 GIS 软件进行高程、坡度、坡向等分析，如图 5-1-7 所示。

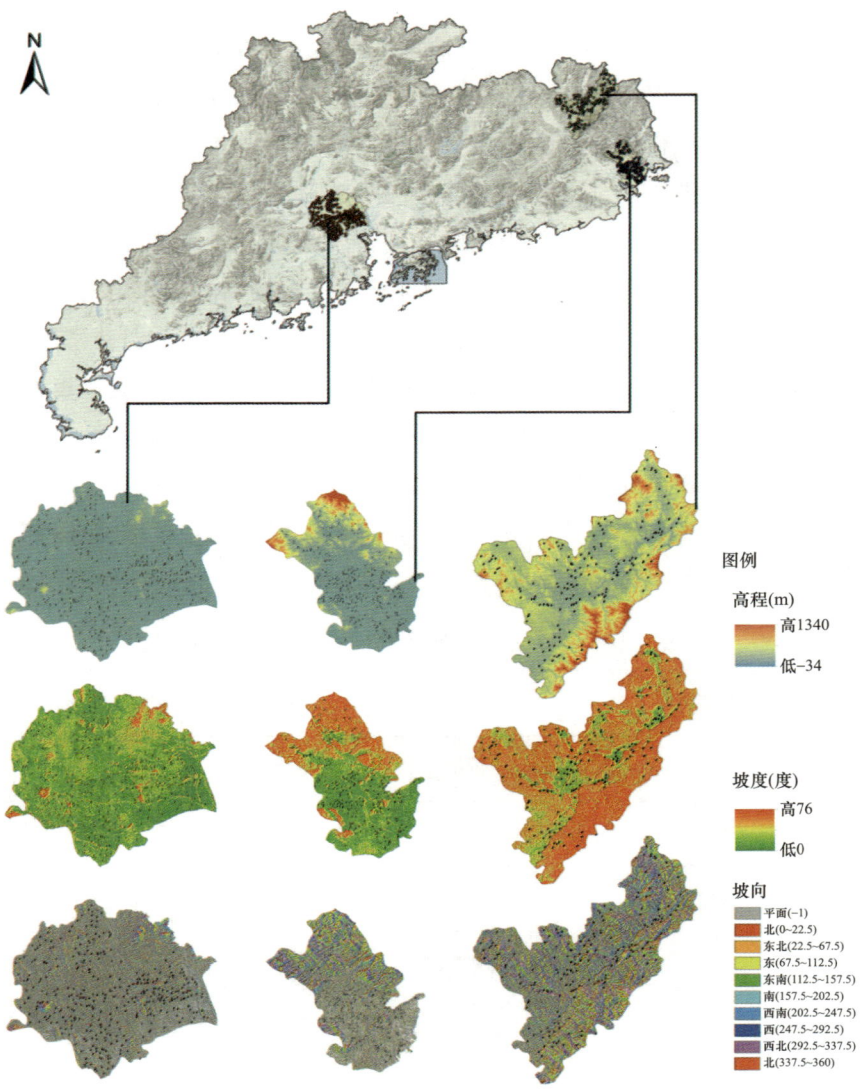

图 5-1-7　广东三大汉民系核心区传统村落选址地形特征分析图

通过分析相关数据可发现如下结果：在传统村落选址高程方面，广府民系核心区的传统村落选址高程最低，平均选址高程为7.25m。由于整个珠江三角洲区域内地势较低，其内有约39%的传统村落选址在海拔5m以下的区域。潮汕民系核心区内传统村落的平均选址高程为24.84m。由于背山面海的地貌条件，其内不同区域间传统村落选址的海拔高程分异较大，在潮汕民系核心区内的平原稻果区选址高程为7.15m，滨海兼业区为9.37m，在山地平田区的平均选址高程为81.13m。分布在山地环境的客家民系，其传统村落的平均选址高程最高为154m，其中河谷平田区的传统村落选址海拔较低，为92.25m，丘陵梯田区为187.09m，高山茶田区为254m。从统计数据可以看出，三大汉民系核心区传统村落分布的平均选址高程客家民系最高，其次为潮汕民系，最后为广府民系。

在传统村落选址坡度方面，广府民系核心区内传统村落的平均选址坡度为2.39°，除沙坦（沙田）区传统村落选址坡度较低外，在台地围田区以及低地基塘区的传统村落多倚靠坡地而建，选址坡度分别为2.32°和2.69°。潮汕民系核心区的平均选址坡度为2.69°，其中山地平田区内选址坡度较高平均为5.82°，平原稻果区的选址坡度较低为1.74°，滨海兼业区的选址坡度为1.88°。客家民系核心区内传统村落的平均选址坡度为7.9°，并且随着村落选址高程的增加传统村落的选址坡度逐渐增高，在河谷平田区内传统村落的平均选址坡度为5.97°，丘陵梯田区内平均选址坡度为8.87°，高山茶田区内的平均选址坡度增加到11.39°。总体看来，三大汉民系核心区传统村落的平均选址坡度，客家民系最高，其次为潮汕民系，最后为广府民系。同在平原环境下，广府民系低地基塘区的平均选址坡度要高于潮汕民系的平原稻果区。同在山地环境下，潮汕民系山地平田区的选址坡度要低于客家民系的高山茶田区（图5-1-8、图5-1-9）。

在传统村落选址坡向方面，三大汉民系的传统村落多选址于阳坡进行聚居地的营建。广府民系核心区传统村落约58%选址于阳坡，

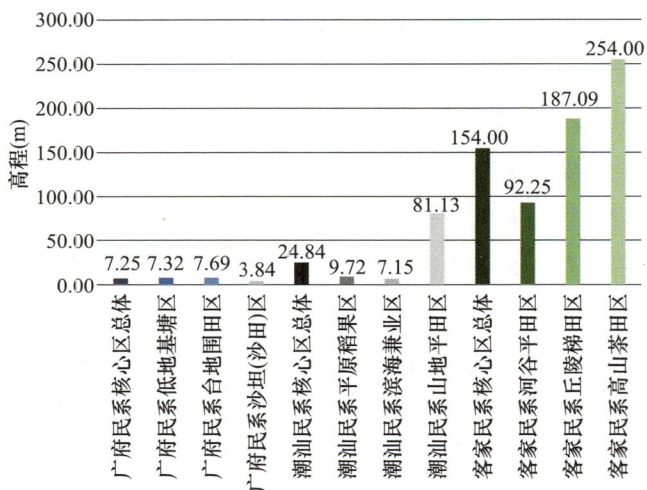

图 5-1-8　广东三大汉民系核心区传统村落平均选址高程比较

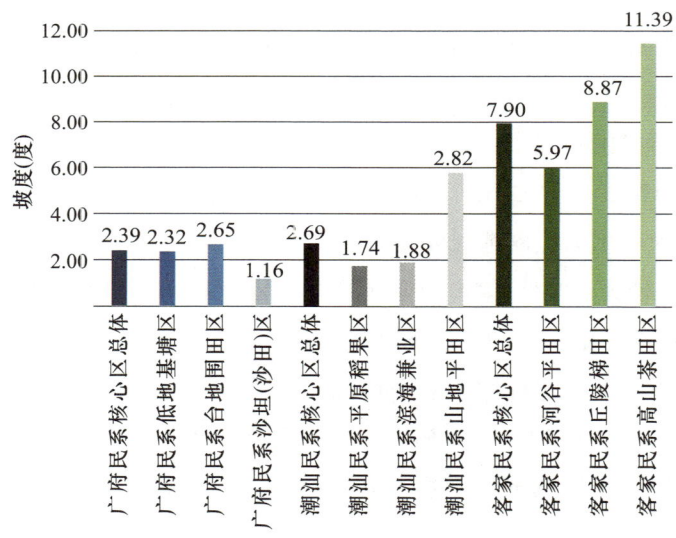

图 5-1-9　广东三大汉民系核心区传统村落平均选址坡度比较

其中选择在东南坡向的传统村落数量最多，约占 18%，这与珠江三角洲整体的地势自西北向东南降低有关。潮汕民系核心区内的传统村落约 55% 分布在阳坡，并且各个朝向分布较为均衡。客家民系所在的山地环境较为复杂，传统村落的朝向不一，核心区内处于阳坡的传统村落数量最少，约占 53%，基本没有处于平地的传统村落。广东三大汉民系核心区传统村落选址坡向统计如图5-1-10所示。

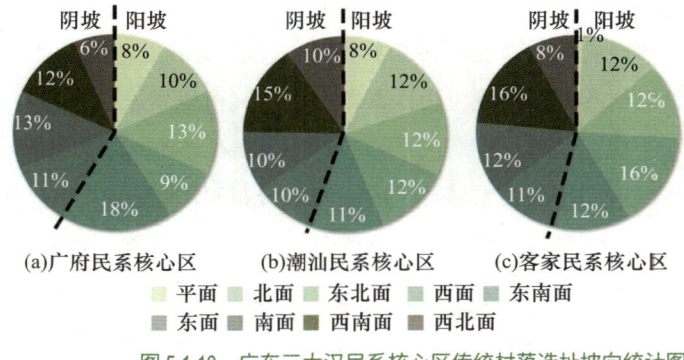

图5-1-10 广东三大汉民系核心区传统村落选址坡向统计图

2. 三大汉民系核心区传统村落选址水环境特征比较

对传统村落来说，水源既是人类生存的主要保障，又是农业生产的保障。水环境对于传统村落的正常运转具有较强的作用。得益于岭南多雨的气候条件，三大汉民系核心区的降雨量较高，地表径流丰沛。广府民系核心区位于珠江三角洲区域，潮汕民系核心区位于韩江三角洲区域，客家民系核心区中部有梅江穿过，水环境分异对传统村落景观的形成具有较大的影响。

通过将本次所选样本与滨河河流进行最近距离分析可发现如下特征：选址于河网密集地区的广府民系传统村落，基本与水相伴而生，平均滨水距离为459m，是三大民系滨水距离最近的。广府民系核心区中沙坦（沙田）区地内诸多临河分布的传统村落滨水距离最近约为181m。地势较为低洼的低地基塘区内传统村落滨水分布的距离也较近约为320m，广府台地围田区由于地形的限制，区域内传统村落的选址滨水距离稍远为650m。潮汕民系核心区传统村落的平均滨水距离为638m，在不同地貌内滨水距离相差较远，在平原稻果区内韩江分叉较少，传统村落平均滨水距离为599m，在韩江出海口滨海兼业区，韩江分出了较多支流，传统村落的平均滨水距离减少为492m，山地平田区的传统村落滨水距离最远为913m。客家民系核心区内受山地地形的影响，水系以中部梅江为中心，两侧有多条支流汇入，形成树枝状水网，其内的传统村落滨水距离较其他两个民系高，约为858m。

广府民系核心区传统村落的滨水距离最近，得水条件最为优越，临近村落的河水既可用作饮用水源，又可以用来浇灌农田，还可作为水上交通通道，广府民系核心区的传统村落形成了依水而生的岭南水乡风貌。潮汕民系核心区内水资源分布不均，上游河网密度明显低于下游，这对其传统村落景观的分异产生诸多影响。客家民系核心区山地环境下，主干水系较少，促使传统村落普遍滨水距离较远，相对于其他两个民系更易受到旱灾的威胁。广东三大汉民系核心区传统村落滨主干水系距离分析如图 5-1-11 所示。广东三大汉民系核心区传统村落平均滨水距离比较如图 5-1-12 所示。

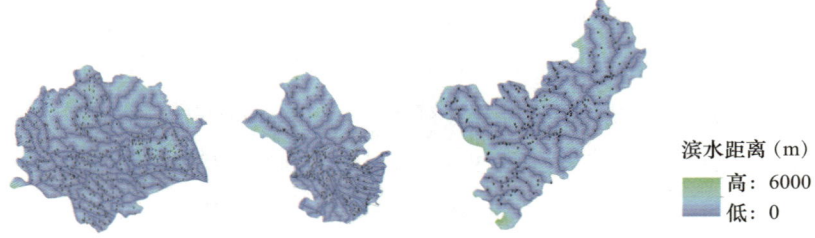

图 5-1-11　广东三大汉民系核心区传统村落滨主干水系距离分析图

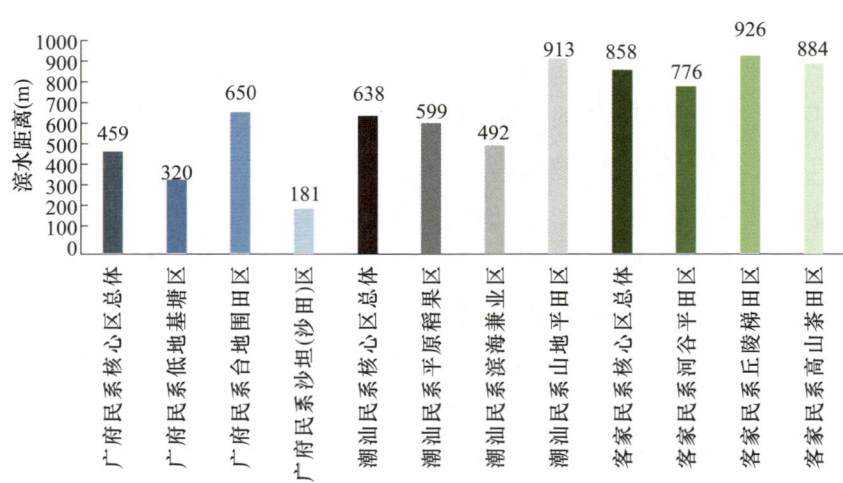

图 5-1-12　广东三大汉民系核心区传统村落平均滨水距离比较

3. 选址偏好对传统村落分布的影响

三大汉民系先民在长期的迁移与适应广东区域环境的过程中，趋利避害地选择营居与耕种的土地，在多样的地势水文环境下，形成了特定的选址偏好。各民系传统村落的选址偏好或临近水体或选址于高地，均与山水环境协调与适应，形成具有民系特色的选址与分布方式。

通过三大民系核心区传统村落选址特征的比较可以看出，广府民系核心区传统村落的聚居地亲水性最强，其次为潮汕民系，最后为客家民系。同在平原环境下，广府民系核心区内低地基塘型传统村落与潮汕民系平原稻果型传统村落中，依赖水路交通的低地基塘型传统村落几乎全部选址于滨河区域进行营居。滨河营居的广府民系传统村落，在享受便利水运交通的同时也常受到水患的威胁，其更趋向于选址于平原中的滨水高地，进行聚居地的营建，地势更为低洼的基塘区域的传统村落主要选择河岸高地进行营居。低地水患条件下的广府民系传统村落，多选择住在水中的高地，即部分丘冈、台墩、堤围之上，受到居住空间的限制，表现出分散分布的特性。

潮汕民系核心区内传统村落多集中在平原区域，山地分布的传统村落数量较少。由于河网密度低于广府民系核心区，其内传统村落间多依靠陆路交通，传统村落则较少滨河选址。潮汕民系的滨海区域内由于特殊的沙垅地貌，传统村落的聚居地基本均选址于沙垅之上，以抵御水患咸潮。潮汕民系即使在山地区域仍有大量传统村落选择在平地营居。同在山地环境下潮汕民系核心区山地平田区内，选址于滨水区域的聚居地比例也远超客家民系核心区。潮汕民系传统村落在平地、沙垅和滨河区域聚集分布为其主要的分布特征，加之区域内人口密度高，促使其内聚居地面积大、数量多，形成高密度分布的聚居地。

客家民系核心区所在的山地环境地势起伏度大，适宜耕种的平地较少，传统村落选址首先选择山间的盆地等平坦区域，形成中部河谷盆地与山间丘陵盆地聚集的分布形态。由于平地面积有限，其内的传统村落多选择依靠山地而建，让平于耕。依靠山地而建的聚居地受到地形起伏的限制，无法大面积营建，表现出高度分散分布、单个聚居地面积小的特性。广东三大汉民系核心区传统村落聚居地分布特征比较如图 5-1-13 所示。

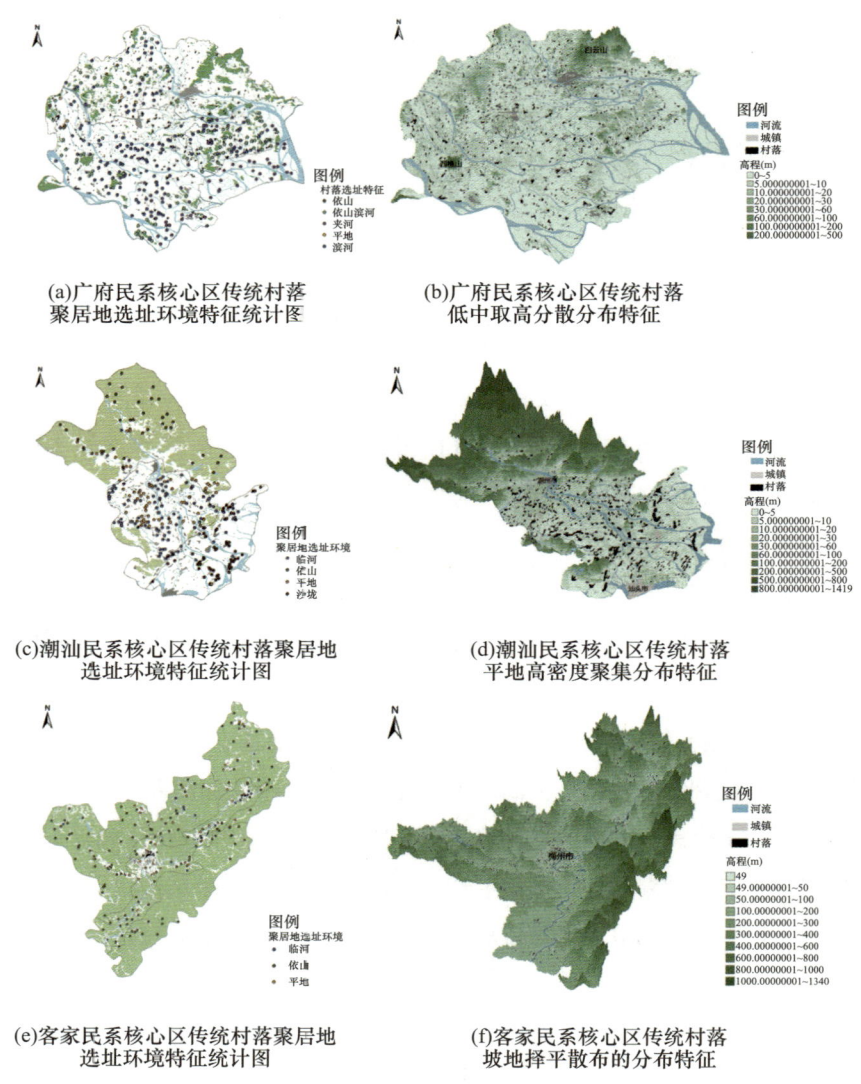

(a)广府民系核心区传统村落聚居地选址环境特征统计图
(b)广府民系核心区传统村落低中取高分散分布特征
(c)潮汕民系核心区传统村落聚居地选址环境特征统计图
(d)潮汕民系核心区传统村落平地高密度聚集分布特征
(e)客家民系核心区传统村落聚居地选址环境特征统计图
(f)客家民系核心区传统村落坡地择平散布的分布特征

图 5-1-13　广东三大汉民系核心区传统村落聚居地分布特征比较

第二节 生存：民系环境改造影响下的传统村落生产景观分异

广东三大汉民系先民长期在其选址环境下生存，开发了多种类型的土地，尝试了多种的生产方式，通过历史的沉积，逐步选择了一系列适应环境且具有较高经济价值的土地利用模式与产业景观类型。水利体系是农田生产的重要保障，在不同地形与水系环境下，水利体系具有较大分异。通过对三大民系特色土地利用方式、产业景观和水系体系特征的比较，能够理解传统时期三大民系核心区传统村落的资源利用方式与生存智慧。

一、广东三大汉民系传统村落土地开发特点比较

1. 土地开发历程比较

北方汉民迁入岭南地区后，面对特色多样的自然环境，既要适应自然，又要进行改造与开发，才能满足日常生产生活所需。由于所处环境分异以及移民历史进程的分异，不同民系适应和开发利用环境方式不同并朝着不同方向转化，形成了多样的土地利用类型，是传统村落生产景观分异形成的基础。

（1）与水争地的广府民系土地开发历程

广府民系核心区在宋代以前就有了小范围的土地开垦，但由于珠江三角洲地势低洼，大量的土地仍处于沼泽、河滩的状态。广府民系核心区大规模土地开发是从宋元时期开始的，在宋元时期大量迁入的北方移民，将较为先进的稻作生产经验，运用在珠江三角洲平原的土地开发之中。充足的劳动力以及堤围修建技术促使珠江三角洲内大量滨河平原得到开发。明清时期随着迁入人口的进一步增多以及内部人口的不断繁衍，对土地开垦的需求更加旺盛。此时，土地开发的重点便集中到了更加低洼的新浮生出来的河坦以及沙坦区域。为解决更加低洼用地内洪涝灾害的威胁，从明代中期开始，广府民系先民将洼地改造形成基塘的土地利用方式，既减弱了洪涝灾害的影响，又增加单位土地面积的经济效益。清代随着宗族的发展，组织大量人力，对滨

海沙坦区域进行围垦，将原本的浅海沙坦改造成大量水稻田。广府民系先民面对珠江三角洲河网纵横和低洼的地势，无论是开垦新浮生出来的沙坦还是开垦基塘，都需解决洪涝灾害问题，可以说其土地开发的过程就是不断地与水争地的过程。宋元时期大规模开发的广府民系核心区如图 5-2-1 所示。

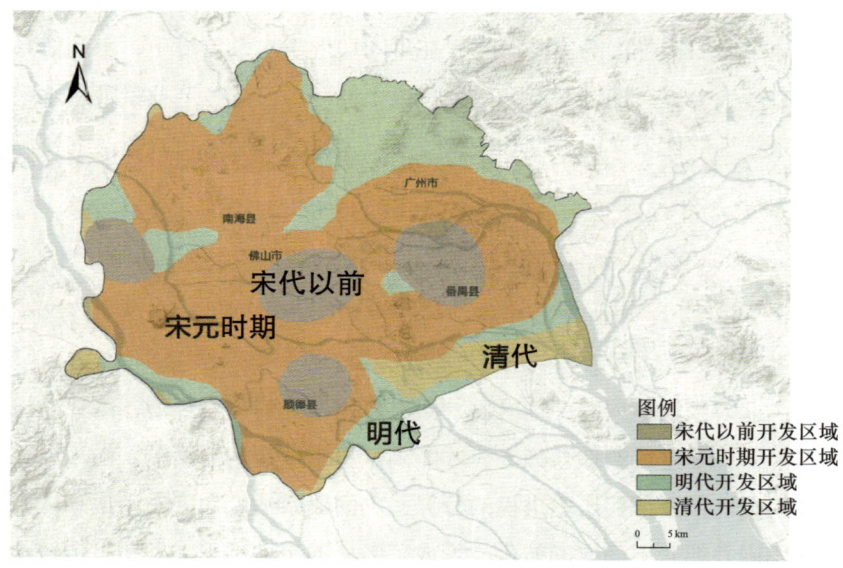

图 5-2-1　宋元时期大规模开发的广府民系核心区

（2）与海争地的潮汕民系土地开发历程

潮汕民系核心区的土地大规模开发是从宋元时期开始的，此时从福建南迁过来的潮汕民系先民已经掌握了成熟的稻作技术以及娴熟的耕海技术，来到地理条件相似的潮汕民系核心区能够较为快速地开展耕作。受制于地形条件的影响，宋元时期潮汕民系核心区主要开垦的是地势较高的韩江三角洲顶部扇形平原区，该区域内既有韩江主干河流带来的便利灌溉条件，又较少受到滨海咸潮的影响，较适宜传统农耕产业的发展。明代随着人口的增加，潮汕民系先民逐步向山地与韩江三角洲中部低地平原拓展，兴修水利向海向山要地，发展农耕产业。清代迁海复界后，诸多潮汕先民涌入滨海区域进行复垦，除了排咸引淡向海进行围垦外，还在诸多地瘠薄的滨海沙垅之上开展旱作。潮汕民系核心区漫长的海岸线，为其提供了渔盐之利，形成了多样的滨海土地利用方式，可以说潮汕民系核心区内最突出的土地开发特点，就是不断向海争地，发展海洋经济。宋代至明代大规模开发的潮汕民系核心区如图 5-2-2 所示。

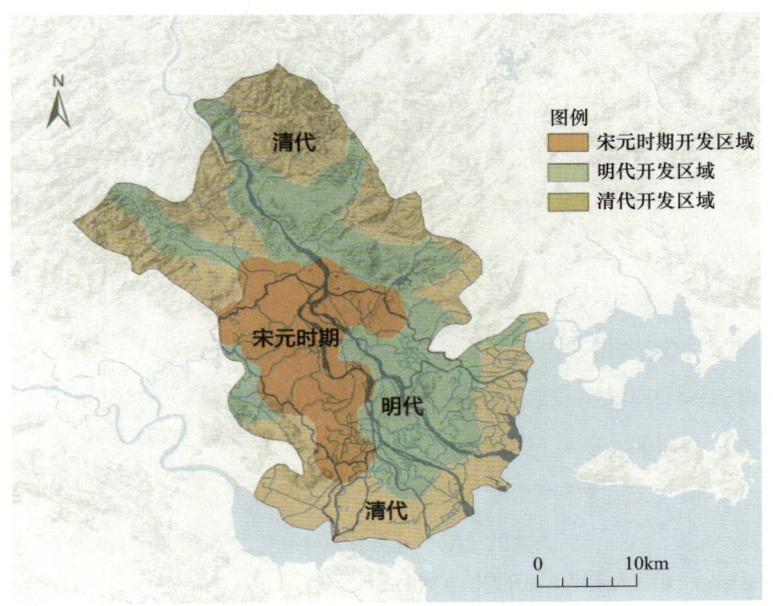

图 5-2-2　宋代至明代大规模开发的潮汕民系核心区

（3）与山争地的客家民系土地开发历程

客家民系核心区有"八山一水一分田"之称。相对于其他两个民系客家先民迁入时间较晚，其进行大规模土地开发的时间主要为明代。明代之前的客家民系核心区的土地开发集中于较大河谷盆地内，此范围内交通较为便利，并有较大面积的平坦土地，较易于农耕开发。明代大规模的移民从江西、福建的山地迁徙而来，带来了诸多耕山的经验。客家民系核心区范围内的大部分河谷和丘陵区域均有移民进入。移民顺应山势营建梯田，客家民系核心内大量的缓坡地得到了开发。清代随着人口的进一步增长，客家民系先民不得不向更高海拔的山地发展，克服地形、水源、气候等诸多障碍进行耕作。客家民系核心区的土地开发历程有着明显的向更高海拔开垦的特点，不断向山要地是客家民系核心区主要的土地开发特点。明代大规模土地开发的客家民系核心区如图 5-2-3 所示。

279

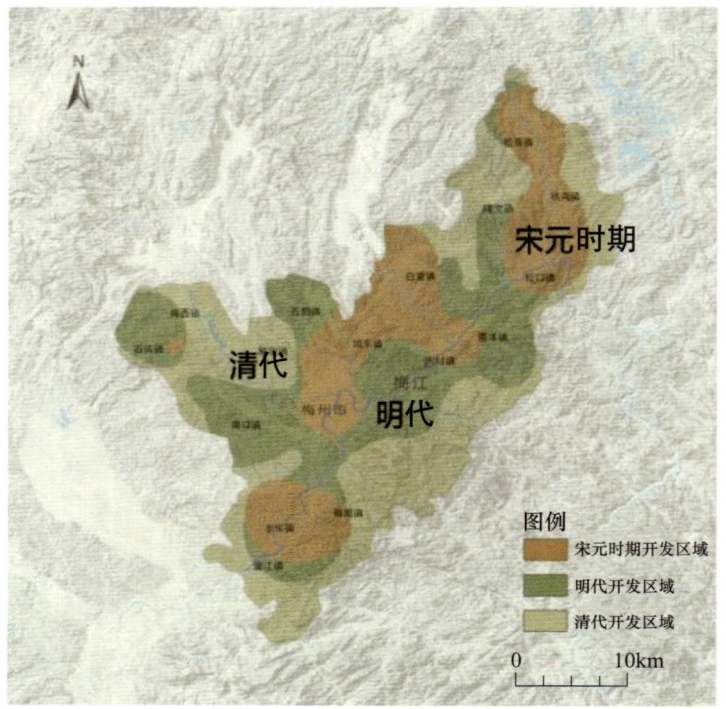

图 5-2-3 明代大规模土地开发的客家民系核心区

（4）三大汉民系土地开发规律

通过将三大汉民系的土地开发历史进行比较，可以发现两条较为明显的共性规律：其一，广东三大汉民系核心区内都遵循从易至难的土地开垦逻辑。广府民系核心区内由滨河平原到丘陵周边再到河坦沙洲以及浅海滩区域的土地开发历程，逐步向地势更为低洼、水灾更为严重区域拓展。潮汕民系核心区首先选择平坦的滨河平原区域，并逐步向较难开垦的西部山区和东部滨海地带双线发展。客家民系核心区首先选择松口、梅县等较大的河谷盆地区域，并逐步向更难开垦的高海拔坡地山地发展。这些不具有农业生产优势和更容易受到自然灾害侵袭的区域，意味着需要投入更多的人力、物力以及财力才能进行土地开发与传统村落选址，一般发展较为迟缓。土地开垦难度的分异，进一步促进了民系内部传统村落景观分异的产生。其二，三大汉民系传统时期的土地开发都经历了由农耕产业向商品经济的转型。广东三大汉民系在明代以前，主要以粮食作物为主。明代中后期，随着资本主义萌芽的出现，经济作物集中种植区开始形成，到清末鸦片战争时期，经济作物的地位进一步上升，农业商品化程度进一步提高。广府民系核心区内有大面积连片的基塘，成为桑、甘蔗、水果、塘鱼等经济作物和水产的主产地。潮汕民系核心区内凭借着便利的水运条件，有诸多的柑橘、荔枝、龙眼等水果产地。客家民系核心区内则利用山地种植番薯、玉米、花生、烟草、茶叶等旱作经济作物。经济作物的发展，增加了土地的经济效益，丰富了三大民系内的土地利用方式。广东三大汉民系核心区土地开发历程比较见表 5-2-1。

表 5-2-1　广东三大汉民系核心区土地开发历程比较

	历史分期	广府民系核心区	潮汕民系核心区	客家民系核心区
宋代以前	社会背景	以土著居民为主，汉民集中居住	百越、畲、瑶族的聚居地	滨河疍民、山区畲、瑶族
	主要开发地貌类型	滨河平原	滨海、滨河区域	滨河区域与山间平地
	土地开发方式	传统的稻作、渔猎	地多荒僻、渔猎为主	渔猎为主
宋元时期	社会背景	大量汉民来到珠江三角洲开垦。政府主导堤围修建，鼓励围垦	移民从福建、江西迁入，人口大增	环境艰险，仅少量移民迁入
	主要开发地貌类型	丘陵周边	韩江三角洲顶部扇形平原	河谷区域
	土地开发方式	稻作、旱作	稻作、水果	稻作
明代	社会背景	宗族制度兴起，宗族组织堤围兴建与农田开垦	移民继续由人口饱和的福建迁入	环境安稳，移民大量从江西、福建迁入
	主要开发地貌类型	河坦沙洲	韩江三角洲中部低地平原和山区	山间盆地被大规模开发
	土地开发方式	稻作、果基鱼塘	稻作、水果、盐业	稻作为主
清代	社会背景	政府鼓励垦荒，宗族发展强迫世仆开垦土地	清初迁海复界政策对沿海区域的影响	内部人口繁衍，旱作生产技术成熟，土地进一步开发
	主要开发地貌类型	浅海滩区域	沿海地区的复垦	滨河坝地、高海拔耕地
	土地开发方式	稻作、桑基鱼塘、果林、潮田	稻作、经济作物	稻作、旱地、经济作物

2. 土地开发程度分异

通过对广东三大汉民系核心区内清末民国时期的历史地图的识别解译可以看出，经历了千百年土地开发的三大汉民系核心区，土地开发程度不一。土地开发程度最高的是广府民系核心区，到民国时期，其内的自然斑块占比仅为 20.39%，绝大部分的土地均已经被开发。潮汕民系核心区的土地开发程度次之，有约 51.07% 的土地已经被开发。客家民系核心区的自然斑块约占 79.61%，被开发的土地仅占 20.39%，土地开发程度最低。

（1）土地开发程度比较

三大汉民系核心区均属亚热带，气候温暖多雨，适宜发展稻作。开垦水田种植稻作是三大民系传统时期村落最为主要的生产方式。根据本次统计，广府民系核心区水田占总体生产斑块面积的 72%，潮汕民系核心区水田占总体生产斑块面积的 74%，客家民系核心区水田占总体生产斑块面积的 52%。另外，随着历史时期作物及其栽培技术的传播，三大汉民系旱作具有一定的相似性，三大民系核心区内均多种植番薯、木薯、小麦等旱作植物，以补充水稻粮食产量的不足。三大民系旱地内多种植甘蔗、花生、水果等经济作物，以增加收益。虽说种植种类具有一定的相似性，但各民系还是有诸多特色产业，如广府民系核心区的基塘产业、潮汕民系核心区的滨海渔盐业，客家民系核心区的山地烟茶产业等。广东三大汉民系核心区民国时期土地利用如图 5-2-4 所示。广东三大汉民系核心区民国时期土地利用统计如图 5-2-5 所示。

图 5-2-4　广东三大汉民系核心区民国时期土地利用图（根据民国时期测绘图识别绘制）

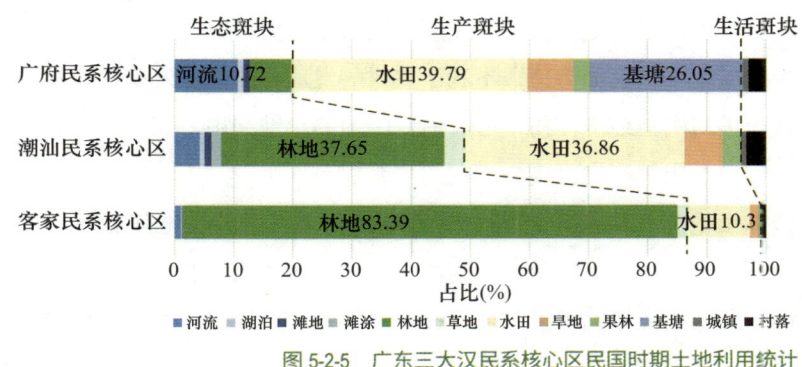

图 5-2-5　广东三大汉民系核心区民国时期土地利用统计

（2）自然条件对土地开发程度的制约

自然条件是土地利用的基础，造成三大汉民系间土地开发程度不同的主要原因是各具特色的自然环境基底。三大汉民系中土地开发程度最高的广府民系核心区以基塘和水田斑块为主要的土地利用方式，水田斑块内夹杂了部分的旱地。其土地利用分区的形成主要受到夹杂岛丘的珠江三角洲地貌的影响。在该地貌类型下，地形高程与水面高程接近，在稍高于水平面平均高程 0.5～0.9m 的区域内可以种植水稻田；在与水平面基本持平均高程为 -0.3～0.3m 的区域，广府民系先民采用深挖为塘，覆土为基的方式，发展基塘产业；在低于水面平均高程为 -0.4～0.7m 的区域，只能种植深水稻。广府民系核心区内的低洼地形以及充沛的水资源等特色自然条件，成为其内土地开发程度的主要基底。

潮汕民系核心区内山地、平原，以及滨海的显著地貌分区，促使其内的土地利用方式分区鲜明。在平原区域得益于韩江三角洲充足的水资源与较为平坦的地势，为稻作的发展提供了条件。在山地区域内形成河谷平地种植水稻、坡地开发林业的土地开发模式。滨海区域为沙垅地貌，陇上种植旱地，垅下种植水田，滨海进行渔业养殖。潮汕民系的特色地貌分区与滨海资源，成为其内土地开发分异的基础。

客家民系核心区内山地广阔，地形坡度较大，适应农耕的区域狭小且不连续，只能形成多个分散的农田斑块。客家民系核心区主要的土地开发区域集中在河谷周边较大的盆地之上，该区域内海拔较低，土层较为深厚，适宜农耕的发展。随着山体海拔的不断增高，气温逐步降低，土层更加瘠薄，不利于农耕的发展，只能开发梯田，种植旱作杂粮与山地经济作物，形成适应山地的土地利用方式。

（3）土地开发程度与人口的关系

土地的开垦离不开人力的参与，三大民系的土地随着移民的迁入逐步被开垦，又随着人口的增长，逐步拓展土地开垦面积与转变土地开发方式。根据民国时期人口统计数据，广府民系核心区内的人口数量达到了约172万，潮汕民系核心区有约101万人口，客家民系核心区有约51万人口。可以看出，广府民系核心区相比另外两个民系的核心区，拥有更多的人口，加之其内可开垦的土地面积较多，形成了较大范围的土地开垦面积。潮汕民系核心区的人口仅次于广府民系核心区，但其内可耕地资源远少于广府民系核心区，其区域内的人口密度是三个民系核心区内最高的。人地关系紧张的潮汕民系先民在土地上精耕细作，主要包括兴修水利、引进优良稻种、广泛使用耕牛人力畜力相结合，讲究耕作技术、发展立体农业等。这种精耕细作的方法，也称集约农业，即在同样面积土地上投入更多的社会劳动、技术和资金，以谋取最大的经济效益，从而供养其内的诸多人口。客家民系核心区由于可耕地资源较少，随着人口的增长，不得不到更难开垦的滨河坝地和山间坡地进行土地的开垦。但山地可开垦资源有限，诸多客家先民便出海下南洋寻找谋生的出路。广东三大汉民系民国时期人口统计见表5-2-2。

表5-2-2　广东三大汉民系民国时期人口统计表

核心区	乡镇数量（个）	保数量（个）	甲数量（个）	户数量（个）	人口数量（人）	人口密度（人/km²）
广府民系核心区	138	3770	40028	477168	1718504	529
潮汕民系核心区	51	811	11964	219090	1012545	588
客家民系核心区	52	624	7052	94473	511360	167

3. 土地开发方式比较

通过上文可知，广东三大汉民系的土地开发方式各具特点，并且在民系核心区内部也有较为鲜明的土地利用方式分区，三大民系核心区内大致形成了九类特色土地开发方式。土地开发方式的形成除了受到先天自然资源与生态条件的制约，还受到不同民系采取不同的手段进行生产与消费即生计方式分异的影响。

（1）主导型景观区土地开发方式比较

首先，对于三大汉民系核心区传统村落主导型土地利用类型而言，无论是广府民系的低地基塘型，还是潮汕民系的平原稻果型，抑或是客家民系的河谷平田型土地利用方式，都具有自然条件相对优越，土地开发程度较高、生产斑块规模大、生活斑块分布密度高的特点。三大汉民系核心区主导型土地利用分区内的自然环境，都具有水资源丰沛、地势相对平坦，土壤相对肥沃的优势自然资源。主导型土地利用分区是民系核心区内人口密度最高的区域，大量的人力促使其内的土地开垦面积较大，并且农业商品化程度较高，比如广府民系的基塘产业、潮汕民系的万亩柑橘林等。随着商品性农业的发展，主导型景观区土地经济效益较高，在单位面积内往往能满足更多的传统村落的生存与发展。比如广府民系核心区主导型景观区内的聚居地斑块密度为 0.83 个 $/100hm^2$，大于台地围田区的 0.64 个 $/100hm^2$，沙坦（沙田）区的 0.28 个 $/100hm^2$，其他两个民系也是如此。

（2）相似地理环境下的土地开发方式比较

对于三大汉民系亚型景观区而言，其所处自然生态环境相对主导型来说，处于劣势，有些受到山体坡度的影响，有的受到滨海环境的影响，对传统村落的生存与发展提出了挑战。不同民系在应对这些劣势环境的过程中，采取了诸多措施，既有相似点又有诸多不同。

同为滨海区域的广府民系核心区滨海的沙坦（沙田）区和潮汕民系核心区滨海兼业区，在改良滨海滩涂的过程中，均采用利用堤围进行围垦的方式，使得大量受到咸潮影响的滨海土地，能够种植水稻。但由于珠江三角洲滨海淤泥型地貌和韩江三角洲滨海沙垅-潟湖型地貌具有较大差异，其内的土地利用方式各具特色。

同样在具有坡度区域进行土地开发，广府民系核心区台地围田区、潮汕民系核心区山地平田区以及客家民系核心区，都尽量耕种平地，但坡地开垦方式各有特色。广府民系核心区台地围田区内的坡地面积少于平原的面积，不作为主要的粮食生产区域，种植部分旱粮补充粮食的不足，并随着商品经济的发展，逐步发展果林等经济作物。因此，历史记载中广府民系核心区台地围田区的旱地，耕作方式较为粗放，水利设施较少，多为"望天田"。潮汕民系核心区山地平田区的土地开发主要集中于水利条件较好的临近山溪、河道的平原区域，该区域为平地资源虽比不上广府民系核心区台地平田区，却比客家民系核心区要多。加之潮汕民系核心区山地平田区临近平原区域，可以通过墟市便利地将山地特色作物售卖，因此潮汕民系核心区对于山间粮食生产的依赖度较客家民系核心区低。客家民系核心区由于交通的相对闭塞，其山地区域内的先民，需要大规模耕山，开垦坡地，进行粮食生产，才能满足生活所需。因此，同处坡地环境下，广府民系核心区台地围田区、潮汕民系核心区山地平田区以及客家民系核心区，在对坡地的开垦程度上，客家民系最高，并建立多种山地灌溉体系，形成诸多山间梯、塅田。加之山地环境对生产斑块的限制，客家民系核心区内，尤其是海拔较高的丘陵区与高山区，生产斑块形成小且分散的形态。广东三大汉民系核心区土地利用方式比较见表5-2-3。

表5-2-3　广东三大汉民系核心区土地利用方式比较

（根据民国时期测绘图识别绘制）

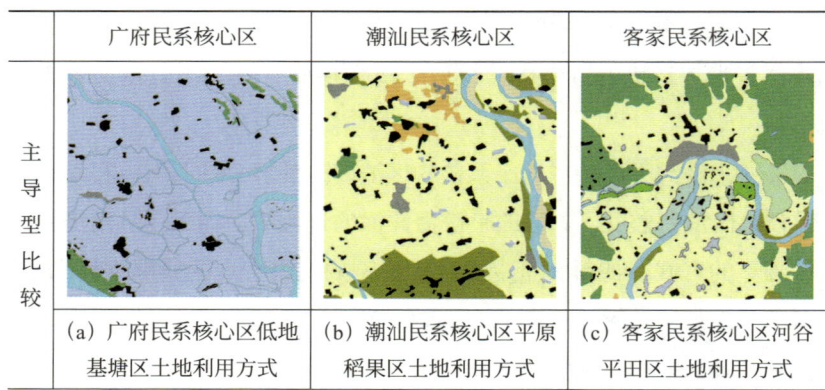

	广府民系核心区	潮汕民系核心区	客家民系核心区
主导型比较	(a) 广府民系核心区低地基塘区土地利用方式	(b) 潮汕民系核心区平原稻果区土地利用方式	(c) 客家民系核心区河谷平田区土地利用方式

续表

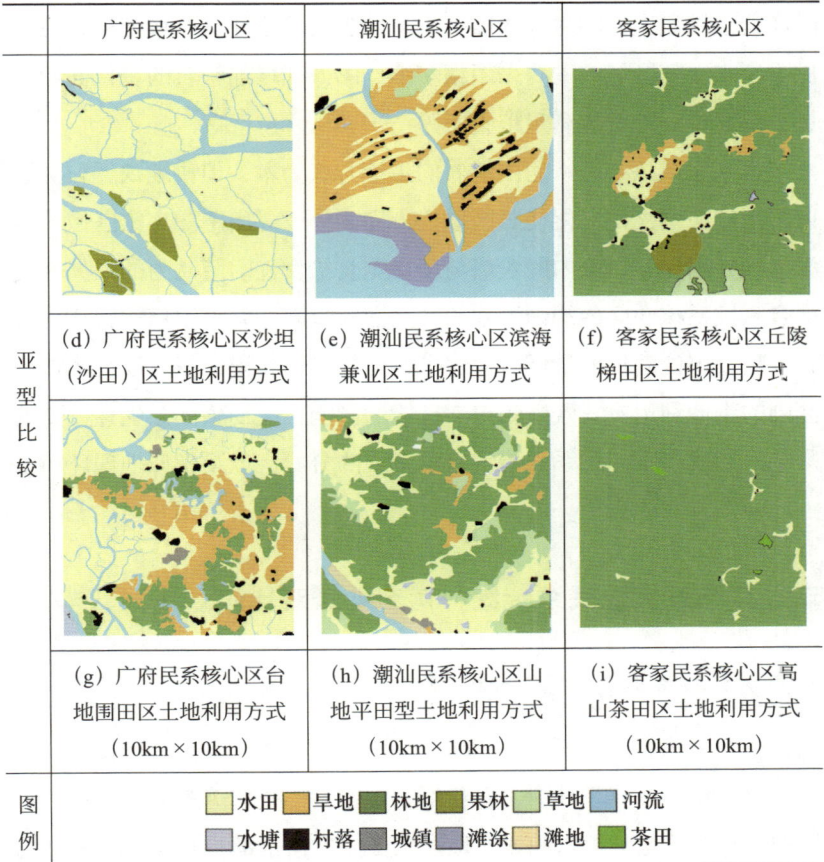

	广府民系核心区	潮汕民系核心区	客家民系核心区
亚型比较	(d) 广府民系核心区沙坦（沙田）区土地利用方式	(e) 潮汕民系核心区滨海兼业区土地利用方式	(f) 客家民系核心区丘陵梯田区土地利用方式
	(g) 广府民系核心区台地围田区土地利用方式（10km×10km）	(h) 潮汕民系核心区山地平田型土地利用方式（10km×10km）	(i) 客家民系核心区高山茶田区土地利用方式（10km×10km）
图例	水田 旱地 林地 果林 草地 河流 水塘 村落 城镇 滩涂 滩地 茶田		

（3）民系生计模式对土地开发方式的影响

由于三大民系生计方式的分异，其土地开发方式各具特色。广府民系核心区内便利的交通条件与长期对外一口通商的经济区位，促使其先民发展出平原农工商并举的生计模式。商业的发达促使广府民系传统村落弃稻重商，引入外来稻米，出口蚕丝，在取得诸多商业利益的同时规避粮食生产不足的问题。商贸的发展促使广府民系核心内传统村落中的工业初步发展，晚清时期顺德县的缫丝厂数量达到了142家。工商业的发展进一步促进了桑基鱼塘型土地开发方式在广府民系核心区内的发展。

潮汕民系核心区滨海的地理区位，促使其发展出农业与渔、糖、盐兼业的生计模式。滨海的渔业养殖、浅海捕捞、晒盐制盐等海洋生计模式，促使潮汕民系核心区内的土地利用方式更加多元。但仅依靠海洋无法满足人们的生存所需，人多地少的矛盾使其区域内粮食生产供不应求。其区域内主要采用精耕细作的方式增加粮食的单位面积产量，并通过对外贸易满足粮食所需。

客家民系核心区以居山耕农的生计方式为本，但耕地缺乏与其注重繁衍的民系文化，促使其区域内人口向外谋寻出路。客家区域内多派男性外出谋生，家内的农耕与琐事全交给女性。劳动力的缺失，使得客家民系核心区内的山地农田开垦面积有限，并采用粗放式耕种方式，粮食单位面积产量低。通过上述分析可以看出，三大汉民系核心区内的土地利用方式既受到自然环境的影响，又受到民系生计模式的影响，形成了不同民系间传统村落景观的分异，以及相似地理环境下土地开发方式的分异。

二、广东三大汉民系传统村落产业景观比较

1. 三大汉民系传统村落产业类型异同

广东三大汉民系核心区内的产业类型多样，常见的有农业、渔业、林业和副业等。其中，农业是三大民系传统村落的主导产业，常见的生产方式是种植水田或旱地。水田内种植水稻，有稳定且充沛的灌溉水源，水田根据其所处自然环境的不同，又可分沙田、排田、垾田、梯田。沙田位于多江河海的滩地，地势最低，容易积水；排田位于地势较为平坦的平原或盆地，是产量最高的农田；垾田位于微坡地，梯田则位于坡度较高的山地。旱地指土地表面不蓄水的田地，其也适应了多种自然环境，可分为坝地旱地、沙垅旱地、坡地旱地，以及茶田这一特殊类型。三大民系核心区内常见的渔业有海洋捕捞、海水养殖、淡水养殖以及特色的基塘养殖等。另外，三大民系核心区内还有制盐、制糖等诸多特色产业。

广东三大汉民系核心区之间的产业类型有相似之处，首先在粮食作物方面，三大汉民系都以水稻为主，旱粮为辅。其次，在经济作物方面，受到栽培技术传播的影响，三大汉民系核心区也有诸多相似之

处，如蔗糖、果林、淡水养殖等。以蔗糖产业为例，东汉杨孚《异物志》对交趾之甘蔗有详尽记载，并称当地已用蔗汁榨糖。广府先民首先接触这种文化，经过一番改良进化，再传播给福佬和客家先民。另外，受到自然环境分异的影响，三大汉民系核心区内有诸多特色产业，广府民系核心区有适应低地水患条件的沙田、基塘等特色产业，潮汕民系核心区内有适应滨海环境的特色盐业、海洋捕捞、滨海养殖等，客家民系核心区内有适应山地环境的梯田、茶田等。在生产景观方面，三大汉民系对环境的适应与改造方式的分异，促使广府民系核心区形成以桑基鱼塘、稻作为主的生产景观；潮汕民系核心区形成稻作、鱼塘、盐田等海陆混合型生产景观；客家民系核心区形成了稻作、果林、茶田等山地生产景观，如图 5-2-6 所示。

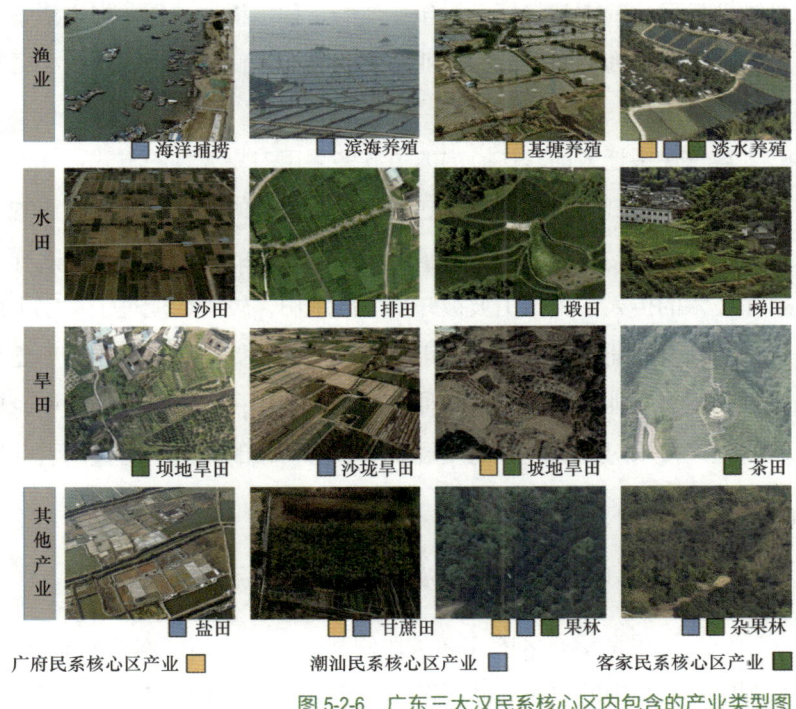

图 5-2-6　广东三大汉民系核心区内包含的产业类型图

2. 民系族源生产技术对传统农业景观分异的影响

广东省多为百越部落中南越、瓯越和闽越的聚居地。广东地区的百越部落熟悉水性，喜食水产，农耕技术发展较为落后。三大汉民系所处区域的农业在移民迁入后，才得到了较为快速的发展。广府民系核心区内在汉武帝灭南越国后，逐步推广了用于水田耕种的铁犁以及牛耕等生产器具，逐步摆脱了刀耕火种的现状，掌握了水田种植的施肥、灌溉、育秧移栽技术。宋元时期，南迁汉人带来了先进的堤围修筑技术，又为广府民系核心区的农业发展带来了契机，水利的兴修促使区域内种植面积快速扩大。加之水稻生产技术进一步提升，双季稻作普及，使得区域内农业发展水平逐步与中原、江南的水平接近。

潮汕民系核心区内自宋元时期起有大量来自福建沿海区域的移民迁入，来自福建的移民具有较高的文化素养，史称"八闽衣冠"入潮。迁入的移民带来先进的生产工具、技术和良种作物，直接推动当地农业发展，其中就包括可一年三熟的良种水稻占城稻。加之诸多的滨海捕捞、滨海养殖、滨海盐业技术的传播，使得潮汕民系核心区的农业发展迅速。

客家民系迁入前其核心内的畲族多采用刀耕火种的方式，开发山地种植畲禾，到宋元期间，南迁的汉民将北方的农耕经验与畲族的山地种植技术相结合，逐步找到了适应山地区域的水稻品种。加之梯田耕作技术的传入，大量山坡被开垦形成水田，较大地促进了客家山地区域的开发。北方汉人有食用小麦的习惯，迁徙到了客家区域后逐步发展出适宜山地种植的小麦品种。由此看来，在民系形成的初期，族源的生产技术对区域农业的发展有主导与引领的作用，是其后农业发展的初始形态。

3. 经济发展影响下的商品性农业分异

三大汉民系核心区内交通条件便利，较早受到资本主义的影响，自明中叶起其内的农业商品化程度不断增高。商品化农业的发展，促使三大汉民系内的传统产业从单一的农耕种植发展为较丰富与多样的产业类型。

广府民系核心区最为突出的为桑蚕产业的发展：珠江三角洲蚕桑业虽然历史悠久，但明代以前并不为人重视，知名度不高。明中叶以后广州几乎垄断全国外贸，澳门又作为一个国际贸易港崛起，大量生丝通过澳门进入国际市场，从而大大刺激了珠江三角洲蚕桑业发展。广府民系核心区内大量的土地深挖鱼塘，覆土为基，在核心区的顺德、南海区域内形成大面积的桑基鱼塘。通过种桑养蚕，诸多传统村落内建立缫丝厂房，加之珠江三角洲内便利的交通条件，形成生产与运销一体的专业桑蚕产业商品化区域。

潮汕民系核心区内以滨海渔、盐业为主的商品性农业：潮汕民系核心区同时拥有潮汕平原和漫长的海岸线，使其在发展种植业的同时可利用独特的滨海优势发展海洋捕捞和海产养殖。其农业产业构成早有"三分田，七分渔"之说。潮汕民系以竹制的鱼箔将沿海滩涂围起，养殖鱼类、贝类等海产品，形成"鱼佃"式浅海养殖业，其经济效益不亚于海洋捕捞，因此滩涂养殖景观成为潮汕民系核心区传统村落景观的重要组成部分。滨海盐业一直是潮汕民系核心区内的特色产业。

客家民系核心区内以山地经济作物为主的商品性农业：客家民系核心区为山地地貌，其内可耕地资源较少，经济作物只能继续向高海拔山地发展。山区露重，湿度大，土壤呈酸性，适宜茶树生长，种茶成为土地利用的重要项目。另外，通过引入番薯、玉米、烟草等适宜山区种植的作物，客家民系核心区山地区域商品性农业得到了一定程度的发展。

三、广东三大汉民系传统村落水利体系特征比较

1. 水利体系功能分异

水利体系的建设是土地开发的主要保障，三大汉民系传统村落营建的历程中，一直伴随着水利体系的营建。根据自然环境的分异，尤其是水资源分异，三大汉民系核心区内的水利体系各自承担的功能不同。

（1）防洪为主的广府民系核心区水利体系

在河网密布的珠江三角洲地区，江河的泛滥严重威胁到农田与

聚居地的安全。在村落外围广府地区陆续建设了多条堤围来分隔外部河水与村落农田。堤围的修筑历史约从宋代开始，修筑堤围的范围由西江、北江的上游开始，逐步向下游发展，到了清代堤围的范围已经逐步到达了入海口。除了逐步向下游蔓延外，堤围的范围从主干江河道逐步扩展到支流河道。堤围也由分散的小围逐渐巩固并筑闸联围形成大围，小围能捍卫几至几十公顷农田，大围则能捍卫1.3万～2万 hm^2 的农田。据记载，珠江三角洲从宋代到清代共建设堤围433条，堤围覆盖区域遍布整个珠江三角洲地区，形成"无村不围""无堤外之村"的景象。

堤围体系具有防洪、约束河道、排灌等多重减灾功效。首先，因为受到河水涨潮的影响，低洼的农田用地容易被淹没，在农田与河道中间建设用土、木、石材等堆积起的较高的堤围，能够减少围外的河水侵袭农田。其次，筑起的堤围，能够对农田外的河道进行约束与疏浚，畅通了水流，增强河道排淤泥的能力。另外，堤围上还有闸窦、陂等水利设施，能利用河道内潮水的流动，将淡水引入农田区域进行浇灌和水体更新。堤围体系作为内部水利灌溉设施和外部河道之间的界线，在宏观层面调控了低洼地水体的排出和存储需求，还能在旱季就近利用常年不息的地表径流进行内部农田灌溉，形成了具有生态、经济双重效益的水资源转换体系，减少了水患带来的危害。

（2）防洪引水并重的潮汕民系核心区水利体系

潮汕民系核心区所处的韩江三角洲区域，韩江分叉形成多条入海河道，由于降雨时空分布不均，其内河流呈现季节性暴涨暴落的水文特征。由于诸多入海河道均为东西流向，南北向的河流较少，较难将主干河流内的水源引至农田。加之潮汕民系核心区临近南海，其内河道受到海洋咸潮的影响，不利于农业灌溉。因此，潮汕民系核心内的水利体系需同时应对洪灾、引水灌溉与海洋咸潮等诸多问题。潮汕先民采用沿江修筑江堤的方式，用来防治韩江的洪涝，并通过涵闸与沟渠的修筑将韩江水引入韩江三角洲平原进行灌溉。这种外防江河泛滥，内引水灌田的水利体系，在潮汕民系核心区的平原区域内较为常见。在滨海区域内拥有漫长海岸线的潮汕民系核心区，易受咸潮的侵害，需沿海建设海堤。根据清乾隆年间《潮州府志》载，当时基本已建成较为完整的沿海岸线的海堤体系。

（3）引水蓄水为主的客家民系核心区水利体系

客家民系核心区内起伏的山地和季节性涨跌的降雨，使其内部水旱灾害都较易发生。在河谷滨江区域地势较为低洼河段需建设沿江堤围体系，进行防洪。据记载，中华人民共和国成立前梅州有堤防52处，长129.7km。但山地大部分分布在具有一定坡度的农田得不到灌溉，旱灾是其发展的主要阻碍。山间的溪流与河道是客家民系核心区农田的主要水源，客家先民们往往拦河筑坝、修筑山塘进行引水与蓄水，来满足山地区域农业灌溉和抵抗旱灾的需求。

2. 水利体系运转方式分异

在灌溉水源方面，广府民系核心区主要依靠潮汐差进行灌溉，潮汕民系核心区主要依靠河流坡降进行灌溉，客家民系核心区则多依靠山塘水坝等进行人工蓄水灌溉。

在水资源最为丰沛的广府民系核心区内，农田依靠每日涨落的潮水进行灌溉。在传统时期其内河流的潮差可达2.78m，涨潮的时候可开启堤围上闸窦，控制潮水进入灌溉农田，退潮时可再次开启闸窦，进行排水。这种利用潮水灌溉的方式被广泛地应用在广府民系核心区内的三个景观分区中。

潮汕民系核心区内主要依靠韩江的坡降，采用自流形式进行灌溉。潮汕民系核心区内由山至海地形变化剧烈的地理条件，促进其内河流坡降较大，在韩江出海口区域也达到了0.59%。潮汕民系核心区内的三个景观分区均可从河流上游引水，在下游进行排水。在山地平田区由于河流为山间溪流，水量较少，多采用修建河陂的形式引水灌溉，在平原稻果区和滨海兼业区，韩江水量丰沛，多采用在沿江堤围上修涵引水的形式。但与珠江三角洲相比，韩江三角洲河网密度较低，在距江较远的平原腹地中，引江灌溉的作用有限，另外在滨海地势较高的沙垅区域，河流无法企及，也无法依靠河流进行灌溉。得益于降雨的丰沛，潮汕先民多在农田中开挖堀池，收集雨水，在旱季进行补充灌溉。"堀池"成为潮汕民系核心区特色的蓄水方式。

客家民系核心区内起伏的山地，使得水体流速较快，容易流失，需要进行拦蓄，才能满足农田长期的灌溉需求。其内常用的蓄水方式主要有就近拦河、溪修建水陂和在高处修建山塘蓄水。广东三大汉民系核心区传统村落水利体系运转方式比较如图5-2-7所示。

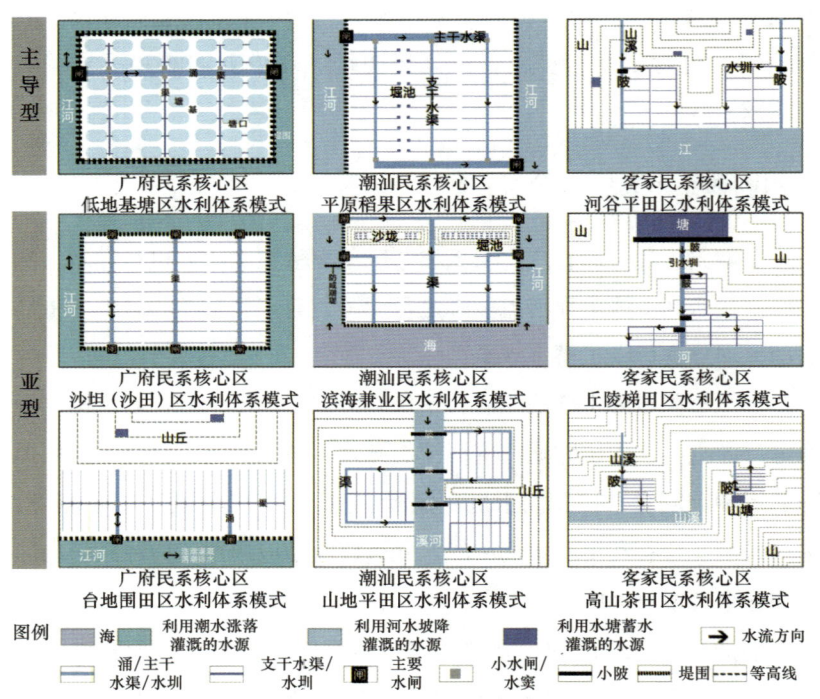

图5-2-7 广东三大汉民系核心区传统村落水利体系运转方式比较图

3. 水利设施分异

总体看来，三大汉民系的水利设施分异主要集中在引水设施、调控设施、输水设施等方面。在引水设施方面，依靠潮水灌溉的广府民系核心区，堤围上的闸窦是重要的引水设施。自流灌溉的潮汕民系核心区拦溪的河陂与沿江堤围上的涵闸，是重要的引水设施。蓄水灌溉的客家民系核心区内主要的引水设施是河陂与塘陂。广东三大汉民系核心区传统村落灌溉水源比较如图 5-2-8 所示。

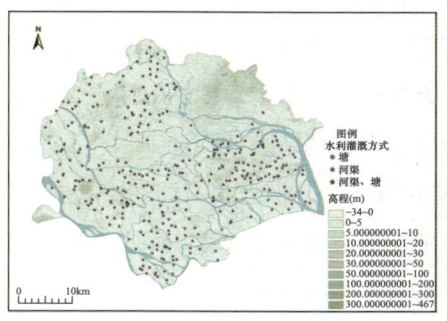 

(a)广府民系核心区传统村落灌溉方式分布图　(b)广府民系核心区特色利用潮差灌溉方式

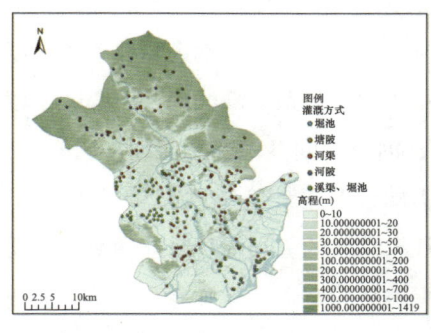

(c)潮汕民系核心区传统村落灌溉方式分布图　(d)潮汕民系核心区特色堀池灌溉方式

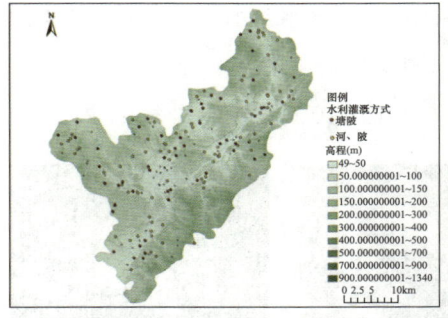 

(e)客家民系核心区传统村落灌溉方式分布图　(f)客家民系核心区特色陂塘灌溉方式

图 5-2-8　广东三大汉民系核心区传统村落灌溉水源比较

在调控设施方面，广府民系核心区以堤围体系为主的水利体系中，堤围将主要的灌溉水源与内部农田河道相分隔，需要建设水闸，通过启闭，调控围内外水体。当涨潮时可开闸放水进入围内，当河流退潮后可开闸排出围内水体。与广府民系核心区类似，潮汕民系核心区内的堤围之上，也需要在上游设置闸口，才能够引江水进入水渠之中，并在下游设置排水口。韩江河道水体涨落幅度较大，其沿江堤围修建得较为高厚，多为涵与闸结合的形式，进行水体的调控。客家民系核心区内，由于水源的相对匮乏，多采用塘陂或河陂等水利设施来拦蓄水体，并通在陂上建设水闸的形式，引水进入水圳，灌溉农田。总体看来，三大民系核心区主要的水体调控设施多为水闸，且广府民系核心区内的水闸数量最多，潮汕民系核心区内水闸规格较大，客家民系核心区内的水闸规格较小。

在输水设施方面，广府民系核心区内天然密集分布的河网，成为天然的水体运输渠道，在传统时期通过对河网进行的隔"海"、疏"涌"、开"渠"等一系列治理措施，形成由天然河网为主要动脉，以人工开挖的沟渠为毛细血管的密集型输水体系。潮汕民系核心区平原与滨海区域所处韩江三角洲下游，河道流向多由西北流向东南方向，缺少东北至西南方向的河流，仍需建设人工渠道引水灌溉。其内人工水渠的工程较为浩大，有连通韩江与榕江的三利溪、有连通韩江西溪与北溪的韩江南溪等。此类输水渠道较为宽阔，兼具灌溉与航运的便利。客家民系核心区内多变的地势，使得平原常见的宽浅型水渠失去了用武之地，其内多采用石砌的水圳进行输水。水圳与水渠相比横截面窄，水槽深度较高，可满足山间狭窄的用地与水源快速流淌的需求。广东三大汉民系核心区传统村落输水方式比较如图 5-2-9 所示。

(a)广府民系核心区的河涌　　(b)潮汕民系核心区的水渠　　(c)客家民系核心区的水圳

图 5-2-9　广东三大汉民系核心区传统村落输水方式比较

第三节 营序：民系文化分异下传统村落生活景观分异

通过长时间与环境相适应，广东三大汉民系核心区传统村落分别形成了一整套具有规则与秩序的营居模式，形成了特色鲜明的生活景观。

一、广东三大汉民系核心区传统村落群景观比较

1. 传统村落群形成因素与规模比较

（1）共同利益催化了汉民系传统村落群的形成

通过上文对广东三大汉民系核心区传统村落群的分析可知，广东三大汉民系核心区传统村落出于安全、灌溉、防洪、贸易等方面的需求，形成了多种类型的传统村落群。诸多促进传统村落群形成的因素，均能为传统村落提供利益，主要表现在水利共建、协同防御、物资互补三个方面，在共同利益的驱动下传统村落群内部交流密切。

广府民系核心区在水患频发的环境下，由于保障生产生活安全的需求，而形成了诸多由堤围围合下水利合作主导型村落群。这一点在其内的低地基塘区表现得更加突出。同一围内的传统村落，共同出资、派遣人力修筑堤围对抗水灾，村落群管理完善，村落间往来密切。堤围既是村落群的边界，修建于堤围之上的围内共同祭祀庙宇，也成了村落群的核心标志物。与之对应的潮汕民系核心区平原稻果区内的村落群，虽也有共同修建韩江堤围的水利合作，但由于其内传统村落群间的合作主要受到政府的支持与管控，不属于村落自发的交流活动，水利合作并不是其村落群形成的主导因素。其内传统村落多依靠水陆交通对外进行贸易，地狭人稠的潮汕民系核心区，需通过经济作物等来补充粮食产量的不足，其内的传统村落更加需要市场贸易，因此此区域内传统村落群形成的主要推动因素为贸易活动。

广府民系核心区台地围田区与潮汕民系核心区滨海兼业区均面临着较为严重的匪患，其分别采取了建设地方军事组织与并村连寨的方式进行防御。潮汕民系核心区滨海沙垅地貌为并村连寨这种团结周边村落的防御方式提供了场地，人工修建的寨墙、开挖的风水池等设施

防御效果较强。广府民系核心区由于水网地形的限制，聚居地无法大面积发展，加之宗族对村落周边农田的控制，较为排斥宗族外的人，不能联合修建聚居地。广府民系核心区台地围田区内主要以社为单位建立团练军事防御组织，进行协同防御，共同修建的社庙既是团练议事与训练的场所，也成为村落群的中心。

广府民系核心区沙坦（沙田）区，潮汕民系核心区山地平田区，客家民系核心区河谷平田区、丘陵梯田区这几个分区内自然环境对其村落群规模的制约较为鲜明。广府民系核心区沙坦（沙田）区传统村落受到围田区宗族的控制，多形成以灌溉合作为主的传统村落群。其余分区内传统村落受到山体的阻隔，对外交流不便利，为了交换其所生产的货物，多形成以墟市为核心的村落群。广东三大汉民系核心区内传统村落群比较见表 5-3-1。

表 5-3-1　广东三大汉民系核心区内传统村落群比较

传统村落群所属分区	村落群形成原因	村落群边界形式	村落群平均面积（km²）	村落群内平均涵盖村落数量（个）	村墟比	墟市密度（个/km²）	交通体系特征	村落群与水利体系关系	村落间文化交流方式	村落间文化交流程度
广府民系核心区低地基塘区	水患防御、经济贸易	河流边界	67.40	37（以顺德区域为例）	2.7：1（以桑园围为例）	0.2	水网交通	以大型堤围划分的村落群	建立水利管理部门、共同信仰	强
广府民系核心区台地围田区	共同防御、经济贸易	河流边界、地形边界	27.18（以荻塘司为例）	17（以荻塘司为例）	3.8：1（以荻塘司为例）	0.09	水陆结合	多个村落群共建沿江大堤	迎神赛会、团练军事组织	强
广府民系核心区沙坦（沙田）区	水利灌溉	河流边界	22.47	5～6	区域内无墟市	—	水网交通	村落群内以村为单位建设堤围闸口	基本无	弱
潮汕民系核心区平原稻果区	经济贸易、水利灌溉	河流边界、行政边界	29.05	20	20：1（以隆眼城都为例）	0.043	沿江主路，网状陆路	多个村落群共建大堤、引水渠道	商贸为主，水利为辅	中

续表

传统村落群所属分区	村落群形成原因	村落群边界形式	村落群平均面积（km²）	村落群内平均涵盖村落数量（个）	村墟比	墟市密度（个/km²）	交通体系特征	村落群与水利体系关系	村落间文化交流方式	村落间文化交流程度
潮汕民系核心区滨海兼业区	物资互补、经济贸易、共同防御	河流边界	60.27	52	13∶1（以苏湾都为例）	0.055	平行沙垅线形陆路主路	多个村落群共建大堤、引水渠道	防御、商贸为主	强
潮汕民系核心区山地平田区	经济贸易、水利灌溉	山地边界	111.93	23	22∶1（以秋溪都为例）	0.007	沿山谷主路，山地树枝状路网	村落群内以村为单位引水灌溉	商贸为主、文化活动为辅	中
客家民系核心区河谷平田区	经济贸易	山地边界	113.83	37	15∶1（以松口堡为例）	0.02	梅江水路为核心的放射状陆路	村落群内以村为单位引水灌溉	商贸为主	弱
客家民系核心区丘陵梯田区	经济贸易	山地边界	92.50	13	13∶1（以南口堡为例）	0.005	沿山溪形成的村间S形山路体系	村落群内以村为单位根据农田高程引水灌溉	商贸为主	弱
客家民系核心区民系高山茶田区	单个村落为主，未形成村落群									

通过比较三大汉民系核心区内传统村落群的形成因素可以发现，自然环境的地形、水系对传统村落群的形成有着诸多限制，只有在地势相对平坦、水源均衡的用地条件下，村落群划分才易受到人为政权的控制。在自然条件或社会相对有劣势的时候，传统村落之间会形成自发的村落群联盟，共同抗击水患灾害或者共同抵御外敌的入侵。这种抵御天灾或者人祸形成的村落群联盟，往往较自然或行政边界划分的村落群关系更加密切。

（2）传统村落群规模比较

村落群规模既受到传统村落群的所处生态环境特点影响又受到村落群间文化、经济活动等联系的影响。广府民系核心区内不同景观类型的传统村落群由于成因各异，其内的村落群的规模存在分异。广府民系核心区低地基塘型传统村落群规模的大小受到堤围体系大小的影响，呈现出规模分异较大的特点，规模最大的桑园围捍卫土地面积 $265.4km^2$，包含约 268 个传统村落，规模较小的堤围仅捍卫不到 $10km^2$ 的范围，仅涵盖数个传统村落。广府民系核心区台地围田型传统村落群由于多为自下而上形成的防御组织，其内传统村落群的平均面积较小，平均约为 $27.18km^2$，以番禺茭塘司为例，平均每个村落群包含约 17 个传统村落。广府民系核心区沙坦（沙田）型传统村落群的形成主要受到人工促淤的沙洲大小的影响，形成约 13 个大小各异的沙洲型村落群，平均面积约为 $22.47km^2$，平均每个沙洲之上涵盖 3~4 个传统村落。

潮汕民系核心区内的村落群随着地形的分异，规模差距较大。潮汕民系核心区平原稻果型传统村落分布较为密集，村落群被行政边界划分为面积较为相似的区域，区域内平均村落群面积约为 $29.05km^2$，平均每个村落群涵盖约 20 个传统村落。在潮汕民系核心区滨海兼业型传统村落受到自然出海河道的分隔，形成 6 个较大规模的传统村落群，平均面积约为 $60.27km^2$，平均每个村落群涵盖约 50 个传统村落。潮汕民系核心区山地平田区由于相对地广人稀，村落群的规模更大，平均面积约为 $111.93km^2$，平均每个村落群涵盖约 20 个传统村落。

客家民系核心区内的传统村落群的规模受到起伏的山地环境影响，呈现出海拔低、地势平坦区域村落群规模较大，海拔高、坡度大的区域则村落群面积较小的特点。客家民系核心区河谷平田型传统村落群的大小受到河谷盆地面积的影响，盆地面积较大的区域，村落群规模较大，平均村落群面积达到了 $113.83km^2$，平均约涵盖 30 个传统村落。在丘陵梯田区域由于传统村落分散至多个山间小盆地之内，整个区域内由行政区划将其划分为 18 个传统村落群，村落群平均面积约为92.5km²，平均仅涵盖10余个传统村落。广东三大汉民系核心区内传统村落群比较分析如图5-3-1所示。

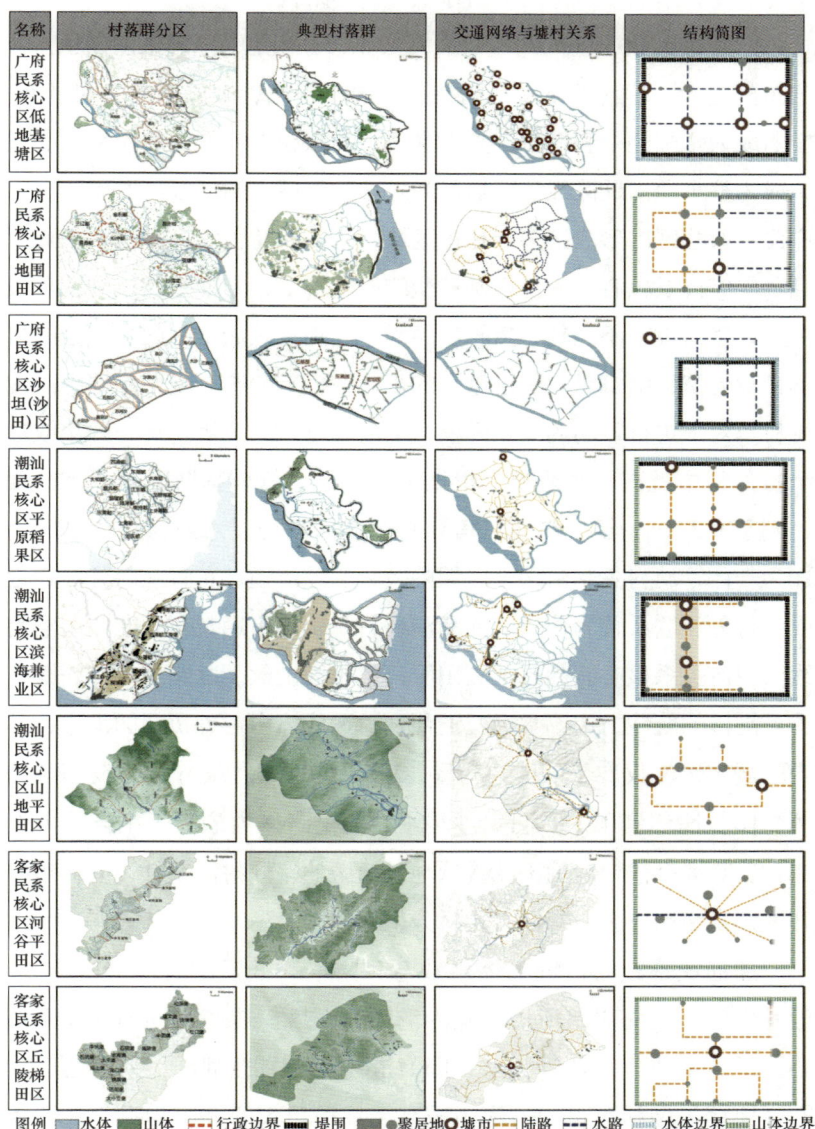

图5-3-1 广东三大汉民系核心区内传统村落群比较分析图

2. 传统村落群内贸易与交通方式分异

由于商品经济的发展，在广东三大汉民系核心区内的传统村落群内普遍存在着墟村的分化与贸易的往来。三大民系之间经济与贸易发展程度的差异较大，并且即使在同一民系内墟市的分布也有着较大的不均衡性，形成了多样的贸易体系与交通结构。

广府民系核心区内的墟市具有数量多、规模大、专业化程度高、分布密度大、墟村关系密切的特点。由于明代以来泉州港口的衰落，广州成为全国的中心港市，加之佛山镇的兴起，使得广府民系核心区域成为整个岭南地区经济贸易最为发达的区域。商品经济发展使得广府民系核心区内形成诸多专业化区域，来交换特色农产品与手工业产品。广府民系核心区内低地基塘型的村落群中，专业化墟市的数量最多，以售卖蚕、桑、丝、鱼等产品为主。加之区域范围内大部分的村落粮食无法自给自足，引进粮食的米市也多有分布。低地基塘区内传统村落对外进行贸易的需求旺盛，交易强度较高，平均每一两个或数个自然村中就有一个墟市。根据本次统计，低地基塘区的墟市密度达到了 0.2 个 $/km^2$。珠江三角洲密布的河网通过水路将村落、墟市连为一体，墟村关系密切。区域内较大的墟市通常布置在距外江较近或者与外江联系较为便捷的河涌沿线，基层墟市通常布置在内河涌沿线。广府民系核心区的台地围田区，位于海上丝绸之路上的广州港与香港港口的航线之上，水运交通便利，形成诸多对外贸易的港市，其内的墟市密度仅次于低地基塘区，达到了 0.09 个 $/km^2$，以茭塘司为例，墟村比达到了 3.8∶1。沙坦（沙田）区作为依附于宗族势力的存在，其需赶往台地围田区或低地基塘区的宗族村落所开设的墟市中开展贸易活动，区域内没有墟村分化。

潮汕民系核心区内的墟市数量和密度均低于广府民系核心区，但其内漫长的海岸线促进了其内港市的发展。传统时期潮汕民系核心区港市主要分为两种类型，即海港和江港。在潮汕民系核心区内的平原稻果型村落群中，等级较高、规模较大的港市为沿韩江的滨江型港市，如潮州、龙湖等，满足传统村落对外进行货品交换的需求。服务于传统村落生活所需的常日市，在每个都内均有分布，分布均衡，平均墟市密度达到了 0.043 个 $/km^2$，平均一个墟市服务约 20 个村落。潮汕民系核心区的滨海兼业型村落群中港市的发展最为成熟，既有滨江的程洋冈、庵埠等河港，又有诸多海港如汕头、樟林港等。滨海兼业型传统村落由于对外贸易繁荣，墟市数量超过了平原稻果型，平均墟市密度达到了 0.055 个 /km²。滨海兼业型传统村落群中的墟市与村落聚居地一样多选址在沙垅之上，线形连片分布，墟市多分布在村落群的中部，墟村结合紧密。潮汕民系核心区山地平田区的墟市则多为满足村民日常生活所需的基层市场，分布密度约为 0.12 个 /km²，每个墟市服务的范围较广，平均涵盖约 22 个村落。

以传统农业发展为主的客家民系核心区，经济发展不如其他两个民系，墟市密度较小，墟村之间距离较大。客家民系核心区的墟市规模较小，主要经营生活必需品、劳动力交易，以及少量的经济作物等。客家民系核心区不像其他两个民系有诸多常日市，其内多为三日一墟的有固定墟期的墟市。客家民系河谷平田型村落群是墟市相对密集的区域，墟市多选址于滨梅江河畔，利用梅江便利的水运交通对外进行商品流通。墟市多位于沿江盆地的中部，通过放射状的路网，成为四周村落贸易的核心。客家民系核心区丘陵梯田区的村落间交通不便，墟市内固定的店铺较少，墟市数量少，墟市的分布密度仅为 0.005 个 /km²。

在村落群内的交通体系方面，广府民系核心区内传统村落之间主要依靠水路交通进行连接，潮汕民系核心区与客家民系核心区传统村落之间主要以陆路交通联系。广府民系核心区内由于水网兼具灌溉与交通的作用，区域内自然密布的河道得以保留与修缮，路网密度较高。潮汕民系核心区内的传统村落群对外交通运输主要依靠韩江的主干河道，水运便利，村落群内部多通过网状的陆路交通相连接，路网密度较广府民系核心区低。客家民系核心区内的传统村落群间主要依靠梅江作为对外的交通通道，村落间则通过曲折的山路进行联系，路网密度低于其他两个民系。

3. 传统村落群内的社会关系与文化交流特征比较

通过将广东三大民系核心区内的村落群进行比较，可以发现村落间联系的紧密程度不尽相同。总体看来，广府民系核心区内的村落间的紧密程度要高于潮汕民系，村落群内联系程度最弱的是客家民系。其村落间紧密程度除了受到上文提到的商贸往来的影响，还会受到宗族等社会组织的管理、共同信仰的建构、文化交流活动的举办等因素的影响。

（1）宗族乡绅与传统对传统村落群的管理

在"皇权不下乡"的传统村落内，在长期的历史发展中，控制农村社会的是宗族。宗族指由父系血缘关系联结而成的群体，弗里德曼认为其不仅是一种亲属组织，也是一种地方组织。广东三大汉民系内由地缘关系所形成的传统村落群的管理与发展，是建立在宗族间的合作与博弈之上的。

广府民系核心区宗族间需要合作与协调的事务较多，包括维护水利设施、共同防御、商贸组织、公共设施等诸多方面，从而形成了联系较为紧密的传统村落群。广府民系核心区低地基塘型村落群，就是通过宗族合作达到较强收益的村落群。低地基塘区通过宗族间合作，提供资金，推选组织者进行水利设施的修建与维护。桑园围于乾隆年间建立的工程总局就是宗族合作的产物，将桑园围内多个传统村落联合在一起，形成以水利设施为主，兼有共同信仰、共同防御的村落间联系紧密的村落群。广府民系核心区内的传统村落在农业生产活动以外，还发展了一些非农经济活动，如商业和手工业。在乡村社会中，除了农田生产建设，对公共设施的需求也相应增加。这些公共设施包括交通设施如津渡和桥梁，教育设施如学校和书院，防卫设施如城楼和炮台，赈灾设施如社仓，市场设施如墟市和店铺，以及信仰文化娱乐设施如庙宇、文昌阁和戏楼。这些公共设施往往需要结合多个村落之力进行建造，清代广泛存在于广府民系核心区内的公约、团练、社乡等基层组织，具有较大的自治权利，为诸多公共设施的建设提供了组织保障。

潮汕与客家民系核心区村落群内最主要的联系为商贸联系，村落群中宗族合作或争夺的主要资源是墟市的开办与管理权。聚族而居的潮汕民系与客家民系的宗族势力在村落单体内部较为稳固，各村落内多具备灌溉、祭祀、教育、司法以及对外防御的功能。在村落群中墟市往往成为各村宗族势力角逐与合作的主要空间。潮汕民系核心区内的隆眼城都中唯一墟市，是明末清初时期金氏在后溪乡开创的"店市"，其后在隆眼城都中宗族势力强大的许氏与金氏发生过诸多械斗，都是为了争夺市场店铺。同样的墟市争夺也发生在客家民系核心区南口墟内的陈氏与潘氏之间。这种广泛存在于大宗族间的墟市争夺，主要是各姓为争夺墟市控制权和各自的既得利益而产生的矛盾冲突。为解决与避免宗族间的冲突，在一些村落群中，建立了商业联合会或宗族联盟等民间组织，调节墟市间的宗族矛盾，使传统村落群得以相对稳定地发展。

（2）信仰活动与文化活动对村落群凝聚力的提升

宗族势力管理的传统村落群内，不免在婚姻、风水、土地、山村、水利等问题上与其他的姓氏宗族发生矛盾和冲突，这时，便需要不同的民间信仰来化解矛盾，以求在同一地域内各个宗族的共同发展。罗德胤认为在中国的乡土村落中，从血缘联结到地缘联结，很大程度上是依靠神灵信仰实现的。以客家民系核心区的松口墟为例，由于激烈的竞争与资源的贫乏，地方宗族关系比较紧张。共同的观音信仰、公王崇拜在某种程度上缓和了宗族间的利益矛盾。松口墟内有约15个公王宫，会定期举行跨宗族的公王祭祀活动，在有天灾人祸之时，会有乡绅召集主办"做福首"活动，具体是将各社区众神灵请于松口市镇的柴墟坪举行祈雨的法事活动。这种以信仰维系村落群内团结的例子在三大民系内均有诸多案例，诸如桑园围的南海神庙、潮汕民系共同的三山国王庙、潮汕民系梅县新铺墟敬拜仙上叔婆的祭祀活动等。另外，在特定节日中举行的一些文化活动也可以起到促进族群互动的作用，在三大民系中均较为盛行的是端午节龙舟赛活动，元宵节赏花灯、舞狮表演等，村落群通过轮流举办以及共同参与诸多文化活动，增进了交流，促进了村落间的联系。

二、广东三大汉民系核心区传统村落单体景观比较

村落单体作为具有独立的生产与生活功能的乡村最基本的人居单

元，其内的村落景观格局、聚居地布局方式、公共空间和建筑特征，突出地反映出其内传统村落适应与改造自然的方式与地域文化特征。在拥有相似的选址环境、相同的土地利用方式以及相似文化背景的居住族群区域，容易形成相似的传统村落的景观元素格局。通过对三个民系核心区内典型村落的景观元素格局，包括"三生"景观的平面分布方式、立体布局进行解析，可研究其传统村落"三生"景观的构成特点以及运转规律。

1. 单个传统村落景观格局比较

（1）注重水与微地形处理的广府民系核心区传统村落景观格局

广府民系核心区内面临着地势低洼、水害频繁的地理环境，其传统村落的景观格局非常注重对水的处理和对微地形的利用。广府民系核心区内低地基塘型传统村落多位于人工开垦程度较高，遍布基塘的低洼平原之上，聚居地被基塘所环绕。聚居地前侧一般为能够通行船只的河涌，供村民出行所需，并且河流还可以代替聚居地前侧的风水塘，成为雨水的排出通道并能够预防火灾。聚居地后侧一般会有人工栽植的小面积风水林，能够稳固聚居地的地基并能抵挡寒风和蒸腾降温，风水林对低地基塘区传统村落有较大作用。低地基塘区聚居地内部一般会顺坡而建或将聚居地后侧加高，使聚居地前低后高以利于内部排水。广府民系台地围田区内有较多的坡岗，传统村落能够依靠天然的高地顺坡而建，并在前方营建风水塘蓄水。丘陵区地势较为平缓的小山包多被开垦形成旱地，平地则种植水田。沙坦（沙田）区的传统村落聚居地多沿河涌两侧堤岸分布，沿河堤形成线形聚居地，中部的水街是重要的交通通道与灌溉水道，聚居地外围被人工开垦的大面积水稻田所环绕，形成聚居地空间顺应生产空间的景观格局。

（2）注重聚居地外围围合的潮汕民系核心区传统村落景观格局

潮汕民系核心区域内人口密度为三个民系之首，其内传统村落首先要解决众多人口的居住问题，其内多形成以大规模聚居地为核心的传统村落景观格局。潮汕民系核心区平原稻果型传统村落周边多为大面积的水稻田，聚居地位于农田中心，聚居地与农田之间有林地、水塘、溪渠等要素分隔，形成圈层型景观格局特征。潮汕民系核心区滨海兼业区的聚居地较为紧密与集中地分布在沙垅之上，为适应沙垅狭长的地形，形成了条带状的聚居地形态。其聚居地外围多为防治海洋风沙的防风林与诸多防御海贼的连续的水塘，加之其内沙垅旱地、潟湖水田、滨海养殖的产业分布特征，形成了要素多样的景观格局。潮汕民系核心区山地平田区传统村落的聚居地多延续平原稻果区密集式布局的形态，选址于山间平地，聚居地周边多有林地环绕，外围为农田，山脚种植果林，四周以山体围合，形成既延续平原稻果型村落景观格局特点又能适应山体变化的景观特征。

（3）与山体有机结合的客家民系核心区传统村落景观格局

客家民系核心区传统村落处于地形复杂多变的山地环境之中，聚居地划分为多个大型民居，与周边自然要素较为有机地结合在一起，形成具有一定风水寓意的天人合一的景观格局。在河谷平田区内，选址于地势较为平坦的盆地内的传统村落，能够形成较大规模的聚居组团。聚居地一般为多个朝向各异的大型围龙屋所组成，并选址于盆地内地势稍高的区域内，外围为较大面积的排田。围龙屋前侧多设风水塘，也有多个围龙屋共用一个风水塘。整个聚居地内在围龙屋间多种植果树、林木，遮阳防风，形成较好的微气候。丘陵梯田区内由于平地资源进一步减少，为了让平于耕，传统村落的聚居地多沿山脚为条带状布局，海拔由高至低形成山—居—田的格局。沿山脚而建的聚居地，为预防山体滑坡并涵养水源，多在屋后种植果树、竹林等风水林，各个大屋前也多设置属于自己的风水塘。在丘陵梯田区由于地形变化较大，传统村落周边多利用缓坡地开发梯田与塅田。在高山茶田区的传统村落，其内的聚居地多依据山体地形变化形成高低错落的聚居组团，并将四周环绕的山体间较为平缓的位置开辟为梯田或茶田，形成较适应山体环境的景观格局。广东三大汉民系核心区单个传统村落典型景观格局比较如图5-3-2所示。

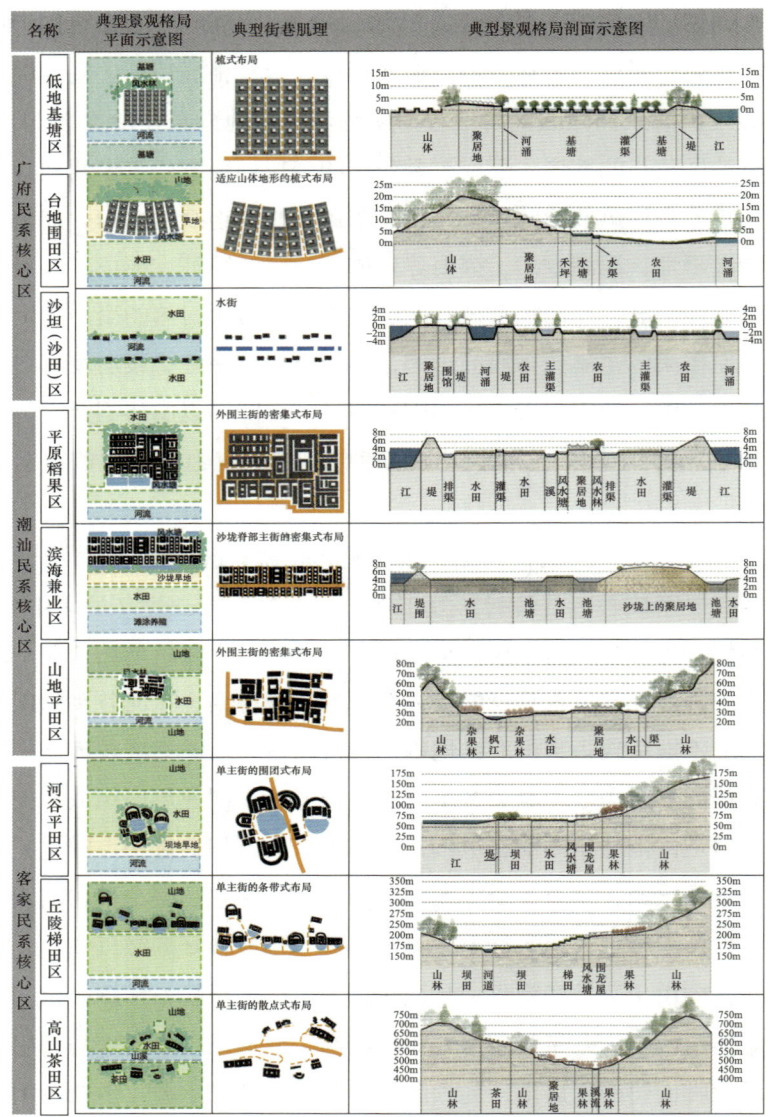

图 5-3-2 广东三大汉民系核心区单个传统村落典型景观格局比较

（4）景观格局背后风水观念的异同

传统时期皇室、宗族对风水的推崇，加之明代以来广东区域崛起的士大夫阶层对正统化的追求，使得三大汉民系核心区传统村落在开基、营建的过程中均较注重风水的营造。负阴抱阳、背山面水是风水术中基址选择的基本原则和基本格局。在广东三大汉民系核心区内自然环境各异，三大民系内的传统村落所注重的选址观念有所侧重。广府与客家民系多采用"形式派"风水理念，潮汕民系则侧重"理气派"风水理念。

广府民系核心区低地基塘区水多山少，风水学中认为"河水弯曲乃龙气之聚会也"，加之对水运交通的依赖，滨水是广府民系核心区传统村落最注重的风水要素。广府民系核心区内大量处于平原区域的传统村落，缺少山体的依靠，便将一些微地形如堤围、坡地、山石、蚝壳堤都认作山，用来辨别地势，以达到心理上的满足。广府民系核心区台地围田区内小山丘数量众多，传统村落选址多讲究聚居地背后有主峰，左右有次峰，山上要保持丰茂植被；前面有月牙形的池塘或弯曲的水流，水的对面还有一个对景山案山，形成理想的风水格局。根据《宅谱指额》上所说"山地观脉，脉气重于水；平地观水，水神旺于脉"，在不同地形环境有不同的风水勘测方法。

潮汕民系核心区内传统村落多选址于缺少地形起伏的平原区域，多采用"理气派"风水勘测手法，并通过人工手段在村前植榕、在村后种竹，使聚居地处于绿树芳草的包围中。潮汕民系核心区内较注重阴阳五行学说中"时"的概念，常将主人生辰与房屋朝向相关联，聚居地内多形成朝向各异的聚居组团。

深受中原文化熏陶，又处在恶劣环境的客家人笃信风水远远超过广府人和潮汕人，在村落的选址和布局过程中，风水在各个层面上发挥着重要的指导作用。首先，客家人非常注重村落的朝向。他们重视天人相应的原则，运用天干地支、八卦和五行等概念来确定朝向，将大地山峦划分为24个方位。不同年份建造的房屋的位置和朝向有所不同，必须按照规定的方向进行建设。其次，客家人特别重视以山作为村落的背景。山势是客家村落的依托，有山靠山，无山则依靠丘陵，或者借景远山，以实现与天地的和谐。这样做可以达到吉祥和吉利的效果。另外，还有一个重要的风俗，即依赖风水林。每个村落的背后山岭上都会生长着茂密的树林，面积从不到$1hm^2$到数十公顷不等，包括红松、柏树、杉木和楠木等品种，被称为祖林。这些树木不仅美化了环境，还起到了保护坡地、防止险情的作用，并储存了水源，为村落带来了巨大的好处。另外，人工造景也是重要的一环，即所谓的"配风水"。对于不符合理想模式的地形，客家人在选址和建设村落时非常注重人工造景。除了植树造林外，还修建道路和桥梁，以连接起地形之间的"龙脉"。通过这些努力，他们创造了理想的环境条件来实现良好的风水效果。

（5）景观格局背后防灾观念的异同

广东三大汉民系传统村落在长期抵御自然灾害侵袭的过程中，形成了包含村落外围防灾、产业防灾、居住地防灾等方面内容的防灾景观模式。三大汉民系传统村落多在村落外围建设防御景观体系来减弱自然灾害对村落的冲击。各个民系有各自不同的建构方法：广府民系通过堤围体系，阻隔了堤围外的洪水对内部农田和居住地的侵袭；潮汕利用海堤防风林景观体系阻挡了海潮、海风对村落、农田的侵袭。而客家民系则通过近水选址与水坝引水蓄水、水堤阻隔洪水，减缓了水灾和旱灾对村落的影响。通过建立外围防灾景观体系，可以运用整体的视角，利用以及改善区域原有的自然环境，综合建立防灾应对措施。外围屏障的建立与合理的选址都能对村落群的安全水平有较大的提升作用。反观今日多数新村、新镇的发展形成无序扩张、连片发展的态势，如推平山地、砍伐风水林、填海等都突破了原有的外围防御体系，加大了村落受灾的风险。

在产业景观防灾方面，广府民系通过建立基塘体系合理调配了低洼地的土地与水体之间的关系，形成既能减少水灾又能提高农田产值的聚落景观；潮汕民系面对受海潮、咸潮侵犯程度不同的土地建立鱼塭 - 咸田 - 平原稻作的农业分区，形成具有抗灾能力的农业景观格局；客家民系面对旱灾建立了陂塘农田灌溉体系，形成了林 - 陂塘 - 梯田的农业景观格局，同时林 - 陂塘 - 梯田的农业景观格局还能增强山体的稳定性，能够减少山洪危害和山体滑坡的风险。三大民系通过对聚落内土地进行合理的利用与调配，顺应自然环境条件并积极进行改造，形成了能减灾的分区农业、立体农业景观模式，保障了村落农业的发展。

在聚居地防灾方面，多利用聚居地布局方式和建筑形制材料的选择等措施来保障聚居地的安全。聚居地内部作为与人们生活关系最为紧密的空间，是抵抗自然灾害的最后一道防线，其内建筑的布局与形制、材料的选择则为最主要的抗灾手法。广府民系村落常采用的三间两廊建筑形制，体量较小，能够顺坡行列式排布，形成梳式布局，留出能够排水的巷道空间，缓解暴雨灾害。潮汕地区聚居地建筑群密集式布局，并且建筑高度较为低矮，能够防止被强风摧毁。另外，潮汕地区的建筑多采用石材来防止海风的侵蚀。客家地区成团块状布局的围龙屋，其后围龙能够分水并且在天井院落中设置排水渠，减缓了山洪、暴雨对建筑的侵害。

由此看来，在传统时期三大汉民系在进行土地开发与村落建设的过程中，都很重视运用自然元素和低技措施来因地制宜地建设防灾减灾设施，在技术水平较低的情况下保障了村落生产生活的安全，形成了较为完善的防灾体系。广东三大汉民系核心区传统村落典型防灾模式比较如图 5-3-3 所示。

(a)广府民系应对低地水灾形成的聚落景观模式

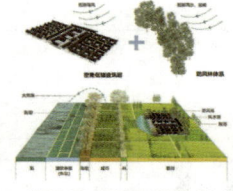
(b)潮汕民系抵御滨海风灾形成的聚落景观模式

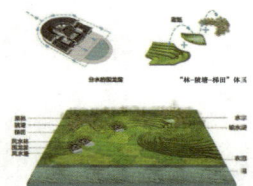
(b)客家民系应对山区水旱灾形成的聚落景观模式

图 5-3-3　广东三大汉民系核心区传统村落典型防灾模式比较图

2. 宗族结构分异的聚居地布局方式的比较

（1）人口密度与聚居地规模分异

聚居地主要以满足人类的居住为首要功能，三大汉民系核心区范围内人口密度分异较大，促使其内的聚居地规模有较大分异。根据民国时期的人口统计，广府民系核心区内的人口密度达到了 529 人 /km^2，潮汕民系核心区内约为 588 人 /km^2，客家民系核心区内约为 167 人 /km^2。广东三大汉民系核心区传统村落聚居地面积基本随着人口密度的增大而增大，潮汕民系核心区内聚居地面积最大，平均约 6.45hm^2，其次为广府民系，核心区聚居地面积平均约为 4.53hm^2，最小的为客家民系，核心区聚居地面积平均为 2.49hm^2。

广府民系核心区内的聚居地多选择较高的区域进行选址，但低洼的地势使得聚居地无法大面积扩张，只有地势较高的台地围田区能发展出规模超过 10hm² 的大型聚居地。潮汕民系核心区内有半数土地为较难开垦的山区地形，人口都集中在平原与滨海区域。潮汕民系平原稻果区内地势平坦，土地资源均衡，适宜农耕和人口的聚居，其平原稻果区的人口密度更高，达到了约 1097 人 /km²，促使聚居地的分布密度与面积均不断扩张；潮汕民系核心区滨海兼业区范围内人口密度达到了 1022 人 /km²，加之沙垅 - 潟湖地貌的影响，聚居地连片分布在狭长的沙垅之上，形成了占地 40hm² 的超大规模的聚居地。客家民系核心区范围内的传统村落位于山区和丘陵地带，耕地面积有限，村落必须分散分布才能有足够的农田供给，村落规模一般较小，平均聚居地面积约为 2.49hm²。广东三大汉民系核心区传统村落聚居地规模比较如图 5-3-4 所示。

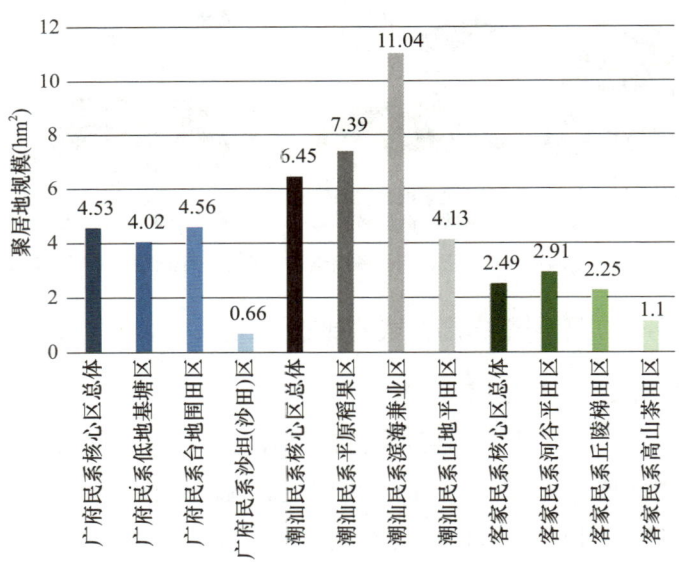

图 5-3-4　广东三大汉民系核心区传统村落聚居地规模比较

（2）聚居地内空间结构层次分异

除了聚居地规模外，广东三大汉民系核心区内传统村落聚居地的结构层次与组织方式差异也较为鲜明。

广府：多个小型民居组合形成的梳式布局聚居地。

广府民系核心区内传统村落的聚居地多由一个或多个梳式布局的建筑组团组成，根据本次调研样本统计，广府民系核心区内采用梳式布局的传统村落达到了79%（图5-3-4）。每个梳式布局组团内多由聚居地前侧的横巷作为主街，以采用像梳子齿状行列式布局的纵巷为里巷。规整的梳式的街巷将聚居地划分为多块规整的由里巷组织的里巷单元，每个民居单元内，纵向排布建筑，少则四五家，多则七八家。其内民居多由三间两廊等小型民居所组成，并从靠近里巷的一侧开门，整体布局紧凑规整。梳式布局的组团，在较为开阔的区域呈现出块形的特征，在山体朝向变化较大的区域呈现出扇形或放射形的变体，在受到水体切割的区域会形成网形等梳式布局的变体。无论哪种形态的梳式布局的聚居组团，其前排多建设为祠堂，后侧为民居，形成由祠堂引领的建筑群的组团范式。此种范式广泛存在于广府民系核心区内的台地围田区与低地基塘区。广府民系核心区内的沙坦（沙田）区则多由寮茅、水棚等建筑形成沿河的线形布局聚居地，是广府区域聚居地的一种特殊形态。

潮汕：小型民居围绕大型民居构成的密集式布局聚居地。

潮汕地区人多地少的情况，使其聚居地需要承载大量人口，其聚居地多采用密集式成片布局。潮汕的聚居地多由多个组团组成，组团与组团之间没有明确的界线，往往连接在一起。其每个组团内部常以一至两个大型府邸式民居建筑为核心，周边为小型民居。小型民居多由四点金、下山虎等小型天井合院式建筑组成，与广府民系相似，其也多形成行列式布局，并以纵巷为主要的组织方式。与广府民系不同的是，潮汕民系核心区内民居多开正门，由连接纵巷的较窄的小横巷进入。行列形排布的小型民居围绕大型民居而建，行列数量较少。这种密集式布局的组团，在平原区域多根据河流或风水要求形成不同朝向的聚居地组团临近分布，在滨海沙垅之上则多线性连片分布，在山地区域则规模较小，多由一两个小型的密集布局组团组合形成聚居地。

客家：多个大型民居构成围团式布局聚居地。

客家民系核心区传统村落分布的山地区域，平均高程较高、坡度较大，很难形成像潮汕地区一样的大规模的聚居组团。其聚居地要能够灵活地适应各种坡度、坡向的山区环境，并且住宅要彼此邻近以抵抗山间猛兽或外族的入侵。因此，客家民系核心区传统村落聚居地多由单独的大型家族聚居建筑组成，在核心区内主要有三五成群的大型民居所组成的团块状组团以及沿山脚所形成的条带状大型建筑组团两种组团方式。在团块状组团内，多依靠风水塘或小的坡地将大型建筑群组织起来，组团内由堂横屋、杠屋、围龙屋等大型聚居建筑组成，这些建筑规模往往较大，整个村落建筑数量较少，表现为村落由一栋或若干栋大型建筑构成，建筑内部联系密切，建筑与建筑之间的联系较为疏远，往往由一条道路将大部分建筑串联起来，没有形成网格状的巷道。这种组团形式在客家民系核心区内地势较为平坦的河谷平田区较为常见。沿山脚条带状的组团方式，民居建筑倚山面田，让平于耕，这种组团方式在客家民系核心区的丘陵梯田区较为常见。在地势更加高亢的高山茶田区内，大型的民居建筑只能依山就势，形成散点状分布的组团形式。广东三大汉民系核心区传统村落聚居地内空间结构层次比较分析如图 5-3-5 所示。

（3）宗族结构差异引起的聚居地布局方式分异

广东三大汉民系核心区传统村落聚居地布局方式分异，除了受到自然地理环境的限制外，还与其民系内的宗族体制差异有着密不可分的关联。广东三大汉民系核心区传统村落，自明代中后期开始使用编谱牒来记录历史，建立祠堂来祭祀祖先，设立公堂以团聚族众，并形成了以此为标志的庶民化宗族组织。自清代以来，华南地区的宗族活动比中原地区更为繁荣，广东的宗族制度体系逐渐形成了以宗族-房支-家庭为基本结构要素的金字塔形层级结构社会。在这个体系中，家庭是构成宗族结构的最小单位和最基本要素，而房支是具有血缘关系的兄弟家庭之间进行区分的范畴。家庭和房支在横向上扩展联系，纵向上发展延续，从而形成了具有网络结构特征的宗族结构。

广东三大汉民系核心区传统村落的聚居地的建设和规划往往受到宗族组织的操控和管理，聚居地的空间组织方式与宗族内血缘关系的亲疏有着较强的对应性。广东宗族村落一般都会划定族田、建造祠

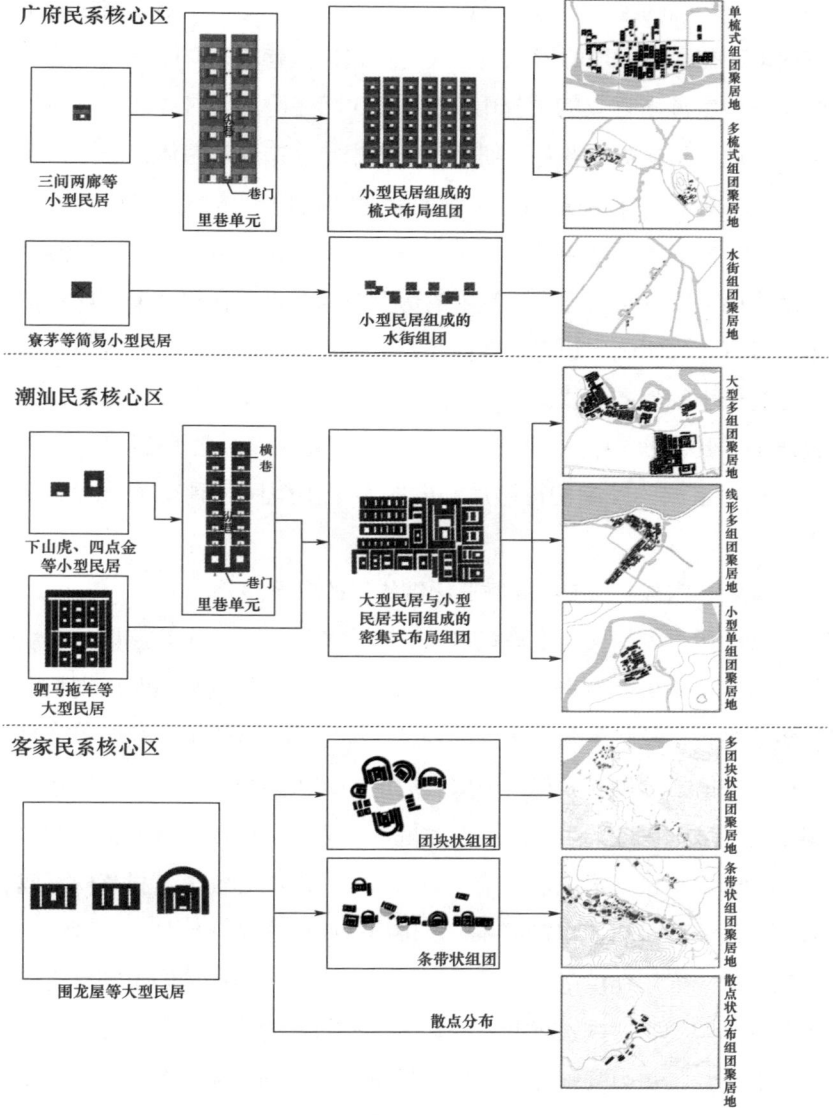

图 5-3-5　广东三大汉民系核心区传统村落聚居地内空间结构层次比较分析

堂，并编纂族谱。由于宗族内有族长掌握领导权，并拥有一定的组织系统，所以广东三大汉民系传统村落聚居地的建设大多具有一定的规划。族谱中也包括了对全村的规划和构思意象的图样。

广府：宗族—家庭二级结构下的聚居组团。

广府民系核心区内商业经济较发达，使当地族群经济相对富裕，宗族具有较强的经济实力，宗族内凝聚力较强，能够统筹规划与营建聚居地，使得聚居地的形态整体较为规整，街巷较为有序。根据清代中叶祝姓家族所订立的《佛山脚创立新村小引》，其内对聚居地内的街巷、地块和建筑尺寸有详细而明确的规定。宗族对整体聚居地的规划与建造使得广府民系核心区内的宗祠或民居单体都具有较为统一的尺寸，形成同质化和模块化建设倾向。广府民系核心区传统村落聚居地内由于宗族势力强盛，其下的房支较为弱化，在整个聚居地营建中，没有较为明确的边界。在商品经济发展的广府民系核心区内，家庭作为最小的生产单位，成为经济活动的主体。家庭单元的重要性在聚居地营建过程中得以突出，从而形成了由多个小型民居组成的聚居地，而宗族的控制使得聚居地内的多个小型民居具有了一定的秩序性。

潮汕：宗族—房支—家庭三级结构下的聚居组团。

潮汕民系内的聚居地规模最大，往往能够容纳一个宗族以及其后代发展出来的房支与家庭共同聚族而居。在聚居地内会同时出现整个宗族的祖祠以及其下多个房支的祠堂，祠堂的建筑规模往往较大，且左后有护厝，后侧有后包，形成聚居地内较大规模的建筑。大型建筑周边的区域则以分散出来的小型家庭住宅为主。内以宗祠与支祠为核心，外围以小家庭为单位的聚居地具有强烈的向心性。其村落内部建筑物密集，墙壁高，密封性强，呈现出较强的内聚性。与广府区域内由宗族统一规划建设用地不同，潮汕民系内同一聚居地内不同房支组团的大小与祠堂的恢宏程度差异较大。与房支的经济实力有较强的关联，房支经济实力强则支祠规模较为宏大，装饰较为精美，小的房支的宗祠体量较小。

客家：宗族—房支二级结构下的聚居组团。

客家民系居住在环境恶劣的山地区域，需要争夺自然资源并防御外敌或者野兽的侵袭。因此，宗族内聚性很强，多采用以宗族为单位的集体住宅，来维持族内的内聚力。在客家民系核心区传统村落的聚居地中，宗族的始祖所建造的房屋成为宗族和村落起源的象征。通常情况下，后代的一至两个家庭会在围屋内居住繁衍，并根据人口增长的需要动态地扩展建筑规模。其他家族成员则会在祖屋附近另外规划宅基，建造新的围屋，形成有多个围屋的组团。由于发展情况不同，各个围屋的形制和规模各异，并且它们之间没有密切的空间联系。然而，从宗族关系的角度来看，每座新建的大屋都会设专属的房祠，明确代表了宗族的关系。因此，村落空间的发展历史可以被清晰地追溯，形成了一套按照房支辈分逐级向上祭祀的客家祭祖模式。这种以祖屋为核心，在宗族的统筹下，房支单元组团共居的模式，展示了客家民系宗族结构中宗族—房支二级结构关系的特点。

3. 礼制信仰文化影响下的聚居地公共空间的异同

（1）广东三大汉民系核心区传统村落公共空间类型异同

广东三大汉民系核心区传统村落的公共空间，具有举办日常交往活动、休闲活动、节庆仪式等诸多功能。广东三大汉民系核心区传统村落内的公共空间功能具有一定的相似性，但具体的公共空间的空间尺度、平面形态、界面特征具有一定的差异性。

在祭祀仪式空间方面，三大汉民系核心区传统村落突出宗族的重要性，均会在宗祠前留出相关区域，形成公共空间。广府民系核心区传统村落的宗祠多位于整个聚居地的前排，前方有较开敞的空间，其被风水塘或河流围合，多形成矩形的较为规整的宗祠前广场。潮汕民系核心区内传统村落的宗祠多位于其聚居组团中，较大规模建筑位于中心范围，加之整体建筑群的高度密集，诸多宗祠前广场的形成需周边建筑或宗祠进行退让，宗祠前广场周边均由建筑或围墙所围合，广场面积也相应减小。客家民系核心区传统村落宗祠多位于围龙屋、堂横屋中心的堂屋中，其宗祠前广场位于建筑与半圆形风水池之间，形成面积较大的矩形空间，兼具交通与公共集会的功能。

庙宇在三大汉民系核心区传统村落内的重要性低于宗祠，其前侧的祭祀空间也相应小于宗祠前广场。广府民系核心区内传统村落大部分的庙宇为小型庙宇，可与宗祠一起位于聚居地前方，也可分布在村落四周，其前方也会留出相应空地供村民祭拜。潮汕民系核心区传统村落庙宇较难融入密集式布局的建筑群之内，多位于村落四周或之外。位于村落之外的庙宇用地空间较为开敞，其规模与其前广场的面积也较大。客家民系核心区内传统村落的庙宇多位于"半山腰"等，海拔高于聚居地所在的山地区域。依山而建的庙宇规模一般较小，其前侧的广场也主要顺应地形变化，形成多样的平面形态。

在日常生活空间方面，三大汉民系核心区传统村落中较为常见的为码头空间、井台空间和晒谷坪空间等。其中，码头空间在依靠水路交通的广府民系核心区内最为常见，基本每个村落内都会沿河形成多个小型码头，码头临近聚居建筑，方便村民的出行。广府民系核心区传统村落的小型码头多平行或垂直于河涌分布，由麻石台阶深入河道，并连接两岸的道路。潮汕与客家民系核心区传统村落的码头则多位于聚居地外部滨江或滨河的区域，多由道路连接聚居与码头空间，码头规模较大，多呈扇形或矩形延展至江河之中。井台空间作为传统村落主要的饮用水源也广泛存在于三大汉民系核心区的传统村落中。广府民系核心区内由于诸多传统村落饮用河水，井台空间较少，且多分布于聚居组团外围交通便利之处。潮汕民系核心区传统村落的井台空间数量较多，基本每个房支的聚居组团内均有分布，且井台空间多结合建筑内的空地广场设置，仅供聚居地内部分房支使用。客家民系核心区内传统村落的井台空间有的也分布于单独的围龙屋内，但有些规模较小的村落会合力挖井，形成位于道路交会处的井台空间。三大民系的晒谷坪多与其他空间混合使用，宗祠广场、村口广场、道路交会处均可以晒谷。广东三大汉民系核心区传统村落内公共空间类型异同分析如图5-3-6所示。

三大民系核心区传统村落聚居地也会形成较具有民系特色的公共空间。广府民系核心区传统村落内注重水口空间的营造，水口作为聚居地内河流的水源区域，被广府先民赋予聚财、吉祥等风水寓意，多通过建桥、修塔、建牌坊、建亭子、种植植物等方式，对水口空间进行详细的规划与创作。在广府民系核心区的沙坦（沙田）型传统村落中挖环形水渠，中部晒谷形成的特色围馆空间也是聚居地适应地貌

图 5-3-6　广东三大汉民系核心区传统村落内公共空间类型异同分析

的产物，为广府民系核心区的特色公共空间。潮汕民系核心区传统村落为增强聚居地的防御性，多形成环绕聚居地的寨墙与寨门，寨门外作为聚居地唯一的对外交通空间，其前侧的广场较平坦开阔，在军事防御弱化的时期便成为重要的公共空间，供节庆舞狮看戏所用。客家民系核心区内传统村落特色的围龙屋建筑后侧中的化胎空间，具有"天圆地方"的风水学寓意和减弱山洪危害的生态效益。

（2）礼制信仰文化影响下的公共空间秩序分异

三大汉民系核心区的传统村落均受到中原礼制文化的影响，其聚居地布局中突出向心与择中而居的观念。同以血缘为基础聚族而居的三大汉民系核心区传统的宗族村落，其内族权的至高性反映在空间形态上，就形成了以宗祠为核心的节点状公共活动中心。宗祠以及其前的附属空间，往往成为整个聚居地的文化、活动以及观念上的中心，是聚居地内公共空间的最高等级。在三大汉民系核心区传统村落中广泛存在着信仰文化，有着丰富的神灵的崇拜与祭祀的活动，其活动场地也是传统村落重要的公共空间的组成部分。相对于对族权与神权的推崇，三大汉民系核心区传统村落中有着朴素的生活理念，与村民生活息息相关的交往、休闲等活动空间往往附属于祭祀仪式空间。由于每个民系核心区内聚居地组织方式的分异以及信仰文化的异同，其内的公共空间秩序也有诸多分异。总体看来，三大汉民系核心区传统村落中形成了族权大于神权大于人权的聚居地公共空间秩序（图 5-3-7～图 5-3-9）。

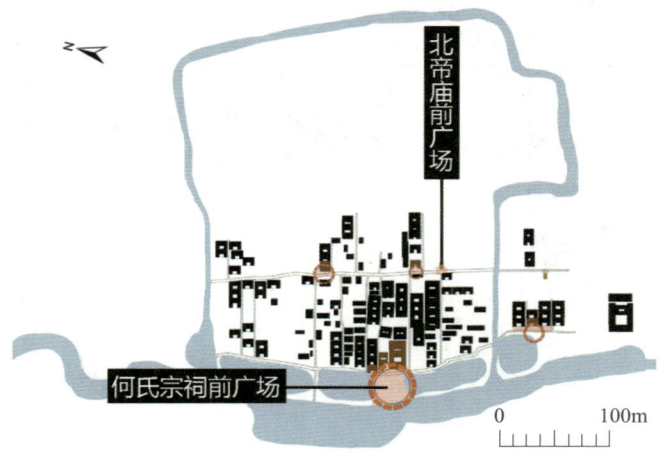

图 5-3-7　广府民系核心区传统村落公共空间与宗祠、庙宇建筑的关系

广府：宗祠引领的公共空间秩序。

在广府民系核心区的宗族村落之中，公共空间大多集中于三个地方，即村落的四周、村口和祠堂群。在梳式布局为主的广府民系聚居地内，宗祠多位于整个聚居地的前排，作为整个聚居地秩序的领导者。宗祠前侧的广场空间就成为聚居地公共空间的中心，成为主要的公共空间，有的兼有码头、晒谷，以及休闲空间等诸多功能。倾注了全族上下心血的宗祠，是最重要的活动——祭祀活动举办的地方。春分、夏至、秋分和冬至，照例必在祠堂举行春、夏、秋、冬四祭。此外还有每年正月元旦、元宵开灯、十六日完灯、端午、中秋等的常规

第五章 广东三大汉民系核心区传统村落景观特征比较

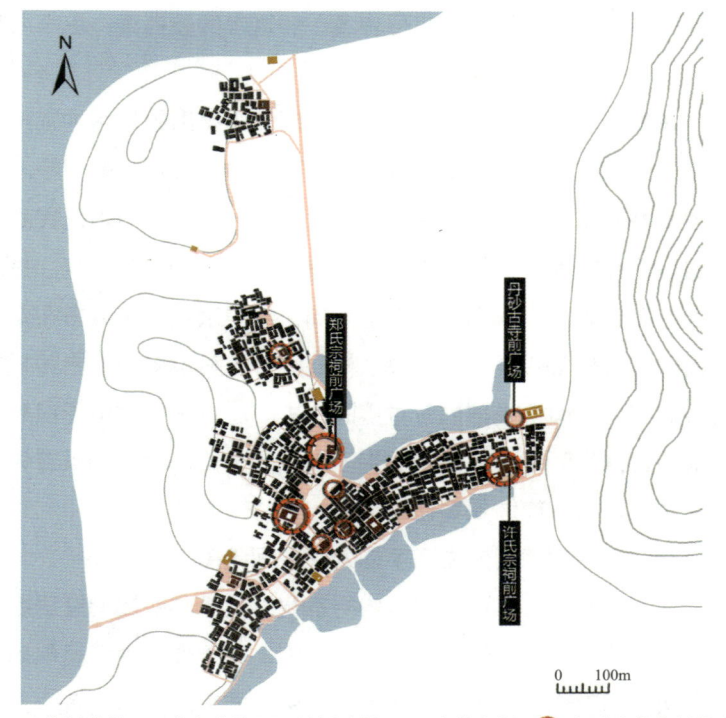

■宗祠建筑 ■庙宇建筑 ■民居建筑 ■公共空间 ○主要公共空间节点

图 5-3-8 潮汕民系核心区传统村落公共空间与宗祠、庙宇建筑的关系

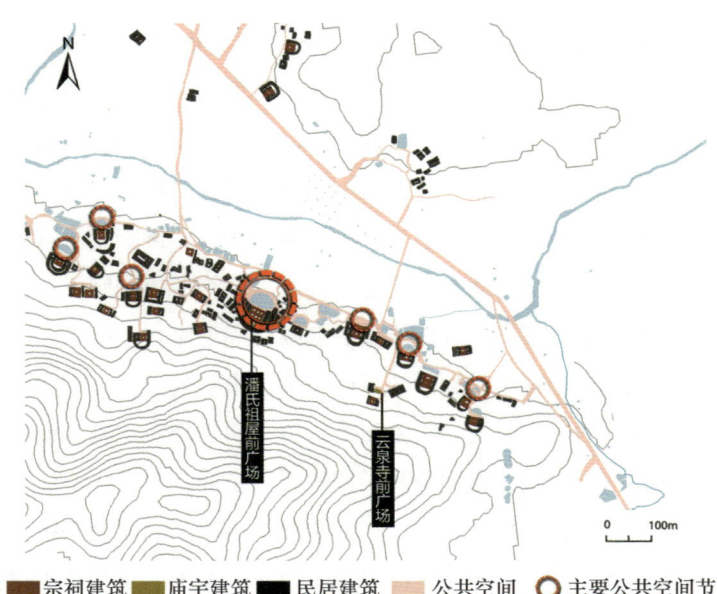

■宗祠建筑 ■庙宇建筑 ■民居建筑 ■公共空间 ○主要公共空间节点

图 5-3-9 客家民系核心区传统村落公共空间与宗祠、庙宇建筑的关系

祭祀；遇有婚娶、生子、获得功名、加官晋爵等喜事，也需入祠禀告祖先。

在信仰空间方面，广府民系核心区较为突出的是水神崇拜，有龙母、天妃、南海神、北帝、伏波，还有谷神、观音和财神等。较大型的庙宇多分布在远离村落聚居地的位置，村落聚居地内以民间自发建造的小型神庙为主，其形制与规模一般都会小于宗祠建筑。村内的小型神庙有天后宫、华光庙、洪圣殿等，常与宗祠一起分布在聚居地前侧或散布在村落四周。广府民系核心区传统村落聚居地内神祇拱卫在村落的四周，而祖先护佑着村落的中央。墟市则往往位于村外，表明村落的日常生活不希望受到陌生人太多的干扰，祠堂维系着村落的空间秩序，正如宗族维系着社会组织。

潮汕：中部宗祠外围庙宇的公共空间秩序。

潮汕民系核心区传统村落内的宗祠，位于其所属的聚居组团的中心位置，体现出血缘伦理中的中心规则。由于聚居地多呈现出多组团的结构，相应也形成了多个以宗祠为中心的组团。村内多个聚居组团中心的宗祠前广场，作为村民公共活动的中心，可举办祭祖、舞狮、戏剧表演等公共活动。潮汕民系核心区内的信仰文化呈现出实用主义泛神崇拜的特征，注重海神和山神崇拜，村内主要有妈祖庙、天后宫、三山国王庙、土地公等庙宇。其聚居地内庙宇空间多分布在建筑群外侧，体现了聚居地精神层面的防御需求。以潮州市的龙湖古寨为例，其内宗祠如荷公祠、许氏宗祠、萧氏宗祠、阿婆祠等多分布在聚居地的中心区域。整个聚居地外围有寨墙围合，神庙建筑则散布在聚居地四周，尤其是南北寨门附近是神庙主要的密集区域。

客家：低处宗祠、高处庙宇的公共空间秩序。

客家民系相对于其他两个民系更加注重祖先崇拜，宗祠位于围龙屋或堂横屋的中心位置，基本每个宗族和房支均有宗祠的设置。客家人常称宗祠为祖屋，祖屋与其前侧的广场空间就是整个聚居组团的核心空间。客家民系核心区传统村落中最隆重的活动就是祭祖，其重要性甚至超过了春节这一重要的传统节日。梅州市五华县湖田村张氏宗族有族规："不拜祖神，不准过年"，可见在湖田张氏心目中，祭祖是头等大事，在隆重的祭祖仪式后，才开展传统的过年活动。其祭祖活动就在祖屋进行，祖屋前侧广场也要承担人员集散、交通、舞狮表演等诸多功能。在不举行祭祖活动的时候，宗祠前广场多承担晒谷、交通的作用，是整个聚居地公共空间的中心。

客家民系核心区内的民间信仰呈多元化的态势，有妈祖、三山国王、公王崇拜等，还有佛、道教等宗教信仰。客家的神庙大多分布于墟市之中，大部分的村落内较少有财力和人力修建小型神庙。与村落临近的庙宇大多修建于山间，修建于山间的庙宇，多为修行之人为避世而建，多有"未有村先有寺"之说。寺庙或道观修建的海拔多高于村落的聚居地，形成低处宗祠、高处庙宇的公共空间秩序。

4. 民系分异鲜明的传统建筑特征比较

（1）平面形制比较

三大汉民系核心区传统村落内建筑在平面形制上，虽均多为天井合院式建筑，但都颇具民系色彩。

广府民系核心区内传统村落中以小型建筑为主，常见的建筑形制为排屋、明字屋、三间两廊以及组合式民居。排屋，包括单栋式青砖民居，也可是联排的单间。明字屋，平面形状像明字，故名，为双开间，由厨房、天井、厅、房组合而成。三间两廊，为三开间建筑，由两廊和天井组成三合院住宅。平面内，厅堂居中，房在厅两侧，厅前有天井，其两旁为廊，分别为厨房和杂物间。组合屋，基本上由三间两廊发展组合而成，有横向、纵向发展或两座纵向三间两廊屋联体等形式，进深大，房间多，一般用作宗祠、书院等公共建筑。三间两廊是广府地区最主要的居屋形式。广府民系核心区内传统村落民居形制分布如图 5-3-10 所示。

潮汕民系核心区内传统村落中既有大型建筑，也有小型建筑，常见的建筑形制为下山虎、四点金、多间过、多座落、从厝式府第、围楼、围寨、排屋等。下山虎，也称爬狮，即三合院式，中间厅堂，两旁为卧房，前带天井，天井两侧为廊屋，可做卧房或贮物室。四点金，由爬狮加前座组成，即四合院式，潮汕地区最常见，前座中间是

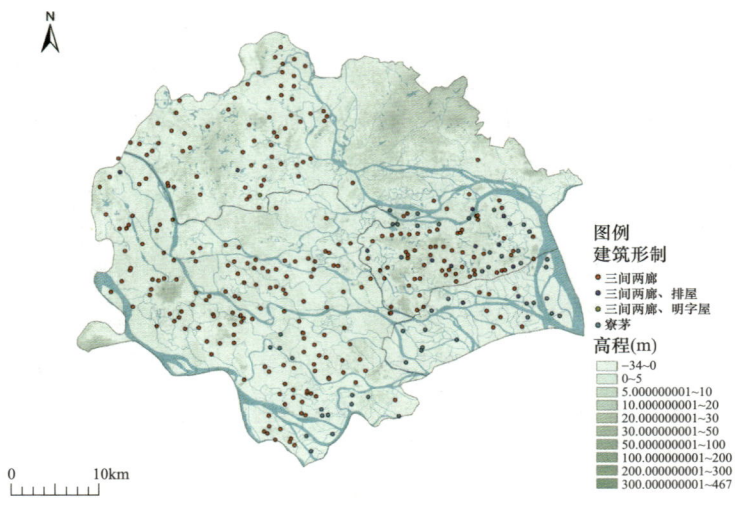

图 5-3-10　广府民系核心区内传统村落民居形制分布图

大门，两旁为卧房。多间过是在四点金式民居的基础上，横向增加开间数形成的，常见的有五间过、七间过等。多座落是对多于两进的民居建筑单体的统称。从厝式府第是以前述所涉及的四点金、多间过、多座落或多壁连等形式的宗祠、家庙为中心，左右前后以从厝、前罩和后包围护，形成中轴对称、祠宅一体且具有强烈向心性的大型民居建筑群。潮汕围楼是为了适应用地紧张的山地环境，向高处发展形成的多层结构，形制上相当于一个巨型的向心式围合的单体建筑。围寨多出现在地形平坦辽阔的平原区域，其形制等于在府第式布局或网格式布局的村落建筑群外围设置一道封闭的寨围，增加建筑群的防御性。潮汕民系核心区内传统村落民居形制分布如图 5-3-11 所示。

客家民系核心区内传统村落中以大型建筑为主，常见的建筑形制为杠屋、堂屋、堂横屋、围龙屋等。客家所处的山区环境，有着野兽侵扰和贼匪劫掠的双重威胁，加上与周边民系争夺资源的防御需要，使得客家民居特别强调聚居和防御。杠屋是客家民居中较为简单的一种类型，因其纵向排列，山墙朝前，故称杠屋。堂屋这类民居由正屋、两厢与入口处的门厅（或倒座）等围合而成。堂横屋是在堂屋的基础上增加两排陪衬建筑——"横屋"。围龙屋是客家民系核心区传统村落内最典型的建筑形制。围龙屋也称枕头屋，多依山而建，整

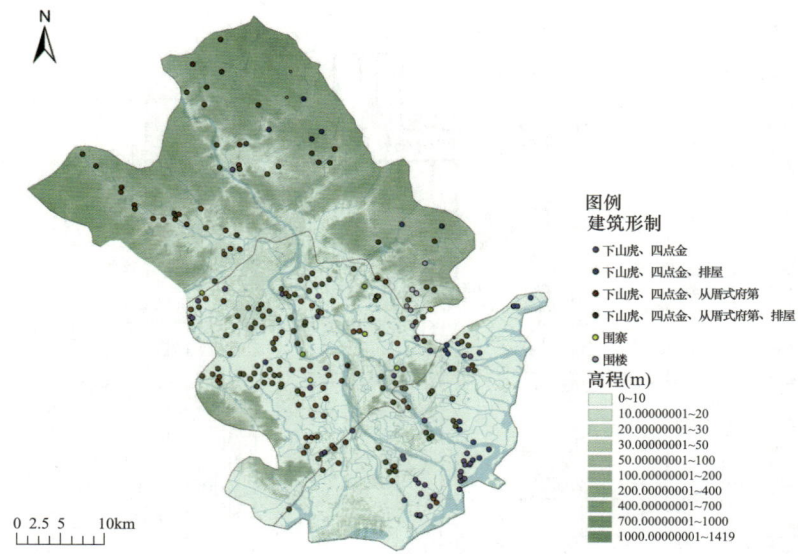

图 5-3-11 潮汕民系核心区内传统村落民居形制分布图

座屋宇跨在山坡与平地之间，形成前低后高、两边低中间高的双拱曲线。建筑群分为前后两部分，前半部是堂屋与横屋的组合体，后半部的围屋呈半圆形，建筑群整体形成马蹄形的独特形态。客家民系核心区内传统村落民居形制分布如图 5-3-12 所示。广东三大汉民系核心区传统村落内常见民居的平面形制比较如图 5-3-13 所示。

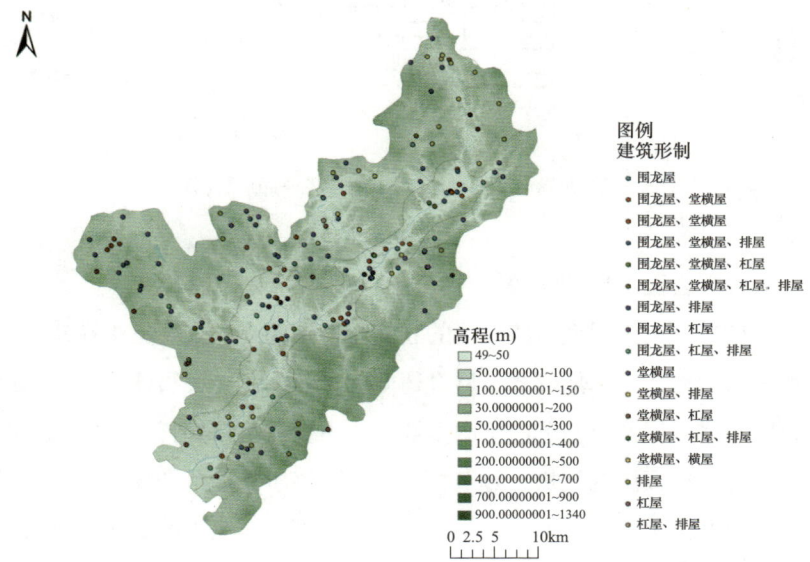

图 5-3-12 客家民系核心区内传统村落民居形制分布图

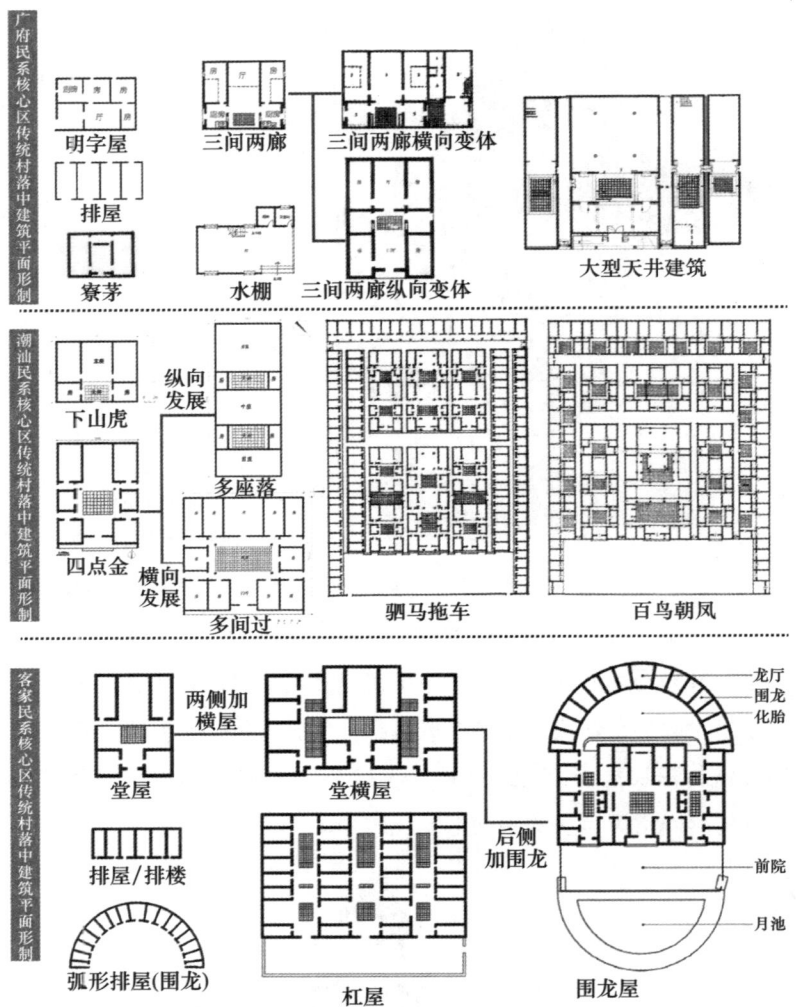

图 5-3-13　广东三大汉民系核心传统村落内常见民居的平面形制比较
（改绘自《广东民居》）

（2）立面与造型比较

广东三大汉民系传统民居的立面与造型的分异主要集中在建筑高度、入口形式、山墙形式、屋脊造型四个方面。在民居建筑物的高度方面，客家民系核心区由于山多地少，不少建筑物如杠屋、围龙屋的横屋都形成双层的结构，建筑物高度普遍高于其他两个民系。潮汕民系核心区由于其滨海的地理条件，经常受到海洋风灾的影响，建筑高度也相应降低，以增强结构的稳定性与抗风性，其建筑高度普遍低于其他两个民系。

在民居入口形式方面，广府民系核心区内的民居有的采用门斗型、有的采用门罩型，宗祠建筑则多采用门廊式的入口。门斗型是指外墙面向内缩进 30～80cm，在凹入的墙体安装大门的形式。门罩型指在大门上方墙体伸出木梁，由木梁支撑一片小披檐，具有略微延伸的檐口。潮汕民系与客家民系的民居入口则多采用凹肚门楼的形式，大门凹入的深度较广府区域大，门楼凹肚进深为一至三个步架。凹肚门楼往往局部加高小屋顶，并绘有诸多彩绘，是整个建筑立面造型的中心。广东三大汉民系核心区传统建筑立面与造型特征比较如图5-3-14 所示。

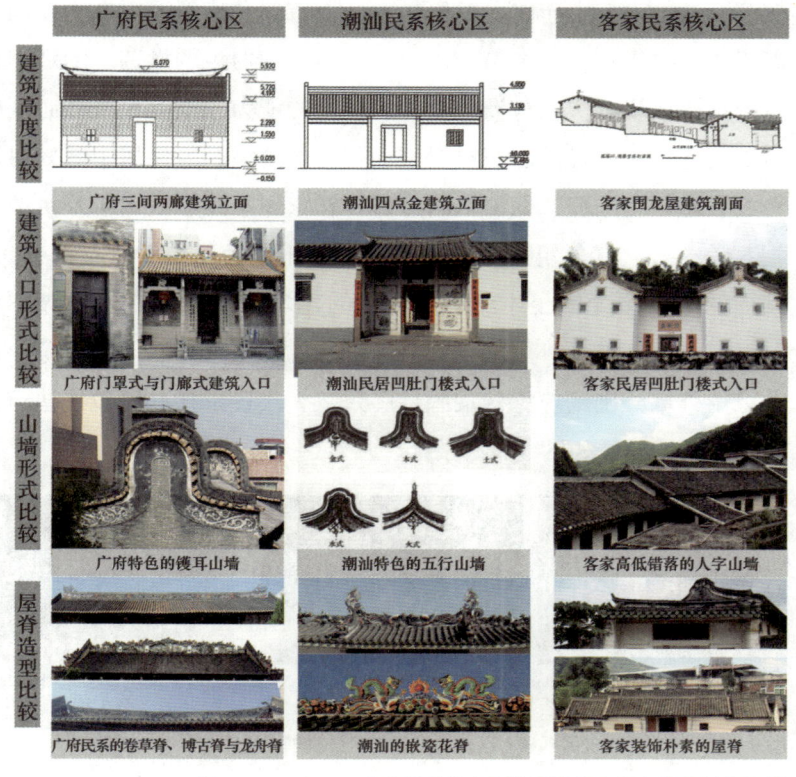

图 5-3-14　广东三大汉民系核心区传统建筑立面与造型特征比较

三大汉民系核心区内的传统民居的立面山墙造型较为丰富。广府民系核心区内常见的有人字山墙、方耳山墙、镬耳山墙三种，其中人字山墙多用于民居，方耳山墙、镬耳山墙多用于宗祠庙宇等公共建筑。潮汕民系核心区传统民居主要使用特色的五行山墙，即金、木、水、火、土五式。客家民系核心区传统民居的山墙形式以人字山墙为主，五行山墙为辅。

（3）结构与构造比较

三大汉民系核心区传统村落内的建筑常见的结构形式有砖木结构、夯土木结构两种。广府民系核心区内经济实力较强，其民居与宗祠建筑主要采用砖木结构的形式，墙体以青砖为主，外墙不做粉饰。多以墙承屋面木檩条的质量，被称为"山墙搁檩"。在广府民系核心区沙坦（沙田）区的寮茅、水棚建筑则为竹木结构。潮汕民系核心内的传统民居也多为砖木结构，得益于其区域内丰富的黏土资源，黏土为夯土砖的主要原材料，也有部分建筑采用夯土砖砌筑而成或直接用三合土夯筑而成，外墙多粉刷白色的批荡。为增强建筑抵抗台风暴雨灾害与海风盐碱的侵蚀的能力，潮汕民系核心区内传统民居还多通过添加石材料来加固，传统宗祠与民居中随处可以看到石柱、石门框、石窗框的身影。客家民系核心区由于经济条件相对差一些，其建筑所采用的材料多为山地较易得的木材与黏土，其内的建筑多为夯土木结构。具体的建筑墙体做法在当地被称作"金包银"，即夯土外墙的墙脚采用巨大的卵石或片石叠垒嵌砌，或在夯土外墙外围砌筑青砖加固。广东三大汉民系核心区传统建筑常见结构形式比较如图 5-3-15 所示。

(a) 广府民系的山墙搁檩民居与茅草屋　　(b) 潮汕民系的柱础石与木梁架　　(c) 客家民系的木梁架与夯土墙

图 5-3-15　广东三大汉民系核心区传统建筑常见结构形式比较

（4）装饰与装修比较

在建筑的装饰与装修方面，经济实力较强的广府民系核心区和潮汕民系核心区内装饰装修较为丰富。在粤商强大经济实力的支撑下，广府民系核心区工匠们乐于把大量时间和精力用在琢磨建筑装饰装修之上，雕塑彩画等各类工艺都比较发达。此外，广府民系核心区建筑的另一特点是广泛采用几何造型，屋脊、门窗装饰中都能看见几何形体、几何图案的存在。对几何形态的偏爱，既源于自南越国时就存在的传统文化表达，又受到后期诸多外来文化因素的影响，兼容杂糅、潜移默化，从而形成了广府人特有的审美品位。潮汕民系核心区传统建筑在装饰上则极尽华美细腻之能事。潮汕民系传统建筑装饰范围颇广，通观室内室外，视野之内必有让眼睛聚焦的装饰点，且有时这些装饰块面上下贯穿、左右连接、前后掩映，让人应接不暇。在装饰手法上，最能体现精细性的是潮汕民系的木雕、石雕和嵌瓷，其共同的装饰特点是讲求内容丰富饱满，细节刻画极致，又多通过镂空透雕的手法不断增加装饰的层次。客家民系建筑的装饰装修则较为朴素，常见的装饰装修手法为木雕与彩绘，较具有民系特色的装饰装修手法有丰富多变的窗框形式以及多样的卵石铺地图案。广东三大汉民系核心区传统建筑常见结构形式比较如图 5-3-16 所示。

 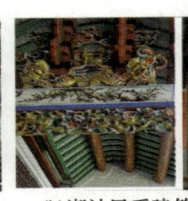  

(a)广府民系建筑几何风格的装饰　　(b)潮汕民系建筑精细绚丽的装饰　　(c)客家民系建筑朴素的装饰风格

图 5-3-16　广东三大汉民系核心区传统建筑常见结构形式比较

（5）色彩与材料比较

广东三大汉民系核心区的建筑的主色调主要来自墙体建筑材料的颜色。广府民系建筑主色调有青砖房的青色、蚝壳墙的灰色、寮茅建筑采用的树皮的棕色、红砂岩的红色等。围墙选用青砖进行砌筑，不施加任何装饰，而墙脚的台基则常常采用白磨石材料。在潮湿炎热的气候环境中，这种色彩组合给人以清爽的感觉。墙基多采用花岗岩或红砂岩，墙面则涂抹以白灰。整体上，墙面以青灰色为主调，以白色和红色作为辅助色彩，常用鲜明亮丽对比度高的颜色，以凸显装饰。客家民系建筑色彩有的呈现出白墙灰瓦的淡雅配色，还有的夯土建筑直接呈现出夯土本身的黄色，加之灰色的卵石墙基，展现出天然的配色。广东三大汉民系核心区传统村落建筑的材料特征比较如图 5-3-17 所示。

(a)广府民系建筑的青砖与蚝壳墙　　(b)潮汕民系建筑的三合土墙　　(c)客家民系建筑的夯土墙

图 5-3-17　广东三大汉民系核心区传统村落建筑的材料特征比较

结语

  本书在对广东三大汉民系核心区景观特征进行分析的基础上，通过对广东三大汉民系传统村落"三生"景观特征与民系进行关联，从择地、生存、营序三个维度对广东三大民系传统村落景观特征进行比较分析。研究发现，在生态景观方面，三大汉民系先民迁入岭南地区的移民次序、族源特征以及环境选择偏好均对民系间的生态景观分异产生了关键的影响。在生产景观方面，广东三大汉民系的人口规模、生计模式、族源生产技术、经济发展类型对传统村落的土地开发程度、方式以及水利体系特点具有显著影响。在生活景观方面，三大汉民系的风水观念、宗法制度、信仰风俗等民系文化分异促使其民系间生活景观产生分异。通过对传统村落景观与民系分异进行关联分析，更深入地分析了传统村落景观背后的形成机制。

参考文献

[1] 夏征农，陈至立.《辞海》典藏本 [M]. 上海：上海辞书出版社，2011.

[2] 金其铭. 农村聚落地理学 [M]. 北京：科学技术出版社，1988.

[3] 刘黎明. 乡村景观规划 [M]. 北京：中国农业大学出版社，2003.

[4] 司徒尚纪. 岭南历史人文地理 [M]. 广州：中山大学出版社，2001.

[5] 陆元鼎. 岭南人文·性格·建筑 [M]. 北京：中国建筑工业出版社，2005.

[6] 陆琦. 广府民居 [M]. 广州：华南理工大学出版社，2013.

[7] 陈乃刚. 岭南文化 [M]. 上海：同济大学出版社，1990.

[8] 余英. 中国东南系建筑区系类型研究 [M]. 北京：中国建筑工业出版社，2001.

[9] 潘安著. 客家民系与客家聚居建筑 [M]. 北京：中国建筑工业出版社，1998.

[10] 朱光文. 岭南水乡 [M]. 广州：广东人民出版社，2005.

[11] 陈志华. 梅县三村 [M]. 北京：清华大学出版社，2007.

[12] 伊懋可，梅雪芹，毛利霞，等. 大象的退却：一部中国环境史 [M]. 南京：江苏人民出版社，2014.

[13] 马立博. 虎、米、丝、泥：帝制晚期华南的环境与经济 [M]. 王玉茹，关永强，译. 南京：江苏人民出版社，2012.

[14] 徐俊鸣. 珠江三角洲 [M]. 广州：广东人民出版社，1973.

[15] 黄镇国. 珠江三角洲形成发育演变 [M]. 北京：科学普及出版社，1982.

[16] 李平日，乔彭年，郑洪汉. 珠江三角洲一万年来环境演变 [M]. 北京：海洋出版社，1991.

[17] 杨义全. 潮汕自然概览 [M]. 汕头：汕头大学出版社，1997.

[18] 梁家勉. 中国农业科学技术史稿 [M]. 北京：中国农业出版社，1989.

[19] 郑肇经. 中国水利史 [M]. 北京：商务印书馆，1998.

[20] 汪家伦，张芳. 中国农田水利史 [M]. 北京：中国农业出版社，1990.

[21] 拉普卜特，常青，徐菁，等. 宅形与文化 [M]. 北京：中国建筑工业出版社，2007.

[22] 阿摩斯·拉普卜特. 文化特性与建筑设计：国外建筑理论译丛 [M]. 常青，译. 北京：中国建筑工业出版社，2004.

[23] 费孝通. 江村经济 [M]. 北京：商务印书馆，2001.

[24] 施坚雅.中国农村的市场和社会结构[M].北京：史建云，徐秀丽，译.中国社会科学出版社，1998.

[25] 葛剑雄，曹树基，吴松弟.简明中国移民史[M].福州：福建人民出版社，1993.

[26] 葛剑雄，吴松弟，曹树基.中国移民史[M].福州：福建人民出版社，1997.

[27] 沈克宁.建筑类型学与城市形态学[M].北京：中国建筑工业出版社，2010.

[28] 王云才.图示语言[M].北京：中国建筑工业出版社，2018.

[29] 黄淑娉.广东族群与区域文化研究[M].广州：广东高等教育出版社，1999.

[30] 西北师范学院地理系，地图出版社.中国自然地理图集[M].北京：地图出版社，1984.

[31] 曾昭璇，曾宪珊.历史地貌学浅论[M].北京：科学出版社，1985.

[32] 梁钊，陈甲优.珠江流域经济社会发展概论[M].广州：广东人民出版社，1997.

[33] 佛山市南海区地方志编纂委员会.南海市志（1979—2002）[M].广州：广东人民出版社，2009.

[34] 吴建新.明清广东的农业与环境：以珠江三角洲为中心[M].广州：广东人民出版社，2012.

[35] 葛剑雄，吴松弟，曹树基.中国移民史（第二卷）[M].福州：福建人民出版社，1997.

[36] 曾祥委，曾汉祥.南雄珠玑移民的历史与文化[M].广州：暨南大学出版社，1995.

[37] 葛剑雄，吴松弟，曹树基.中国移民史第四卷[M].福州：福建人民出版社，1997.

[38] 曾祥委，曾汉祥.南雄珠玑移民的历史与文化[M].广州：暨南大学出版社，1995.

[39] 朱光文.岭南水乡岭南文化知识书系[M].广州：广东人民出版社，2005.

[40] 谭棣华.清代珠江三角洲的沙田[M].广州：广东人民出版社，1993.

[41] 招汝基.顺德县志[M].北京：中华书局，1996.

[42] 杨孚.异物志[M].广州：广东科技出版社，2009.

[43] 蒋祖缘.简明广东史[M].广州：广东人民出版社，2008.

[44] 李书吉，吴道镕，卢蔚猷.嘉庆澄海县志[M].上海：上海书店出版社，2003.

[45] 王东.那方山水那方人：客家源流新说[M].上海：华东师范大学出版社，2007.

[46] 刘恂，鲁迅.岭表录异：岭表记[M].广州：广东人民出版社，1983.

[47] 张争胜.广东地理[M].北京：北京师范大学出版社，2016.

[48] 曾昭璇，黄伟峰.广东自然地理[M].广州：广东人民出版社，2001.

[49] 佛山地区革命委员会《珠江三角洲农业志》编写组（1963—1976）．珠江三角洲农业志 [M]．广州：广东人民出版社，2020．

[50] 莫里斯·弗里德曼．中国东南的宗族组织：福建与广东 [M]．刘晓春，译．上海：上海人民出版社，2000．

[51] 陈兴中，周介铭．中国乡村地理 [M]．成都：四川科学技术出版社，1989．

[52] 曾昭璇．珠江三角洲地貌发育 [M]．广州：暨南大学出版社，2012．

[53] 中山大学地理系《珠江三角洲研究丛书》编辑委员会．珠江三角洲自然资源与演变过程 [M]．广州：中山大学出版社，1988．

[54] 李平日，黄镇国，黄永强，等．韩江三角洲 [M]．北京：海洋出版社，1987．

[55] 李坚诚．潮汕乡土地理 [M]．广州：暨南大学出版社，2015．

[56] 谭元亨．广府文化大典 [M]．汕头：汕头大学出版社，2013．

[57] 房学嘉．粤东客家生态与民俗研究 [M]．广州：华南理工大学出版社，2008．

[58] 周魁一．中国古代的农田水利 [M]．武汉：水利水电科学研究院，1983．

[59] 冀朝鼎．中国历史上的基本经济区 [M]．岳玉庆，译．杭州：浙江人民出版社，2016．

[60] 彭一刚．传统村镇聚落景观分析 [M]．北京：中国建筑工业出版社，1992．

[61] 李立．乡村聚落：形态、类型与演变：以江南地区为例 [M]．南京：东南大学出版社，2007．

[62] 吴良镛．人居环境科学导论 [M]．北京：中国建筑工业出版社，2002．

[63] 刘易斯·芒福德．城市发展史：起源、演变和前景 [M]．宋俊岭，倪文彦，译．北京：中国建筑工业出版社，2005．

[64] 阿雷恩·鲍尔德温，布莱恩·朗赫斯特，斯考特·麦克拉肯，等．文化研究导论（修订版）[M]．陶东风，等译．北京：高等教育出版社，2004．

[65] 杨懋春．一个中国村庄：山东台头 [M]．张雄、沈炜、秦美林，译．苏州：江苏人民出版社，2001．

[66] 陈春声．乡村神庙系统与社区历史的演变：以樟林为例 [M]．广州：广东人民出版社，2001．

[67] 陈春声．乡村的故事与国家的历史：以樟林为例兼论传统乡村社会的研究的方法问题 [M]．黄宗智．中国乡村研究（第二辑）．北京：商务印书馆，2003．

[68] 刘志伟．在国家与社会之间：明清广东地区里甲赋役制度 [M]．北京：中国人民大

学出版社，2010.

[69] 黄淑娉. 广东族群与区域文化研究 [M]. 广州：广东高等教育出版社，1999.

[70] 濑川昌久. 族谱：华南汉族的宗族·风水·移居 [M]. 钱杭，译. 上海：上海书店出版社，1999.

[71] 周大鸣. 中国乡村都市化再研究：珠江三角洲的透视 [M]. 北京：社会科学文献出版社，2015.

[72] 周大鸣. 文化人类学概论 [M]. 广州：中山大学出版社，2009.

[73] 潘定智. 民族文化学 [M]. 贵阳：贵州民族出版社，1994.

[74] 施坚雅. 中国农村的市场结构和社会结构 [M]. 史建云，徐秀丽，译. 北京：中国社会科学出版社，1998.

[75] 中央陆军军官学校第三分校. 地形图式 [Z].

[76] 参谋本部陆地测量总局. 地形图图示解说 [Z].

[77] 北京市第一次地理国情普查领导小组办公室，北京市测绘设计研究院. 北京市第一次地理国情普查遥感解译样本图集 [M]. 北京：中国地图出版社，2017.

[78] 蒋兴伟. 中国近海海洋海岛海岸带遥感影像处理与解译 [M]. 北京：海洋出版社，2016.

[79] 龙云作，成国栋，唐保根，等. 珠江三角洲沉积地质学 [M]. 北京：地质出版社，1997.

[80] 司徒尚纪. 岭南历史人文地理：广府、客家、福佬民系比较研究 [M]. 广州：中山大学出版社.2001.

[81] 罗德胤. 乡土聚落研究与探索 [M]. 北京：中国建材工业出版社，2019.

[82] 王其亨. 风水理论研究 [M]. 天津：天津大学出版社，1992.

[83] 屈大均. 广东新语 [M]. 北京：中华书局，2010.

[84] 林凯龙. 潮汕老屋 [M]. 汕头：汕头大学出版社，2004.

[85] 王惠，许秀营. 后沟村 [M]. 广州：广东人民出版社，2018.

[86] 罗香林. 客家源流考 [M]. 北京：中国华侨出版社，1989.

[87] 梅县市水电局水利志编辑组. 梅县市水利志 [Z].

[88] 曹树基. 中国移民史（第五卷）[M]. 福州：福建人民出版社，1997.

[89] 陈泽泓. 广府文化 [M]. 广州：广东人民出版社，2012.

[90] 王恩涌. 文化地理学导论（人·地·文化）[M]. 北京：高等教育出版社，1989.

[91] 金其铭. 中国农村聚落地理 [M]. 南京：江苏科学技术出版社，1989.

[92] 房学嘉. 围不住的围龙屋：粤东古镇松口的社会变迁 [M]. 广州：花城出版社，2002.

[93] 中国地理百科丛书编委会. 中国地理百科：潮汕平原 [M]. 北京：世界图书出版公司，2016.

[94] 赵绍祺，杨智维. 珠江三角洲堤围水利与农业发展史 [M]. 广州：广东人民出版社，2011.

[95] 赵焕庭. 珠江河口演变 [M]. 北京：海洋出版社，1990.

[96] 钟功甫，李次民. 珠江三角洲 [M]. 北京：商务印书馆，1960.

[97] 《中国河湖大典》编纂委员会. 中国河湖大典（珠江卷）[M]. 北京：中国水利水电出版社，2013.

[98] 番禺区地方志编纂委员会. 广州市番禺市志（1992—2000）[M]. 北京：方志出版社，2010.

[99] 陈代光. 广州城市发展史 [M]. 广州：暨南大学出版社，1996.

[100] 孙敬之. 华南地区经济地理：广东、广西、福建.[M]. 北京：科学出版社，1959.

[101] 谭元亨，刘伟涛. 广府文化大典 [M]. 汕头：汕头大学出版社，2013.

[102] 陈泽泓. 广府文化.[M]. 广州：广东人民出版社，2007.

[103] 曾昭璇，曾宪珊. 宋代珠玑巷迁民与珠江三角洲农业发展 [M]. 广州：暨南大学出版社，1995.

[104] 赵绍祺，杨智维. 珠江三角洲堤围水利与农业发展史 [M]. 广州：广东人民出版社，2011.

[105] 朱光文，刘志伟. 番禺历史文化概论 [M]. 广州：中山大学出版社，2017.

[106] 广州市南沙区东涌镇人民政府，香港科技大学华南研究中心. 从沧海沙田到风情水乡：珠江三角洲东涌社会生态变迁研究 [M]. 北京：中国戏剧出版社，2013.

[107] 中山大学农学院. 广东农业概况调查报告书续编 [M]. 台北：文海出版社，1999.

[108] 中共东涌镇委员会，东涌镇人民政府. 东涌镇志 [M]. 广州：广东经济出版社，2018.

[109] 李宏新. 潮汕史稿 [M]. 汕头：汕头大学出版社，2016.

[110] 陈泽泓. 潮汕文化概说 [M]. 广州：广东人民出版社，2013.

[111] 黄挺. 潮汕史简编 [M]. 广州：暨南大学出版社，2017.

[112] 洪松森. 潮汕古近代经济琐谈 [M]. 汕头：潮汕历史文化研究中心，2000.

[113] 广东省汕头市地方志编纂委员会. 汕头市志（第四册）[M]. 北京：新华出版社，1999.

[114] 广东省汕头市水利电力局. 汕头市水利志 [M]. 广州：广东科技出版社，1994.

[115] 黄挺，陈占山. 潮汕史上 [M]. 广州：广东人民出版社，2001.

[116] 李龙潜. 明清广东社会经济研究 [M]. 上海：上海古籍出版社，2006.

[117] 黄桂. 潮州的社会传统与经济发展 [M]. 南昌：江西人民出版社，2002.

[118] 《潮州市水利志》编辑组. 潮州市水利志（第二稿）[Z].

[119] 潮州市潮州文化研究中心. 潮州龙湖古寨文化生态保护学术成果转化之可行性研究 [M]. 深圳：深圳报业集团出版社，2016.

[120] 《莲下镇志》编纂委员会. 莲下镇志 [M]. 广州：广东人民出版社，2011.

[121] 陈朝辉，蔡人群，许自策. 潮汕平原经济 [M]. 广州：广东人民出版社，1994.

[122] 澄海县地方志编纂委员会. 澄海县志 [M]. 广州：广东人民出版社，1992.

[123] 杜伯坚. 程洋冈村 [M]. 广州：广东人民出版社，2018.

[124] 中国客家博物馆. 桥溪古韵 [M]. 广州：新世纪出版社，2012.

[125] 梅县地方志编纂委员会. 梅县志 [M]. 广州：广东人民出版社，1994.

[126] 贺喜，科大卫. 浮生：水上人的历史人类学研究 [M]. 上海：中西书局，2021.

[127] 鲁西奇. 中国历史的空间结构 [M]. 桂林：广西师范大学出版社，2014.

[128] 陈海忠，黄挺. 地方商坤、国家政权与近代潮汕社会 [M]. 广州：暨南大学出版社，2013.

[129] 林箐. 乡村景观的价值与可持续发展途径 [J]. 风景园林，2016，23（8）：27-37.

[130] 王向荣. 自然与文化视野下的中国国土景观多样性 [J]. 中国园林，2016，32（9）：33-42.

[131] 王云才，陈照方，成玉宁. 新时期乡村景观特征与景观性格的表征体系构建 [J]. 风景园林，2021，28（7）：107-113.

[132] 王东林. 民系理论的初步探索：客家学研究中一个亟待解决的理论问题 [J]. 江西师范大学学报，1993，26（2）：38-43.

[133] 李海东. 广谷大川异制民生其间者异俗：评《岭南历史人文地理：广府、客家、福佬民系比较研究》[J]. 中山大学学报论丛，2003，23（15）：194-196.

[134] 张先锋，吴伟东，满强. 政治中心与经济中心的经济辐射能力比较 [J]. 中南财经

政法大学学报，2014（3）：28-35.

[135] 何一民. 从政治中心优先发展到经济中心优先发展：农业时代到工业时代中国城市发展动力机制的转变 [J]. 西南民族大学学报人文社科版，2004，25（1）：79-89.

[136] 王向荣. 区域景观的形成与变迁 [J]. 中国园林，2021，37（10）：2-3.

[137] 侯晓蕾，郭巍. 场所与乡愁：风景园林视野中的乡土景观研究方法探析 [J]. 城市发展研究，2015，22（4）：80-85.

[138] 俞孔坚，王志芳，黄国平. 论乡土景观及其对现代景观设计的意义 [J]. 华中建筑，2005，4（23）：123-126.

[139] 刘晖，佟裕哲，王力. 中国地景文化思想及其现实意义之探索 [J]. 中国园林，2014，28（7）：12-16.

[140] 郭巍，吴迪，侯晓蕾. 人居视角下我国传统灌区研究 [J]. 中国园林，2021，37（10）：11-15.

[141] 刘通，王向荣. 以农业景观为主体的太湖流域水网平原区域景观研究 [J]. 风景园林，2015，22（8）：23-28.

[142] 胡泽浩，方小山. 基于LCA的珠三角乡村景观保护与发展研究 [J]. 南方建筑，2021（4）：82-89.

[143] 郑力鹏，王育武，郭祥，等. 广州珠村人居环境调查与改善研究 [J]. 华南理工大学学报（社会科学版），2004，6（2）：59-61.

[144] 郭谦，林冬娜. 厘清古村脉络，还原历史原貌：广东从化钱岗村保护与发展研究计划 [J]. 新建筑，2005（4）：33-36.

[145] 陆琦，潘莹. 珠江三角洲水乡聚落形态 [J]. 南方建筑，2009（6）：61-67.

[146] 文佳，张文英，肖大威. 珠三角水乡景观保护研究 [J]. 中国园林，2010，26（2）：19-23.

[147] 张莎玮. 广州沙田地区景观变迁的历史渊源 [J]. 风景园林，2019，26（11）：85-90.

[148] 曾艳，肖大威，陶金. 粤东梅州地区围屋类型文化地理研究 [J]. 建筑学报，2015（S1）：118-123.

[149] 陆泓，王筱春，王建萍. 中国传统建筑文化地理特征、模式及地理要素关系研究 [J]. 云南师范大学学报（哲学社会科学版），2005，37（S）：9-13.

[150] 刘大平，李晓霁. 中国建筑史与文化地理学研究 [J]. 建筑学报，2005（6）：68-70.

[151] 曾艳，陶金，贺大东，等.开展传统民居文化地理研究[J].南方建筑，2013（1）：83-87.

[152] 宁雅楠，李贝，杨伟州，等.基于主成分分析法的土地利用景观分区研究：以青龙满族自治县为例[J].中国农业资源与区划，2016，37（2）：22-28.

[153] 刘沛林，刘春腊，邓运员，等.中国传统聚落景观区划及景观基因识别要素研究[J].地理学报，2010，65（12）：1496-1506.

[154] 佟玉权.基于GIS的中国传统村落空间分异研究[J].人文地理，2014，29（4）：44-51.

[155] 熊梅.中国传统村落的空间分布及其影响因素[J].北京理工大学学报（社会科学版），2014，16（5）：153-158.

[156] 凯瑞斯·司万维克.英国景观特征评估[J].高枫，译.世界建筑，2006（7）：23-27.

[157] 鲍梓婷，蒋定哲，周剑云，等.基于景观特征评估划定国土尺度景观规划管理的空间单元[J].中国园林，2023，39（3）：46-52.

[158] 潘莹，白佳钰，施瑛.基于主导土地覆被的传统乡村景观区划及特征研究：以粤东福佬区域为例[J].中国园林，2022，38（2）：48-53.

[159] 唐永銮，余显芳，古秋森，等.粤东海滨的景观类型初步研究[J].中山大学学报（自然科学版），1960（2）：59-77.

[160] 吴建新，张文方.清代珠江三角洲三种类型的农业工程[J].古今农业，2004（2）：36-45.

[161] 衷海燕，林资龙，黄耿，等.珠江三角洲传统农业景观变迁及其空间转移[J].农业考古，2020（6）：207-214.

[162] 钟功甫.基塘系统的特征及其实践意义[J].地理科学，1988（1）：12-17+99.

[163] 吴建新,林枫林.浅谈潮州地区古代农业的两个问题[J].广东史志,1998（3）：9-13.

[164] 杨映琳.绣花农业：宋代潮汕农业耕作方式的形成及特点[J].天津农业科学，2002，8（2）：45-47.

[165] 衷海燕，蔡文溢.民国时期韩江的治理与大型水利工程的兴修[J].韩山师范学院学报，2020，41（4）：43-50.

[166] 王福昌.明清民国闽粤赣边山区粮食作物栽培考论[J].中国农史，2018，37（1）：26-34.

[167] 林雅斯. 梅州地区民国茶叶生产论述 [J]. 农业考古, 2018（2）：199-202.

[168] 常青. 人类学与当代建筑思潮 [J]. 新建筑, 1993（3）：47-49.

[169] 李伯华, 曾灿, 窦银娣, 等. 基于"三生"空间的传统村落人居环境演变及驱动机制：以湖南江永县兰溪村为例 [J]. 地理科学进展, 2018, 37（5）：677-687.

[170] 范建红, 梁肇宏, 罗斯瑶. "三生"功能视角下乡村景观时空演变及影响机制研究：以顺德杏坛北七乡为例 [J]. 工建筑, 2022, 52（5）：24-33.

[171] 高海峰, 于立, 梁林等. "三生"融合视角下广东传统乡村聚落水体景观的解析与启示 [J]. 中国农村水利水电, 2016（12）：63-66.

[172] 王向荣, 林箐. 自然的含义 [J]. 城市环境设计, 2007, 71（5）：130-133, 128-129.

[173] 王云才, 吕东. 基于破碎化分析的区域传统乡村景观空间保护规划：以无锡市西部地区为例 [J]. 风景园林, 2013, 20（4）：81-90.

[174] 李龙潜. 明清时期广东墟市的类型及其特点 [J]. 学术研究, 1982（6）：85-91.

[175] 王铭铭. "水利社会"的类型 [J]. 读书, 2004（11）：18-23.

[176] 万智巍, 邵海雁, 廖富强, 等. 基于1：5万地形图的民国时期县域土地利用全要素重建：以江西省清江县为例 [J]. 中国历史地理论丛, 2020, 35（4）：32-42.

[177] 叶显恩, 周兆晴. 明清珠江三角洲宗族制与土地制度 [J]. 珠江经济, 2007, 193（9）：74-80.

[178] 叶显恩, 韦庆远. 从族谱看珠江三角洲的宗族伦理与宗族制的特点 [J]. 学术研究, 1997（12）：41-46.

[179] 叶显恩, 周兆晴. 明清珠江三角洲宗族制与土地制度 [J]. 珠江经济, 2007, 193（9）：74-80.

[180] 黄淑娉. 广东汉族三大民系的文化特征 [J]. 广西大学学报（哲学社会科学版）, 1998, 20（6）：77-78.

[181] 叶显恩, 周兆晴. 宋代以降珠江三角洲冲积平原的开发 [J]. 珠江经济, 2007, 190（6）：74-80.

[182] 范家伟. 汉代至六朝岭南地区的农业发展 [J]. 中国农史, 1995（1）：16-25.

[183] 邹逸麟. 从唐代水利建设看与当时社会经济有关的两个问题 [J]. 历史教学, 1959（12）：8-12.

[184] 衷海燕, 林资龙, 黄耿, 等. 珠江三角洲传统农业景观变迁及其空间转移 [J]. 农

业考古，2020（6）：207-214.

[185] 叶显恩，周兆晴. 沙田开发与宗族势力 [J]. 珠江经济，2008（1）：89-96.

[186] 吴建新，张文方. 清代珠江三角洲三种类型的农业工程 [J]. 古今农业，2004（2）：36-45.

[187] 吴建新. 闸窦：明清广东农田水利的技术史和社会史探研 [J]. 古今农业，2007（2）：53-64.

[188] 钟功甫. 基塘系统的特征及其实践意义 [J]. 地理科学，1988（1）：12-17，99.

[189] 钟功甫. 珠江三角洲的"桑基鱼塘"：一个水陆相互作用的人工生态系统 [J]. 地理学报，1980（3）：200-209，277-278.

[190] 孙传致，斯特芬·奈豪斯，格雷戈里·布拉肯. 基于基塘系统的珠江三角洲多尺度水敏设计研究 [J]. 风景园林，2019，26（9）：31-44.

[191] 叶显恩，谭棣华. 明清珠江三角洲农业商业化与墟市的发展 [J]. 广东社会科学，1984（2）：73-90.

[192] 钟功甫. 珠江三角洲的"桑基焦塘"与"蔗基鱼塘" [J]. 地理学报，1958（3）：257-274.

[193] 宁可，唐玮鸿. 乡村人居环境整治特色精品示范村设计：以佛山市南海区西樵镇儒溪村为例 [J]. 科学技术创新，2020（13）：101-102.

[194] 肖俊玲，戴伟华. 广州历史记忆系统的留存：以"国家历史文化名村"番禺区大岭村为例 [J]. 中国名城，2013，27（12）：53-57.

[195] 朱光文. 广府传统的复原与展示：番禺大岭古村聚落文化景观 [J]. 岭南文史，2004（2）：25-34.

[196] 张健. 传统村落公共空间的更新与重构：以番禺大岭村为例 [J]. 华中建筑，2012，30（7）：144-148.

[197] 陆琦，张莎玮，吴鼎航. 广府传统村落中的景观图式：对广州大岭村的考察 [J]. 小城镇建设，2017，35（12）：71-77.

[198] 张健. 传统村落公共空间的更新与重构：以番禺大岭村为例 [J]. 华中建筑，2012，30（7）：144-148.

[199] 刘志伟. 地域空间中的国家秩序：珠江三角洲"沙田-民田"格局的形成 [J]. 清史研究，1999（2）：14-24.

[200] 吴水田，司徒尚纪. 岭南疍民舟居和建筑文化景观研究 [J]. 热带地理，2011，31（5）：

514-520.

[201] 吴孟显. 近代潮汕墟市的发展与特征略论 [J]. 广东技术师范学院学报, 2015, 36 (4): 75-83.

[202] 李龙潜. 明清时期广东墟市的盛衰、营运和租税的征收: 明清广东墟市研究之二 [J]. 暨南史学, 2006 (1): 248-269.

[203] 潘莹, 白佳钰, 施瑛. 适应沙垅地貌的潮汕民系滨海聚落景观分析 [J]. 风景园林, 2020, 27 (6): 108-114.

[204] 邢德建. 汕头埠的发祥地: 小江盐场 [J]. 盐业史研究, 1993 (3): 78-79.

[205] 王福昌. 明清民国闽粤赣边山区粮食作物栽培考论 [J]. 中国农史, 2018, 37 (1): 26-34.

[206] 徐俊鸣, 徐晓梅. 古代梅县市发展过程初探 [J]. 岭南文史, 1984 (2): 26-40.

[207] 孔宇航, 张兵华, 胡一可. 传统聚落空间图式语言体系构建研究: 以福建闽江流域为例 [J]. 风景园林, 2020, 27 (6): 100-107.

[208] 李平日. 六千年来韩江三角洲的滨线演进与发育模式 [J]. 地理研究, 1987 (2): 1-13.

[209] 周建新, 周琍. 明清以来粤东梅县墟市的发展形态与地方社会 [J]. 赣南师范学院学报, 2003, 24 (2): 94-98.

[210] 潘莹, 叶丹, 施瑛. 基于地形分异的广东省梅州市丰顺县客家聚落景观特征分析 [J]. 风景园林, 2022, 29 (7): 124-131.

[211] 黄利敏. 梅州市梅县区茶产业发展现状及对策 [J]. 乡村科技, 2022, 13 (20): 57-60.

[212] 许丽章, 梁必骐. 广东历史自然灾害的分布与变迁 [J]. 中山大学学报论丛, 1993, 13 (1): 168-175.

[213] 司徒尚纪. 历史时期广东农业区的形成、分布和变迁 [J]. 中国历史地理论丛, 1987 (1): 77-96.

[214] 李龙潜. 明清时期广东墟市的类型及其特点 [J]. 学术研究, 1982 (6): 85-91.

[215] 周建新, 周琍. 明清以来粤东梅县墟市的发展形态与地方社会 [J]. 赣南师范学院学报, 2003, 24 (2): 94-98.

[216] 吴建新, 衷海燕. 明清广东人的风水观: 地方利益与社会纠纷 [J]. 学术研究, 2007 (2): 98-104.

[217] 陆琦, 潘莹. 珠江三角洲水乡聚落形态 [J]. 南方建筑, 2009 (6): 61-67.

[218] 李根蟠，王小嘉. 中国农业历史研究的回顾与展望 [J]. 古今农业，2003（3）：70-85.

[219] 谢中慧. 明清南番顺市镇中的里 [D]. 广州：华南理工大学，2017.

[220] 刘沛林. 中国传统聚落景观基因图谱的构建与应用研究 [D]. 北京：北京大学，2011.

[221] 张智敏. 珠江三角洲水乡聚落桑园围研究 [D]. 广州：华南理工大学，2016.

[222] 陈亚利. 珠江三角洲传统水乡聚落景观特征研究 [D]. 广州：华南理工大学，2018.

[223] 邱彩琳. 韩江三角洲地域景观研究及实践 [D]. 北京：北京林业大学，2019.

[224] 刘克华. 珠江三角洲桑基鱼塘景观遗产研究 [D]. 广州：华南理工大学，2016.

[225] 黄娟. 民国潮州农业史研究 [D]. 广州：华南农业大学，2017.

[226] 戴志坚. 闽海民系民居建筑与文化研究 [D]. 广州：华南理工大学，2000.

[227] 邹齐. 陆元鼎民居建筑学术历程研究 [D]. 广州：华南理工大学，2016.

[228] 张智敏. 珠江三角洲水乡聚落桑园围研究 [D]. 广州：华南理工大学，2016.

[229] 刘克华. 珠江三角洲桑基鱼塘景观遗产研究 [D]. 广州：华南理工大学，2016.

[230] 黄娟. 民国潮州农业史研究 [D]. 广州：华南农业大学，2017.

[231] 冯江. 明清广州府的开垦、聚族而居与宗族祠堂的衍变研究 [D]. 广州：华南理工大学，2010.

[232] 郭焕宇. 近代广东侨乡民居文化比较研究 [D]. 广州：华南理工大学，2015.

[233] 刘敏健. 明清时期道教与梅州民间信仰的交融与整合 [D]. 昆明：云南大学，2020.

[234] 王福昌. 生态·社会·共同体 [D]. 上海：上海师范大学，2006.